Literatur und Gesellschaft. Literatursoziologische Studien

Die Reihe Literatursoziologie reagiert auf ein gesteigertes Interesse an dem Verhältnis von Literatur und Gesellschaft. Publiziert werden Texte, die sich mit der Frage nach der Stellung der Literatur in der Gesellschaft sowie mit der Frage nach der Darstellung von Gesellschaft in der Literatur beschäftigen. Dies umfasst traditionelle literatursoziologische Themenfelder wie die Produktion, Distribution und Rezeption von Texten ebenso wie neue Perspektivierungen aus den Medien- und Kulturwissenschaften einschließlich der Digital Humanities.
Bezüglich der historischen Reichweite, aber auch der literarischen Formen und der methodologischen Zugänge ist die Reihe offen. Sie zielt auf ein breites, an der dynamischen Wechselwirkung von symbolischen und sozialen Ordnungen interessiertes Publikum und veröffentlicht neben aktuellen Studien auch klassische Texte der Literatursoziologie.
Dr. Christine Magerski lehrt als Professorin für neuere deutsche Literatur- und Kulturgeschichte an der Germanistischen Abteilung der Universität Zagreb.

Christine Magerski ·
Christian Steuerwald
(Hrsg.)

„Die drei Kulturen" reloaded

Neue Perspektiven auf einen Klassiker der Literatursoziologie

Springer VS

Hrsg.
Christine Magerski
Universität Zagreb
Zagreb, Croatia

Christian Steuerwald
Universität Bielefeld
Bielefeld, Deutschland

ISSN 2731-8362 ISSN 2731-8370 (electronic)
Literatur und Gesellschaft. Literatursoziologische Studien
ISBN 978-3-658-42823-5 ISBN 978-3-658-42824-2 (eBook)
https://doi.org/10.1007/978-3-658-42824-2

Die Deutsche Nationalbibliothek verzeichnet diese Publikation in der Deutschen Nationalbibliografie; detaillierte bibliografische Daten sind im Internet über http://dnb.d-nb.de abrufbar.

Planung/Lektorat: Cori Antonia Mackrodt
Springer VS ist ein Imprint der eingetragenen Gesellschaft Springer Fachmedien Wiesbaden GmbH und ist ein Teil von Springer Nature.
Die Anschrift der Gesellschaft ist: Abraham-Lincoln-Str. 46, 65189 Wiesbaden, Germany

Das Papier dieses Produkts ist recyclebar.

Einleitung

Der vorliegende Band geht auf die interdisziplinäre Tagung *„Die drei Kulturen reloaded"* (4./5. Mai 2022) zurück. Das zentrale Thema ist die 1985 erschienene Studie *Die drei Kulturen. Soziologie zwischen Literatur und Wissenschaft* des deutschen Soziologen Wolf Lepenies und damit die Konkurrenz einer sozialwissenschaftlichen und einer literarischen Intelligenz, welche seit dem 19. Jahrhundert um den Anspruch wetteifern, dem Menschen der Industriegesellschaft die angemessene Lebenslehre zu bieten. Diese zunächst in Frankreich und England einsetzende Auseinandersetzung spielte nachfolgend auch im öffentlichen Leben Deutschlands eine bedeutsame Rolle – und dies bis hinein in die 1980er Jahre. Verstanden wurde die „Deutungskonkurrenz" zwischen Soziologie und Literatur von Lepenies als eine Auseinandersetzung, in welcher sich ein die Soziologie seit ihren Anfängen begleitendes „Dilemma" verrate: das Schwanken zwischen Wissenschaft und Literatur, das heißt zwischen szientistischer, auf Vernunftkultur setzender Orientierung einerseits und einer hermeneutischen, auf Gefühlskultur setzender Einstellung andererseits. Dabei wurde die Standortbestimmung der Soziologie maßgeblich durch den Umstand erschwert, dass die Soziologie zumeist mit dem Sozialismus gleichgesetzt wurde, während die Dichtung als romantischer Hort einer traditionellen, und das heißt in diesem Zusammenhang vorindustriellen Gesellschaft beschworen wurde. Ideologisch verschärft zum Gegensatz zwischen Aufklärung und Gegenaufklärung, differenzierten sich wissenschaftliche und literarische Produktionsweisen als Teil eines komplizierten Prozesses aus.

Am Moment der Differenzierung von Soziologie und Literatur setzt der vorliegende Band mit der Frage an, ob und inwiefern sich das differenzierte Verhältnis der beiden Kulturen mit dem Eintritt in die postindustrielle Gesellschaft verändert hat. Im Kern geht es also um eine Aktualisierung der Thesen des Buchs. Lässt sich für die Gegenwart, der neben einem ‚neuen Geist des Kapitalismus' (Boltanski/Chiapello) auch eine weitreichende Ästhetisierung und Kulturalisierung attestiert werden (Reckwitz), noch von einer Deutungskonkurrenz sprechen, oder ist angesichts einschlägiger Zeitdiagnostik nebst dem Erfolg neuer, von literarisierenden Soziologen und soziologisierenden Literaten getragenen Gattungen wie der Sozioautobiographie das Verhältnis von wissenschaftlichen und literarischen Produktionsweisen neu zu bestimmen? Neben einer Aktualisierung interessieren sich die Beiträge auch für Fragen, die konkurrierende Sichtweisen auf die Thesen erlauben und die im 19. Jahrhundert einsetzende Differenzierung zwischen Soziologie und Literatur anders bewerten.

Der Band startet mit dem Abdruck des Eröffnungsvortrags von *Wolf Lepenies.* Auf ebenso unterhaltsame wie lehrreiche Weise beschreibt der Kenner der Soziologie und der Literatur die Vorgeschichte seiner wegweisenden Studie. Im Stil einer Sozioautobiographie eines Buches erinnert Lepenies an wichtige Vorstudien, historische Entwicklungen und bestimmte Ereignisse, die seine eigene Arbeit an den *Drei Kulturen* prägten. So berichtet er etwa, wie er als Student über den berühmten Frankfurter Soziologentag in der *Frankfurter Allgemeinen Zeitung* schrieb und damit als Soziologe zum Journalisten wurde, oder wie Übersetzungen zugunsten der Soziologie ausfielen, die sich im Original deutlich anders lesen lassen. Neben diesen sozioautobiographischen Schilderungen bietet der Vortrag auch einen aufschlussreichen Ausblick auf neuere Entwicklungen hinsichtlich des Verhältnisses von Soziologie und Literatur.

Ganz dem Thema sozio-literarisches Wissen widmen sich nachfolgend Hans-Peter Müller, Klaus-Michael Bogdal, Martin Jürgens und Christian Steuerwald. In seiner Auseinandersetzung mit Georg Simmel greift *Hans-Peter Müller* unmittelbar die Frage nach einer angemessenen Lebenslehre auf und unternimmt eine werkgeschichtliche Einordnung Simmels zwischen ernsthafter Wissenschaft und feuilletonistischer Literatur. Hierfür bietet er in einem ersten Schritt einen Überblick über Simmels Ansatz und seine Problemstellung. In einem zweiten Schritt arbeitet Müller den wissenschaftlichen Werdegang zwischen Philosophie, Soziologie und Ästhetik heraus und stellt Simmel als einen Grenzgänger vor, der durch Erfolg scheitert. Der dritte und letzte Schritt favorisiert schließlich eine Lesart, die Simmels Gesamtwerk nicht nur als eine Strukturphänomenologie der modernen Kultur in analytischer Absicht, sondern seine Zeitdiagnostik auch als Lebenskunst versteht. *Klaus-Michael Bogdal* verfolgt die Entwicklung des soziologischen Wissens und literarischer Lebensgeschichten und verweist mit dem Aufstieg des Bürgerliche Realismus zur dominierenden Strömung der europäischen Literatur auf die Entstehung einer neuen Konstellation des Verhältnisses von literarischem und gesellschaftsanalytischem Wissen um die Mitte des 19.

Jahrhunderts. Während die Disziplin Soziologie in Europa von einer akademischen Institutionalisierung noch weit entfernt ist, zeigt Bogdal, dass sich das literarische Feld stetig vergrößert und an Einfluss auf das geistige Leben gewinnt. Dabei konzentrieren sich die Ausführungen auf die Erzählliteratur und die Frage, mit welchen Mitteln sie gesellschaftsanalytisches Wissen generiert, plausibilisiert und zu einem ‚Gesellschaftsbild' mit autoritativem Status verdichtet. Im Ansatz vergleichbar, setzt sich *Martin Jürgens* mit den geschichtsphilosophischen Thesen von Walter Benjamin auseinander und stellt heraus, dass Benjamin sich mit seinem Werk souverän jenseits der Konkurrenz von wissenschaftlicher Ratio und ästhetischer Evidenz, von Soziologie und Literatur bewegte. So arbeitet der Text von Benjamin, der ja als begriffliche Arbeit über die Geschichte angekündigt wird, vor allem mit Bildern wie etwa dem Bild vom im Tisch versteckten Schachspieler oder dem Bild vom Engel der Geschichte und verwischt gerade dadurch die Grenzziehungen von Soziologie, Geschichtsphilosophie, Ästhetik und Literatur. In eine andere Richtung geht *Christian Steuerwald,* wenn er die Entwicklung der Soziologie und ihre literarischen Verwendungsweisen am Beispiel ausgewählter Arbeiten von Norbert Elias und Niklas Luhmann verfolgt. Verfolgt wird hier die These, dass der noch unspezifische Umgang der frühen Soziologie mit fiktionaler, belletristischer Literatur sich nach der Institutionalisierung an den Universitäten und ihrer Verwissenschaftlichung zunehmend weiter spezifiziert, sodass die Soziologie sich von der Literatur immer mehr emanzipiert und die diagnostizierte Konkurrenz zwischen Soziologie und Literatur über die Adressierung unterschiedlicher Publika zwar nicht aufgelöst, aber verschoben wird.

Den zweiten Themenschwerpunkt bilden die Protosoziologien und die soziologisierte Literatur. Ihnen widmen sich Lars Thorben Henk, Heribert Tommek und Markus Joch. *Lars Thorben Henk* versteht den von Lepenies nachgezeichneten Institutionalisierungsprozess der Soziologie zu einer akademischen Universitätsdisziplin in der Dritten Republik in Frankreich und die Fluidität der Grenzziehung zur Literatur als Einladung dazu, das Verhältnis von Soziologie und Literatur im literarischen Werk von Émile Zola zu analysieren. Im Kontext der von Lepenies' vertretenen voranschreitenden Differenzierung zwischen einer literarischen und einer soziologischen Weltanschauung wird der Romanzyklus *Les Rougon-Macquart* auf seinen soziologischen Gehalt hin befragt und gezeigt, dass Zola insbesondere kultursoziologische Einsichten vorwegnimmt, wie sie im letzten Drittel des 20. Jahrhunderts von Pierre Bourdieu formuliert wurden. Eingebettet ist diese Untersuchung in den Versuch, Zolas Sozialanthropologie zu dechiffrieren und damit die physiologistisch-mortalistische Anthropologie zu ergänzen. *Heribert Tommek* widmet sich der soziologisierten Gegenwartsliteratur in Frankreich und Deutschland und konzentriert sich auf das von Lepenies herausgestellte

Wechselverhältnis von Literatur und Soziologie unter besonderer Berücksichtigung des Verhältnisses von Stil, Ästhetik, Poetik einerseits und soziologischer Erkenntnis andererseits. Ausgehend von Didier Eribon und Annie Ernaux sowie der Entwicklung ihrer öffentlichen Wahrnehmung in Frankreich und Deutschland, beleuchtet der Beitrag die zeitliche Verspätung wie auch die „feinen Unterschiede" bei der Bewertung des Verhältnisses von Soziologie und literarischem Wert in Deutschland an ausgewählten Beispielen. Fokussiert werden sowohl das Verhältnis zwischen einer Rückkehr der „Klassenfrage" in der französischen und deutschen Gegenwartsliteratur als auch ihre jeweilige literaturkritische ‚Klassifizierung' hinsichtlich Stil und ästhetischem Wert. Ganz der deutschsprachigen Gegenwartsliteratur widmet sich *Markus Joch* mit der Frage, wie sozioanalytisch der Roman *Schäfchen im Trockenen* von Anke Stelling bei näherer Betrachtung ist. Argumentiert wird, dass die erzählten Spannungen im Prenzlauer Berg zwar nach wie vor um die Hierarchie der Kapitalsorten kreisen, die Protagonistin des Romans es jedoch mit einer neuen, von einem Soziologen wie Bourdieu noch nicht antizipierten Spielart der Bourgeoisie zu tun bekommt. In kritischer Absicht daraus abgeleitet werden die Thesen, dass das Verhältnis von Literatur und Literatursoziologie heute kooperativ gestaltet werden müsse, eine Sozioanalyse *zum* Roman die Differenz Autorin-Protagonistin kritischer ins Auge fassen müsse und derzeit nichts im literarischen Feld gefragter sei als das Lamento über einen Klassismus, unter dem die Literaten selbst nicht wirklich zu leiden hätten.

Der dritte Themenkomplex rückt die Frage nach den Deutungskonkurrenzen und -kongruenzen ins Zentrum und führt erneut vom 19. Jahrhundert bis in die Gegenwart. Eröffnet wird er von *Kirsten von Hagen* und *Andreas Langenohl* mit einem Beitrag zu Literatur und Soziologie als Genres der Reflexion monetären Wissens. Gezeigt wird, dass im späten 19. und frühen 20. Jahrhundert sowohl in der französischen Literatur als auch der französischen Soziologie der Umgang mit und das Wissen über Geld in sozialen Gruppen thematisiert wird. Geld, so die These, stellt als modernes Phänomen die Menschen im 19. und frühen 20. Jahrhundert vor neue Herausforderungen, die irgendwie bewältigt werden müssen, und die Literatur wie auch die Soziologie beanspruchen, diese modernen Umgangsweisen mit Geld deutlich besser erkennen und darstellen zu können als die Wirtschaftswissenschaften. Am Beispiel von ausgewählten Romanen von Émile Zola und Gustave Flaubert sowie den wirtschaftssoziologischen Arbeiten von François Simiand arbeiten von Hagen und Langenohl heraus, über welch unterschiedliches monetäres Wissen Personen in der Moderne verfügen und wie Menschen unter den veränderten sozioökonomischen Kontextbedingungen mit Geld umgehen. Dabei geht es ihnen aber nicht nur um monetäres Wissen und Halbwissen oder die angeschlossenen ökonomischen Praktiken, sondern auch um die Vorstellungen, Imaginationen und Spekulationen, die mit Geld und dem Kauf von Gütern verbunden sind. Auch *Christa Karpenstein-Eßbach* konzentriert sich auf die soziologische und literarische Betrachtung eines konkreten Gegenstandes, hier allerdings nicht der symbolischen Form des Geldes, sondern der Institution, in der sowohl soziologisches wie auch literarisches Wissen generiert werden: die Universität. Um den Deutungskonkurrenzen auf die Spur zu kommen, wird der konkrete Ort aufgesucht, an dem es um Wissenschaften, um Forschung und Lehre geht. Dabei wird ein zweigleisiges Verfahren erprobt. Die Universität wird zum einen als Austragungsort der Hochschulforschung, der Bildungsforschung und der Bildungssoziologie und zum anderen als Gegenstand von „Campus-Romanen" verstanden. Am Beispiel ausgewählter bundesrepublikanischer Romane relationiert Karpenstein-Eßbach Soziologie und Literatur und untersucht, ob diese „Kulturen" im konkreten Fall der Universität ein mehr oder minder gemeinsames Wissen teilen – oder eben nicht. Einen anderen Weg der Relationierung von Soziologie und Literatur geht *Marc Ortmann*. Im Anschluss an Victor Turners Konzept der Liminalität untersucht Ortmann, wie bestimmte Texte sich zwischen der Soziologie und der Literatur verorten und sich zwischen diesen Bereichen bewegen. Da liminale Texte weder der Soziologie noch der Literatur eindeutig zugeordnet werden können, übernehmen sie eine Brückenfunktion zwischen den beiden Bereichen. Am Beispiel der Texte von George Batailles kann Ortmann den Mehrwert liminaler Texte nachweisen und aufzeigen, wie sich diese Zuordnungen zu Soziologie oder Literatur sperren. Ganz auf die anhaltenden Deutungskonkurrenzen verweist abschließend *Markus Alexander Lenz* mit seinem kritischen Blick auf Michel Houellebecqs Frankreich. Gefragt wird, ob es sich bei den Romanen *La Carte et le Territoire* (2010), *Soumission* (2015) und *Anéantir* (2022) um einen philosophischen Kommentar oder eine Sozialanalyse auf dem Spielfeld des Literarischen handelt. Anhand der Texte des französischen ‚Großautors' wird gezeigt, wie nicht nur im Bereich von Autofiktion, Autosoziofiktion und Autobiographie, sondern auch im Rahmen des vermeintlich rein Fiktionalen eine zu große Annäherung beider Wissensbereiche des Soziologischen und des Literarischen die Gefahr eines weniger sprachlich-semantischen, als vielmehr auch metaliterarischen „Effet du réel" entstehen lässt. Angesichts dessen aber sei zu fragen, inwiefern gerade im Falle Michel Houellebecqs eine strikte Differenzierung der Wissenskulturen von soziologischer Analyse und literarischem

Lebenswissen angebracht wäre, um einem repetitiv beschworenen Determinismus des zivilisatorischen ‚Untergangs' zu entkommen.

Christine Magerski
Christian Steuerwald

Inhaltsverzeichnis

Eröffnungsvortrag

Wolf Lepenies

Vor Jahren hatte ich die Ehre, in eine bedeutende Institution aufgenommen zu werden – in die von Harald Weinrich (1927–2022), dem großen Romanisten und ersten deutschen Lehrstuhlinhaber am Collège de France mitbegründete Anti-Festschrift-Liga. Ihre Mitglieder verpflichten sich, an keiner Festschrift mitzuwirken und sicherzustellen, dass ihnen selbst keine Festschrift gewidmet wird. Ich habe diese Bedingungen fast erfüllt. Bei zwei Anfragen konnte ich mich vor einem Festschriftbeitrag nicht drücken, wurde von der Liga aber nicht sanktioniert, weil es sich in beiden Fällen jeweils um den gleichen Text, eine Satire über Festschriften, handelte. In einem Punkt aber habe ich die Statuten der Liga befolgt, dafür musste ich mich überhaupt nicht anstrengen: Mir ist keine Festschrift gewidmet worden. Insofern kann ich diese Tagung nur als eine Festschrift *in vivo* empfinden. Den Statuten der Liga bleibe ich dennoch treu, diese „Festschrift“ ist nicht mir, sondern einem Buch gewidmet: *Die drei Kulturen.* Als Autor freue ich mich darüber und fühle mich geehrt. Mein Dank gilt Christine Magerski und Christian Steuerwald, den Initiatoren der Tagung.

Zu den treffenden Maximen des französischen Moralisten Nicolas de Chamfort zählt der Satz: „Un livre qu'on soutient est un livre qui tombe.“ Ein Buch, das man unterstützt, ist ein Buch, das fällt. Ich sehe es nicht als meine Aufgabe an, in diesem Eröffnungsvortrag mein Buch zu unterstützen. Sie werden darüber diskutieren, ob es, im Sinne des Aphorismus von Chamfort, „fällt“ oder nicht. Ich

W. Lepenies (✉)
Wissenschaftskolleg zu Berlin, Berlin, Deutschland
E-Mail: wl@wiko-berlin.de

C. Magerski und C. Steuerwald (Hrsg.), *„Die drei Kulturen“ reloaded,* Literatur und Gesellschaft. Literatursoziologische Studien,
https://doi.org/10.1007/978-3-658-42824-2_1

versuche, meinem Rückblick auf *Die drei Kulturen* den Charakter einer Sozioautobiographie zu geben. Ich werde mich dabei an Charles Wright Mills' *The Sociological Imagination* orientieren. Im Appendix seines Buches, in dem es um „intellectual craftsmanship", um „intellektuelles Handwerk" geht, schreibt Mills: „Sie müssen lernen, für Ihre geistige Arbeit ihre Lebenserfahrung zu nutzen: sie sich ständig vor Augen zu führen und zu deuten. In diesem Sinne [...] geht in jedes geistige Produkt, an dem Sie arbeiten, etwas von Ihrer Person ein." (Mills [1959] 2016, S. 27, 290). Keine schlechte Charakteristik eines Genres, das nach Ankündigung der Initiatoren eine wichtige Rolle in dieser Tagung spielen wird, ich meine die Sozioautobiographie. Ich will Abschnitte meiner eigenen Sozioautobiographie skizzieren, d. h. von Lese- und Schreib-Erfahrungen berichten, die im Sinne von Charles Wright Mills in ein „geistiges Produkt" eingegangen sind: *Die drei Kulturen.* Meine Bemerkungen konzentrieren sich weitgehend auf den Frankreich-Teil des Buches, wie kein anderes Land ist Frankreich eine Literaturgesellschaft, in der die Spannungen zwischen Literatur und Soziologie, die in *Die drei Kulturen* beschrieben werden, deutlich sichtbar werden. Es gibt aber auch einen persönlichen Grund, der die Frankophilie vieler meiner Bücher erklärt: als erste Sprache lernte ich in Koblenz, d. h. in der von Frankreich besetzten Zone, Französisch und habe die damit erworbene Sprachkenntnis genutzt, um die Geschichte und Gegenwart der französischen Soziologie möglichst intensiv kennenzulernen. In meiner Sozioautobiographie werde ich nicht streng chronologisch vorgehen, aber ich beginne mit meiner Dissertation, *Melancholie und Gesellschaft.*

Geplant war sie als eine Studie über den Herzog François de la Rochefoucauld (1613–1680), einen zentralen Akteur in jener Phase der französischen Geschichte als es dem König gelang, mit der Niederschlagung des letzten Adelsaufstands die Position der Zentralmacht entscheidend zu stabilisieren. La Rochefoucauld, Angehöriger des Schwertadels, wurde dabei vom Tatmenschen, dem *homme d'action*, zum *homme de pensée*, er wurde in die Reflexion gezwungen und damit zum Melancholiker. Seine *Réflexions ou sentences et maximes morales* sind ein Hauptwerk der französischen Moralistik, sie bilden das Kondensat einer Sozioautobiographie *avant la lettre.* Bei keinem anderen Autor erkennt man so deutlich wie bei La Rochefoucauld, worum es in der Moralistik geht: es handelt sich um ein engagiertes und gelassenes Genre zugleich. Die Moralisten werten – es geht um Moral – und sie schildern nüchtern die menschlichen Verhaltensweisen – es geht um die *mores*: Eine Soziologie der Episoden und der Pointen, eine pointillistische Soziologie. Mit dieser Charakteristik war der Weg zu Überlegungen vorgezeichnet, in denen das Verhältnis von Literatur und Soziologie im Mittelpunkt steht. Eine wichtige Rolle spielte dabei Norbert Elias, dessen bahnbrechende, 1939 erschienene Studie *Über den Prozess der Zivilisation* mein

Doktorvater Dieter Claessens nach dreißig Jahren wiederentdeckt hatte und für uns Studenten zur Pflichtlektüre machte. Wie prägend die Literatur für die Soziologie werden kann, zeigte sich an Elias' zweitem großen Werk. Ohne Kenntnis der Memoiren des Herzogs von Saint-Simon wäre *Die höfische Gesellschaft* nicht geschrieben worden.

„Nutzen literarischer Quellen" heißt ein programmatisches Kapitel in *Melancholie und Gesellschaft*. Es beginnt mit der Feststellung des Vicomte de Bonald, die Literatur sei der Ausdruck der Gesellschaft. – eine Maxime, von der ein Kommentator sagte, er kenne „kein Gesetz, das absoluter wäre, und keine Wahrheit, die mehr als diese das Zeichen des apriori trägt" (Vinet 1859, S. 7). Das ist trivial und trivial sind auch bewundernde Bemerkungen wie die Arnold Gehlens, „mikroskopische Genauigkeit und lichtvolle Überlegenheit" machten aus den Romanen Zolas „unschätzbare soziologische Quellen" (Gehlen 1965, S. 45). Nicht-trivial ist es, wenn Literatur und Sozialwissenschaften gegeneinander ausgespielt werden und Konkurrenz an die Stelle von Kooperation tritt. Beispielhaft dafür ist die Bewunderung, die Karl Marx und Friedrich Engels Balzac entgegenbrachten, der sich selbst zum „docteur ès sciences sociales" promovierte. Der „großartige alte Bursche", so Engels in einem Brief an Margaret Harkness von Anfang April 1888, habe mit der *Comédie humaine* – ursprünglicher Titel *Études Sociales* – eine „vortreffliche Geschichte der französischen Gesellschaft" geschrieben. So vortrefflich, dass Marx im dritten Band des *Kapital* mit Blick auf Balzacs letzten Roman *Les Paysans* feststellte, die "tiefe Auffassung der realen Verhältnisse" (Marx 1894, S. 14) habe Balzac allen professionellen Historikern und Sozialbeobachtern, *„tutti quanti"*, seiner Zeit voraus. Es gibt viele, oft polemische Wertungen dieser Art, ich gebe nur ein Beispiel. Eric Voegelin schrieb 1966 in einem Aufsatz mit dem Titel „Was ist politische Realität?": „Wer sich heute in Deutschland über die großen Probleme des Ordnungsdenkens unterrichten will, wird besser daran tun, sich mit Romanciers wie Robert Musil, Hermann Broch, Thomas Mann, Heimito von Doderer oder Dramatikern wie Frisch und Dürrenmatt zu beschäftigen, als die professionelle Literatur zur Politik zu lesen" (Voegelin 1966, S. 37). Das ist nicht nur eine polemische, dies ist, von einem Politologen formuliert, vor allem eine selbstkritische Bemerkung.

Was die Langfristperspektive in der Schilderung des Verhältnisses von Soziologie, Literatur und (Natur)Wissenschaft betrifft, hat mich vielleicht kein Text mehr zur These der *Drei Kulturen* geführt als Louis de Bonalds Essay aus dem Jahre 1807: „Des sciences, des lettres et des arts". Nostalgisch erinnerte de Bonald, ein früher Gegenaufklärer, daran, dass es bis in das Zeitalter Ludwigs XIV. keinen Unterschied zwischen den *sciences* und den *lettres* gab. Die sich im Übergang vom 18. zum 19. Jahrhundert verschärfende Distanz zwischen

Wissenschaft und Literatur war für ihn ein Zeichen der Dekadenz; dass die exakten Wissenschaften als „hautes sciences" bezeichnet wurden, war ein Skandal. De Bonald ärgerte die Selbstüberschätzung der Naturwissenschaften, noch mehr ärgerte ihn, dass der Staat sich diese Selbstüberschätzung zu eigen machte und daraus die Richtlinien der Erziehungspolitik ableitete. Der Führungsanspruch der exakten Wissenschaften aber wurde mit dem Schwund des Fortschrittsglaubens wieder infrage gestellt. Die Moralwissenschaften waren davon nicht berührt, in ihnen, so de Bonald, geht es stets darum, neue und zeitgemäße Formen für alte, zeitlose Wahrheiten zu finden. Da der Einfluss der Offenbarungsreligion in Zeiten der Aufklärung schwächer wurde, war es umso wichtiger, dass die *sciences morales* die Gesellschaft durch die sittliche Führung des Einzelnen und die Stärkung seines Vertrauens in die legitime politische Herrschaft stabilisierten. In diesem Sinn waren die *sciences morales* nicht nur die Wissenschaften der Gesellschaft, *sciences de la sociéte*, sondern auch Wissenschaften für die Gesellschaft.

Dabei war de Bonald hellsichtig genug die Gefahr vorauszuahnen, die den Gesellschaftswissenschaften, mitgerissen von der Wissenschaftsbegeisterung der Aufklärung, drohte, wenn sie anfingen, die Naturwissenschaften nachzuahmen: „Von den exakten Wissenschaften zurückgewiesen, von der frivolen Literatur verachtet, sind sie außerstande, ihre Vermittlerrolle oder ihre Neutralität aufrechtzuerhalten. Sie werden unter das Gesetz des Siegers fallen. Aber weil sie von den harten und stolzen Naturwissenschaften alles zu befürchten haben, werden ihre geheimen Wünsche stets der Literatur gelten, die humaner und entgegenkommender ist, und die die Erinnerung daran nicht ganz verloren hat, dass eine alte und enge Allianz sie mit den Moralwissenschaften verbindet" (De Bonald [1807] 1852, S. 387. Meine Übersetzung).

De Bonald ahnte nicht, dass sich die Literatur gegenüber den Sozialwissenschaften nicht immer „human und entgegenkommend" verhalten würde. Der Grund dafür lag unter anderem darin, dass im wissenschaftsgläubigen 19. Jahrhundert von vielen Autoren der sogenannten „Schönen Literatur" ein den wissenschaftlichen Disziplinen ebenbürtiger Erkenntnisanspruch geltend gemacht wurde. Balzacs wissenschaftliche Ambition hatte dabei noch etwas Spielerisches an sich. Bei Flaubert war kompromißlose Ernsthaftigkeit im Spiel. In der „impassibilité", die er dem Autor abverlangte, spiegelte sich die Übertragung einer Forschungsmaxime in die Literatur. Diese musste wissenschaftlicher werden, wie Baudelaire es gefordert hatte: „Die Zeit ist nicht fern, in der man verstehen wird, dass jede Literatur, die sich weigert, brüderlich zwischen der Wissenschaft und der Philosophie zu marschieren, eine mörderische, eine selbstmörderische Literatur ist" (Baudelaire [1852] 1976, S. 49). Flaubert rühmte sich seiner gesellschaftsfernen Einsamkeit: „Bédouin, tant qu'il vous plaira; Citoyen, jamais"

(Flaubert [1854] 1980, S. 515. Meine Übersetzung). Im Jahr der Niederlage gegen Preußen schrieb Flaubert, damit Frankreich aufwache, müsse es von der Inspiration zur Wissenschaft übergehen, jede Metaphysik aufgeben und anfangen, Kritik zu treiben, d. h. die Dinge selbst zu untersuchen. Ein Programm, das bis in die Wahl der einzelnen Worte die Zustimmung Émile Durkheims hätte finden können. Ohne Zweifel hielt Flaubert sein Werk für die bessere Gesellschaftswissenschaft, die Ansprüche eines Auguste Comte konnte er nicht ernstnehmen und rief nach einem modernen Aristophanes, der die Phantastereien des Soziologiegründers dem Gespött des Publikums preisgeben würde. Generell fühlte er sich dem Soziologen überlegen, der immer, wie Durkheim, der „contrainte sociale" ihren Tribut zollen muss. Dagegen glaubte Flaubert, sich als Autor gesellschaftlichen Zwängen entziehen zu können: „Wer bist Du denn, o Gesellschaft, mich zu irgend etwas zu zwingen?" (Flaubert [1857] 1980, S. 719. Meine Übersetzung). Es steckte ein gehöriges Maß an Selbstüberschätzung in Flauberts Anspruch, die Gesellschaft zu durchschauen und sich gleichzeitig ihren Bindungen und Verpflichtungen entziehen zu können. Bei Émile Zola verschärfte sich diese Haltung noch. Die Theorie des experimentellen Romans – der Zolas schriftstellerische Praxis nicht immer entsprach – begründete den wissenschaftlichen Anspruch eines bestimmten Typus von Literatur, die sich als die bessere Soziologie verstand. Wenn Zola von der „praktischen Soziologie" seiner Romane sprach, so hieß dies im Klartext, dass er es war, der die wahre Soziologie praktizierte.

Seiner Abhandlung gab de Bonald den Titel „Über den Krieg der Wissenschaften und der Literatur". In diesem Krieg drohten die Gesellschaftswissenschaften zwischen die Fronten zu geraten und dabei zerrieben zu werden.

Ein Impuls, der später zu den *Drei Kulturen* führte, hatte seinen Ursprung in meinem frühen Interesse an der Wissenschaftsforschung, den „social studies of science". Faszinierend fand ich das Projekt zur Finalisierung der Wissenschaft, das Gernot Böhme, Wolfgang Krohn und Wolfgang van den Daele in ihrer Forschungsgruppe am Starnberger Max-Planck-Institut vereinte. In diesen Kontext gehört die These, dass die moderne empirische Wissenschaft ihren „take-off" im 17. Jahrhundert nicht kognitiven, sondern sozialen Gründen verdankte. Ihre Institutionalisierung in den Gelehrtengesellschaften der Zeit gelang nur, weil Wissenschaftler wie die Mitglieder der neugegründeten Royal Society dem Hof gegenüber das Versprechen abgaben, bei der Erforschung der Naturphänomene und den dabei genutzten Techniken sich nicht mit „Divinity, Metaphysics, Moralls, Politicks, Grammar, Rhetoric or Logick" zu beschäftigen. Weder moralische Überlegungen noch literarische Interessen wurden als mit der empirischen Wissenschaft kompatibel angesehen. In der Folge motivierte der spektakuläre Erfolg der empirischen Naturwissenschaften andere Disziplinen dazu, die moralisch-literarische Enthaltsamkeit der *sciences* nachzuahmen. Zugleich aber wuchs der Drang, die moralische Lücke zu schließen, die durch die normative Enthaltsamkeit der Naturwissenschaften entstanden war. In diesem Bemühen konkurrierten die Literatur und die Soziologie miteinander, beide wollten der Gesellschaft einen moralischen Kompass vorhalten, sie wollten – so nannte ich es im Rückblick auf Autoren wie John Stuart Mill und Matthew Arnold – die „Lebenslehre" der Industriegesellschaft sein. Diese Behauptung durchzieht wie ein roter Faden *Die drei Kulturen*, sie hatte ihre Berechtigung vor allem in einer Phase, in der sowohl die Wissenschaften von der Literatur wie die Gesellschaftswissenschaften ihrer Verankerung in den etablierten Institutionen der Wissensproduktion noch nicht sicher sein konnten. Ich erinnere daran, dass in C.P. Snows Rede Lecture über die „Zwei Kulturen" aus dem Jahre 1959 vom Vorwurf der moralischen Unzuverlässigkeit die Rede ist, die Literaten und Wissenschaftler sich wechselseitig vorhalten. Für Snow findet sich dabei die „moralische Komponente" vornehmlich bei den Naturwissenschaften. Genau an dieser Stelle tauchen bei Snow die Sozialwissenschaften als „dritte Kultur" auf, in der zur Befriedigung Snows ihm bekannte und mit ihm befreundete Gelehrte sich von Literaten distanzieren und sich auf die Seite der Naturwissenschaftler schlagen.

Heute von „Lebenslehre" als einem Anspruch zu sprechen, den die Literatur und die Soziologie einander streitig machen, klingt pathetisch, auch haben sich – in diesem Zusammenhang muss dann von der Gattung der Sozioautobiographie die Rede sein – die Genres zu sehr vermischt, als dass klare Konkurrenzen zwischen ihnen noch erkennbar sein könnten. Ich will Sie aber auf ein Phänomen aufmerksam machen, das in den letzten Jahren stärker sichtbar geworden ist und das Territorium der Soziologie direkt berührt. Ich denke an Versuche, mithilfe der Literatur – und auf Kosten der Soziologie – berufspraktische Felder wie die Managerausbildung, die Jurisprudenz und die Medizin zu moralisieren oder zu re-moralisieren.

An der Peripherie der Managerausbildung sowie im Jura- und Medizinstudium spielt die Belletristik eine immer größere Rolle. Die Literaturwissenschaft ist, so nennt es Merve Emre, Professorin für Englische Literatur in Oxford, in ein „post-disziplinäres" Stadium eingetreten: Während sie als eigenständige Disziplin in der Universität an Bedeutung verliert, wird die erfahrungsnahe Kenntnisnahme „Schöner Literatur" für die Absolventen berufsorientierter Fächer zunehmend wichtiger. Wer sich dabei die Programme zur „Literarisierung" berufspraktisch ausgerichteter Studiengänge näher ansieht, kommt zu unterschiedlichen Urteilen: der Rückgriff auf die Belletristik oder die Stärkung narrativer Kompetenz erscheinen in der Medizin als beinahe selbstverständlich, in der Rechtswissenschaft als trivial und in der Managerausbildung oft als aufgesetzt und in manchen Fällen als Mogelpackung. In allen genannten Bereichen aber geht die „Literarisierung" auf Kosten von Bindestrich-Soziologien wie der Wirtschafts-, der Rechts- und der Medizinsoziologie. Und in der direkten Bezugnahme auf literarische Werke, insonderheit Romane, wird die Literatursoziologie fast demonstrativ umgangen.

Ich habe nicht die Zeit, auf die immer wichtiger werdende Recht & Literatur-Bewegung einzugehen oder Lehrprogramme zu referieren, in denen „stories of law" dazu helfen sollen, dass Studenten später als Richter gerechter urteilen, als Staatsanwälte überzeugender plädieren oder als Rechtsanwälte ihre Klienten erfolgreicher verteidigen. Ebenso wenig kann ich Ihnen Studiengänge in „Narrativer Medizin" vorstellen oder den Aufstieg der „Medical Humanities" nachverfolgen. Ich muss mich auf die Managerausbildung konzentrieren und auf Kurse verweisen wie „Great Literature for Great Leaders" in Stanford, das „Leadership and Ethics Program" in Harvard und den Kurs „Leadership through Fiction" an der Columbia University. Auf Youtube können Sie verfolgen, wie in Stanford „Scotty" McLennan in einer Videobotschaft verkündet, dass die Lektüre guter Bücher Manager zu besseren Menschen macht. „Scotty" ist nicht nur Dozent für Politische Ökonomie, sondern auch Rechtsanwalt, ordinierter Geistlicher und früherer Universitäts-Kaplan. Am Ende seiner Video-„Predigt" entlässt er die künftigen Manager mit einer eindringlichen Mahnung ins Berufsleben: „Wer nur an sein eigenes Interesse denkt, denkt zu kurzfristig, auf lange Sicht garantieren nur Liebe und Mitgefühl den wirtschaftlichen Erfolg." Das ist das Gegenteil einer zentralen Botschaft des Wirtschaftsliberalismus, die in der Bemerkung von Adam Smith im *Wealth of Nations* ihren Ursprung hat, wir verdankten unser Abendessen nicht dem Wohlwollen des Metzgers, des Bäckers und des Brauers, sondern der Tatsache, dass diese energisch ihre eigenen Interessen verfolgen.

Die Börsenskandale und die Finanzkrisen der letzten Jahrzehnte haben zu einem Aufschwung des Faches „Business Ethics" geführt. Es soll mit Hilfe der *belles-lettres* die Auswüchse des Finanzkapitalismus korrigieren und einen Managertypus formen, der an die Stelle von Egoismus und kompromisslosem Profitstreben Empathie und Sensibilität setzt. Bei näherem Hinsehen sieht man, dass es dabei nicht um eine Korrektur von eingeschliffenen Verhaltensweisen, sondern bestenfalls um eine kosmetische Verschönerung des professionellen Vokabulars geht. Das Literatur-gestützte Training in „Empathie" wird von den Trainern selbst beinahe zynisch als ein Machtinstrument beschrieben, als Möglichkeit durch das Sich-hinein-Versetzen in den Anderen ihn besser zu beeinflussen – wie Dale Carnegie es bereits 1936 in seinem Bestseller *How to Win Friends and Influence People* beschrieben hatte.

Die Literatur wird zur „Post-Disziplin" – das vorerst letzte Kapitel in der langen Geschichte der Trennung von Wissenschaft und Literatur. Ihre Konkurrenz besteht immer noch. Die inneruniversitäre Zurückstufung der Literaturstudien zu einer Hilfswissenschaft und „Post-Disziplin" aber ist nicht nur Ausdruck einer Krise der Geisteswissenschaften, sondern auch einer Krise der Fächer, denen die Literatur zur „Hilfe" kommen soll. Ursachen dieser Krise liegen in der fortschreitenden Technisierung der Medizin, der Ökonomisierung des Rechts und der Formalisierung der Wirtschaftswissenschaften. Zur Krisenbewältigung wird zunehmend die Literatur genutzt – auf Kosten der Soziologie.

Früh faszinierte mich die These Reinhart Kosellecks vom Prozess der Verzeitlichung der Wissensproduktion, der für den Übergang vom 18. ins 19. Jahrhundert charakteristisch gewesen sei. In meinem Buch *Das Ende der Naturgeschichte* führte dies zu Überlegungen, aus denen sich für *Die drei Kulturen* später zumindest eine Fußnote ergab: die Frage nach der literarischen Qualität wissenschaftlicher und damit auch soziologischer Publikationen. Ausgangspunkt war die „Karriere" Buffons, Rivale Carl von Linnés und mit seiner *Histoire Naturelle* ein Bestseller-Autor des 18. Jahrhunderts. Als Buffon 1753 in die Académie française aufgenommen wird, spricht er in seiner Dankesrede über den Stil. Niemand wundert sich darüber, auch ein Naturwissenschaftler wie Buffon versteht sich selbstverständlich als Autor – als jemand, dem nicht nur daran liegt, *was* er sagt, sondern auch daran, *wie* er es tut, als jemand, der seine Leser nicht nur belehren, sondern auch belehrend unterhalten will. Gegen Ende des Jahrhunderts aber wird, was früher seinen Ruf ausmachte, Buffon zum Verhängnis. Er ist der letzte europäische Gelehrte, der seine wissenschaftliche Reputation noch auf sein Talent zur Darstellung begründen kann, er ist der erste, der sein Ansehen verliert, weil er zu sehr Autor und zu wenig Forscher gewesen ist. Hatte man seine Schriften ursprünglich gerade ihres Unterhaltungswertes wegen gelobt und gelesen, werden sie nun als „romans scientifiques" abgetan. Sie sind, so die Kritiker, eine Lektüre für die Frauen und für die Laien.

Das Verdikt, das Buffons Karriere beendet und die Rezeption seines Werkes hemmen wird, lautet: „Stilo primus, doctrina ultimus". Welch anscheinend unumkehrbare Entwicklung damit eingeleitet wird, zeigt sich, wenn man das Verdikt variiert: „Doctrina primus, stilo ultimus" ist ein Vorwurf, den bis heute kein Wissenschaftler zu fürchten hat. So werden die Wissenschaften allmählich literaturfern und Traditionsbestände, die man als „literarisch" bezeichnen könnte, werden aus dem Kanon des akzeptierten Wissens ausgeschieden. Dies ist kein gradliniger oder unumkehrbarer Prozess. Ungleichzeitigkeit ist vielmehr für ihn charakteristisch: er erfasst nicht alle Disziplinen und nicht alle, die er erfasst, mit gleicher Intensität. Nationaltypische Differenzen spielen dabei eine große

Rolle und in Deutschland hält sich der Verdacht, dass es die Franzosen mit der Vertreibung der Literatur aus den Wissenschaften nicht ernst meinen. Im 18. Jahrhundert steckt die Kurfürstlich Brandenburgische Sozietät der Wissenschaften jeden Franzosen, den sie zum Mitglied wählt, zunächst einmal in die Klasse der Literatur – ob er nun Dramatiker ist oder Physiker.

Die Originalausgabe von *Die drei Kulturen* beginnt mit dem Satz: „Nicht einmal seine Freunde hielten Auguste Comte für einen großen Schriftsteller." Comte aber verwahrte sich gegen den Vorwurf, schwerfällig und umständlich zu schreiben. Der „style scientifique" war für ihn notwendigerweise literaturfeindlich – Comte legte Schreib- und Kompositionsregeln von einer absurd anmutenden Präzision fest, denen er kompromißlos folgen wollte: Jede Abhandlung sollte außer Einleitung und Schluss sieben Kapitel umfassen. Jedes Kapitel sollte drei Teile, jeder Teil sieben Sektionen, jede Sektion einen Hauptabschnitt aus sieben, und drei weitere Abschnitte aus je fünf Sätzen haben. Überraschenderweise beanspruchte Comte damit, seiner Prosa eine Strenge zu geben, wie sie sonst nur Gedichten eigen sei. John Stuart Mill sah in diesen Kompositionsregeln alle Anzeichen für den „melancholisch stimmenden Verfall eines großen Geistes".

Dass Soziologen nicht gut schreiben können, ist ein beliebter topos des Feuilletons – und wer will, mag glauben, dass Soziologen sich heute über ein solches Urteil nicht ärgern und wie der Gründervater Auguste Comte behaupten, die Sachlichkeit ihrer Forschung verlange keine stilistischen Anstrengungen. Ich glaube es nicht und zitiere ein Beispiel für die Empfindlichkeit der Betroffenen. Charles Wright Mills gehörte zu den Soziologen, die sich von literarischen Vorbildern inspirieren ließen: „Ich hatte, vor allem in den vierziger Jahren, immer wieder Balzac gelesen und war sehr von seiner selbstauferlegten Aufgabe begeistert gewesen, alle wichtigen gesellschaftlichen Klassen und Typen der Zeit, die er sich zu eigen machen wollte, ‚abzudecken'", heisst es in seinem Buch *Soziologische Phantasie*. Mills war davon überzeugt, dass es nicht nur darauf ankam, *was* man schrieb, sondern auch *wie* man schrieb. Selbstironisch zitiert er eine beißende Bemerkung des bedeutendsten amerikanischen Literaturkritikers Edmund Wilson: „Was meine Erfahrung mit Aufsätzen von **Soziologen und Anthropologen** betrifft, so haben sie mich zu der Schlussfolgerung geführt, dass die in meiner idealen Universität geltende Regel, wissenschaftliche Publikationen aller Abteilungen von einem Englischprofessor absegnen zu lassen, diese beiden Fächer revolutionieren würde – **wenn denn das zweite Fach** überhaupt überleben würde" (Mills 2016, S. 320/21, Fn. 64) Dass bei diesem Vorwurf die Anthropologie gegenüber der Soziologie schlechter abschneidet, überrascht. Es gibt in der Anthropologie mehr Bücher mit literarischen Qualitäten als in der Soziologie. An der Spitze steht *Traurige Tropen* von Claude Lévi-Strauss, ein

Klassiker der Feldforschung und der teilnehmenden Beobachtung, ein literarisches Meisterwerk, zugleich das Musterbeispiel einer Anthropo-Autobiographie. Groß war meine Überraschung als ich Mills' Buch im Original (*The Sociological Imagination)* und dort das Zitat von Edmund Wilson las: "As for my experience with articles by experts **in anthropology and sociology**, it has led me to conclude that the requirement, in my ideal university, of having the papers in every department passed by a professor of English might result in revolutionizing these subjects – **if indeed the second of them survived at all"**. (Mills 1959, S. 217, Fn 6; Wilson 1956, S. 164) „Anthropology and sociology" – nicht „Soziologen und Anthropologen". Da haben – unbemerkt, unbewusst? – die Anthropologie und die Soziologie zum Vorteil der letzteren die Plätze getauscht. Edmund Wilsons Spott aber zielte eindeutig auf die Soziologie.

Diese, wie ich sie nannte, „Fußnote", der Vorwurf an die Soziologen unverständlich zu schreiben und sich aus Statusangst in den Jargon zu flüchten, musste umso stärker wirken als Soziologen sich mit Themen beschäftigen, die dem normalen Leser in seinem Lebensalltag begegnen und für deren Beurteilung er eine persönlich Kompetenz beansprucht. Diese Fußnote hat in meinem Leben als Soziologe eine Rolle gespielt. Ich habe schon als Student in der *Frankfurter Allgemeinen* Rezensionen soziologischer Publikationen geschrieben, die damals, jeweils eine Manuskriptseite lang, rechts oben auf der vorletzten Seite des Feuilletons erschienen. Daraus wurden allmählich längere Beiträge, gelegentlich sogar Aufmacher. Ich bewahre Briefe des damaligen Feuilletonchefs Marcel Reich-Ranicki auf, in denen er sich für meine Texte bedankt, aber seinem Dank das immergleiche Postskriptum nachschickt: „Bitte schreiben Sie beim nächsten Mal verständlich!" Völlig unverständlich muss ich nicht geschrieben haben, sonst hätte man mir im April 1968 nicht die Aufgabe übertragen, vom 16. Deutschen Soziologentag in Frankfurt zu berichten, der unter dem Thema „Spätkapitalismus oder Industriegesellschaft" stand und zur scharfen Kontroverse zwischen Ralf Dahrendorf und Theodor W. Adorno führte. Es ging nicht nur um einen einzigen Artikel, jeden Tag begab ich mich nach Ende der Debatten in die Redaktion der FAZ und verfasste rechtzeitig vor Redaktionsschluss meinen aktuellen Bericht. Mein Erschrecken aber auch mein Stolz waren groß, als an einem Kongresstag Theodor W. Adorno einen meiner Artikel zitierte und sich über die tendenziöse Berichterstattung beklagte.

Ich habe als Student angefangen, als Journalist über soziologische Themen zu schreiben, erst in der FAZ, dann in der *Woche* und in der ZEIT, schliesslich lange Jahre in der *Süddeutschen Zeitung* und jetzt, ebenfalls seit langen Jahren, in der WELT. Ich habe das Glück gehabt, bedeutende sprachbewusste Soziologen kennenzulernen, denen die Darstellungsweise ihrer Publikationen wichtig war.

Dazu gehörten Robert K. Merton und nicht zuletzt Daniel Bell, der vor seiner Universitäts- und Forschungskarriere ein bekannter Journalist gewesen war und mit dem ich jahrelang in einem Newsletter, genannt *Correspondence*, zusammen arbeiten konnte. Bell schrieb für den Newsletter mehrere eindrucksvolle soziologische Texte, am beeindruckendsten aber war für die jüngeren Mitautoren von *Correspondence* wie mich, dass Daniel Bell sich nie zu schade war, bei Bedarf die Rolle des Redakteurs einzunehmen und unseren Texten Schliff und Verständlichkeit zu geben. Ich habe in meiner journalistischen Arbeit stets von der Soziologie und in der Soziologie von meiner Tätigkeit als Journalist profitiert. In gleicher Weise hat der soziologische Blick mein Lesevergnügen ebenso gesteigert wie die Lektüre vor allem großer Romane zu soziologischen Einsichten geführt hat – ob es sich nun um die „romans financiers" Balzacs wie *Grandeur et Décadence de César Birotteau* oder um, wie Proust sie nannte, die „Experimente einer unterhaltsamen Soziologie" in Combray handelte. Marcel Proust freute sich, als ein Freund endlich erkannte, dass es sich in seinem Roman *Auf der Suche nach der verlorenen Zeit* um „ein dogmatisches, durchkonstruiertes Werk" handelte. Der lesende Soziologe konnte dies schon früh erkennen und gleichzeitig konnte er besonders wertschätzen, wie Proust beispielsweise die Mentalitäts- und Ideologie-prägende Auswirkung der Dreyfus-Affäre auf die französische Gesellschaft so präzise erkannte, wie keine historisch-soziologische Studie es vermochte.

Eine kurze Anmerkung zum Genre der Sozioautobiographie zum Schluss. In den von mir herausgegebenen, von Wolf-Hagen Krauth übersetzten vier Bänden zur *Geschichte der Soziologie* (1981) ist der zweite Teil mit „Soziologie-Geschichten. Autobiographie, Biographie und Erzählung" überschrieben – in der Erwartung dass jeder Leser eine gute Geschichte schätzt, „everybody enjoys a good story". Im Vorwort seiner Autobiographie (1904) sprach Herbert Spencer von einer Naturgeschichte seiner selbst, die er in der Absicht verfasst habe, zu zeigen, wie für die Entstehung eines Gedankensystems die Emotionalität eines Autors von gleich großer Bedeutung sei wie sein Intellekt. Demonstrieren ließ sich das u. a. an Texten von Rudolf Heberle („Soziologische Lehr und Wanderjahre") und Theodor W. Adorno („Wissenschaftliche Erfahrungen in Amerika"). In seinem Beitrag „Von uns selber aber schweigen wir. Wissenschaftsgeschichte aus Lebensgeschichten" verwies Martin Kohli auf die verschiedenen Konjunkturen dieser „Naturgeschichten seiner selbst". Er erinnerte gleichzeitig daran, dass das Genre herkömmlichen Erwartungen an den Gelehrten widerspricht, der nur von der Sache nicht aber von sich selbst sprechen soll. Der Titel des Beitrags von Martin Kohli zitiert den Satz Francis Bacons aus der Einleitung zur *Instauratio Magna*, „De nobis ipsis silemus", den Kant wiederum als Motto der zweiten

Auflage der *Kritik der reinen Vernunft* nutzte. Die Voraussetzung jeder Sozioautobiographie aber ist der Satz „De nobis ipsis loquimur“ – „Von uns selber aber sprechen wir“ – mithilfe der Soziologie.

In autobiographischen Essays wie Kaoutar Harchis *Comme nous existons* kommt dabei eine fast zärtliche Dankbarkeit gegenüber der Soziologie zum Ausdruck, deren Studium für die Autorin lebensbestimmend wurde. Sozioautobiographien können als sozio-politische Frühwarnsysteme gelesen werden. In Texten von Annie Ernaux, Didier Eribon und Édouard Louis wurde die Bewegung der Gelbwesten, der „Gilets Jaunes“ vorweggenommen. In *Hillbilly Elegy*, dem Bestseller von James David Vance, wurde ein Milieu geschildert, das den Aufstieg eines Politikers wie Donald Trump verständlich machte. *Hillbilly Elegy* erschien 2016, im gleichen Jahr als Trump gewählt wurde. Vance wurde eigenem Bekunden nach durch seine Arbeit als Kassenhilfe zum Amateur-Soziologen. Soziologische Einsichten machten Vance zum Trump-Versteher, im kommenden November bewirbt sich der Republikaner in Ohio um einen Sitz im Senat.

In *Die drei Kulturen* habe ich Soziologie und Literatur nicht durch gleichsam ontologische Differenzen voneinander trennen wollen. Ich habe auf historische Phasen aufmerksam gemacht, in denen unter Institutionalisierungsdruck Soziologie und Literatur zu Konkurrenten werden mussten. Die Sozioautobiographie ist ein ebenso aggressives wie versöhnliches Genre. Unter wegfallendem Institutionalisierungsdruck wird das „blurring of genres“, wie Clifford Geertz es nannte, für die Autoren zur oft polemisch genutzten Chance, sich endlich Gehör zu verschaffen, und für den Soziologen zur intellektuellen Herausforderung.

Literatur

Baudelaire, Charles. 1976. *Oeuvres complètes*. Bd. 2. Paris: Bibliothèque de la Pléiade.

De Bonald, Louis. 1852. *Oeuvres. Mélanges littéraires, politiques et philosophiques*. Paris: Librairie d'Adrien le Clerc.

Flaubert, Gustave. 1980. *Correspondance*. Bd. 2. Paris: Bibliothèque de la Pléiade.

Gehlen, Arnold. 1965. Genese der Modernität – Soziologie. In *Aspekte der Modernität*, Hrsg. von Hans Steffen. Göttingen: Vandenhoeck & Ruprecht.

Marx, Karl. 1894. *Das Kapital*. Bd. 3. Hamburg: Otto Meissner.

Mills, Charles Wright. 1959. *The Sociological Imagination*. New York: Oxford University Press.

Mills, Charles Wright. 2016. *Soziologische Phantasie*, Hrsg. von Stephan Lessenich. Wiesbaden: Springer VS.

Vinet, Alexandre. 1859. *Moralistes des seizième et dix-septième siècles*. Paris: Les Éditeurs.

Voegelin, Eric. 1966. Was ist politische Realität? *Politische Vierteljahresschrift* 7(1):2–54.

Wilson, Edmund. 1956. *A Piece of my Mind*. New York: Farrar, Straus and Cudahy.

Sozio-literarisches Wissen

Zeitdiagnostik als Lebenskunst. Georg Simmels Kultursoziologie in Form einer Kultur-, Kunst- und Lebensphilosophie

Hans-Peter Müller

1 Einleitung

Zunächst darf ich Christine Magerski und Christian Steuerwald ganz herzlich für die Initiative zu dieser Tagung danken und gleich mit einem Geständnis als Bekenntnis beginnen. Wolf Lepenies (1985) hat viele großartige Bücher geschrieben, aber „Die drei Kulturen": das ist mein Lieblingswerk. Nur wenige Philosophen oder Soziologen vermögen mit so viel Wissen und Einfühlungsvermögen Literatur und Soziologie in England, Frankreich und Deutschland zu charakterisieren wie Lepenies. Tatsächlich ist es etwa eine kongeniale wie zielführende Idee, die deutsche Soziologie aus dem Geiste von und in Opposition zu Stefan George zu entwickeln. Das gilt vor allem für Georg Simmel, dem sich der folgende Beitrag widmet. Auch hier zeigt Lepenies die Nähe von Wissenschaft und Kunst auf. Beide, George und Simmel, wollten die *Zeichen der Zeit* verstehen. George in Gestalt einer neuen Dichtkunst, Simmel in der Form einer neuartigen Philosophie und neuen Soziologie. Simmel wird ein einzigartiges wie eigenartiges Werk schaffen, jetzt in vierundzwanzig Bänden bei Suhrkamp zu besichtigen. Gleich zwei Handbücher aus soziologischer (Müller und Reitz 2018) wie philosophischer Feder (Bohr et al. 2021) tauchen in die Tiefen wie Untiefen des Werkes ein und selbst die Philosophen (Hartung et al. 2020) entdecken ihn als gleichberechtigten Begründer der Kulturphilosophie zusammen mit Ernst Cassirer.

H.-P. Müller (✉)
Berlin, Deutschland
E-Mail: hpmueller@sowi.hu-berlin.de

C. Magerski und C. Steuerwald (Hrsg.), *„Die drei Kulturen" reloaded,* Literatur und Gesellschaft. Literatursoziologische Studien,
https://doi.org/10.1007/978-3-658-42824-2_2

Allein, der *archimedische Punkt* seines Werkes dürfte bis heute nicht gefunden worden sein trotz einer beachtlichen nationalen wie internationalen Sekundärliteratur. Meine These lautet, dass Simmel so etwas wie eine *Strukturphänomenologie der modernen Kultur* als Projekt verfolgt hat und das in *analytischer* Absicht. Im Ergebnis führt diese latente und wie ein Geheimnis behandelte Systematik dazu, dass die aus seinem Ansatz gewonnene Zeitdiagnostik ihm unter der Hand zum Kunstwerk gerät. Genau diese schillernde Eigenart seines Werkes hat schon zu seiner Zeit zu Irritationen geführt, wie die versammelten Stimmen im „Buch des Dankes" (Gassen und Landmann 1958) bei aller Hoch- und Wertschätzung anzeigen. In welcher Weise sind denn nun seine Schriften einzuordnen: Als ernsthafte Wissenschaft oder doch eher als feuilletonistische Literatur? Simmels Kunststück, Philosophie und Soziologie ins Feuilleton seiner Zeit zu bringen, ohne dabei jegliche Abstriche an ihre ernsthafte Erkenntnisabsicht zu machen, ist dabei ebenso unbemerkt geblieben wie die Tatsache, dass er es ist, der den Essay als philosophische Form rehabilitiert.

Die kühne These zu seiner unverwechselbaren Werkgestalt wird in drei Schritten verfolgt, um ihren Bedeutungsgehalt wenigstens skizzenhaft zu charakterisieren. In einem ersten Schritt wird Simmels Problemstellung und Ansatz in gebotener Kürze entfaltet. Im zweiten Schritt soll seine kuriose Werkentwicklung umrissen werden, die wahrlich dazu angetan war, seine Rezipienten zu verwirren. Im letzten Schritt wird das Geheimnis gelüftet, indem die als Strukturphänomenologie der modernen Kultur bezeichnete Eigenart seines Werkes herausgearbeitet wird. Das sollte auch möglich machen, die Frage tentativ zu beantworten, ob man sie als soziologische Ästhetik verstehen kann.

2 Simmels Problemstellung und sein Ansatz

Folgende vier Punkte haben aus meiner Perspektive Aussicht auf einen Konsens unter Simmel-Forschern und Forscherinnen heute. Zunächst das *Thema*: Simmels vorherrschendes Sujet ist das *Verhältnis von Modernität und Individualität*. Er nimmt die Modernitätsdefinition von Baudelaire (1863) aus dem „Maler des modernen Lebens" („La modernité, c'est le transitoire, le fugitif, le contingent!" – „Die Modernität, das ist das Vorübergehende, das Flüchtige, das Kontingente!" (meine Übersetzung)) auf und übersetzt sie philosophisch wie soziologisch. Die Moderne – differenziert, komplex und kontingent wie indifferent und ambivalent – setzt den Einzelnen in ungekannter Weise frei von allen traditionellen Verpflichtungen. Das ist die *Freiheit von*. Freilich bedeutet der Möglichkeitszuwachs moderner Lebensverhältnisse, dass es keine vorbildliche oder verbindliche

Freiheit zu einem bestimmten Wertkomplex oder einer vorgeschriebenen Lebensführung mehr gibt. Die „Freiheit von" übersetzt sich nicht in die „Freiheit zu". Isaiah Berlin (1995) sollte mit dieser Unterscheidung von Simmel aus der „Philosophie des Geldes" (1900) eine Weltkarriere machen. Für Simmel ist dieser Hiatus chronisch und definiert seine kritische Zeitdiagnose. Pointiert gesagt: *Die Freiheit wird total, aber die Gesellschaft ist fragmentiert.* Diese „transzendentale Obdachlosigkeit" (Lukács 1920) oder weniger pathetisch und soziologisch gewendet eine „Gesellschaft ohne Baldachin" (Soeffner 2000) postuliert ein Grundproblem: Wie sollen wir leben? Was ist ein erfülltes Leben? Wie sieht ein gutes Leben aus? Das formuliert Simmels Kardinalproblem und er ist damit nicht allein, denn auch Max Weber (Müller 2020) stellt sich diese Frage. So gesehen, startet die deutsche Soziologie als Lebenswissenschaft. Auch Wolf Lepenies (1985, S. 11) weist darauf hin, dass sozialwissenschaftliche und literarische Intelligenz darum wetteifern, „dem modernen Menschen eine Art Lebenslehre zu bieten." Das Pendant von Simmels berühmter Frage aus der *Soziologie* – „Wie ist Gesellschaft möglich?" – lautet daher: „Wie ist Individualität möglich?" (Müller 2015).

Sodann der *theoretische Ansatz*: Simmel macht aus der Not eine Tugend und verweist die Beantwortung solcher Freiheits-, Existenz- und Sinnfragen der arbeitsteiligen Kooperation von Philosophie, Soziologie und Ästhetik. Allerdings entwickelt er kein theoretisches System wie Kant oder Hegel, sondern bestenfalls eine unterschwellige, fast arkan zu nennende Systematik. Er glaubt aber auch nicht an die „Ein-Faktor-Theorien" der Philosophien des 19. Jahrhunderts, seien es Schopenhauers „Wille zum Leben" noch Nietzsches „Wille zur Macht". Weder *System* noch *Grundbegriff* können die existentiellen Grundfragen des modernen Menschen beantworten. Was vonnöten wäre, ist eine *Systematik*, die aber nicht auf den ersten Blick erkennbar wird und vielleicht auch nicht erkennbar werden soll. Vielmehr muss sie in mühseliger Klein- und Feinarbeit aus der Werkfülle rekonstruiert werden, zumal Simmel selbst eine solche Systematik in einem Brief an Heinrich Rickert (Gassen und Landmann 1958, S. 112) schlichtweg leugnet. Aber allein das ist bereits Teil seiner arkanen Theoriepolitik. Simmel wird regelrecht zum Geheimniskrämer, wenn es um seine wissenschaftlichen Absichten geht. Er wollte sich einfach nicht in die Karten gucken lassen und sein Publikum mit fertigen, nahezu perfekten Werken überzeugen, ja regelrecht überwältigen. Das war vielleicht auch eine Folge seiner akademischen Statusinkonsistenz: Wissenschaftlich produktiv und erfolgreich, akademisch randständig und chronisch erfolglos. *The stranger in the academe*, wovon Lewis Coser (1965, 1971) immer wieder sprechen sollte. Simmel (1908) blieb trotz seiner

Prominenz im Kaiserreich zeit seines Lebens der „Fremde“ in der deutschen Wissenschaftslandschaft.

Ferner die *methodische Basis* – Erkenntnistheorie und Methodologie: Simmel ist – auch nach seinem eigenen Grundverständnis – in erster Linie Philosoph, der eben auch eine Soziologie entwickelt hat, für die er heute unversehens berühmt geworden ist. Das schafft eine komplizierte Gemengelage für die Rezeption. Er ist weder Kantianer, obwohl er – wenn überhaupt – dem Neukantianismus eines Windelband und Rickert verbunden ist. Er ist aber noch weniger ein verkappter Hegelianer (Christian 1978), der zwar keine „Phänomenologie des Geistes“ (Hegel), aber eine Strukturphänomenologie der modernen Kultur entwickelt. Er ist zwar befreundet mit Edmund Husserl, kann aber mit dessen Phänomenologie recht wenig anfangen. Angesichts der Zerrissenheit der Moderne und der Pluralisierung des Wertekosmos plädiert er für einen *Relativismus*, den man mit relationalen Methoden untersuchen kann. Dieser Relativismus ist nicht „zersetzend“, wie seine zeitgenössische Umwelt glaubte, sondern „ersetzt“ die Absolutheit eines geschlossenen Wertsystems. Werte finden Geltung nur noch aneinander und funktionell, nicht mehr absolut einzigartig und substantiell. Der *Relationismus* ist die Methode, die gleichermaßen für Philosophie, Soziologie und Ästhetik ihm zum Studium der Phänomene angemessen erscheint. Auch dieser Duktus von Relativismus und Relationismus in seiner konstitutiven Bedeutung (Müller und Reitz 2018, Bohr et al. 2021) scheint heute nahezu unstrittig zu sein, zumal er längst Eingang in die historische Soziologie gefunden, wie Charles Tilly (2021) „relationaler Realismus“ beweist.

Schließlich die *Analysen des modernen Lebens*: Obwohl er zum Lebensbegriff erst in seinem Spätwerk mit der Rezeption von Henri Bergson (Fitzi 2002) durchstößt, ist es „la vie sociale“ (Durkheim), was ihn von Beginn an interessiert. Simmel wird so zum „Maler des modernen Lebens“, um nochmals Baudelaire zu zitieren. Die zerrissene Moderne als fragmentierte Totalität muss deshalb am Ensemble ihrer Phänomene und Dinge studiert werden. Am Fragment einen Vorschein der Totalität zu gewinnen, wird so Simmel zum Programm. Das heißt aber auch, dass er keine Gesellschaftstheorie (Müller 2021) entwickelt wie Karl Marx oder Émile Durkheim oder eine Gesellschaftsgeschichte wie Max Weber. Vielmehr strebt er das an, was ich als Strukturphänomenologie der modernen Kultur in analytischer Absicht bezeichne. Das soll gleich noch näher ausgeführt werden. Am nächsten kommt er diesem Bestreben einer „Theorie der modernen Gesellschaft“ (Cavalli 2012; Fitzi 2019, Hartung und Steinbach 2020, Rammstedt 2002) in seiner *Philosophie des Geldes*, in der er untersucht, was es heißt, in einer durch und durch kommerzialisierten Gesellschaft zu leben. Aber auch hier gilt für ihn: Am Leitfaden des Geldes als einem, wenn auch konstitutivem Fragment den

Entwurf einer Totalität der Moderne zu entwerfen. Nicht mehr, aber auch nicht weniger.

Wenn diese vier Punkte – Thema, theoretischer Ansatz, Methode und phänomenologische Analyse des modernen Lebens – Konsens in der Simmel-Forschung nach über hundert Jahren sind, soll im zweiten Schritt seine wechselhafte Werkentwicklung geschildert werden, denn Simmels kurioser Parcours hat das Verständnis seines Werkes nicht gerade erleichtert und die Rezeption mehr als verwirrt.

3 Der wissenschaftliche Werdegang eines Grenzgängers zwischen Philosophie, Soziologie und Ästhetik

Simmel startet furios, wie es einem jungen Ikonoklasten gebührt. „Der junge Simmel“ (Köhnke 1996) will die philosophische Welt im Sturm nehmen und sich einen Platz im universitären Kosmos Deutschlands erobern. Ersteres gelingt, das zweite sollte chronisch misslingen. Er wird dafür ein neues, geradezu und bislang unerhörtes, meritokratisches Prinzip entwickeln: *Scheitern durch Erfolg*. Denn Simmel legt noch als Privatdozent ohne autoritätsverleihenden Lehrstuhl grandios los und beschert den Buchmarkt mit einer aufsehenerregenden Publikation nach der anderen aus seiner Feder. Unbekümmert darum, wie diese enorme Produktivität wohl die Granden in der etablierten Schulphilosophie finden werden, nimmt er sich der größten Fragen in der Philosophie mit souveräner Überzeugungskraft an und entzaubert viele lieb gewordene Vorstellungen in seinem Fach. *Über soziale Differenzierung* (1890) ist seine erste soziologische Fingerübung auf den Spuren von Charles Darwin und Herbert Spencer, zeigt aber schon seine soziologische Begabung mit den beiden Mechanismen der „Kreuzung sozialer Kreise“ und dem „Prinzip der Kraftersparnis“. Arbeitsteilung und soziale Differenzierung (Müller und Schmid 1988) waren seit der schottischen Aufklärung der gemeinsame analytische Bezugsrahmen von Politischer Ökonomie und der sich entwickelnden Sozialwissenschaften, um Struktur und Dynamik der Gesellschaften im Modernisierungsprozess zu studieren. Das Prinzip der Kraftersparnis gibt eine soziologische Erklärung für Effizienz und Effektivität. Die Kreuzung sozialer Kreise unterbreitet eine strukturelle Erklärung für die einsetzende Individualisierung des modernen Menschen. *Die Probleme der Geschichtsphilosophie* (1892) blasen zum Generalangriff auf den Historismus und jede Form von Geschichtsphilosophie als Fortschrittserzählung. Geschichte schreiben heißt eine soziale

Konstruktion vornehmen, eine Perspektive einnehmen, weshalb je nach Perspektive Geschichte immer wieder neu und anders erzählt werden kann. Auch hier gilt schon der Relativismus und Rankes Vorstellung von Geschichte, „wie es eigentlich gewesen" wird als positivistischer Mythos zurückgewiesen. *Die Einleitung in die Moralwissenschaft* (1892) behandelt die zentralen Probleme der Ethik und weist unüberbietbar nach, dass die Philosophie nicht in der Lage sein kann, eine vorbildliche und deshalb verbindliche Ethik zu entwerfen. Als die Kritiken des ersten Bandes – „zersetzend" und „wo bleibt das Positive?" – über ihm zusammenschlagen, legt er im zweiten Band von 1893 noch einmal richtig nach. Nun fällt auch der heilige kategorische Imperativ von Kant dem Vorwurf der „Leerformel" anheim und Simmel beschließt den Band mit einem fulminanten Kapitel über den endemischen Konflikt zwischen ethischen Pflichten.

In der *ersten Phase* seiner Werkentwicklung hat Simmel gezeigt: Ethik in der Philosophie, wie in den letzten 2000 Jahren betrieben, geht nicht; Geschichtswissenschaft, wie sie an den Universitäten als historistische Wissenschaft betrieben wird, geht auch nicht, weil eine Schimäre auf defizitärer erkenntnistheoretischer Basis. Das sind grandiose, bleibende Erkenntnisse und Einsichten, hinter die man in Zukunft nicht zurückgehen konnte. Aber nochmals: An der alten Berliner Ordinarienuniversität wollte man sich so etwas nicht sagen lassen. Schon gar nicht von einem jungen Privatdozenten, der sich doch erst einmal im Forschungs- und Lehrbetrieb die ersten Sporen verdienen sollte. Nebenbei bemerkt: Wer so ikonoklastisch loslegt, darf nicht erwarten, zur Belohnung einen Lehrstuhl für Philosophie, vielleicht sogar noch im Bereich der Ethik, zu gewinnen. Wenn man weiß, dass circa fünfzig Prozent der Lehrstühle in der Ethik (Köhnke 1986) zu vergeben waren, so hatte Simmel mit seinen überproportionalen Anfangserfolgen bereits die Hälfte seiner Berufungschancen in der Philosophie verspielt. Und von da an hatte er auch seinen berühmt-berüchtigten Ruf weg: Übermäßig begabt und geistreich, aber vorwitzig, negativ und eben nur „zersetzend". Mit dieser Reputation war „Scheitern als Erfolg" vorprogrammiert.

Was bleibt, ist die Soziologie als neue Wissenschaftsdisziplin, der er sich deshalb in der *zweiten Phase* vermehrt zuwendet. Sein Aufsatz „Das Problem der Soziologie" (1894) gilt als Programmatik für soziologische Studien, die er gleich in verschiedene Sprachen übersetzen lässt. Er erwägt die Gründung einer „Zeitschrift für Soziologie" als Publikationsorgan für solche Studien zur modernen Gesellschaft, lässt diese Idee aber fallen, als er registrieren muss, dass ihm die Franzosen zuvorgekommen sind. Zudem fällt die Begeisterung für seine Programmatik äußerst verhalten aus. Wie man soziologische Studien auf der Basis der Trennung von Form und Inhalt betreiben soll, will der sich bildenden Zunft nicht recht einleuchten. Simmel „macht" die Soziologie dann selbst, um zu demonstrieren, dass sein Forschungsprogramm „funktioniert" und einschlägige Ergebnisse zu den Formen der Vergesellschaftung zeitigt. Aber als seine große „Soziologie" im Jahre 1908 endlich erscheinen sollte, da war er eigentlich schon längst wieder auf dem Weg zurück in die Philosophie, jetzt aber in eine Kultur-, Kunst- und Lebensphilosophie. Mittel- und Höhepunkt seiner Soziologie wird deshalb auch seine *Philosophie des Geldes*, die aber ebenfalls verhalten (Rammstedt 2002) aufgenommen wird. Das hier im Jahre 1900 ein Jahrhundertbuch geboren worden war, vergleichbar Sigmund Freuds (1900) „Die Traumdeutung" – diese Erkenntnis blieb seinen Zeitgenossen verwehrt. Wie kann Geld philosophisch behandelt werden, wenn es sich doch um eine ökonomische Grundtatsache handelt? Freilich: Simmel (1989a, b, S. 11) hatte dem selbst vorgearbeitet, indem er meinte: „Keine Zeile dieser Untersuchungen ist nationalökonomisch gemeint." Das ließen sich die Ökonomen nicht zwei Mal sagen und ignorierten Simmels Jahrhundertwerk weitgehend. Kurz: Missverständnis türmte sich auf Missverständnis.

Die dritte Phase seiner Werkentwicklung – die Kultur-, Kunst- und Lebensphilosophie – studiert philosophisch und ästhetisch, was seine Formenlehre der modernen Gesellschaft bereits erwiesen hat: Die Differenzierung, Komplexität und die Entstehung eigener Wert- und Lebensreihen wie Wissenschaft, Kunst, Recht und Religion. Zudem gesellt sich zu seiner schon früh entworfenen soziologischen Ästhetik eine Kunstphilosophie, die auf der Unterscheidung von Kunst*werk* („l'art pour l'art" durch Entfaltung seiner reinen Bestimmung) und Kunst*gewerbe* im Dienst der ästhetischen Lebensgestaltung beruht. Entscheidend wird seine Lebensphilosophie, die Ernst macht mit der in den *Grundfragen der Soziologie* (1917) propagierten enormen Ausweitung der Soziologie. Denn neben der *reinen*, früher formal genannten Soziologie soll es eine *allgemeine* Soziologie gleichsam als historische Makrosoziologie und eine *philosophische* Soziologie geben, welche die letzten Sinn-, Wert- und Bedeutungsfragen diskutiert. Die *Lebensanschauung* (1918) wird dieses Programm – wie bei Simmel üblich nur in Ansätzen – einer metaphysischen Soziologie und Lebensphilosophie durchführen.

Was für ein kurioser Parcours der Werkevolution: Von der Dekonstruktion der Philosophie zur Soziologie und von der Soziologie zur Ästhetik als programmatische Richtschnur für seine Konstruktion einer Kultur-, Kunst- und Lebensphilosophie. Diese wilden Sprünge muss nachvollziehen können, wer die scheinbar komplett disparate, im Lichte von Simmels eigenem Denkweg aber folgerichtige Werkentwicklung überhaupt verstehen will. Heute, auf der Basis der Georg Simmel Gesamtausgabe, geht das schon eher, auch wenn sich selbst die neuere Sekundärliteratur (Fitzi 2019, Lichtblau 2019, Moebius 2003, Monchatre et al. 2022, Thouard 2020, Thouard und Zimmermann 2017) noch immer redlich abmüht zu verstehen, was den Meister in letzter Instanz umgetrieben haben mag. Aber seine Zeitgenossen wie auch heutige Simmel-Studierende musste und muss dieser Zick-Zack-Kurs gehörig verwirren. Denn was wollte der Meister am Ende damit erreichen? Meine Antwort: Eine Strukturphänomenologie der modernen Kultur. Aber was genau soll das heißen? Das führt zum dritten und letzten Schritt.

4 Die Strukturphänomenologie der modernen Kultur

Wie die ersten beiden Schritte zeigen, steht Simmels Werk auf drei Säulen – Philosophie, Soziologie und Ästhetik. Sie mögen sich in konkreten Studien überschneiden, aber erst einmal muss man das „Drei-Säulen-Modell" seines Oeuvres (Müller und Reitz 2018) zur Kenntnis nehmen. Diese drei Säulen sind auch notwendig, um die Eigenart der modernen Gesellschaft und Kultur zu studieren. Was die Einheit und den Zusammenhang dieser drei Säulen nun ausmacht, ist das, was ich als „Strukturphänomenologie der modernen Kultur" bezeichne, die in „analytischer Absicht" verfolgt wird. Trotz seines fachmenschenfreundschaftlichen Verhältnisses zu Edmund Husserl ist Simmel sicherlich kein Anhänger der klassischen Phänomenologie, die zu den Sachen selbst zurückkehren will. Vielmehr nimmt Simmel Kants Theorie von den Apriori auf und wendet sie disziplinär. Das heißt, sie sind weder ontologisch noch epistemologisch zu verstehen, sondern soziologisch und methodologisch. Vielleicht könnte man sie am ehesten als „Präsuppositionen" im Sinne von Jeffrey Alexander (1982) verstehen, also als Bedingungen der Möglichkeit einer disziplinären Perspektivierung der Einzelwissenschaften. Deshalb spricht Simmel etwa von Philosophie, Soziologie und Psychologie des Geldes, nur um dann seinem Hauptwerk die Dignität der Philosophie angedeihen zu lassen. Diese Apriori sind also keine Sache des Verstandes wie bei Kant, sondern bezeichnen die jeweiligen Blickwinkel der wissenschaftlichen Fächer. Jedes Fach formt auf diese Weise seine eigenen Erkenntnisse mit der Folge, dass seine Einsichten stets perspektivisch ausfallen. Es sind gleichsam „Konstruktionen" aus dem Geiste des jeweiligen Apriori. Phänomenologie hieße dann bei Simmel die bezugspunktabhängige Konstruktion von Tatbeständen. Diese Art von „Perspektivismus" bedeutet, dass keine Disziplin mehr, auch und schon gar nicht die Philosophie, einen Alleinvertretungsanspruch auf Wahrheit anmelden könnte. *Die* „Wahrheit" gibt es nicht mehr; was existiert, sind „Wahrheiten". Aber jede einzelne Wahrheit ist deshalb nicht weniger wahr, nur weil es die *eine* „absolute Wahrheit" nicht mehr gibt. Das genau ist die tiefere „Wahrheit" seiner Haltung zum Relativismus.

Was aber Philosophie und Soziologie eine gemeinsame Grundlage, eine „Attitüde" und eine „Färbung" gibt, wie Simmel sich gern ausdrückt, ist die Ästhetik. So nimmt es nicht Wunder, dass Simmel bereits zwei Jahre nach „Das Problem der Soziologie" seine „soziologische Ästhetik" (1896) vorlegt. Dieser Text liest sich wie ein Schlüssel, um die Tür zu seiner weiteren Werkentwicklung öffnen zu können. Und nicht nur das: Sie macht die Architektonik des Drei-Säulen-Modells deutlich.

Simmels soziologische Ästhetik folgt fünf Grundsätzen philosophischer, psychologischer, methodischer, soziologischer und zeitdiagnostischer Natur. 1. *Dualismus*: Tatsächlich tendieren alle Formen von Welt- und Lebensanschauungen auf die „Zweiheit" (GSG 5, 197): In der Antike stehen sich *Sein* (Parmenides) und *Werden* (Heraklit) gegenüber; in der klassischen Moderne sind es *Sozialismus* und *Individualismus*; und heute wohl *Universalismus* und *Kosmopolitismus* versus *Partikularismus* und *Nationalismus*. 2. *Unterschiedsempfindlichkeit*: Diese Dualismen korrespondieren mit der Differenzsensitivität des Menschen. „An Unterschiede sind unsere Empfindungen geknüpft, die Werthempfindung nicht weniger als die des Haut- und Wärmesinns." (S. 199) Tatsächlich ist diese Fähigkeit des Menschen die Voraussetzung dafür, Unterschiede zu machen und Grenzen zu ziehen, Differenz und Distinktion zu markieren, das Bessere vom Schlechteren zu sondern, das Rohe vom Feinen zu scheiden. „Das ist an sich ein höchster ästhetischer Reiz und Werth des Weltbildes." (S. 200) Diese Differenzsensitivität gibt zugleich das Wertmaß seiner soziologischen Ästhetik. Im Individualismus gilt der einen Höhe ungeachtet aller Tiefen die höchste Wertschätzung, weshalb Freiheit und Individualität prämiiert werden. Im Sozialismus gelten die egalitäre Ebene oder das ebenmäßige Mittelgebirge, also gediegenes Mittelmaß, als wertvoll, weshalb der Sozialismus Gleichheit und Solidarität auf seine Fahnen schreibt. *Versöhnung* zwischen diesen konträren Wertmaßen gibt es nicht, sondern nur den ewigen Kampf um Vorherrschaft und Hegemonie. 3. *Fragment/Totalität*: Die Totalität der multiplen Phänomene gilt es analytisch wie methodisch über das Fragment zu studieren. „Das Wesen der ästhetischen Betrachtung und Darstellung liegt für uns darin, daß in dem Einzelnen der Typus, in dem Zufälligen das Gesetz, in dem Aeußerlichen und Flüchtigen das Wesen und die Bedeutung der Dinge hervortreten." (S. 198) 4. *Ästhetik der Lebensgestaltung*: Sinn und Bedeutung der Kultur studiert Simmel über das, was er in seinem ersten George-Essay als „ästhetische Lebensgestaltung" (S. 202) bezeichnet und damit die Konsumsoziologie (Schrage 2009) wie „die Erlebnisgesellschaft" (Schulze 1992), aber auch Foucaults (2007) „Ästhetik der Existenz" vorwegnimmt. 5. *Zeitdiagnose*: Die Analyse der multiplen Phänomene zu „ästhetischer Lebensgestaltung" wird ausgezogen und zeitdiagnostisch verdichtet: „Je ruheloser, ungewisser, gegensatzreicher das moderne Dasein wird, desto leidenschaftlicher verlangt uns nach Höhen, die jenseits unseres Guten und Bösen stehen, zu denen wir aufsehen, die wir sonst das Emporblicken verlernt haben." (S. 94)

Man kann sich diese fünf Grundsätze seiner soziologischen Ästhetik – Dualismus, Unterschiedsempfindlichkeit, Fragment-Totalität, Ästhetik der Lebensgestaltung und Zeitdiagnostik – abschließend an einem Beispiel klarmachen: Seinem Essay über „Alpenreisen" (Simmel 1895). Er liest sich wie eine späte bissige Antwort auf das törichte Buch seines älteren Bruders Eugen, der 1880 seine „Spaziergänge in den Alpen" (Eugen Simmel 1880) für die Berliner Sektion des 1869 gegründeten Deutschen Alpenverein veröffentlicht hatte, in der er den Großstadt-Berlinern in den schönsten Farben das Reisen in die Alpen schmackhaft gemacht und den Gebirgstourismus mächtig angekurbelt hatte. Georg Simmel, selbst leidenschaftlicher Alpinist, mokiert sich über „den Großbetrieb des Naturgenusses", liest gleichzeitig aber auch „jener thörichten Romantik" die Leviten, „die an schlechte Wege, prähistorisches Essen und harte Betten den unwiederbringlich entschwundenen Reiz der guten alten Reisezeit geknüpft glaubt" (S. 91). Zudem kritisiert er den angeblichen „Bildungswert der Alpenreisen" (S. 92), da er hierin nur die Prätentionen der wohlhabenden und gebildeten Schichten erkennen kann. Tatsächlich waren in der Anfangszeit weder Arbeiter noch Frauen im Deutschen Alpenverein geduldet. Die Manie der „Alpenreisen" verkörpert die Suche nach dem Nervenkitzel als Ausdruck einer rastlosen Steigerungslogik, die ihm symptomatisch für den *Zeitgeist* zu sein scheint. Der Gegensatz zwischen Sozialismus und Individualismus, so seine soziologische Ästhetik, wird noch einmal dynamisiert, „denn gerade die Schwingungen zwischen beiden Extremen beweisen die gleiche Neurasthenie, der schon jedes für sich allein entstammte. Eine Zeit, die zugleich für Böcklin und den Impressionismus, für Naturalismus und Symbolistik, für Sozialismus und für Nietzsche schwärmt, findet ihre höchsten Lebensreize offenbar in der Form der Schwankung zwischen den extremen Polen alles Menschlichen; ermatteten, zwischen Hypersensibilität und Unempfindlichkeit schwankenden Nerven können nur noch die abgeklärteste Form und die derbste Nähe, die allerzartesten und die allergröbsten Reize neue Anregungen bringen." (S. 213 f.)

Das ist eine bemerkenswerte Programmatik, wenn auch kein ausgearbeitetes Forschungsprogramm. Sie umreißt vor allem eine „Soziologie der Ästhetik", gibt aber noch keine „Philosophie der Ästhetik" (Meyer 2017), die er erst später in seiner Kunstphilosophie angehen sollte. Dennoch öffnet diese Programmatik den soziologischen Blick auf ein breites Panorama von Phänomenen der Moderne, die er auf diese Weise besser analysieren und verstehen konnte. Den Höhepunkt in der Anwendung dieser Programmatik markiert Simmels *Philosophie des Geldes*, die gleichsam das moderne Weltbild abstrakt zu zeichnen versucht und den „Stil des Lebens" durch Distanz, Rhythmus bzw. Symmetrie und Tempo bestimmt. Und seine „Philosophische Kultur" (1911) liefert Arbeitsproben dieser Programmatik an ausgewählten Phänomenen. Seine Kultur-, Kunst- und Lebensphilosophie diskutiert er über seine guten Hausgötter „Kant und Goethe" (Simmel 1906/1912) und seine modernen Dämonen „Schopenhauer und Nietzsche" (1907) paradigmatisch wie exemplarisch die Permutationen der „ästhetischen Lebensgestaltung" als Formen des gelungenen Lebens, die er in seinem „Goethe" (Simmel 1913) und seinem „Rembrandt" (Simmel 1916) auf deren jeweilige Existenzformel hin weiter und tiefer verdichtet. Seine „Lebensanschauung" (Simmel 1917) gibt eine Metaphysik des modernen Lebens und sein darin enthaltenes „individuelles Gesetz" ist seine Antwort auf die Frage nach einer gelungenen Lebensführung.

5 Schlussbetrachtung

Die Strukturphänomenologie moderner Kultur in analytischer Absicht profitiert zweifelsohne von seiner „soziologischen Ästhetik". Aber verfolgt Simmel deshalb eine „ästhetische Soziologie" (Meyer 2017) und ist sein Werk vor allem Ausdruck eines inhärenten „Ästhetizismus" (Hübner-Funk 1976)? Das wäre übertrieben und würde weder der „Drei-Säulen-Logik" (Philosophie, Soziologie, Ästhetik) noch seiner späten Dreiteilung der Soziologie (rein, allgemein, philosophisch) gerecht. Die ursprünglich formale, später rein genannte Soziologie ist frei von jeglicher Ästhetik, sieht man von einigen aparten Beispielen in der großen „Soziologie" von 1908 ab, mit der Simmel die Trockenbeerenauslese seiner Deklination der Strukturformen der Vergesellschaftung aufzuhübschen versucht. Allerdings spielt sie in der allgemeinen und philosophischen Soziologie eine große Rolle, wenn es um die Kultur-, Gesellschafts- und Zeitdiagnose geht. Gerade in seinen spekulativen Versuchen, die an der Analyse moderner Fragmente gewonnenen Erkenntnisse „auszuziehen" und ihre Entwicklungslinien so zu verlängern, dass sich in synthetisierender Absicht eine Gesamtansicht des modernen Weltbildes zumindest als Denkmöglichkeit, wenn auch nicht als Wirklichkeit ergibt, zeigt sich der ästhetisierende Charakter seines Ansatzes. Insofern könnte man vielleicht besser von einer „ästhetisierenden" Soziologie sprechen statt von „Ästhetizismus" oder „ästhetischer Soziologie". Da nur im Kunstwerk Totalität noch möglich ist, reflektiert Simmels „metaphysische Soziologie" in einem höchst spekulativen und vom strengen erfahrungswissenschaftlichen Objektivitätsanspruch entlasteten Modus so, „als ob" die (offene) Gesellschaft ein geschlossenes Kunstwerk wäre. Nur auf diese Weise bleibt Weltbildanalyse in der Moderne mit einem Totalisierungsanspruch bestehen. Da die Menschen sich in der Gesellschaft orientieren wollen und auch müssen, sollte die Soziologie als Wissenschaft von der Vergesellschaftung synthetisierende Deutungsangebote zu den Trends und Tendenzen gesellschaftlicher Entwicklung unterbreiten. Simmels „metaphysische Soziologie" versucht den Denkhorizont gesellschaftlicher Totalität *potentialiter* offenzuhalten. Sie verlässt dafür ein Stück weit den Boden der Wirklichkeitswissenschaft und nimmt die Gestalt einer spekulativen Möglichkeitswissenschaft an, die sich ästhetisierender Techniken bedient, um so etwas wie ein Gesamtbild gesellschaftlicher Verfassung und Entwicklung zeichnen zu können. Zeitdiagnose in diesem Geiste gerät dann leicht zum Kunstwerk. Es wird in der Literatur dann vor allem Robert Musil (1987) sein, der in seinem „Mann ohne Eigenschaften" mit literarischen Mitteln den Möglichkeitssinn (Makropoulos 2009) auch in der modernen Welt offenzuhalten versucht.

Meine abschließende systematische These lautet also: Simmel hat eine tieferansetzende Programmatik, die aber implizit und verdeckt bleibt, weil er die Grundlinien seines multidisziplinären Forschungsprogramms niemals expliziert hat. Kritik der konventionellen (Schul)Philosophie, ein eigenständiger Ansatz für die Soziologie und die Suche nach Lösungen für die verlorene Einheit von Gesellschaft und Kultur in Gestalt von Kultur-, Kunst- und Lebensphilosophie – so könnte man vielleicht den Zusammenhang der drei Säulen fassen. Aber das müsste in sehr viel sorgfältigerer Art und Weise expliziert werden, als es diese kleine Skizze zu leisten vermochte. Auf jeden Fall sollte klargeworden sein, dass diese komplizierte Werkgestalt seinen Zeitgenossen wie uns heute Rätsel aufgegeben hat, was genau Georg Simmel nun ist: Ernsthafter Wissenschaftler oder feuilletonistischer Literat. Sein sphinxhaftes Lächeln hätte uns verraten können, dass er mit Lust und Leidenschaft beides gewesen ist.

Literatur

Alexander, Jeffrey C. 1982. *Theoretical Logic in Sociology*, 4 vols. London: Routledge & Kegan Paul.

Baudelaire, Charles. 1989 [1863]. Der Maler des modernen Lebens. In *Sämtliche Werke/ Briefe*, Hrsg. Charles Baudelaire, Bd. 5, 213–258. München-Wien: Hanser.

Böhringer, Hannes, Karlfried Gründer, Hrsg. 1976. *Ästhetik und Soziologie um die Jahrhundertwende: Georg Simmel.* Frankfurt a. M.: Klostermann.

Bohr, Jörn., Gerald Hartung, und Heike Koenig, Hrsg. 2021. *Simmel-Handbuch. Leben-Werk-Wirkung.* Stuttgart: Metzler.

Cavalli, Alessandro. 2012. *Momenti di Storia del Pensioro Sociologico.* Milano: Ledizioni.

Christian, Petra. 1978. *Einheit und Zwiespalt. Zum hegelianisierenden Denken in der Philosophie und Soziologie Georg Simmels.* Berlin: Duncker & Humblot.

Coser, Lewis A. 1965. *Georg Simmel.* London: Prentice Hall.

Coser, Lewis A. 1971. *Masters of Sociological Thought. Ideas in Social and Historical Context.* New York: Harcourt Brace Jovanovic.

Fitzi, Gregor. 2002. *Soziale Erfahrung und Lebensphilosophie. Georg Simmels Beziehung zu Henri Bergson.* Konstanz: UVK.

Fitzi, Gregor 2019. *The Challenge of Modernity. Georg Simmel's Sociological Theory.* London: Routledge.

Fitzi, Gregor, Hrsg. 2020. *The Routledge International Handbook of Simmel Studies.* London: Routledge.

Foucault, Michel. 2007. *Ästhetik der Existenz. Schriften zur Lebenskunst.* Frankfurt a. M.: Suhrkamp.

Freud, Sigmund. 1900. *Die Traumdeutung.* Leipzig-Wien: Franz Deuticke.

Gassen, Kurt, und Michael Landmann, Hrsg. 1958. *Buch des Dankes an Georg Simmel. Briefe. Erinnerungen. Bibliographie.* Berlin: Duncker & Humblot.

Goethe, Johann Wolfgang. 2006 [1820]. Urworte. Orphisch. In *Sämtliche Werke 13.1, Die Jahre 1820–1826*, Hrsg. Gisela von Henckmann, Irmela Schneider, Münchner Ausgabe, 156–157. München-Wien: Hanser.

Hartung, Gerald, Heike Koenig, und Tim-Florian Steinbach, Hrsg. 2020. *Der Philosoph Georg Simmel.* Freiburg-München: Alber.

Hartung, Gerald, und Tim-Florian. Steinbach, Hrsg. 2020. *Georg Simmel: Philosophie des Geldes. Klassiker auslegen*, Bd. 71. Berlin: DeGruyter.

Hübner-Funk, Sibylle. 1976. *Ästhetizismus und Soziologie bei Georg Simmel*, Hrsg. Böhringer Gründer, 44–58.

Köhnke, Klaus Christian. 1986. *Entstehung und Aufstieg des Neukantianismus. Die deutsche Universitätsphilosophie zwischen Idealismus und Positivismus.* Frankfurt a. M.: Suhrkamp.

Köhnke, Klaus Christian. 1996. *Der junge Simmel – in Theoriebeziehungen und sozialen Bewegungen.* Frankfurt a. M.: Suhrkamp.

Lepenies, Wolf. 1985. *Die drei Kulturen. Soziologie zwischen Literatur und Wissenschaft.* München: Hanser.

Lichtblau, Klaus. 1996. *Kulturkrise und Soziologie um die Jahrhundertwende. Zur Genealogie der Kultursoziologie in Deutschland.* Frankfurt a. M.: Suhrkamp.

Lichtblau, Klaus. 2019. *Zur Aktualität von Georg Simmel. Einführung in sein Werk.* 2. Aufl. Wiesbaden: Springer VS.

Lukàcs, Georg. 1920. *Die Theorie des Romans. Ein geschichtsphilosophischer Versuch über die Formen der großen Epik.* Berlin: Cassirer.

Makropoulos, Michael. 2009. Kontingenz-Technisierung-,Möglichkeitssinn'. Über ein Motiv bei Robert Musil. In *Terror und Erlösung. Robert Musil und der Gewaltdiskurs*

der Zwischenkriegszeit, Hrsg. von Hans Feger, Hans-Georg Pott, und Norbert Christian Wolf, 279–299. München: Fink.
Marx, Karl, und Friedrich Engels. 1969 [1845/46]. Die deutsche Ideologie. In *MEW*, Bd. 3, 17–77. Berlin: Dietz.
Meyer, Ingo. 2017. *Georg Simmels Ästhetik. Autonomiepostulat und soziologische Referenz.* Weilerswist: Velbrück.
Moebius, Stephan. 2003. *Simmel lesen. Moderne, dekonstruktive und postmoderne Lektüren von Georg Simmel.* Stuttgart: ibidem.
Monchatre, Sylvie, Laurent Muller, und Patrick Watier, Hrsg. 2022. *Georg Simmel. Le Social en Mouvement.* Strasbourg: Presses Universitaires de Strasbourg.
Müller, Hans-Peter. 2010. Goethe: The Ambivalence of Modernity and the Faustian Ethos of Personality. In *Sociological Insights of Great Thinkers,* Hrsg. Cristofer von Edling, Jens Rydgren, und Denver Santa Barbara, 169–176. Oxford: Praeger.
Müller, Hans-Peter. 2015. Wie ist Individualität möglich? Strukturelle und kulturelle Bedingungen eines modernen Kulturideals. *Zeitschrift für theoretische Soziologie* 4(1):89–111.
Müller, Hans-Peter. 2020. *Max Weber. Eine Spurensuche.* Berlin: Suhrkamp.
Müller, Hans-Peter. 2021. *Krise und Kritik. Klassiker der soziologischen Zeitdiagnose.* Berlin: Suhrkamp.
Müller, Hans-Peter. 2022. Georg Simmel, Philosophie des Geldes. In *Geschichte des politischen Denkens. Handbuch,* Hrsg. Manfred von Brocker, Bd. 3, 941–954. Berlin: Suhrkamp.
Müller, Hans-Peter, Michael Schmid. 1988. Arbeitsteilung, Solidarität und Moral. Eine werkgeschichtliche und systematische Einführung in die ‚Arbeitsteilung' von Émile Durkheim. In *Über soziale Arbeitsteilung. Studie über die Organisation höherer Gesellschaften,* Hrsg. Émile Durkheim, 2. Aufl., 481–521. Frankfurt a. M.: Suhrkamp.
Müller, Hans-Peter., und Tilman Reitz, Hrsg. 2018. *Simmel-Handbuch. Begriffe, Hauptwerke, Aktualität.* Berlin: Suhrkamp.
Musil, Robert. 1987. *Der Mann ohne Eigenschaften. Erstes und zweites Buch,* Hrsg. von Adolf Frisé. Reinbek bei Hamburg: Rowohlt.
Rammstedt, Otthein, Hrsg. 2002. *Georg Simmels Philosophie des Geldes. Aufsätze und Materialien.* Frankfurt a. M.: Suhrkamp.
Schrage, Dominik. 2009. *Die Verfügbarkeit der Dinge. Eine historische Soziologie des Konsums.* Frankfurt a. M.: Campus.
Schulze, Gerhard. 1992. *Die Erlebnisgesellschaft. Kultursoziologie der Gegenwart.* Frankfurt a. M.: Campus.
Simmel, Eugen. 1880. *Spaziergänge in den Alpen.* Leipzig: Liebeskind.
Simmel, Georg. 1989 [1890]. Über sociale Differenzierung. Soziologische und psychologische Untersuchungen. In *GSG*, Hrsg. Heinz-Jürgen von H.-J. Dahme, Bd. 2. Frankfurt a. M.: Suhrkamp.
Simmel, Georg. 1991+1997 [1892/1905/1907]. Die Probleme der Geschichtsphilosophie. In *GSG,* Hrsg. Guy von Oakes und Kurt Röttgers, Bd. 5, 227–419. Frankfurt a. M.: Suhrkamp.
Simmel, Georg. 1991 [1892/3]. Einleitung in die Moralwissenschaft. Eine Kritik der ethischen Grundbegriffe. In *GSG,* Hrsg. von Klaus Christian Köhnke, Bd. 4+5. Frankfurt a. M.: Suhrkamp.

Simmel Georg. 1992a [1895]. Das Problem der Sociologie In *GSG, Aufsätze und Abhandlungen 1894–1900*, Bd. 5, 52–61. Frankfurt a. M.: Suhrkamp.

Simmel, Georg. 1992b [1895]. Alpenreisen. In *GSG, Aufsätze und Abhandlungen 1894–1900*, Bd. 5, 91–95. Frankfurt a. M.: Suhrkamp.

Simmel, Georg. 1992 [1896]. Soziologische Ästhetik. In *GSG, Aufsätze und Abhandlungen 1894–1900*, Bd. 5, 197–214.. Frankfurt a. M.: Suhrkamp.

Simmel, Georg. 1992 [1898]. Stefan George. Eine kunstphilosophische Betrachtung. In *GSG, Aufsätze und Abhandlungen 1894–1900*, Bd. 5, 287–300. Frankfurt a. M.: Suhrkamp.

Simmel, Georg. 1989 [1900]. Philosophie des Geldes. In *GSG*, Hrsg. David P. von Frisby und Klaus Christian Köhnke, Bd. 6. Frankfurt a. M.: Suhrkamp.

Simmel, Georg. 1997 [1904/1913/1918]. Kant. Sechzehn Vorlesungen gehalten an der Berliner Universität. In *GSG*, Hrsg. Guy von Oakes, Kurt Röttgers, Bd. 9, 7–226. Frankfurt a. M.: Suhrkamp.

Simmel, Georg. 1995 [1906/1912]. *Kant und Goethe*. In *GSG*, Hrsg. Michael von Behr, Volkhard Krech, und Gert Schmidt. Bd. 10, 119–166. Frankfurt a. M.: Suhrkamp.

Simmel, Georg. 1995 [1907]. Schopenhauer und Nietzsche. In *GSG*, Hrsg. Michael von Behr, Volkhard Krech, und Gert Schmidt, Bd. 10, 167–408. Frankfurt a. M.: Suhrkamp.

Simmel, Georg. 1992 [1908]. Exkurs über den Fremden. In *Soziologie. Untersuchungen über die Formen der Vergesellschaftung*, hrsg. von Rammstedt, Otthein, Bd. 11, 764–771. Frankfurt a. M.: Suhrkamp.

Simmel, Georg. 2003 [1913]. Goethe. In *GSG*, Hrsg. Uta von Kösser, Hans-Martin Kruckis, und Otthein Rammstedt, Bd. 15. Frankfurt a. M.: Suhrkamp.

Simmel, Georg. 2003 [1816]. Rembrandt. In *GSG*, Hrsg. Uta von Kösser, Hans-Martin Kruckis, und Otthein Rammstedt, Bd. 15. Frankfurt a. M.: Suhrkamp.

Simmel, Georg. 1999 [1917]. Grundfragen der Soziologie. In *GSG*, Hrsg. Gregor von Fitzi und Otthein Rammstedt, Bd. 16, 59–149. Frankfurt a. M.: Suhrkamp.

Simmel, Georg. 1999a [1918]. Der Konflikt der modernen Kultur. In *GSG*, Hrsg. Gregor von Fitzi und Otthein Rammstedt, Bd. 16, 181–207. Frankfurt a. M.: Suhrkamp.

Simmel, Georg. 1999a [1918]. Lebensanschauung. Vier metaphysische Kapitel. In *GSG*, Hrsg. Gregor von Fitzi und Otthein Rammstedt, Bd. 16, 209–425. Frankfurt a. M.: Suhrkamp.

Soeffner, Hans-Georg. 2000. *Gesellschaft ohne Baldachin. Über die Labilität von Ordnungskonstruktionen.* Weilerswist: Velbrück.

Thouard, Denis. 2020. *Georg Simmel. Une Orientation*. Paris: Circé.

Thouard, Denis, und Bénédicte. Zimmermann, Hrsg. 2017. *Simmel, le parti-pris du tiers.* Paris: CNRS-Éditions.

Tilly, Charles. 2021. *Why? Was passiert, wenn Leute Gründe angeben...und warum.* Aus dem Englischen von Enrico Heinemann. Mit einer Einführung von Thomas Hoebel und Stefan Malthaner. Hamburg: Hamburger Edition.

„Standort und Bodensaft und die eigene Natur […] ließen sie verschiedenartig gedeihen." Soziologisches Wissen und literarische Lebensgeschichten im europäischen Realismus des 19. Jahrhunderts

Klaus-Michael Bogdal

1 Repräsentationen von Realität

Eine neue Konstellation des Verhältnisses von literarischem und gesellschaftsanalytischem Wissen entsteht, als um die Mitte des 19. Jahrhunderts der Bürgerliche Realismus zur dominierenden Strömung der europäischen Literatur aufsteigt.[1] Allerdings ist die Disziplin Soziologie in Europa von einer akademischen Institutionalisierung noch weit entfernt, während das literarische Feld stetig größer wird und an Einfluss auf das geistige Leben gewinnt. Wolf Lepenies hat in seiner Studie *Die drei Kulturen* darauf hingewiesen, dass „[a]m Ende des 18. Jahrhunderts […] eine scharfe Trennung der Produktionsweisen literarischer und wissenschaftlicher Werke nicht möglich" (Lepenies 1985, II) sei und die frühe Soziologie lange „zwischen einer szientifischen Orientierung […] und einer hermeneutischen

[1] „Seit der Mitte des 19. Jahrhunderts streiten Literatur und Soziologie um den Anspruch, die Schlüsselorientierung der modernen Zivilisation zu liefern, die angemessene Lebenslehre der Industriegesellschaft zu sein." (Lepenies 1985, I) Kuzmics und Mozetič sprechen sogar von „ein[em] lehrreiche[n] Nebeneinander von soziologischer und literarischer Beschreibung und Deutung der Gesellschaft." (Kuzmics und Mozetič 2003, 2).

K.-M. Bogdal (✉)
Universität Bielefeld, Gevelsberg, Deutschland
E-Mail: klaus_michael.bogdal@uni-bielefeld.de

C. Magerski und C. Steuerwald (Hrsg.), *„Die drei Kulturen" reloaded*, Literatur und Gesellschaft. Literatursoziologische Studien,
https://doi.org/10.1007/978-3-658-42824-2_3

Einstellung, die das Fach in die Nähe der Literatur rückt", (Lepenies 1985, I) geschwankt habe.

Von der Nähe literarischen und wissenschaftlichen Schreibens im 18. und 19. Jahrhundert, d. h. vom Anspruch der Schönen Literatur auf Belehrung und der Wissenschaft auf Unterhaltung und Stil ausgehend (Lepenies 1985, III), untersucht Lepenies ihr Verhältnis zueinander. Diese Abhandlung konzentriert sich auf die Erzählliteratur und die Frage, mit welchen Mitteln sie gesellschaftsanalytisches Wissen generiert, plausibilisiert und ihm einen autoritativen Status verleiht. Damit rücken die Werke stärker in den Vordergrund. Zu den wichtigsten Mittel, über die Erzählliteratur bzw. Erzählprosa verfügt, zählen Narrative, Figurenkonstellationen und eine Bildlichkeit, in deren Zentrum Jürgen Link „Kollektivsymbole" verortet hat, Metaphern, Allegorien, Symbole und Vergleiche, mit deren Hilfe Wirklichkeit geordnet und gedeutet wird und die insgesamt ein ‚Gesellschaftsbild' herstellen. (u.v. a. Link 2006).

Sieht man den Anspruch realistischer Literatur, gesellschaftliche Wirklichkeit umfassend und jenseits von Standesklauseln zu durchdringen und zu beschreiben als ihr vorrangiges Merkmal, dann kann man rückblickend von *Literatur als Soziologie* (Kuzmics und Mozetič 2003) sprechen.

Hegel betrachtet als Zeitgenosse in seinen *Vorlesungen über die Ästhetik* unter dem Titel „Gegenwärtige prosaische Zustände", die Entwicklung der Prosa mit großer Skepsis. Aus seiner Sicht führt die Hinwendung zum bürgerlichen Alltagsleben in Romanen (und Dramen) nicht nur zum Verblassen tragischer und poetischer Elemente, sondern ebenso zu einer Entwertung des philosophischen Wissens (dagegen Macherey 1995). Konnte romantische Subjektivität noch durch radikale Übersteigerung zu universellen Vorstellungen gelangen, so fehle diese Dimension nun: „[D]as Individuum tut, was es tut, aus seiner Persönlichkeit heraus für sich als Person und steht deshalb auch nur für sein eigenes Handeln, nicht aber für das Tun des substantiellen Ganzen ein, dem es angehört." (Hegel 1970, 247.Zugleich deutet Hegel schon jene ästhetische Lösung an, die der Realismus zu seinem Programm machen wird: „Das Interesse nun aber und Bedürfnis solch einer wirklichen, individuellen Totalität und lebendigen Selbständigkeit wird und kann uns nie verlassen". (Hegel 1970, 255)

Georg Lukács, neben Erich Auerbach der große Theoretiker des Realismus, knüpft in seiner Ästhetik an Hegels Überlegungen an. Spricht dieser von ‚prosaischen Verhältnissen', so Lukács von der „Eroberung der Alltagswirklichkeit". (Lukács 1981, 35) Die Schriftsteller sollten sich in der bürgerlichen Gesellschaft Bereichen zuwenden, „[...] in denen d[a]s ‚Wesen' des Menschen, das Typische an seinem gesellschaftlichen Sein handelnd zum Ausdruck kommt."

(Lukács 1981, 26) Diese „Erfindungsgabe" setze „freilich ein tiefes und konkretes Eindringen in die Probleme der Gesellschaft voraus […]." (Lukács 1981, 26) Lukács, dessen Arbeiten zum Realismus des 19. Jahrhunderts Hans-Heinz Holz in einer frühen Besprechung aus dem Jahr 1953 nicht unter Literatursoziologie, sondern in der terminologischen Tradition von Georg Simmel bis Max Horkheimer unter „Sozialphilosophie" rubriziert, geht von der Prämisse aus, dass Literatur ‚Erkenntnisse' erzeugen und ‚Wahrheiten' hervorzubringen vermag, wenn sie denn Begriff und Anschauung auf besondere Weise zu vereinigen verstehe. Die Vereinigung des Allgemeinen mit dem Konkreten sieht er im „Typus" realisiert, also auf der Figurenebene, auf der die Klassengesellschaft in ihrer Struktur und Widersprüchlichkeit angemessen dargestellt werden könne. Daraus folgt für Lukács aber auch, dass soziologisches Wissen in der Literatur als solches nicht ‚diskursiv' ‚abgelesen' werden kann wie in einem wissenschaftlichen Text. Es ‚erscheint' – und Lukács übernimmt die Hegelschen Kategorien Wesen und Erscheinung – auf vielfältige Weise ‚bearbeitet', d. h. in poetisch-anschaulicher Sprache und auf Figuren und Narrative ‚verteilt'. Soll es als wissenschaftliches Wissen erkannt werden, muss es markiert und in einem Interpretationsverfahren reformuliert werden.[2] Für Lukács ist die wahrgenommene Wirklichkeit nur ‚Erscheinung', ihre reproduktive Wiedergabe daher ohne Erkenntniszugewinn. Als eine solche Weise der Darstellung kritisiert er den Naturalismus Zolas. Für das realistische Schreiben fordert er eine dialektische Vorgehensweise in zwei Schritten: In einem ersten Schritt die wissenschaftlich orientierte Analyse gesellschaftlicher Zusammenhänge in Begriffen und in einem zweiten die künstlerische Aufhebung der Abstraktionen. In der Erzeugung einer *artifiziellen* Unmittelbarkeit – Schillers Unterscheidung zwischen naiver und sentimentalischer Dichtung scheint hier durch – auf der Grundlage vorab ermittelter Wahrheiten sieht er die besondere Erkenntnisleitung der Kunst.

Lukács spricht der Kunst jedoch noch mit Entschiedenheit ein weiteres privilegiertes Merkmal zu, das mit seinem traditionalistischen Werkbegriff zusammenhängt. Während die Erkenntnisse der Wissenschaft einem ständigen Prozess von Korrekturen unterworfen sind, vermag die in einem vollendeten und geschlossenen Werk überlieferte Wahrheit ihre historische Einmaligkeit als gültige bewahren. Ein Kunstwerk von Rang habe, so Lukács, einen „prinzipiell definitiven Charakter." (Lukács 1963, 19) Es ist also ihre ‚Klassizität', die sie für die Soziologie oder die Geschichtswissenschaft als Quelle so wertvoll erscheinen

[2] Siehe Bogdal, Klaus-Michael: Kunst (Brecht/Lukács), in: Historisches Wörterbuch der Philosophie Bd.4, Sp.1410–1412, Basel/Stuttgart 1976.

lässt. Erfüllen Autoren, die sich dem realistischen Schreiben verpflichtet fühlen, die von Lukács genannten Voraussetzungen, seien sie zur Darstellung selbst komplexer und widersprüchlicher gesellschaftlicher Verhältnisse in der Lage. Er billigt ihnen gegenüber den zeitgenössischen Wissenschaften – mit Ausnahme des Historischen Materialismus – eine stärkere gegenwartsdiagnostische Kompetenz zu und zitiert in diesem Zusammenhang eine Notiz von Engels zu Balzac, der bei diesem Romanautor „sogar in ökonomischen Einzelheiten [...] mehr gelernt habe als von berufsmäßigen Historikern, Ökonomen und Statistikern dieser Zeit zusammengenommen." (Engels, MEW 37, 44) Engels' Bemerkung signalisiert eine antiromantische Wendung, der Lukács in seiner Literaturtheorie folgt, denn er ist fest davon überzeugt, werkintern verlässlich zwischen dichterischer Erfindungsgabe und Realitätsbeschreibung unterscheiden zu können. Es ist vor allem diese Unterscheidung, die Historiker, Ökonomen und Soziologen immer wieder auf Literatur als Quelle zurückgreifen und in ihr Archiv systematischen Wissens einordnen lässt.

Adorno, der Gegenspieler von Lukács in den 1950er und 1960er Jahren, teilt diese Unterscheidung nicht – er verspricht beinahe verächtlich von „Vermittlungen des vulgären Typs" (Adorno 1974, 473) – und seine Studien zu Literatur und Kunst, die im übrigen kaum ein Interesse an der Literatur des Realismus erkennen lassen und sich deshalb weit von der üblichen Neugier der Soziologie an der Literatur entfernen. Während Lukács' Lektürepraxis den Schein, den die Kunst erzeugt, auf einen dahinter verborgenen Kern hin untersucht, lehnt Adorno dieses Verfahren als der Kunst fremden Reduktionismus ab. Adorno: „Jede Interpretation von Dichtungen, welche sie auf die Aussage bringt, vergeht sich an ihrer Weise von Wahrheit, indem sie an ihrem Scheincharakter sich vergeht." (Adorno 1974, 453)

2 Das Verhältnis von literarischem und humanwissenschaftlichen Wissen im historischen Wandel

Aus *literaturhistorischer* Perspektive eröffnet der künstlerische Realismus des 19. Jahrhunderts die **erste Phase** eines reflektierten, auf gegenseitiger Bezugnahme beruhenden Verhältnisses literarischen und humanwissenschaftlichen Wissens in der nachromantischen europäischen Moderne. Eine Gegenwartsdiagnose, die sich auf wirtschaftliche und politische Machtverhältnisse, soziale Mikro- und Makrostrukturen und die Lebensentwürfe und Lebensschicksale unterschiedlichster

Individuen erstreckt, ist Ziel und Ergebnis von Balzacs Großprojekt *La Comédie humaine* (1822–1850). Ähnliches gilt für zahlreiche Romane von Charles Dickens, Dostojewskis *Arme Leute* (1846), George Eliots *Middelmarch* (1871–72)] oder Max Kretzers *Meister Timpe. Sozialer Roman* (1888) bis hin zu Emile Zolas Zyklus *Les Rougon-Macquart* und seinem Versuch im *Roman expérimental*, literarisches Schreiben und positivistische soziologische Forschung zu verbinden.

Trotz vergleichbaren Erkenntnisinteresses und verwandter, sich wechselseitig beeinflussender Poetologien gestaltet sich das Verhältnis von Soziologie und Literatur in Frankreich, England und Deutschland unterschiedlich.[3] Dennoch existieren in der europäischen Literatur des 19. Jahrhunderts Gemeinsamkeiten. Sie finden sich unübersehbar in dem, was Erich Auerbach als „die beiden entscheidenden Merkmale des modernen Realismus" benannt hat: das Ernstnehmen „alltäglich-wirkliche[r] Vorgänge aus einer niederen sozialen Schicht" und das ‚Hineinsenken' „alltägliche[r] Vorgänge [...] in eine bestimmte zeitgenössisch-geschichtliche Epoche". (Auerbach 2001, 452) Ein weiteres zentrales Merkmal, das bei Auerbach vernachlässigt wird, kommt hinzu. In den Werken des Realismus wird die Fähigkeit erprobt, die Selbstverortung von Individuen in der bürgerlichen Gesellschaft darzustellen. Dies geschieht auf der narrativen Ebene durch die Verflechtung der Lebensgeschichten von Menschen, Männern und Frauen, aus unterschiedlichen Schichten und Milieus.

In dieser **ersten Phase** werden programmatisch wesentliche Probleme zur Sprache gebracht, die sich bei der Beobachtung und Beschreibung einer modernen, in stetigen Wandel befindlichen und von Deutungen durchzogenen und von Machtstrukturen geprägten Gesellschaft stellen und die uns heute noch beschäftigen. Dabei geht es immer auch um die spezifischen Leistungen der jeweiligen Wissens- und Diskursformation, also der Literatur und der Wissenschaft. Zu den wichtigsten zählen:

(a) Das Gewicht, dass man jeweils dem Besonderen und Allgemeinen, Subjekt und Objekt, Mikro- und Makrostrukturen usw. zumisst.
(b) Die jeweilige Bevorzugung diachronen Erzählens (Geschichte) oder synchroner Beschreibung (Struktur)
(c) Die Panoramatische Darstellung vermittels einer horizontal und vertikal angelegten Figurenkonstellation oder die theoretische Vorabmodellierung der Gesellschaft in ihrer Gesamtheit.

[3] Lepenies 1985 arbeitet diese Unterschiede heraus, die sowohl in den unterschiedlichen akademischen Systemen als auch in den ebenso unterschiedlichen literarischen Feldern begründet sind.

(d) Die Wahl zwischen Begriffssprache und poetischer (meist metaphorischer) Sprache für die Darstellung.
(e) Das Abwägen der Vor- und Nachteile von Nähe (durch identifizierendes Erzählen und die Erzählperspektive) und von Distanz (durch Beobachterperspektiven erster und zweiter Ordnung).
(f) Und nicht zuletzt Funktion und Stellenwert unmittelbarer Erfahrung oder verzerrter oder gestörter Wahrnehmung, bzw. positiv ausgedrückt, gesteigerter Sensibilität für die Darstellung.

Dass die Literatur von der Soziologie nicht einzuholende Erkenntnisse zu vermitteln und Wahrheitseffekte zu erzeugen vermag, weil sie, so würde Albrecht Koschorke sagen, über „epistemische Narrative" verfügt und, so Lukács, Begriff und Anschauung, subjektive Erfahrung und Reflexion vereinige, ist eine Auffassung, die sich im 19. Jahrhundert verfestigt: und dies nicht nur hinsichtlich des Gesellschafts-, sondern ebenso des realistischen Geschichtsromans.

Eine **zweite Phase** zeichnet sich im Epochenübergang zur literarischen Moderne um 1900 ab.

Im Verlauf der zweiten Hälfte des 19. Jahrhunderts verliert die auf Mimesis zielende Ästhetik und Poetik des Realismus an Legitimationskraft und die von ihr behauptete Konvergenz von Wahrscheinlichkeit und Wahrheit an Plausibilität. Die Vorstellung von Kunst als einer besonderen Form der Wahrheit muss angesichts der Entwicklung der Natur- und Gesellschaftswissenschaften erheblich modifiziert und relativiert werden. Die literarische Moderne setzt im Gegenzug auf die Erweiterung und Verfeinerung subjektiver Wahrnehmung der Außenwelt und menschlicher Psyche: von der minutiösen Beschreibung der Sinneswahrnehmungen und der Zeiterfahrung bis zur Versprachlichung unbewusster Vorgänge. Schließlich wird wie bei Hofmannsthal im Zuge radikaler Selbstreflexion die Sprache als genuines literarisches Ausdrucksmittel problematisiert. Vielen Autoren gilt sie als durch kollektive Nutzung verbraucht. Die Antwort besteht in der Suche nach einer authentischen, singulären Ausdrucksweise, die bis zum hermetischen, die semantischen und syntaktischen Regeln sprengenden Sprechen gesteigert werden kann.

Eine **dritte Phase** setzt nach dem I. Weltkrieg ein. In ihr greifen starke Strömungen der literarischen Moderne wie die Neue Sachlichkeit und die verschiedenen avantgardistischen Bewegungen konzeptionell auf soziologisches, ökonomisches, psychologisches und naturwissenschaftliches Wissen zurück. Am bekanntesten ist wohl noch Bert Brechts Programm einer Literatur des wissenschaftlichen Zeitalters.

Davon lässt sich eine **vierte Phase** unterscheiden. Ihre Anfänge führen zurück in die 1940er Jahre, als in der europäischen Literatur – programmatisch unter dem Begriff Neorealismus im Film und in der Malerei – gegen die ästhetizistische und surrealistische Avantgarde erneut die gesellschaftliche Erkenntnisleistung von Kunst ins Spiel gebracht wird. Weniger in Konkurrenz zu der kritischen Soziologie, Psychologie, Pädagogik oder Zeitgeschichte als in Ergänzung zu ihnen, loten diese Werke die Folgen der Modernisierungsschübe der Nachkriegsepoche für die Individuen in unterschiedlichen gesellschaftlichen Schichten aus. Das poetologische Konzept wird oft mit einem Anspruch auf intellektuelle Führung und einer moralisch-politischen Sprechposition verbunden, deren Legitimität und Autorität jener der Wissenschaften gleichgesetzt wird.

Seit dem letzten Viertel des vergangenen Jahrhunderts erodiert dieser Anspruch auf doppelte Weise. Weder kann der Führungsanspruch aufrechterhalten, noch die Erkenntnisleistung weiterhin privilegiert werden. Allerdings treffen die gegenwärtige Relativierung von Wahrheit und die Ent-Essentialisierung von Realität zugunsten von Wahrnehmung und Konstruiertheit Literatur und Wissenschaft in gleichem Maße. Diese neuen Bedingungen sprengen die Konstellation von literarischem und humanwissenschaftlichem Wissen, die sich seit der Aufklärung entwickelt hat, auf. Deshalb würde ich nur unter Vorbehalt von einer **fünften Phase** sprechen.

3 Konstellationen literarischen und gesellschaftsanalytischen Wissens. Fünf Beispiele

Worin besteht die Besonderheit der ersten Phase? Auf die Antwort werden sich die weiteren Ausführungen beschränken.

Ferdinand von Saar widmete Josephine von Wertheimstein, die einen künstlerischen Salon in Wien führte, seine Novelle *Die Steinklopfer* (1874)[4] mit folgenden Versen:

[4] Das Sujet der harten Arbeit hatte schon lange vorher Gustave Courbet in seinem Gemälde *Les Casseurs de pierres* (1849) aufgegriffen.

Dir, die du die Armuth kennst
Und des Darbens Qual –
Nicht weil du sie selbst erlitten,
Sondern weil du
Mit sehendem Aug'
Und fühlendem Herzen
Sie bei And'ren wahrnimmst

Die Widmung enthält drei Elemente, die für das poetologische Programm des Realismus von Belang sind: das ‚sehende Auge' für das Wissen über soziale Verhältnisse, das ‚fühlende Herz' für eine empathische, von Verachtung freie Darstellung und das, wenn man so will, antibiographische, nicht selbstbezogene Verhältnis zu den Dargestellten. Die unter diesen Voraussetzungen als wahrscheinlich oder nach Lukács als typisch geltenden *Lebensgeschichten*, werden, obwohl sie ‚erfunden' sind, zum *Substitut* soziologischer Erkundung und Beschreibung. Für sie wird ein ästhetischer Mehrwert beansprucht, der in einem emotionalen Angebot, dem Miterleben als Miterleiden, an die Leserinnen – und seltener an die Leser besteht. Im deutlichen Unterschied zu dieser Haltung schließt Georg Simmel seine Studie *Die Großstädte und das Geistesleben* (1903) mit dem methodischen Bekenntnis, dass es „unsere Aufgabe nicht" sei, „anzuklagen oder zu verzeihen, sondern allein zu verstehen." (Simmel 1903, 206)

Bei Zola wird aus dem Substitut ein *Äquivalent* der Wissenschaft. Er ist beim Schreiben seines zwanzigbändigen Rougon-Macquart-Zyklus' (1871–1893) der Überzeugung, die Methode des medizinisch-soziologischen Experiments und den milieutheoretischen Determinismus Hippolyte Taines (1913) unbeschadet auf ein Geflecht fiktiver Lebensgeschichten übertragen zu können. Auf diese Weise erfährt der Wahrheitsanspruch noch eine deutliche Steigerung. „Der Roman habe" bei ihm, wie Erich Auerbach konstatiert, „an Ausdehnung und Bedeutung gewonnen, er sei die ernsthafte, leidenschaftliche, lebendige Form der literarischen Studie und der sozialen Forschung (man beachte die Worte étude und besonders enquête);" (Auerbach 2001, 461) die „fiktionale Logik" (J. Ranciére) passt sich den gesellschaftlichen Strukturen an.

An fünf Erzählungen bzw. Romanen aus England, Österreich, Frankreich und Deutschland, die nicht willkürlich ausgewählt wurden, deren Wahl aber auch nicht eine quantitative systematische Untersuchung zugrunde liegt, sollen in gebotener Kürze einige Varianten der Konstellation von literarischem und gesellschaftsanalytischem Wissen im europäischen Realismus exemplarisch herausgearbeitet werden, um auf die enorme Vielfalt und Bandbreite der praktizierten Möglichkeiten hinzuweisen.

(a) Empirische Feldforschung
In der Mitte des 19. Jahrhunderts schreibt der britische Schriftsteller George Henry Borrow (1803–1881) zwei Reiseberichte und zwei Romane, in denen spanische und englische „Gypsies" und ihre Lebensweise im Mittelpunkt stehen: *The Zincali. An account of the gypsies of Spain* (1841; Neuausgabe London 1923), *The Bible in Spain* (1843), *Lavengro: The Scholar, the Gypsy, the Priest* (1851) und *Romany Rye* (1857). *Lavengro* gilt lange Zeit als eines der wichtigsten Werke des 19. Jahrhunderts, erlebt zahlreiche Auflagen und wird 1904 in die Reihe *Oxford University Press World's Classics* aufgenommen. Ohne auf die Einzelheiten und Probleme der Werke, in denen er durchgängig vorführt, dass er Romanes bzw. Anglo-Romani beherrscht, einzugehen (Bogdal 2011, 241–248), lässt sich auf der Rezeptionsebene beobachten, dass nicht nur seine Reiseberichte, sondern auch seine Romane von der Ethnologie in ganz Europa seit den 1880er Jahren und zum Teil noch bis in unsere Gegenwart hinein als empirische Feldforschungen betrachtet und weitgehend unkritisch übernommen werden. Seine Erzählweise, sein Stil und die Beschreibung der Lebensweise der ‚Gypsies' in England und der Roma in Spanien gelten als vorbildlich für eine ganze Generation englischer Ethnologen. In diesem Fall bedient sich eine sich in der zweiten Hälfte des Jahrhunderts akademisch etablierende Wissenschaft eines literarischen Werks als Quelle und spricht dem Autor eine hohe wissenschaftliche Kompetenz zu.
(b) Sozialgeschichte der Armut
In der oben erwähnten Novelle *Die Steinklopfer* (1874) greift Ferdinand von Saar den Widerspruch zwischen dem gesamtgesellschaftlichen Fortschritt im 19. Jahrhundert, der technische „Wunderwerke" wie den Suezkanal und den Mont Cenis-Tunnel zwischen Frankreich und Italien ermöglichte und der Missachtung jener Menschen auf, die sie „im Schweiße ihres Angesichts" (Saar 2001, 3) schufen und „deren Dasein […] im Kampfe um das tägliche Stückchen Brot meist unbekannt und unbeachtet dahingeht". (Saar 2001, 4) Der Schauplatz ist die Baustelle der Semmeringbahn, durch die 1857 Wien mit Triest verbunden wurde und die heute zum Weltkulturerbe zählt. Mit seiner Novelle über „das harte Los dieser Parias der Gesellschaft, welche […] treulich mitgeholfen haben bei der großen Kulturarbeit der Völker" (Saar 2001, 4) schreibt Saar ein Stück Sozialgeschichte, ohne dass es diese als wissenschaftliche Disziplin schon gibt. Er zeigt die brutale Arbeitshetze („wenn du nicht täglich deine zwei Fuhren Schotter zuwege bringst, so jage ich dich fort! Hier ist kein Spital" (Saar 2001, 8 f.), die mangelhafte Ernährungssituation (Saar 2001, 15), die Arbeit von Frauen im Steinbruch (Saar 2001, 10) und die sexuellen Belästigungen und Vergewaltigungen, denen sie auf einer

Großbaustelle schutzlos ausgeliefert sind (Saar 2001, 36). Mit diesen realistischen Beschreibungen interveniert er sozialpolitisch in die zeitgenössischen Debatten über gerechte Entlohnung, Arbeitsschutz und Alterssicherung.

(c) Transclassé

In Charles Dickens‘ letztem, in der Forschung wenig beachteten Roman *Our Mutual Friend* (EA 1864–65][5], präsentiert der Autor anhand eines komplexen Figurenensembles eine bürgerliche Gesellschaft, die durch ihr eigenes Grundprinzip, die Kumulation von Kapital, in eine Sinnkrise gerät. Allein monetäre Verhältnisse bestimmen die soziale Reputation und den gesellschaftlichen Einfluss. Dabei scheint es unerheblich, auf welche Weise man sein Geld erwirbt und sei es wie hier im Abfallhandel oder durch Leichenfledderei. Geld entfremdet die Menschen untereinander und vergiftet die sozialen Beziehungen.[6] Der durch Geld bewirkte Auf- oder Abstieg wird von den Figuren als Normalität betrachtet. Ethische Prinzipien oder kulturelles Kapital zählen hingegen kaum. Dies demonstriert Dickens in *A mutual friend* an der Geschichte eines begabten Kindes aus einem der schlimmsten Elendsviertel Londons, der, so die Formulierung, „sein Glück mit Wissen zu machen“ versucht. Es ist der Lebensweg eines „transclassé“ im Sinne von Chantal Jaquet (2018), der zum unabwendbar erscheinenden Klassenverrat durch Bildungsaufstieg führt, wenn die durch Bildungszertifikate gewonnen finanziellen Möglichkeiten nicht dazu ausreichen, die ganze Familie am Aufstieg partizipieren zu lassen.[7]

(d) Sozialisationsstudie

Die Handlungen der meisten Romane Balzacs steuern vielfältige Tauschprozesse (Schößler 2009) und bringen die Figuren in Beziehung zueinander: Ob Sparsamkeit, Verschwendung, Korruption oder Spekulation, alles dient dem Zweck, erfolgreich in Tauschprozesses einsteigen zu können und Macht

---

[5] Dickens, Charles (1983): Unser gemeinsamer Freund. Zwei Bände. Berlin.

[6] Siehe auch Björn Oellers: Krise und Integration der bürgerlichen Gesellschaft in Romanen von Charles Dickens. Kovacs, Hamburg 2010.

[7] „‘…und weil er nun einmal diese Gabe hat und in anderen Dingen nicht ebenso gut ist, bemüht er sich, Unterricht zu bekommen.‘ ‚Mißratner Bengel“ sagte der Vater erneut, wie vorher fuchtelnd. ‚…und weil er weiß, daß du nichts erübrigen kannst, und er dir nicht zur Last fallen will, hat er sich’s allmählich in den Kopf gesetzt, sein Glück mit Wissen zu machen. Er ging heute morgen fort, Vater, und er hat dabei sehr geweint und hofft, daß du ihm verzeihst.‘ ‚Der soll mir nich zu nahe kommen, um mich um Verzeihung zu bitten‘, sagte der Vater, seinen Worten wieder mit dem Messer Nachdruck verleihend. ‚Der soll mir nich unter die Augen und nich unter die Hände kommen. Sein eigner Vater is ihm nich gut genug. Er will nichts zu tun haben mit seinem eignen Vater. Darum will sein eigner Vater auch nie und nimmer mehr was mit dem mißratnen Bengel zu tun haben.‘“ (Dickens 1983, 99).

und Einfluss zu gewinnen. Kein Bereich menschlichen Lebens ist davon ausgeschlossen, auch nicht emotionale Beziehungen wie Liebe oder kulturelle Hervorbringungen. Gegen dieses systemische Element setzt Balzac aber sehr häufig romantische Figuren und deren Unschuld, Güte und Anständigkeit. Bei seiner Erzählung *Ein Lebensbeginn* [*Un dèbut dans la vie,* 1842/1844] weist schon der Titel darauf hin, dass es sich um so etwas wie einen (frühen) Versuch einer Sozialisationsstudie handelt, in der – ausgehend von der Geburt – der Einfluss der materiellen und sozialen Lebensverhältnisse, des Erziehungsstils,[8] der Begabung und der Bildungsmöglichkeiten und sogar der Krisen des Erwachsenwerdens auf die Entwicklung und die gesellschaftliche Position dargestellt wird. Auch das Erleben sozialer Scham wird thematisiert.[9] Die Hauptfigur hat, so wird erzählt, zu wenig von allem, ob Herkunft, Geld, Begabung oder Körperlichkeit, zu bieten, um in Tauschprozesse einsteigen zu können, die sie nach oben bringen. Balzac erzählt, wie jemand zu dem wurde, der er am Ende ist, ein durchschnittlicher, wenig ambitionierter, gesellschaftlich beinahe unsichtbarer Kleinbürger.

(e) Gesellschaftsdiagnose und Gesellschaftskonzept
Berthold Auerbachs *Barfüßele* (1856) war ein zur Zeit seines Erscheinens viel gelobtes und erfolgreiches Werk. Seine *Schwarzwälder Dorfgeschichten* (1843) beeinflussten und beeindruckten bedeutende Realisten wie Balzac und Leo Tolstoi, der den persönlichen Kontakt zu ihm suchte. *Barfüßele* soll ein wenig ausführlicher betrachtet werden.

[8] „Seit 1815 in der Rue de la Cerisaie aufgewachsen, an seinen freien Tagen vom Vater von der Schule abgeholt und wieder zurückgebracht, hatte Oscar, solange er ein Halbwüchsiger war, außer dem ärmlichen Hauswesen seiner Mutter nichts kennengelernt, was ihm als Maßstab hätte diesen können.“ (Balzac 1988, 325) „Oscar [...] verging daher Hören und Sehen angesichts dieser Offenbarung einer überlegenen und nachlässigen Eleganz.“ (ebd.)

[9] „Oscar wünschte sich seine Mutter weit fort, als sie ihm das Brot und die Schokolade in die Tasche steckte. Dieser Szene wohnten zwei Zeugen bei, zwei junge Leute, ein paar Jahre älter als der Schulabgänger und besser gekleidet; sie waren ohne ihre Mütter gekommen, und ihre Haltung, Anzug und Benehmen verrieten jene völlige Unabhängigkeit, die das Ziel aller Wünsche eines noch unter der Fuchtel seiner Mutter stehenden Kindes ist. Diese beiden jungen Leute waren jetzt für Oscar die ganze Welt. [...] Geben wir es zu: Madame Clapart redete ein wenig zu laut und schien ihre zärtlichen Gefühle vor allen Leuten auszubreiten. [...] Und das Lächeln der jungen Leute, denen diese Zeichen achtbarer Mittelmäßigkeit nicht entgingen, brachte dem Selbstgefühl des jungen Mannes eine neue Wunde bei. [...] Schließlich fühlte sich Oscar in seinen vielleicht aus alten Anzügen des Stiefvaters herausgeschneiderten Sachen ebenso unwohl, wie dieser beneidete Junge in den seinigen sich wohl fühlte.“ (Balzac 1988, 321–324).

Erzählt wird die Geschichte zweier Geschwister aus ärmsten ländlichen Verhältnissen, Amrei und Dami, die sehr früh ihre Eltern verlieren. Sie werden getrennt und in unterschiedlichen Pflegefamilien untergebracht. Während Amrei aufgrund ihrer Charakterdisposition durch die Einheirat auf einen Hof schließlich der soziale Aufstieg gelingt, scheitert der willensschwache Bruder als Auswanderer in Amerika und gewinnt nach seiner Rückkehr erst unter dem Einfluss seiner Schwester an Halt.

Auerbachs Erzählung bietet, trotz des ihr zugrunde liegenden märchenhaften Aschenputtel-Motivs ein anschauliches und genaues Bild der Lebensverhältnisse auf dem Lande. Im Zentrum steht der Prozess der Pauperisierung in der ersten Hälfte des 19. Jahrhunderts. Verschuldung, Verarmung durch Krankheit oder Invalidität, unzumutbare hygienische Wohnverhältnisse, mangelhaftes Gemeindefürsorgewesen[10], Kinderarbeit und Ausbeutung und Herrschafts- und Machtverhältnisse werden angesprochen. Die Antwort, die *Barfüßele* darauf gibt, ist aber nicht in radikalen gesellschaftlichen Veränderungen zu suchen, sondern in einer individuellen Verhaltenslehre, die auf Reputation und damit auf Primär- und Sekundärtugenden setzt.[11] Figurenkonstellation und Narrative folgen Auffassungen über die Wirkung von Milieus (Klima, Landschaft und Siedlungsweise)[12], wie wir sie in rudimentärer Form bei Montesquieu und zur Zeit Auerbachs breit ausgearbeitet in Willhelm Heinrich Riehls *Die Naturgeschichte des Volkes als Grundlage einer deutschen Social-Politik* (1851–1869) finden. Riehls populärwissenschaftlicher Stil rückt seine Studien ohnehin in die Nähe des realistischen Romans, wenn es um die Rolle der Natur, die Familie, soziale Beziehungen und die Auffassung dessen, was produktive, sinnerfüllte Arbeit ist, geht.[13] In einer Besprechung in der Zeitschrift *Westminster Review* kritisiert George Eliot 1856 die unzureichende, oft idyllische Darstellung der unteren Klassen in fiktionalen und nicht fiktionalen Texten ihrer Zeit und lobt Riehl für deren genau Beschreibung.[14] Trotz idyllischer Passagen teilt Auerbach dessen unverstellten Blick und sucht nach Erklärungen für die unterschiedlichen Entwicklungen von Individuen aus der ländlichen Unterschicht. Bei ihm heißt

[10] „sie waren Kinder der Gemeinde und darum brachte man sie unter bei solchen, die sie am billigsten nahmen." (Auerbach 1856, 7).

[11] Eine der wenigen ausführlichen, den sozialgeschichtlichen Hintergrund ausleuchtenden Interpretationen von *Barfüßele* legte Jürgen Hein 1980 vor.

[12] „Wer weiß, wie dieß Ereigniß eine feine Wurzel im innern Dasein bildet und was daraus aufsprossen wird?" (Auerbach 1856, 17).

[13] Siehe zu Riehl das kurze Kapitel bei Lepenies 1985, 239–243.

[14] Hinweis bei Lepenies 1985, 239.

es über die Geschwister Dami und Amrei: „So waren die beiden Stämmchen, aus demselben Boden erwachsen, in verschiedenes Erdreich verpflanzt. Standort und Bodensaft und die eigene Natur, die sie in sich trugen, ließen sie verschiedenartig gedeihen.“ (Auerbach 1856, 23) Die Erzählung zeigt wie in einer soziologischen Fallstudie, unter welchen Bedingungen und welcher Begabungen wegen Amrei ‚gut gedeiht‘ und Dami ‚verkümmert‘.

Amrei verlassen niemals „ihr bedachtsamer Ordnungssinn“ (Auerbach 1856, 141) und ihre Selbstachtung bzw. ihr Stolz, der sie davor bewahrt, „‚daß Jedes auf einem herumtrampelt und noch verlangt, daß man sich dafür bedanke.‘“ (Auerbach 1856, 26) Dazu zählen nach Auerbachs Gesellschaftsbild „eine Kunst und eine Kraft, die sich schwer lernt und übt: die Thränen hinabwürgen.“ (Auerbach 1856, 53) Dami verfügt nicht über diese Eigenschaften seiner Schwester, weder über ihre Bodenständigkeit, ihre Ausdauer und ihren Lernwillen, noch über ihre Leidensfähigkeit und ihr Selbstbewusstsein. Er wird als ein Entwurzelter dargestellt, der weder in der Stadt und noch im Auswandererland Amerika einen Halt findet. Vor allem die Stadt wird als zerstörerische Fehlentwicklung der Gesellschaft und ihrer Gemeinschaftsformen kritisiert. Die in der Erzählung genährte Hoffnung richtet sich auf die Heilkräfte des Landes und der Natur und auf die Halt und Orientierung verleihenden Jahreszyklen und nicht zuletzt auf die (angeblich) nicht entfremdete Arbeit. In *Barfüßele* wird die Vollwaise und das Gemeindekind Amrei, die zur Hofbesitzerin aufsteigt, als Vorbild präsentiert. Mehr noch erscheint sie, ein Mädchen aus der untersten Schicht, als Schlüsselfigur einer sozial gerechten und moralisch intakten Gesellschaft, während in anderen Roman der „Bourgeois“, d. h. der Unternehmer, Ingenieur und der koloniale Eroberer als männliche Leitfiguren einer unaufhaltsamen Moderne propagiert werden.[15] Auerbach vertritt sicherlich in diesem Kontext eine konservativ-rückständige Position. Für Hein sind seine Dorfgeschichten insgesamt „Ausdruck eines gesellschaftspolitischen Konservatismus“ (Hein 1980, 184). Allerdings schwankt in *Barfüßele* die propagierte Verhaltenslehre auffällig zwischen Arbeitsethos und Widerständigkeit, was in der Redewendung „Wer nicht will, daß ihm die Hände frieren, muß eine Faust machen“ (Auerbach 1856, 53), zum Ausdruck kommt. Dass die Faust ein Symbol der Arbeiterbewegung ist, wird auch Auerbach nicht entgangen sein. Doch Formen kollektiven Widerstands kommen bei ihm nicht vor. Die sozialdemokratische Arbeiterbewegung sah er eher als Bedrohung.[16]

[15] Siehe die Studie von Franco Moretti 2014.

[16] Siehe Hein 1980, 193.

Wie in der volkskundlichen Soziologie Riehls liegt in *Barfüßele* der Gesellschaftsdiagnose ein nicht explizit gemachtes Gesellschaftskonzept zugrunde und wird durch die poetischen Elemente zu einer nicht mehr voneinander zu unterscheidenden Ganzheit verwoben. In der Erzählliteratur des bürgerlichen Realismus des 19. Jahrhunderts wird diese Totalität in der Regel durch Lebensgeschichten geschaffen und plausibilisiert.

4 Der Preis des Fortschritts

Die Lebensgeschichten, die in den Werken des europäischen Realismus des 19. Jahrhunderts erzählt werden, könnte man, wenn man sie mit soziologischen Ansätzen vergleicht, als ‚Fallstudien' bezeichnen. Deren Anlage fällt in den einzelnen Werken sehr unterschiedlich, wie man an den fünf Beispielen sehen kann. Diese Differenzen und Varianten teilen sie mit den frühen soziologischen Ansätzen. Erkennbar in vielen literarischen Werken ist der Einfluss positivistischer Milieutheorien und früher ethnologisch (volkskundlicher) und sozialgeographischer Studien. Das ist in der literaturwissenschaftlichen Forschung zum 19. Jahrhundert immer wieder festgestellt worden.

Doch trotz großer Schnittmengen existiert auch ein grundsätzlicher Unterschied zwischen dem soziologischen Wissen und den literarischen Lebensgeschichten. Während soziologische Theorien wie die Gesellschaftslehre von Marx und der französische Positivismus evolutionäre Elemente betonen und so mit Hilfe des Fortschrittsbegriff zu einer Apologie der Moderne gelangen, erzählen die meisten Werke des Realismus vor dem Hintergrund eines ähnlichen Wissens vom Preis, den Individuen und soziale Verbände für den Fortschritt zu zahlen haben. Nicht das Lob der Moderne herrscht vor, sondern die Warnung vor ihr. Mir scheint es daher wenig überraschend, dass Simmel, als er sich als Soziologie um 1900 kritisch mit dem durch die Moderne bewirkten Veränderungen des „Geisteslebens" auseinandersetzt, zu einem Ergebnis gelangt, das in die Nähe der zu Beginn zitierten Krisendiagnose Hegels zurückführt.

Trotz des Verschwindens des Tragischen aus dem bürgerlichen Lebensalltag und der Staatspolitik hatte Hegel in der Neuordnung des Verhältnisses von Individuum und dem „substantiellen Ganzen"(Hegel 1970, 247) einen ‚letzten' Ort für die Kunst ausmachen können. Simmel, der Nietzsches Kulturdiagnose vor Augen hat, bringt durch die Dramatisierung dieses Verhältnisses als existentielles Problem, das Tragische und Heroische wieder in Spiel: „Die tiefsten Probleme des modernen Lebens quellen aus dem Anspruch des Individuums, die Selbstständigkeit und Eigenart seines Daseins gegen die Übermächte der Gesellschaft, des geschichtlich Ererbten, der äußerlichen Kultur und Technik des Lebens zu bewahren". (Simmel 1903, 187) Die Mehrzahl der Autoren des Bürgerlichen Realismus deuten wie der im Großstadt-Essay bilanzierende und typologisierende Simmel die Moderne als Herrschaft anonymer Mächte, die zu ihrer reibungslosen Reproduktion den Störfaktor ‚individuelle Eigenart' auszuschalten suchen. In den fünf von mir herangezogenen literarischen Werken geht es trotz der unterschiedlichen Lebensgeschichten aus verschiedenen Milieus um das, was Simmel als „Widerstand des Subjekts, in einem gesellschaftlich-technischen Mechanismus nivelliert und verbraucht zu werden", (Simmel 1903, 187) bezeichnet hat: um einen Widerstand, der nicht nur mit einem Sieg, sondern ebenso mit einer Niederlage enden oder in Resignation münden kann.

Literatur

Adorno, Theodor W. 1974. Parataxis. Zur späten Lyrik Hölderlin. In *Noten zur Literatur. Gesammelte Schriften Bd. 11,* Hrsg. Rolf Tiedemann und Theodor W. Adorno, 447–491. Frankfurt a. M.

Auerbach, Berthold. 1846. *Schrift und Volk: Grundzüge der Volksthümlichen Literatur, Angeschlossen an eine Charakteristik J. P. Hebel's.* Leipzig.

Auerbach, Berthold. 1856. *Barfüßele.* Stuttgart.

Auerbach, Erich. 2001. *Mimesis. Dargestellte Wirklichkeit in der abendländischen Literatur.* 10. Aufl. Tübingen.

Balzac, Honorè de. 1988. Ein Lebensbeginn. In *Honorine. Szenen aus dem Privatleben*, Hrsg. Honorè de Balzac, 275–499. Berlin [EA 1842/1844].

Bogdal, Klaus-Michael. 1976. Kunst, Kunstwerk 5. In *Historisches Wörterbuch der Philosophie*, Hrsg. Joachim Ritter und Karlfried Gründer, 1410–1412. Basel.

Bogdal, Klaus-Michael. 2011. *Europa erfindet die Zigeuner. Eine Geschichte von Faszination und Verachtung.* Berlin.

Bourdieu, Pierre et al. 1997. *Das Elend der Welt. Zeugnisse und Diagnosen alltäglichen Leidens an der Gesellschaft.* Konstanz.

Dickens, Charles. 1983. *Unser gemeinsamer Freund. Erster Band.* Berlin. [EA 1864–65]

Hegel, G.W.F. 1970. Vorlesungen über die Ästhetik I. In *Werke in zwanzig Bänden. 13*, Hrsg. G.W.F. Hegel. Frankfurt a. M.

Hein, Jürgen. 1980. Barfüßele. (1856). In *Romane und Erzählungen des Bürgerlichen Realismus. Neue Interpretationen.* Hrsg. von Horst Denkler, 173–187. Stuttgart.

Jaquet, Chantal. 2018. *Zwischen den Klassen. Über die Nicht-Reproduktion sozialer Macht.* Mit einem Nachwort von Carlos Spoerhase. Konstanz.

Kuzmics, Helmut, und Gerald Mozetič. 2003. *Literatur als Soziologie. Zum Verhältnis von literarischer und gesellschaftlicher Wirklichkeit.* Konstanz.

Lepenies, Wolf. 1985. *Die drei Kulturen – Soziologie zwischen Literatur und Wissenschaft.* München.

Link, Jürgen. 2006. *Versuch über den Normalismus.* 3. Aufl. Göttingen.

Lukacs, Georg. 1951. *Deutsche Realisten des 19.* Berlin: Jahrhunderts.

Lukacs, Georg. 1952. *Balzac und der französische Realismus.* Berlin

Lukács, Georg. 1963. *Werke Band. 11. Ästhetik Teil 1. Die Eigenart des Ästhetischen.* Neuwied.

Lukács, Georg. 1981. *Moskauer Schriften.* Frankfurt a. M.

Macherey, Pierre. 1995. *The object of literature.* Cambridge: Cambridge University Press.

Moretti, Franco. 2014. *Der Bourgeois.* Berlin: Eine Schlüsselfigur der Moderne.

Oellers, Björn. 2010. *Krise und Integration der bürgerlichen Gesellschaft in Romanen von Charles Dickens.* Hamburg.

von Saar, Ferdinand. 2001. *Die Steinklopfer.* Stuttgart: Tambi.

Schößler. Franziska. 2009. *Börsenfieber und Kaufrausch: Ökonomie, Judentum und Weiblichkeit bei Theodor Fontane, Heinrich Mann, Thomas Mann, Arthur Schnitzler und Émile Zola.* Bielefeld.

Simmel, Georg. 1903. Die Großstädte und das Geistesleben. In *Die Grossstadt. Vorträge und Aufsätze zur Städteausstellung.* Jahrbuch der Gehe-Stiftung Dresden, Hrsg. von Th. Petermann, Bd. 9, 185–206. Dresden.

Taine, Hippolyte. 1913. *Balzac. Ein Essay.* Leipzig. [EA 1858]

Der Engel der Geschichte im Posthistoire. Walter Benjamins ‚geschichtsphilosophische Thesen' zwischen Bild und Begriff, Literatur und Wissenschaft

Martin Jürgens

Es war am 25. März, einen Monat und einen Tag nach dem Beginn des Krieges Russlands gegen die Ukraine, als ich zum ersten Mal diese Luftaufnahme der Stadt Mariupol sah – damals schon weithin zerstört:

M. Jürgens (✉)
Universität Münster, Berlin, Deutschland
E-Mail: martin_juergens@t-online.de

C. Magerski und C. Steuerwald (Hrsg.), *„Die drei Kulturen" reloaded*, Literatur und Gesellschaft. Literatursoziologische Studien,
https://doi.org/10.1007/978-3-658-42824-2_4

‚Dass das im 21. Jahrhundert noch möglich ist' – so meine stumme Reaktion aus Staunen, Schrecken und hilfloser Empörung. Am Tag danach geriet ich in der achten geschichtsphilosophischen These Walter Benjamins an einen Satz, der mein Staunen vor dem Photo beinahe zitierte und scharf kritisierte: „Das Staunen darüber, dass die Dinge, die wir erleben, im 20. Jahrhundert ‚noch' möglich sind, ist *kein* philosophisches." (Benjamin 1974, S. 697) Anschliessend bescheinigt Benjamin solchem Staunen (seit Aristoteles als Beginn allen Philosophierens sehr geschätzt), es stehe „nicht am Anfang einer Erkenntnis, es sei denn der, dass die Vorstellung von Geschichte, aus der es stammt, nicht zu halten ist." (ebd.)

Gemeint ist die hoffnungsfrohe Erwartung, die Geschichte möge sich – zumindest ‚in the long run' – als eine des Fortschritts der Menschheit erweisen, angeführt von ihrer aufgeklärten und gesellschaftlich bewussten Vorhut. Dass die sich seit je auf dem richtigen und erfolgreichen Wege sieht, zeigen mit selbstbewußter Stentorstimme die Arbeiterlieder des 19. Jahrhunderts, allen voran die „Internationale", wenn sie das Recht mit der Kraft eines Vulkanausbruchs am Werke sieht:

> Das Recht wie Glut im Kraterherde
> Nun mit Macht zum Durchbruch dringt.

Mit vergleichbarer, aber gemäßigter Naturgewalt sieht das bekannte Gewerkschaftslied „Brüder, zur Sonne, zur Freiheit" aus dem „dunklen Vergangnen (…) die Zukunft" hervorleuchten und den „Zug von Millionen" illuminieren, „der endlos aus Nächtigem quillt". Dem entspricht – so wieder die „Internationale" – das Selbstbewußtsein derer, die mit Mehrheit machtvoll unterwegs sind:

> In Stadt und Land ihr Arbeitsleute,
> wir sind die stärkste der Partei'n

Über der erstrahlt nach dem ‚letzten Gefecht', das das Menschenrecht erkämpft, eine Glorio le, die jede Nacht hinter sich gelassen hat: „Dann scheint die Sonn' ohn' Unterlass.

Von solcher Euphorie ist Walter Benjamin bei der Arbeit an seinem letzten Text weit entfernt; er schreibt an seinen ‚geschichtsphilosophischen Thesen', später veröffentlicht unter dem Titel „Über den Begriff der Geschichte", etwa ab Ende November 1939; der Hitler-Stalin-Pakt lag gut drei Monate zurück; mit dem Überfall auf Polen am 1. September hatte der zweite Weltkrieg begonnen; für Benjamin bedeutete das eine dreimonatige Internierung im Lager Nevers – unter furchtbaren Bedingungen. Erst nach Intervention von Kollegen und Freunden sowie des PEN konnte Benjamin nach Paris zurückkehren. Schon in der ersten Nacht gab es Fliegeralarm; danach galt eine Verdunklungsanordnung für die Stadt, täglich ab sechzehn Uhr. Das ‚dunkle Vergangene' aus dem Arbeiterlied wurde alltägliche Gegenwart und ‚zum Lichte empor' bewegte sich niemand und nichts. Das fortschrittsfromme Geschichtsbild der Linken war in weiten Teilen Europas unter den Marschtritt der faschistischen Formationen geraten, und vielen Antifaschisten in Frankreich blieben nach dem Einmarsch der Nazitruppen im Mai 1940 nur die gefährlichen Fluchtkorridore, die sie auf andere Kontinente bringen sollten.

Aus der Erfahrung stetig wachsender Bedrohung erwuchs Benjamin – so ein Brief an Max Horkheimer – eine „wilde Feindschaft gegen den albernen Optimismus unserer linken Führer" (Fuld 1981, S. 300). Es war deren haltloser Fortschrittsfetischismus, dem die Kritik seiner ‚geschichtsphilosophischen Thesen' gilt. Die Bedenkenlosigkeit, mit der die Linke die Vergangenheit wie die Gegenwart als stetigen Fortschritt der Arbeiterklasse als Speerspitze der Menschheit feierte, war für Benjamin nicht nur Ausdruck des politischen Konformismus und der Korrumpierbarkeit vor allem der Sozialdemokratie; für ihn war sie eine fatale Folge der Vorstellung, sie (die Arbeiterklasse) „schwimme mit dem Strom" und die technische Entwicklung sei „das Gefälle des Stromes, mit dem sie zu schwimmen meinte." (Benjamin 1974, S. 698)

Benjamin sah in diesem naturwüchsigen Optimismus eine ruinöse, parteigewordene Routine der Autosuggestion eigener Unbesiegbarkeit, in der die Lohnarbeit kaum noch als Fron und gesellschaftliche Abhängigkeit, sondern als moralischer Wert, ja als ‚Adel der Arbeit' erscheint und die Natur als endlose Ressource, an deren Ausbeutung man sich bewusstlos beteiligt: „Von da war es nur ein Schritt zu der Illusion, die Fabrikarbeit, die im Zuge des technischen Fortschritts gelegen sei, stelle eine politische Leistung dar. Die alte protestantische Werkmoral feierte (…) ihre Auferstehung." (Benjamin 1974, S. 698 f.) Zu ihr gehört auch ein Begriff der Natur als eine endlos zur Verfügung stehende Ressource: „Die Arbeit wie sie nunmehr verstanden wird, läuft auf die Ausbeutung der Natur hinaus (…) Zu dem korrumpierten Begriff von Arbeit gehört als sein Komplement *die Natur*, welche (…) ‚gratis da ist'". (Benjamin 1974, S. 699)

Wer damit im Spektrum der linken Parteien gemeint war, ist nicht eindeutig auszumachen. Explizit ist fast durchweg von der Sozialdemokratie die Rede; eine Formulierung, die die Organisationsform betrifft, lässt sich jedoch eher auf den Typus kommunistischer Kaderparteien beziehen: „Die Betrachtung geht davon aus, dass der sture Fortschrittsglaube dieser Politiker und ihr Vertrauen in ihre ‚Massenbasis' und schliesslich ihre servile Einordnung in einen unkontrollierbaren Apparat drei Seiten derselben Sache gewesen sind." (Benjamin 1974, S. 698)

Die scharfe Kritik ruinöser linker Fortschrittsideologie bildet jedoch nicht das Zentrum des Textes; sie stellt die düstere Hintergrundfolie dar, auf der das Bild der bisherigen Geschichte als einer anhaltenden Katastrophe, aber auch die Skizzen messianischer Erlösungshoffnung projiziert werden. Benjamins Sprache bewegt sich dabei jenseits der Konkurrenz von Begriff und Bild, von wissenschaftlicher Rationalität und ästhetischer Evidenz, und man tut gut daran, sie nicht mit begriffsfetischistischen Konsistenzanforderungen zu behelligen und damit ihre singulären erhellenden Qualitäten zu verfehlen. Die liegen in ihrer Fähigkeit, Bilder auszudeuten.

Der Titel „Über den Begriff der Geschichte" wie die Kennzeichnung ‚geschichtsphilosophische Thesen' legen zwar die Erwartung nahe, der Text lasse sich als eine schlüssige Folge von Begriffsmanövern lesen. Der Text selbst jedoch ruft immer wieder Bilder auf: „das Bild vom Glück, das (…) von *der* Zeit tingiert ist" (Benjamin 1974, S. 693), in die wir verwiesen sind, das aufblitzende „wahre Bild der Vergangenheit", das „im Augenblick seiner Erkennbarkeit" (Benjamin 1974, S. 695) verschwindet, das „Bild der Vergangenheit", das „sich im Augenblick der Gefahr dem historischen Subjekt unversehens einstellt" (Benjamin 1974, S. 695), das Bild vom Triumphzug der Sieger mit den Kulturgütern als Beute, das „Bild der geknechteten Vorfahren" (Benjamin 1974, S. 700), das uns vor Augen stehen soll.

Wie der Text in seinem Wechsel von Bild- und Begriffsnähe konstruiert ist und mit welcher Absicht findet sich in der ersten These auf eine vertrackte Weise angekündigt, ohne dass das als Bauskizze des Ganzen beim ersten Lesen erkennbar würde. Die beiden hier zentralen Begriffe – ‚historischer Materialismus' und ‚Theologie' – werden in die verbale Rekonstruktion und Deutung eines Bildes einbezogen, das aus der Vergangenheit gegriffen ist und eine halb bewundernswürdige, halb bedenkliche technische Erfindung zeigt: Es handelt sich um den sogenannten ‚Schachtürken', den der österreichisch-ungarische Hofbeamte und Mechaniker *Wolfgang von Kempelen* 1769 konstruiert und gebaut hat; Kopien davon wurden bis zum Ende der zwanziger Jahre des 20. Jahrhunderts öffentlich vorgeführt – hier zu sehen in einem Kupferstich vom Ende des 18. Jahrhunderts:

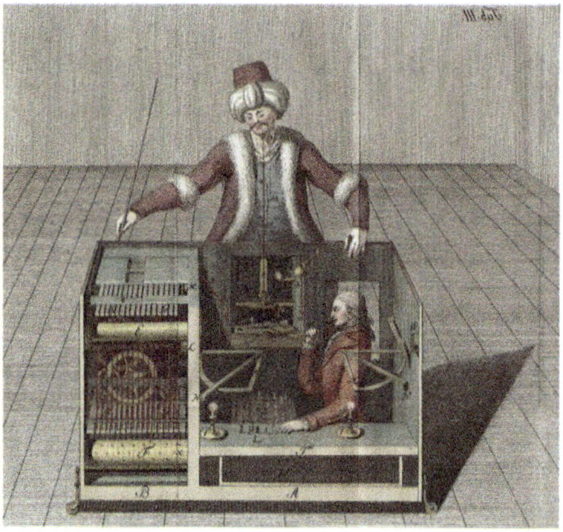

Mit einer Beschreibung dieser Maschinerie beginnt Benjamins Text:

> Bekanntlich soll es einen Automaten gegeben haben, der so konstruiert gewesen sei, daß er jeden Zug eines Schachspielers mit einem Gegenzuge erwidert habe, der ihm den Gewinn der Partie sicherte. Eine Puppe in türkischer Tracht (...) saß vor dem Brett, das auf einem geräumigen Tisch aufruhte. Durch ein System von Spiegeln wurde die Illusion erweckt, dieser Tisch sei von allen Seiten durchsichtig. In Wahrheit saß ein buckliger Zwerg darin, der ein Meister im Schachspiel war und die Hand der Puppe an Schnüren lenkte. (Benjamin 1974, S. 693)

Dies Modell einer auf die öffentliche Verblüffung zielenden verdeckten Konstruktion nimmt Benjamin im zweiten Teil seiner ersten These für seine geschichtsphilosophische Absicht in Anspruch:

> Zu dieser Apparatur kann man sich ein Gegenstück in der Philosophie vorstellen. Gewinnen soll immer die Puppe, die man 'historischen Materialismus' nennt. Sie kann es ohne weiteres mit jedem aufnehmen, wenn sie die Theologie in ihren Dienst nimmt, die heute bekanntlich klein und häßlich ist und sich ohnehin nicht darf blicken lassen. (ebd.)

Zwei als unvereinbar geltende Reflexions- und Denktraditionen in einem historisch recht weit zurückliegenden Bild eines mechanischen Modells so aufeinander zu beziehen, dass das eine als unerkannt, ja unsichtbar dem anderen zuarbeitet, um ihm den Gewinn zu ermöglichen, ist nur im Medium einer souveränen, selbstbewußten Ironie möglich: Die gilt nolens volens der Denktradition, in der sie sich selbst sieht (der des historischen Materialismus als ‚Puppe, die immer gewinnen soll'), wie der der Theologie in ihrer Dienerrolle – und das mit der frechen Schlusspointe, dass die sich, da „heute bekanntlich klein und häßlich", nicht zu erkennen geben darf.

Was sich jedoch in allem Ernst zu erkennen gibt, allerdings nicht unter dem Zeichen eines Gewinns oder gar eines Sieges, ist eine Figur aus dem Bildarsenal der Theologie: der Engel in der häufig zitierten neunten der achtzehn Thesen, also in der Mitte des Textes und das sicher nicht per Zufall. Sein Name wird im ersten Satz ebenso genannt wie seine Herkunft aus dem Atelier eines zeitgenössischen Künstlers: „Es gibt ein Bild von Klee, das Angelus Novus heisst." (Benjamin 1974, S. 697) Es handelt sich um eine aquarellierte Zeichnung Paul Klees von 1920 aus Tusche und Ölkreide auf bräunlichem Papier, etwas grösser (vor allem in der Breite) als unser gewohntes A4-Format (und Teil einer etwa 50 Werke umfassenden und bis 1940 reichenden Motivgruppe).

Walter Benjamin sieht das Bild in einer Ausstellung im Jahr seiner Entstehung und erwirbt es etwa Mitte 1921. Im selben Jahr plant er die Herausgabe einer Zeitschrift mit streitbaren philosophischen und literarischen Texten, die den Titel *Angelus Novus* tragen soll – ein Vorhaben, das nicht realisiert wurde. Bei seiner

Flucht ins Exil 1933 lässt er das Bild Klees in Berlin zurück; zwei Jahre später bringen es ihm Freunde nach Paris. Hier – genauer gesagt in der Bibliothèque National – wird es 1940 von Georges Bataille nach der Flucht Benjamins in den Süden Frankreichs versteckt (zusammen mit etlichen Manuskripten). Nach Kriegsende gelangt es über New York und Frankfurt 1972 an Gershom Scholem nach Jerusalem. Dort hängt es heute im Israel-Museum.

Würde man den Titel des Bildes nicht kennen, so wäre es auf den ersten, zweiten und dritten Blick keineswegs ausgemacht, dass da ein Engel zu sehen ist. Eine groteske Figur steht oder schwebt da vor uns, mit zarten, vogelartigen Füsschen (mit je drei Zehen); der lockenumkränzte Kopf bildet die Hälfte der gesamten Gestalt. Ein Auge blickt rechts an uns vorbei. Die Hände sind wie zur Abwehr erhoben, und ob dieser ‚Angelus Novus' lächelt, grinst, oder die Zähne zeigt – man wüsste es nicht zu sagen. Die Arme scheinen von einem lockeren, möglicherweise liturgischen Gewand umkleidet, aber daß das Flügel sind – darauf käme man kaum, wenn es den Bildtitel nicht gäbe und den Text der neunten These: eine knapp halbseitige Bildlegende – jenseits offensichtlicher Merkmale und Anhaltspunkte, ja jenseits nahezu aller Korrespondenz von Zeichenensemble und Interpretation:

> Es gibt ein Bild von Klee, das Angelus Novus heißt. Ein Engel ist darauf dargestellt, der aussieht, als wäre er im Begriff, sich von etwas zu entfernen, worauf er starrt. Seine Augen sind aufgerissen, sein Mund steht offen und seine Flügel sind ausgespannt. Der Engel der Geschichte muß so aussehen. Er hat das Antlitz der Vergangenheit zugewendet. Wo eine Kette von Begebenheiten vor *uns* erscheint, da sieht *er* eine einzige Katastrophe, die unablässig Trümmer auf Trümmer häuft und sie ihm vor die Füße schleudert. Er möchte wohl verweilen, die Toten wecken und das Zerschlagene zusammenfügen. Aber ein Sturm weht vom Paradiese her, der sich in seinen Flügeln verfangen hat und so stark ist, daß der Engel sie nicht mehr schließen kann. Dieser Sturm treibt ihn unaufhaltsam in die Zukunft, der er den Rücken kehrt, während der Trümmerhaufen vor ihm zum Himmel wächst. Das, was wir den Fortschritt nennen, ist *dieser* Sturm. (Benjamin 1974, S. 697 f.)

Neu ist an diesem ‚Angelus Novus'in der kühnen Lesart Benjamins vor allem der Widerspruch zu den zentralen Merkmalen, die wir der Figur des Engels zuzuschreiben gewohnt sind: Souveränität der bloßen Anwesenheit und Kraft der Intervention für das Schützenswerte – zum Beispiel im Rückblick auf das alte, am Anfang der Geschichte gelegene Residuum des Glücks – des Paradieses, schützenwert auch gegen die, die es – der biblischen Erzählung zufolge – leichtfertig verspielt haben; hier ein Engel im Einsatz in einem Stich von Jacob Speth aus der Mitte des 19. Jahrhunderts:

Zu sehen ist hier der Erzengel Michael mit den Attributen seiner Profession: In der rechten Hand das Flammenschwert, dem nicht zu trotzen ist, die Linke zur energischen Abwehr erhoben – eine Variante des gestischen Ausweisungsbefehls seitens des auf seiner Wolke thronenden Herrgottes. Dem vertriebenen Menschenpaar bleibt nichts als seine Tränen und ihr sehnsuchtsvoller Blick zurück; dieser Engel wird sich von beidem nicht rühren lassen.

Wie anders der Engel, den Walter Benjamin in der neunten These schildert: ein hilfloses Wesen mit dem Blick zurück zum Paradies über die Trümmer der Geschichte hinweg, zu keiner eigenen Bewegung – geschweige denn Tat – fähig. Seine Flügel, diese grandiosen Organe der Fortbewegung, die ihn der Erdenschwere entheben sollen, sind paralysiert im Sturm, der ihn mit jeder Sekunde weiter vom Paradies entfernt. – Wir, die Betrachter seines Unglücks – irgendwo seinem Blickfeld, mit dem Paradies im Rücken – kommen im Text zweimal vor: einmal als naive Opfer unserer ordnungssüchtigen Fehlwahrnehmung: „Wo eine Kette von Begebenheiten vor *uns* erscheint, da sieht *er* eine einzige Katastrophe, die unablässig Trümmer auf Trümmer häuft". (Benjamin 1974, S. 697) Der letzte Satz wirft uns implizit und knapp unseren unbelehrbaren Geschichtsoptimismus vor: „Das, was wir den Fortschritt nennen, ist *dieser* Sturm." (Benjamin 1974, S. 698) Und der weht in der Wahrnehmung, die die neunte These einzig nahelegt, während der ganzen, imaginierbaren Menschheitsgeschichte: vom Paradies über das jeweilige Heute derer, die da gerade lesen mit dem Blick auf den hilflosen Engel, bis zu einer Zukunft, die nicht die unsere sein kann: auf dem Weg dahin nichts als Zerstörung – so das düstere Resümee.

Damit ist das letzte Wort in Benjamins letztem Text jedoch nicht gesprochen. Vor allem auf den ersten und auf den letzten Seiten finden sich zwei mit bildhafter Anschaulichkeit gesättigte Begriffe, die in die Gegenrichtung deuten: der der *Erlösung* und der des *Messias*. Beide meinen jedoch nicht die Erwartung eines Heils, auf das wir uns am Ende der Geschichte wie auf das Kommen des neuen Tages verlassen könnten. Der Begriff der Erlösung ist zwar – wie die zweite These zeigt – an „das Bild von Glück, das wir hegen" (Benjamin 1974, S. 693) gebunden, aber nicht im Sinne einer freudigen Zukunftserwartung, sondern als ein Anspruch, der uns aus der Vergangenheit erreicht. Die führt, so die zweite These, „einen heimlichen Index mit, durch den sie auf die Erlösung verwiesen wird". (ebd.) Und für uns gilt „eine geheime Verabredung zwischen den gewesenen Geschlechtern und unserem." (Benjamin 1974, S. 694) Aus der folgt in einem knappen Satz die tröstliche Botschaft „Dann sind wir auf der Erde erwartet worden" (ebd.) und ein Auftrag, der uns aus der Vergangenheit erreicht und mit dem wir es nicht leicht haben: „Dann ist uns wie jedem Geschlecht, das vor uns war, eine *schwache* messianische Kraft mitgegeben, an welche die Vergangenheit Anspruch hat. Billig ist dieser Anspruch nicht abzufertigen." (ebd.) Würde er eingelöst, fiele – so die dritte These – „der erlösten Menschheit ihre Vergangenheit vollauf zu" und wäre ihr „in jedem ihrer Momente zitierbar geworden." (ebd.)

Damit das gelingt, ist nach Benjamin ein Begriff von Geschichte notwendig, der den Fortschritt von der Vorstellung eines „eine homogene und leere Zeit durchlaufenden Fortgangs" (Benjamin 1974, S. 701) ablöst. An seine Stelle müsste ein Geschichtsbegriff treten, deren Ort die ‚erfüllte Jetztzeit' sei, in der der Bruch mit dem Kontinuum des Immergleichen einzig gelingen könne. „Das Bewusstsein, das Kontinuum der Geschichte aufzusprengen, ist den revolutionären Klassen im Augenblick ihrer Aktion eigentümlich." (ebd.) So heisst es in der fünfzehnten These; deren Abschluss bildet die Erinnerung an eine Episode aus der französischen Julirevolution von 1830, in der über die Forderung nach einem Ende des alten Regimes hinaus die Herrschaft des zutiefst Selbstverständlichen infrage gestellt wurde, die Herrschaft der Zeit: „Als der Abend des ersten Kampftages gekommen war, ergab es sich, dass an mehreren Stellen von Paris unabhängig voneinander und gleichzeitig nach den Turmuhren geschossen wurde. Ein Augenzeuge, der seine Divination vielleicht dem Reim zu verdanken hat, schrieb damals:

> Qui le croirait! on dit qu'irrités contre l'heure
> De nouveaux Josués, au pied de chaque tour,

Tiraient sur les cadrans pour arrêter le jour. (Benjamin 1974, S. 702).

Die durch das Anhalten der Zeit, das Unterbrechen des Kontinuums des Homogenen und Leeren gewonnene Jetztzeit, taucht in der achtzehnten These als „Modell der messianischen" (Benjamin 1974, S. 703) noch einmal auf, und in der ersten These des Anhangs noch einmal als Jetztzeit, „in welche Splitter der messianischen eingesprengt sind". (Benjamin 1974, S. 704) Am Schluss steht der Hinweis auf die Tradition der jüdischen Religion, die anstelle des spekulativen Blicks in die Zukunft das *Eingedenken* fordert, durch das allererst sich die Zukunft entzaubern lasse: „die Thora und das Gebet unterwiesen sie (...) im Eingedenken. Dieses entzauberte ihnen die Zukunft (...) Den Juden wurde die Zukunft aber darum doch nicht zur homogenen und leeren Zeit. Denn in ihr war jede Sekunde die kleine Pforte, durch die der Messias treten konnte." (ebd.)

In Benjamins theologisch grundierter Geschichtstheorie, fallen das Aufsprengen des geschichtlichen Kontinuums, die erinnerte Jetztzeit der Revolution (ob 1789 oder 1830) mit ihrer Aversion sogar gegen die Herrschaft der Zeit und die Erwartung von Erlösung in eins. Daß das unseren heutigen beschwerlichen Alltags-Realismus überfordert, liegt auf der Hand. Mehr noch: Sie widerspricht der mittlerweile ubiquitären Erfahrung unserer gesellschaftlichen Verhältnisse als Ensemble unveränderbarer Gegebenheiten, in denen der historische Bruch ebenso vergessen scheint wie die Erwartung irgendeiner Erlösung: Ein treffender Begriff hierfür ist *posthistoire*, von Arnold Gehlen in den „Zeit-Bildern" für seine Theorie der künstlerischen Moderne als Medium reflexiver Entlastung eindrucksvoll vorgeführt.

Er bezeichnet – mit der Intention einer objektiven Feststellung – einen gesellschaftlichen Aggregatzustand, in dem radikale Entwicklungen und Veränderungen grundlegender Art ausgeschlossen sind, in dem das historische Abenteuer, die Überraschung neuer geschichtlicher Tendenzen nicht mehr vorkommen: Die ungeheuer gesteigerte Komplexität gesellschaftlicher Totalität ermögliche nur noch kalkulierte Risiken; nur noch Umgruppierungen sollen zulässig sein. Die Welt ist kein Überraschungsfeld mehr, alle Möglichkeiten sind ausgereizt; was bleibt, ist das Rechnen mit den Beständen, eine Perspektive, in der – wie Wolf Lepenies angemerkt hat – die Dimension gesellschaftlichen Handelns sich zur *bricolage*, zum Basteln verengt: „Kennzeichen nicht nur ästhetischen, sondern gesellschaftlichen Handelns überhaupt wird die 'Bastelei', ein immer wieder neu beginnendes Zusammensetzen alter Teile, ein Spielen mit Bekanntem, ein Neuarrangieren, Umgruppieren und Umordnen" (Lepenies 1970, S. 63).

Mit der *bricolage* als einzig verbleibender Praxis können die, die das Kontinuum der Geschichte weiterhin aufsprengen wollen, sich nicht befreunden, und Benjamins „Engel der Geschichte" hat im *posthistoire* nichts zu suchen und – wenn er es versuchen würde – er nichts zu finden. Möglicherweise ist das ein

Grund dafür, daß Walter Benjamins Text seit Jahren nahezu Kultstatus ereicht hat – als ebenso faszinierendes wie unerreichbares Beispiel für die Möglichkeit des scharfen Dissenses in geschichtsferner Gegenwart. Sein in der neunten These verdichteter Geschichtspessimismus trifft zudem den traurigen Nerv vor allem derer, die sich nach dem Ende des zweiten Weltkriegs als radikale Feinde des gesellschaftlichen Status quo zu begreifen versuchten und seit Längerem wie paralysiert auf den ungerührten Fortgang des Immergleichen blicken. Die Bitternis ihrer Enttäuschungserfahrung hat Walter Benjamin bereits in seinem „Surrealismus" – Aufsatz von 1929 in einigem Sarkasmus benannt:

> Pessimismus auf der ganzen Linie. Jawohl und durchaus. Mißtrauen in das Geschick der Literatur, Mißtrauen in das Geschick der Freiheit, Mißtrauen in das Geschick der europäischen Menschheit, vor allem aber Mißtrauen, Mißtrauen und Mißtrauen in alle Verständigung: zwischen den Klassen, zwischen den Völkern, zwischen den Einzelnen. Und unbegrenztes Mißtrauen in I. G. Farben und die friedliche Vervollkommnung der Luftwaffe. (Benjamin 1977, S. 308)

Daß der Sarkasmus auch heute nicht das letzte Wort behalten muß, zeigt ein Song von Laurie Anderson aus dem Album mit dem Titel „STRANGE ANGELS"; er ist Walter Benjamin gewidmet und trägt den Titel „The dream before". Damit dürfte die historische Distanz signalisiert sein, die die Gegenwart des Liedes zu den ‚geschichtsphilosophischen Thesen' hat. Den ersten Teil des Songs bildet eine ironisch-groteske Vergegenwärtigung des deutschen Märchens „Hänsel und Gretel". Ins Deutsche übersetzt:

> Hänsel und Gretel sind am Leben,
> Und es geht ihnen gut,
> Und sie leben in Berlin.
> Sie ist eine Cocktail-Kellnerin,
> Er hatte mal eine Rolle in einem Fassbinder-Film,
> Und sie hängen jetzt nachts herum
> Und trinken Schnaps und Gin
> Und sie sagt: Hänsel, du machst mich wirklich fertig.
> Und er sagt: Gretel, du kannst wirklich ein Miststück sein.
> Er sagt: Ich hab mein Leben mit unserem dummen Märchen verschwendet,
> Während meine einzige Liebe
> Die böse Hexe war. (Laurie Anderson 1992, S. 37)

Der zweite Teil beginnt mit einer Umakzentuierung des Begriffs „history" zu „his story", durch die unsere heillose Geschichte als Kontinuum männlicher Dominanz erkennbar wird. Die musikalische Stimmlage wandelt sich danach: Die subtile

Ironie wagt sich (auch durch die verhaltene Verdoppelung der Stimme der Sängerin in tieferer Stimmlage) ins leicht Pathetische vor, wenn sie die neunte These Benjamins paraphrasiert, ausgehend von der Frage: „What is history?"

Der Text endet mit: „And this storm/this storm/is called/Progress" – Zu welchem Fortschritt der Destruktivkräfte die Geschichte vor unseren Augen fähig ist, hat das anfangs gezeigte Bild des fast zerstörten Mariupol gezeigt – aus der Vogelperspektive. Aus der Nähe sah das Anfang Mai so aus:

Vergleichbare Bilder lieferte schon der zweite Weltkrieg aus Coventry und Hamburg; und damals wie heute ist kein Engel in Sicht, der das Zerschlagene zusammenfügen könnte und kein historisches Subjekt, das das Kontinuum des Unheils unterbricht. – Gleichwohl könnte in dieser Zeit, in der ein endgültiges *posthistoire* sich in Umrissen abzuzeichnen scheint, die genaue Wahrnehmung der Bewegungen der ‚geschichtsphilosophischen Thesen' zwischen Bildern und Begriffen, Literatur- und Wissenschaftssprache eine Erkenntnisqualität entdecken, eine „unbekannte Lebendigkeit", die es – so eine Formulierung Robert Walsers – „eine Freude sei zu wecken." (Walser 1968, S. 432) Mit und in ihr könnte sich der „Anspruch auf Sinnproduktion" (Lepenies 2002, S. 422) neu beleben, von dem im letzten Satz des Buches von Wolf Lepenies zu den „Drei Kulturen" die Rede ist. – Ob damit ein Erwartungshorizont in den Blick kommt, den man mit einiger Euphorie *messianisch* nennen könnte, muß allerdings offen bleiben. Bis auf Weiteres bleibt die letzte Arbeit Walter Benjamins einer der von Heiner Müller sogenannten „einsame(n) Texte, die auf Geschichte warten." (Müller 1989, S. 40) Mit denen sind wir in guter Gesellschaft.

Literatur

Anderson, Laurie. 1992. *The Dream Before (For Walter Benjamin).* In: *Glückloser Engel. Dichtungen zu Walter Benjamin.* Zusammengestellt von Erdmut Wizisla und Michael Opitz. Frankfurt a. M.: Insel.

Benjamin, Walter. 1974. *Über den Begriff der Geschichte.* In *Gesammelte Schriften I, 2,* Hrsg. von Rolf Tiedemann, Hermann Schweppenhäuser, und Walter Benjamin, 691–704. Frankfurt a. M.: Suhrkamp.

Benjamin, Walter. 1977. Der Sürrealismus. Die letzte Momentaufnahme der europäischen Intelligenz. In *Gesammelte Schriften II, 2,* Hrsg. von Rolf Tiedemann, Hermann Schweppenhäuser, und Walter Benjamin, 295–310. Frankfurt a. M.: Suhrkamp.

Fuld, Werner. 1981. *Walter Benjamin. Zwischen den Stühlen. Eine Biographie.* Frankfurt a. M: Fischer.

Lepenies, Wolf. 1970. „Il Mercenario". Ästhetik und Gewalt im posthistoire. In *Ästhetik und Gewalt,* Hrsg. Martin Jürgens, Wolf Lepenies, Karin Schrader-Klebert, und Rüdiger Stiebitz, 40–68. Gütersloh: Bertelsmann.

Lepenies, Wolf. 2002. *Die drei Kulturen. Soziologie zwischen Literatur und Wissenschaft.* Frankfurt a. M.: Fischer.

Müller, Heiner. 1989. *Verabschiedung des Lehrstücks.* In: Ders.: *Material. Texte und Kommentare.* Leipzig: Reclam.

Walser, Robert. 1968. *Meine Bemühungen.* In *Der Europäer. Prosa aus der Berner Zeit (III) 1928–1933,* Hrsg. Jochen Greven, 429–432. Genf: Kossodo.

Luhmann, Elias und die »belles lettres«. Über Verwendungsweisen von fiktionaler, belletristischer Literatur in der Soziologie

Christian Steuerwald

Die Soziologie bildete sich als wissenschaftliche Fachdisziplin nach und nach im 19. Jahrhundert aus unter anderem als Folge der Ausdifferenzierung und Innendifferenzierung der Wissenschaft. Vorbereitet wurde die Entwicklung durch Veränderungen und Spezialisierungen wissenschaftlicher Frage- und Problemstellungen sowie ihrer Institutionalisierung vor allem an Universitäten seit dem Mittelalter. So kennen zwar Universitäten seit dem Mittelalter verschiedene Einteilungen nach Lerninhalten und die höheren Fakultäten Medizin, Jurisprudenz und Theologie. Eine Aufteilung nach Fachdisziplinen mit spezifischen Methoden und Fragestellungen lässt sich aber erst allmählich um 1800 beobachten, und zwar zuerst in den Naturwissenschaften (Fisch 2015, Maier 1986, Rexroth 2019, Stichweh 1979). Neben diesen beobachtbaren Grenzziehungen und den Ansprüchen um Zuständigkeiten lassen sich im 19. Jahrhundert vor allem aufgrund von Modernisierungsprozessen, gesellschaftlichen Umbrüchen und daraus resultierenden Krisen von verschiedenen, sich immer weiter ausbildenden Wissenschaftsdisziplinen wie den Wirtschafts-, Staats- und Verwaltungswissenschaften, der Rechtsphilosophie und der Politischen Philosophie, aber auch der Biologie zunehmende Anstrengungen beobachten, Gesetzmäßigkeiten von Gesellschaften zu erkennen sowie ihre Funktions- und Wirkungsweisen zu untersuchen (etwa Hegel 2000, Marx 1990, Marx und Engels 1977, Marx und Engels 1990, Schäffle 1878, Spencer 1887, Stein 1921, vgl. Lepenies 1981, Wallgärtner 1991).

C. Steuerwald (✉)
Universität Bielefeld Fakultät für Soziologie, Bielefeld, Deutschland
E-Mail: christian.steuerwald@uni-bielefeld.de

C. Magerski und C. Steuerwald (Hrsg.), *„Die drei Kulturen" reloaded,* Literatur und Gesellschaft. Literatursoziologische Studien,
https://doi.org/10.1007/978-3-658-42824-2_5

Trotz der Zunahme sozialwissenschaftlicher und soziologischer Fragestellungen scheiterten aber noch die Bemühungen von Lorenz von Stein und Robert von Mohl, diese Unternehmungen unter eine neue Wissenschaftsdisziplin zu subsummieren und an den Universitäten als Gesellschaftswissenschaften zu etablieren, an den konkurrierenden Ansprüchen um Zuständigkeit und an der Kritik aus den von Wilhelm Dilthey mittlerweile begrifflich als Geisteswissenschaften zusammengefassten wissenschaftlichen Fachdisziplinen (Dilthey 1962, vgl. Lichtblau 2018, Pankoke 1970). Auch die Bemühungen einer positivistischen Soziologie, im Anschluss an Comte und Spencer ab den 1870er Jahren eine an den Naturwissenschaften orientierte Soziologie an den Universitäten einzurichten, blieben in Folge einer geisteswissenschaftlichen Kritik weitgehend folgenlos (Kruse 1990). Die Soziologie blieb im 19. Jahrhundert eher wissenschaftliche Frage- und Problemstellung, die vor allem in Publikationen bearbeitet und von wenigen Fachdisziplinen an den Universitäten in einzelnen Vorlesungen gelehrt wurde. Erst ab 1870 folgten Lehrstühle mit soziologischer Denomination und wissenschaftliche Fachorganisationen.[1]

Neben den wissenschaftsinternen Auseinandersetzungen um Zuständigkeiten, die sich auch in den prominenten Kontroversen um Methoden und Theorien abbildeten, konkurriert die Soziologie seit ihrer Institutionalisierung auch mit der Literatur (Lepenies 2006). Trotz einer seit dem 18. Jahrhundert allmählichen Ausdifferenzierung von Wissenschaft und Literatur waren die Zuordnungen im 19. Jahrhundert sowohl für Autorinnen und Autoren als auch für Leserinnen und Leser noch viel zu unspezifisch (vgl. Jäger 1990, Fulda 1996, Röcke und Münkler 2004, Schmidt 1989, Wittmann 2019). Vor allem in bürgerlichen Sozialgruppen war der Zusammenhang von Bildung, Politik, normativem Weltverständnis und literarischer Unterhaltung weiterhin stark ausgeprägt, sodass die Unterschiede zwischen normativ ausgerichteten Moral- und Sozialwissenschaften und einer Literatur, die Bildungs-, Erziehungs- und Gesellschaftsromane schreibt und in ihren Schriften Milieubeschreibungen und Zeitdiagnostiken einbaut, kaum zu erkennen sind (vgl. etwa Mix 2011; Wittmann 1982). Unterstützt wurde dies unter anderem dadurch, dass wissenschaftliche und literarische Operationsweisen als

[1] Etwa 1872 William Graham Sumner, Professor für Politische Ökonomie und Sozialwissenschaften (Yale-Universität New Haven); 1890 Frank Wilson Blackmar; Professor für Geschichte und Soziologie (Universität Kansas); 1896 Emile Durkheim, Professor für Pädagogik und Soziologie (Universität Bordeaux); 1919 Franz Oppenheimer, Professor für Soziologie und theoretische Nationalökonomie (Johann Wolfgang Goethe-Universität Frankfurt). 1872 Verein für Socialpolitik, 1893 Institut International de Sociologie, 1905 American Sociological Association, 1907 Soziologische Gesellschaft Wien, 1908 Soziologische Gesellschaft Graz, 1909 Deutsche Gesellschaft für Soziologie.

Beobachtungen von Welt beschrieben werden können mit dem Unterschied, dass Wissenschaft ihre Beobachtungen über Theorien und Methoden kenntlich machen und auf intersubjektiv überprüfbare Wahrheit abstellt, während die Literatur ihre Beobachtungen über literarischen Formen und künstlerischen Ausdrucksformen anzeigt und neben subjektiven Sichtweisen auch fiktionale Realitäten einbeziehen kann.

In verschiedenen wissenschaftshistorischen und kultursoziologischen Untersuchungen hat vor allem Wolf Lepenies (etwa 1976, 1988, 1997, 2006) auf die Ausdifferenzierungsprozesse der Wissenschaft und ihre Trennung von der Literatur aufmerksam gemacht und die Differenzierungsprozesse in Folge der Entstehung der Soziologie als Fachdisziplin begrifflich als drei Kulturen zusammengefasst.[2] So bildeten sich im 19. Jahrhundert allmählich eine Kultur der Naturwissenschaften mit nomothetischen Erklärungen, eine Kultur der Geisteswissenschaften und der Literatur mit einer idiografischen Ausrichtung auf das Verstehen sowie eine hybride Kultur der Sozialwissenschaften und der Soziologie (Lepenies 2006: IX). Dabei attestiert Lepenies (2006: IX) unter Berücksichtigung nationalspezifischer Unterschiede der Soziologie des 19. und frühen 20. Jahrhunderts das Problem, dass sie aufgrund der konkurrierenden Ansprüche um Zuständigkeit »die Naturwissenschaften zwar nachahmen, aber nicht wirklich zu einer Naturwissenschaft des Sozialen werden kann. Gibt sie aber ihre szientifische Orientierung auf, so rückt sie in bedrohliche Nähe zur Literatur.« Ausgehend von dieser Diagnose sollen nachstehend am Beispiel der Soziologie von Norbert Elias und Niklas Luhmann die Verwendungsweisen von fiktionaler, nicht wissenschaftlicher Literatur in der Soziologie untersucht werden. Gegenstand ist die These, dass der noch unspezifische Umgang der frühen Soziologie mit fiktionaler, belletristischer Literatur (siehe hierfür Steuerwald 2021) sich nach der Institutionalisierung an den Universitäten und ihrer Verwissenschaftlichung zunehmend weiter spezifiziert, sodass die Soziologie sich von der Literatur immer mehr emanzipiert. Um die These zu bearbeiten, bemüht sich der Beitrag in einem ersten

[2] Einer der ersten, der die Konkurrenz von Wissenschaft und Literatur als zwei Kulturen begrifflich zusammen-fasst und wechselseitiges Nichtverstehen attestiert, ist Charles Percy Snow (1961). Schon 1959 wurde die These, dass sich nur die Kultur der Naturwissenschaften und Technik auf der einen Seite sowie die Kultur der literarischen Intellektuellen, der Philologie und der Literaturkritik auf der anderen Seite voneinander unterscheiden, kritisiert und auf eine dritte, zu berücksichtigende Kultur der Sozialwissenschaften, Soziologie und historischen Wissenschaften hingewiesen. Siehe hierfür etwa Burnett 1999. Darüber hinaus macht Lepenies die Differenz zwischen ›scienes‹ und ›lettres‹ unter anderem an dem Schreibstil fest.

Untersuchungsschritt, die Umgangsweisen von Elias mit belletristischer, fiktionaler Literatur herauszuarbeiten. Elias ist unter anderem von Interesse, weil er als geschulter Philosoph in den 1920er Jahren erst über seine Mitarbeit an den kulturhistorisch ausgerichteten Arbeitszusammenhängen der Heidelberger Soziologie um Alfred Weber in die Soziologie eingeführt wurde und damit noch die frühen Verwendungsweisen kennenlernte. In einem zweiten Schritt wird die Verwendung von Literatur in ausgewählten Arbeiten von Luhmann untersucht, der erst in den 1960er Jahren und nachdem sich die Soziologie als wissenschaftliche Fachdisziplin institutionalisiert hat, über die Rechtswissenschaften und seinem Interesse an Verwaltung und Organisation zur Soziologie gekommen ist. Die Arbeit schließt mit einer Zusammenfassung.

1 Norbert Elias

Als Norbert Elias 1924 von Breslau nach Heidelberg und von der Philosophie in die Soziologie wechselte, wechselte er zeitgleich in ein akademisch-bildungsbürgerliches Milieu, das ihm durch seine bürgerliche Herkunft und sein Studium zwar vertraut war, das aber in weitaus stärkerem Ausmaß literaturaffin ist und trotz einer fortgeschrittenen gesellschaftlichen Differenzierung von Wissenschaft und Kunst insgesamt durch eine symbolische Lebensführung gekennzeichnet ist, die Wissenschaft und Kunst aufeinander bezieht und etwa Zitate und Literaturverweise in ihre Kommunikation einbaut. Vor allem Alfred Weber, Karl Mannheim und Emil Lederer, aber auch die literaturwissenschaftlichen und soziologisch anschlussfähigen Arbeiten von Ernst Robert Curtius und Friedrich Gundolf waren für die soziologischen Diskussionen an der Heidelberger Universität von Bedeutung und immer wieder Thema auch in außeruniversitären, bildungsbürgerlichen Gesprächen wie etwa der Gruppe um Stefan George oder dem Gesprächskreis um Marianne Weber (Blomert 1999, Hoeges 1994, Kruse 2005, Roth 1989, Treiber und Sauerland 1995, Weber 1996). Neben einer sozialen Nähe und einem gemeinsamen Interesse war hierfür auch eine räumliche Nähe verantwortlich. Sowohl die Universität als auch das akademisch-bildungsbürgerliche Milieu zeichneten sich durch kurze Wege aus, wie es etwa die Wohnadressen der Heidelberger Intelligenz anzeigten, sodass die Angehörigen der Universität sich immer wieder begegneten und sich kaum aus dem Weg gehen konnten (Jansen 1992).[3] In der Folge prägten diese Diskussionen auch

[3] So schreibt etwa Camilla Jellinek (1970, S. 86) in ihrer Biografie über ihren Mann: „Ohne spezielle Verabredung, nur einfach durch die Regelmäßigkeit der Lebensgewohnheiten in einer kleinen Stadt, trafen wir auf unseren Nachmittagsspaziergängen zum Schloß jahraus,

das soziologische Verständnis von Elias und machten ihn mit einer Methode vertraut, die neben wissenschaftlichen Referenzen auch literarische Werke zitiert. Vor allem seine frühen historisch-soziologischen Studien über den Hof und die zivilisatorischen Verläufe europäischer Gesellschaften schließen an die historisch-soziologischen Arbeiten von Alfred Weber sowie die literaturwissenschaftlichen Arbeiten von Ernst Robert Curtius und Joachim Moras an, die sich unter anderem an der begrifflichen Unterscheidung von Kultur und Zivilisation abarbeiteten und Literatur als kulturellen Anzeiger geisteswissenschaftlicher Entwicklungen und gesellschaftlicher Unterschiede auswiesen (Blomert 1999, Curtius 1931, Elias 1976, 1998, 1999, 2002, Jitschin 2021, Moras 1930, Simonis 1998, vgl. programmatisch schon Hofmannsthal 1927). So arbeitet Elias die langfristigen und über Jahrhunderte ablaufenden Veränderungen der Gesellschaftsstrukturen sowie der Persönlichkeitsstrukturen und die daran angeschlossenen Veränderungen der Affektkontrolle sowie einer schon von Max Weber diagnostizierten zunehmenden Rationalisierung der Handlungen nicht nur über verschiedene Manieren- und Erziehungsschriften heraus wie etwa von Erasmus Desiderius von Rotterdam oder Andreas Cappelanus, sondern auch über Romane. Vor allem die Texte von Walter Bloem, Theodor Fontane, Johann Wolfgang von Goethe, Sophie von La Roche, Gotthold Ephraim Lessing, Friedrich Schiller, aber auch von William Shakespeare, Honoré de Balzac, Gustave Flaubert und André Malraux liest Elias als Anzeiger von Emotionen, normativ ausgerichteten Verhaltensvorschriften sowie kulturellen Unterschieden zwischen sozialen Statusgruppen sowie Staaten. So verweist Elias in *Über den Prozeß der Zivilisation* etwa auf Caroline von Wolzogen, Friedrich Schiller und Johann Wolfgang von Goethe um die Unterschiede zwischen bürgerlichen und aristokratischen Gruppen hinsichtlich Lebensstil und Geschmack zu belegen (Elias 1998, S. 105 ff.).

Darüber hinaus zitiert Elias in den *Studien über die Deutschen* eine im Vergleich zu zeitgleich vorliegenden soziologischen Studien wie etwa von Gustav Schmoller, Karl Bücher oder Max Weber deutlich detailliertere Darstellung aus dem Roman *Der krasse Fuchs* von Walter Bloem, um den städtischen Statusaufbau im späten 19. und frühen 20. Jahrhundert zu beschreiben (Seidel und Jenkner 1968, Weber 1922):

---

jahrein täglich mit Georg Meyer zusammen, und in Scherz und Ernst wurden alle Fragen der Wissenschaft und des Tages durchgesprochen.“ Hinzu kommt, dass Heidelberg trotz eines massiven Anstiegs seit den 1870er im Jahr 1925 ca. 72.000 Einwohner aufwies und in der Folge verhältnismäßig klein war (Statistisches Reichsamt 1925, S. 45). Im Vergleich dazu war Breslau mit 553.000 Einwohnern weitaus größer (ebd., S. 41).

> Marburgs Bürgerschaft gliederte sich in zwei Kasten: in die Gesellschaft und in das, was nicht zur Gesellschaft gehörte. Ob der einzelne Mensch, die einzelne Familie in die eine oder die andere Klasse zu rechnen sei, darüber entschied ein sehr einfaches Unterscheidungsmerkmal: die Mitglieder des Vereins ›Museum‹ bildeten die Gesellschaft; wer diesem Kreise nicht angehörte, war ein unqualifiziertes Lebewesen. Die Mitglieder der Behörden, der Universität, der städtischen Verwaltungskörperschaften, das Offizierskorps des Jägerbataillons, ferner auch sämtliche private Akademiker und die wohlhabenden Kaufleute gehörten dem Verein an. Die Studenten konnten um ein Geringes die außerordentliche Mitgliedschaft erwerben, und so waren die Angehörigen der Korps, Burschenschaften, Landsmannschaften, akademischen Turnvereine ohne Ausnahme museumsberechtigt. Aber auch innerhalb der Gesellschaft gab es noch zahlreiche engere Zirkel, die, wenn auch in Einzelheiten rivalisierend, doch im ganzen und großen noch eine innere gesellschaftliche Hierarchie in zuerst jäh, dann langsamer absteigendem Aufbau bildeten. (Bloem 1910, S. 73 f zit. n. Elias 1989, S. 64)

An anderer Stelle verweist Elias auf Gerhard Hauptmann, um auf ein familiäres und emotional abgesichertes Kontrollsystem junger und unverheirateter Frauen aufmerksam zu machen:

> Hauptmanns Tragödie *Rose Bernd* gibt ein recht wirklichkeitsgetreues Bild von der schönen, ehrbaren Bauerntochter, hinter der die Männer her sind wie hinter Freiwild, die schließlich den Verführungskünsten eines von ihnen erliegt und die unter der Schande zusammenbricht, die sie damit sich selbst und ihrer Familie angetan hat. (Elias 1989, S. 59 f.)

Und schließlich bemüht sich Elias über die Werke von Walter Bloem, Ernst Jünger, Erich Maria Remarque und Ernst von Salomon die Gewalt während des 1. Weltkrieges und ihre Folgen zu verstehen. So zitiert er etwa Ernst Jünger, um den Umgang mit Emotionen und die Veränderungen der Persönlichkeitsstrukturen zu beschreiben:

> Drei Minuten vor dem Angriff winkte mir mein Bursche, der treue Vinke, mit einer gefüllten Feldflasche. Ich tat einen tiefen Zug. Es war, als ob ich Wasser tränke. Nun fehlte noch die Offensivzigarre. Dreimal löschte der Luftdruck mein Streichholz aus. Der große Augenblick war gekommen. Die Feuerwalze rollte über die ersten Gräben hinweg. Wir traten an. In einer Mischung von Gefühlen, hervorgerufen durch Blutdurst, Wut und Trunkenheit, gingen wir im Schritt schwerfällig, doch unaufhaltbar auf die feindlichen Linien los. Ich war weit vor der Kompanie, gefolgt von Vinke und einem Einjährigen, namens Haake. Die rechte Hand umklammerte den Pistolenschaft, die linke den Reitstock aus Bambusrohr. Ich kochte vor einem rasenden Grimm, der mich und uns alle auf eine unbegreifliche Weise befallen hatte. Der übermächtige Wunsch zu töten, beflügelte meine Schritte. Die Wut entpreßte mir bittere Tränen. Der ungeheure Vernichtungswille, der über der Walstatt lastete, verdichtete sich in

> den Gehirnen und tauchte sie in rote Nebel ein. Wir riefen uns schluchzend und stammelnd abgerissene Sätze zu, und ein unbeteiligter Zuschauer hätte vielleicht glauben können, daß wir von einem Übermaß an Glück ergriffen wären. (Jünger 1937, S. 257 zit. n. Elias 1989, S. 277 f.)

In seinen sportsoziologischen Studien zitiert Elias Gedichte und Theaterkritiken, um Verhaltensweisen und emotionale Erregungszustände von Zuschauern zu belegen.

> Es war kein besonders gemütlicher Abend, der den Zuschauern da beschert wurde . . . Aber für diejenigen, die bereit waren, ihn zu ertragen, hat es sich gelohnt. Das Schlachtfeld war natürlich das Eheleben, und für eine Inszenierung, die des Autors würdig war, bedurfte es zunächst zweier Schauspieler, die in der Lage waren, eine fesselnde, überlebensgroße Darstellung des Ehemanns Edgar und seiner Frau Alice zu bieten, die im Verlaufe des Stücks die letzten, auf einen Höhepunkt zustrebenden Szenen des Krieges ausfechten, den sie sich seit Jahren, solange sie miteinander verheiratet sind, liefern. Man hätte blind darauf vertrauen können, daß Edgar, der Befehlshaber eines kleinen Kommandos von Soldaten auf einer Insel, auf der Haß und Frustration ungehindert wuchern und sich in Gewalt verwandeln können, eine Rolle sein würde, die Sir Laurence Olivier die Gelegenheit geben würde, alle Register zu ziehen und eine atemberaubende Vorstellung zu bieten. Etwas mehr Zweifel waren angebracht, ob Geraldine McEwan in der Lage sein würde, die Energie aufzubieten, die ausreicht, um sie in glaubhafter Weise zu dem bei Strindberg unausweichlichen Sieg weiblicher Verstellung über männliche Kraft zu treiben. Aber genau das tat sie. Die Wirkung dieses Sieges wurde in keiner Weise durch gelegentlich hervorbrechendes nervöses Gelächter im Publikum geschmälert oder zunichte gemacht. Denn es war offensichtlich, daß diejenigen, die da lachten, dies nicht aus Spottlust taten, sondern um sich von der Anspannung ihrer Gefühle zu entlasten. (Kerr 1966 zit. n. Elias und Dunning 2003, S. 157 f.)

Auch in seiner Studie *Über die Einsamkeit der Sterbenden* fügt Elias verschiedene Gedichte ein, um kulturell und historisch unterschiedliche Sichtweisen auf den Tod zu dokumentieren. Neben Andrew Marvell zitiert Elias beispielsweise ausführlich ein Gedicht von Christian Hofmann von Hofmannswaldau.

> Es wird der bleiche todt mit seiner kalten hand
> Dir endlich mit der zeit umb deine brüste streichen /
> Der liebliche corall der lippen wird verbleichen;
> Der schultern warmer schnee wird werden kalter sand /
> Der augen süsser blitz/die kräffte deiner hand /
> Für welchen solches fällt/die werden zeitlich weichen /
> Das haar/das itzund kan des goldes glantz erreichen /
> Tilgt endlich tag und jahr als ein gemeines band.
> Der wohlgesetzte fuß/die lieblichen gebärden /
> Die werden theils zu staub/theils nichts und nichtig werden /
> Denn opfert keiner mehr der gottheit deiner pracht.
> Diß und noch mehr als diß muß endlich untergehen /
> Dein hertze kan allein zu aller zeit bestehen /
> Dieweil es die natur aus diamant gemacht. (Hofmannswaldau zit. n. Elias 2002 S. 26)

Und in der *Höfischen Gesellschaft* führt Elias als Beleg für seine Ausführungen über subjektive Sichtweisen auf Haushalte und Gruppen in Haushalten *Frau Jenny Treibel* von Theodor Fontane an und zitiert hierfür einen Auszug von Ernst Heilborn aus seinen kulturhistorischen Studien über die Bismarckzeit:

> Zu wissen, wie Frau Jenny Treibel aussieht, muß man auf das Bologneser Hündchen blicken, das bei ihr in der Kutsche sitzt. Der Wert dieses Bologneser Hündchens beruht nicht sowohl auf dem reizvollen Anblick, den es bietet, nicht nur auf den guten und gefälligen Eigenschaften, die es auszeichnen mögen, sondern vor allem darauf, daß man weiß, daß es sehr kostbar ist. So stehts um die Repräsentation, die von Frau Jenny Treibel ausgeht: gleichviel, ob sie lächerlich wirkt oder imponiert, genug, sie ist kostspielig. Das Geld, das Frau Jenny Treibel für sich, ihre Kleider, ihre Diners, ihre Umgebung ausgibt, bestimmt ihren, Jenny Treibels gesellschaftlichen Wert . . . es ist Arbeitsteilung eingetreten, dem Mann obliegt das Geldverdienen, der Frau die Repräsentation. (Heilborn 1929, S. 127 zit. n. Elias 2002, S. 106)

Neben der Verwendung literarischer, belletristischer Schriften als Illustration und empirischer Beleg verwendet Elias belletrische Werke auch ähnlich wie wissenschaftliche Referenzen. So schreibt er beispielsweise in *Etablierte und Außenseiter*:

> Das in Etabliertengruppen weitverbreitete Gefühl, daß der Kontakt mit Angehörigen einer Außenseitergruppe befleckend sei, bezieht sich ineins auf Anomie-Infektion wie auf Schmutz. Shakespeare sprach von einem leane unwash'd artificer (einem ›mageren, ungewaschenen Handwerker‹). (Elias und Scotson 2013, S. 23)

In seiner Studie *Gesellschaft der Individuen* merkt Elias über das Verhältnis von Gesellschaft und Individuum an:

> Sie, die ›Gesellschaft‹, ist es nun, die als ›Außenwelt‹ der ›Innenwelt‹ gegenübersteht, die, so mag man es empfinden, den ›inneren Kern des eigenen Wesens‹ nicht zu berühren vermag oder je nachdem auch als Kerkermeisterin dem Individuum versagt, aus dem Innern seiner Zelle heraus ins Leben zu treten. ›Ich sehe ins Leben aus meiner Zelle‹, so hat es Rilke in einem seiner Gedichte ausgedrückt. (Elias 2001, S. 175)

Und an einer anderen Stelle schreibt er:

> Es ist sicherlich nie ganz einfach, die rechte Balance zu halten zwischen dem Vermögen, im Tun und Lassen gleich allen anderen zu sein, und dem Vermögen, einzigartig und von allen anderen verschieden zu sein – man braucht nur an die oft erörterte Problematik des großen Künstlers, wie sie etwa Thomas Mann herauszuarbeiten suchte, oder, auch unter Gelehrten, politischen Führern, Industriellen und vielen anderen Gruppen, an die der besonders hervorstechenden Persönlichkeit überhaupt zu denken, um Beispiele zu finden. (Elias 2001, S. 197)

Schließlich verweist Elias auf die Romane von Jean-Paul Sartre *Der Ekel*, Albert Camus *Der Fremde* und Jean-Philippe Toussaint *La Salle de bain* und ihre Ausführungen über ein Ich, die seiner Theorie des homo clausus erstaunlich ähnlich sind (Elias 2001, S. 265 ff.). So schreibt Elias beispielsweise:

> Einem anderen Beispiel für ein wirloses oder fast wirloses Ich begegnet man in Camus' *Der Fremde*. Zu der Eigenart des vereinsamten Menschen, als welcher der Held dieses Buches erscheint, gehört eine eigentümliche Verwirrung der Gefühle. Er tötet jemanden, aber die entsprechenden Gefühle, sei es des Hasses, sei es der Reue, fehlen. Seine Mutter stirbt, aber er fühlt eigentlich nichts. Das Empfinden der Trauer oder des Verlassenseins fällt aus. Isoliertheit, Verlassenheit ist das beständige Grundgefühl. Es verknüpft sich nicht mit einer bestimmten Person. Das Ich ist allein, ohne eigentlichen Bezug auf andere Menschen, ohne die Empfindungen, die den Wir-Bezug möglich machen. (Elias 2001, S. 267)

Dass Elias belletristische Literatur in seine wissenschaftlichen Studien einarbeitet und sie als empirischen Beleg, Illustration oder wissenschaftliche Referenz vor allem hinsichtlich der Theoriebildung verwendet, erklärt sich schließlich aus seiner Kunstsoziologie (Steuerwald 2017). Im Anschluss an die These, dass Menschen stets in sozialen Kontexten handeln, Menschen also in Interdependenzketten eingefügt sind und ein wirloses Ich nur ein theoretisches Ausnahmebeispiel ist, geht Elias davon aus, dass Kunst nicht nur individuell ist und Aussagen über den Künstler ermöglicht, sondern stets auch sozial ist.[4] So zeigt Elias etwa am Beispiel von Mozart, wie unterschiedliche Sozialstrukturen oder Figurationen auch differente künstlerische Produktionen ermöglichen (Elias 2005). In Folge der zahlreichen kleinen Höfe und ihren Konkurrenzbeziehungen war es etwa Mozart möglich, sich aus der sehr unmittelbaren und persönlichen höfischen Etablierten-Außenseiter-Beziehung und seiner Abhängigkeit vom Fürsten in Salzburg zu lösen, nach Wien zu wechseln und dort eine Musik zu komponieren, die nur noch bedingt dem höfischen Rokoko zuzuordnen ist, auch wenn noch zahlreiche höfische Stilelemente enthalten sind. Und auch in der Literatur lässt sich nach Elias die Abhängigkeit der Kunst von den Figurationen und Sozialstrukturen beobachten. So unterscheidet Elias analog zu bürgerlichen und höfischen Statusgruppen beispielsweise eine höfische und eine bürgerliche Literatur. Während die höfische Lyrik vor allem die Form gegenüber dem Inhalt betont, an den persönlichen Kommunikationszusammenhängen ausgerichtet ist und von ›Dilettanten‹, also Nicht-Professionellen geschrieben und vorgetragen wird, ist für die bürgerliche Literatur nicht nur die Form im Vergleich weniger wichtig, sondern die Literatur wird auch eher für einen anonymen Markt produziert von mehr oder weniger professionellen Schriftstellern (Elias 1998, 2005, 2006, vgl. Steuerwald 2017). Da Elias davon ausgeht, dass Kunst nicht nur abhängig ist von gesellschaftlichen Strukturen, sondern in der Kunst auch gesellschaftliche Kontexte und die daran angeschlossenen persönlichen Erlebnisse und Sichtweisen verarbeitet werden, lassen sich in der Folge über Kunst auch Aussagen über Gesellschaft machen. Vor allem die Literatur des 19. und frühen 20. Jahrhunderts ist nach Elias als empirisches Material für gesellschaftliche Zusammenhänge geeignet. So schreibt Elias etwa:

> Jedenfalls kann man sagen, daß von der höfischen Menschenschilderung Saint-Simons und seiner Zeitgenossen zur Schilderung der ›guten Gesellschaft‹ des 19. Jahrhunderts durch Proust – über Balzac, Flaubert, Maupassant und viele andere hinweg –, schließlich auch zur Gestaltung des Lebens breiterer Schichten durch Schriftsteller, wie Jules Romain oder André Malraux, und durch eine Reihe von französischen Filmen, eine gerade Traditionslinie führt, zu deren charakteristischsten Zügen eben diese Klarheit der Menschenbeobachtung gehört, dieses Vermögen, Menschen im Ganzen ihrer gesellschaftlichen Verflechtungen zu sehen und aus ihren wechselseitigen Verflechtungen Verständlich zu machen. (Elias 1976, S. 376 f.)

[4] Elias schließt an eine soziologische Grundannahme an, die Erving Goffman (1986: 9) mit seiner prominenten Aussage, dass es »nicht um Menschen und ihre Situationen, sondern eher um Situationen und ihre Menschen« geht, programmatisch zusammenfasst.

Neben den »wirklichkeitsgetreuen« (Elias 1989, S. 66, 71) Romanen in Folge detaillierter Beobachtungen, die Aussagen über gesellschaftliche Strukturen erlauben, lässt sich auch das Ausmaß von Literatur insgesamt als Anzeiger für Zivilisierungsprozesse verstehen. Lesen und Schreiben erfordern nach Elias nämlich eine stärke Triebregulierung und einen stärkeren Verzicht, die typisch sind für höher zivilisierte Gesellschaften (Elias 1976, S. 376). Die Kunst ist aber nicht nur ein Abbild der Gesellschaft, das gesellschaftliche Strukturen spiegelt. Die Literatur wie auch die anderen Künste sind mehr. Sie können im Unterschied zu Wissenschaft deutlich deutungsoffener sein und es können Fiktionen enthalten sein, sodass sie auch mehr aussagen können und für die Wissenschaft nützlich sind.[5] Dementsprechend bemerkt Elias schließlich in seiner Rede anlässlich der Verleihung des Theodor W. Adorno-Preises:

> Die persönliche Erfrischung und Erregung, die man bei der Beschäftigung mit einer der Künste erfährt, als Schaffender wie als Genießender, belebt die wissenschaftliche Phantasie. Zugleich aber gibt es auch menschliche Erfahrungen und Einsichten, die sich klarer und überzeugender im Kunstwerk, etwa in einem Gedicht ausdrücken und mitteilen lassen als in einer wissenschaftlichen Abhandlung. (Elias 1977, S. 41)

2 Niklas Luhmann

Als Niklas Luhmann 1965 auf die Sonderforschungsstelle in Dortmund und in die Soziologie wechselte, wechselte er in eine Forschungseinrichtung, die auf soziologische Grundlagenforschung, Theoriebildung und empirische Sozialforschung ausgerichtet war.[6] Das soziologische Programm und das implizit enthaltene Wissenschaftsverständnis, das Helmut Schelsky der Sonderforschungsstelle bei seiner

[5] Vermutlich in Folge der Kritik hinsichtlich der Verwendung von Kunst als empirisches Material in seinen historisch-soziologischen Arbeiten (siehe etwa Duerr 1988, Hoffmann 1996, Schwerhoff 1998, Steuerwald 2017) formuliert Elias in späteren Arbeiten den Anspruch, über Kunst Aussagen über Gesellschaft zu machen, bisweilen etwas vorsichtiger. So bemerkt er beispielsweise in den *Studien über die Deutschen*: »Auch Romane, kritisch verwendet, können helfen, eine vergangene Gesellschaft und ihre Machtstruktur vor unseren Augen wieder erstehen zu lassen.« (Elias 1989, S. 65).

[6] Schon in seinen frühen Publikationen lassen sich soziologische Argumente und die Verarbeitung soziologischer Literatur beobachten, sodass der Wechsel von Speyer nach Dortmund und die dortige Promotion zum Doktor der Sozialwissenschaften und die Habilitation für das Fach Soziologie durch die Rechts- und staatswissenschaftliche Fakultät der Universität Münster, der die Sonderforschungsstelle zugeordnet ist, nur den formellen Wechsel zur Soziologie ausweist. Siehe für eine Sammlung früher Texte etwa Luhmann 2018, für Hinweise zur Biografie Baecker 2012, Nitsche 2011.

Übernahme der Direktion 1960 ausgab, war darauf ausgelegt, die „Phase einer naiven und unmittelbar angewandten empirischen Sozialforschung“ (Schelsky zit. n. Adamski 2009, S. 172 f., siehe auch Schelsky 1959, vgl. Schäfer 2015.) für beendet zu erklären und durch eine empirische Grundlagenforschung mit theoretischem Anspruch unter anderem im Anschluss an das Theorieprogramm der funktionalistischen Soziologie US-amerikanischer Provenienz zu ersetzen. Die Verwendung und das Zitieren deutungsoffener belletristischer Literatur waren dort nicht vorgesehen.[7] Die an der Sozialforschungsstelle vorgegebene Arbeitsweise mag Luhmann entgegengekommen sein. Immerhin war Luhmann unter anderem durch seine Tätigkeiten in der öffentlichen Verwaltung in Lüneburg und Hannover sowie seiner Tätigkeit an der Hochschule für Verwaltungswissenschaften in Speyer mit einer Arbeitsweise vertraut, die zwar durchaus hermeneutisch verfährt, weil sie Fälle ausgelegt, vorwiegend aber Recht anwendet und in der Folge belletrische Verarbeitungen nicht kennt (Beyes et al. 2021; Kremer 2017). Und auch in seinen frühen wissenschaftlichen Schriften, die er vor seinem Wechsel nach Dortmund und ab 1958 anfertigte und publizierte, lassen sich keine Bezüge auf belletristische Literatur feststellen (siehe etwa Luhmann 2018).[8] In der Folge mag es überraschen, dass Luhmann vor allem in seinen späteren historisch-soziologischen Studien zu Gesellschaftsstruktur und Semantik durchaus Romane verarbeitet und in seine Argumentation einfügt.

---

[7] In seinen eigenen Schriften verarbeitet Schelsky belletristische Literatur kaum. In seiner Habilitationsschrift, die er erst 1981 veröffentlichte, verweist er etwa auf Goethe und schreibt: »Sowohl Kant als auch Goethe finden die letzte Weisheit des Lebens in der Lobpreisung der dauernden Ursprünglichkeit menschlichen Handelns.« (Schelsky 1981, S. 127; Kursivsetzung weggelassen). Und in seiner polemischen Intellektuellensoziologie *Die Arbeit tun die anderen* nimmt er in einem Exkurs Heinrich Böll als Beispiel und bezeichnet Böll dort als Kardinal und Märtyrer. Siehe Schelsky 1975, S. 342.

[8] Hierfür wurde einer Stichprobe durchgeführt. Bemerkenswert ist aber, dass Luhmann schon in diesen ersten Schriften seine an der Sache orientierte Argumentation immer wieder durch witzige, teils ironische Beispiele aufbricht. So schreibt er etwa in seiner ersten Publikation: »Nicht einmal Schurken finden sich in der modernen Verwaltung (sondern allenfalls noch in der Politik, die in mancher Beziehung zurückgeblieben ist).« (Luhmann 2018, S. 12). Auch wenn sich keine Bezüge auf belletrische Literatur in den frühen Schriften feststellen lassen, bedeutet dies nicht, dass Luhmann trotz einer zeitintensiven wissenschaftlichen Lektüre keine Romane gelesen hat. So verweist er in Interviews darauf, dass er den informalen Anforderungen seiner Berufstätigkeit, auch in Abendstunden für gesellige Anlässe zu Verfügung zu stehen, mit dem Hinweis, dass er Hölderlin lesen muss, zu entgehen versuchte. (Luhmann 2005, S. 31). Und auf die Frage nach seinem Lieblingsschriftsteller antwortete Luhmann: »Das ist ganz schwierig. Wahrscheinlich Dostojewsky, aber das bezieht sich auf ein vergangenes Ich, beinahe«. (Luhmann 1987, S. 98).

Programmatisch lässt sich die Verwendung belletristischer Literatur in seiner Untersuchung über Liebe als Passion beobachten. Ausgangspunkt ist dort die These, dass »der Umbau des Gesellschaftssystems von stratifikatorischer in funktionale Systemdifferenzierung tiefgreifende Veränderungen des Ideenguts der Semantik erzeugt, mit dem die Gesellschaft die Kontinuität ihrer eigenen Reproduktion, des Anschließens von Handlung an Handlung ermöglicht.« (Luhmann 1984, S. 9). Semantik meint dabei »einen höherstufig generalisierten, relativ situationsunabhängig verfügbaren Sinn« (Luhmann 1993, S. 19), der nicht nur situationsunabhängig Kommunikation organisiert, sondern auch parallel zur Entwicklung der Sozialstrukturen sich verändert und die »tiefgreifenden Veränderungen in den Sozialstrukturen vorbereiten, begleiten und hinreichend rasch plausibilisieren« (Luhmann 1984, S. 9) kann.[9] Die Verschiebung von stratifikatorischer zu funktionaler Systemdifferenzierung hat dabei zu Folge, dass der Erfolg von Kommunikation nicht mehr primär von dem sozialen Status derjenigen abhängt, die kommunizieren, sondern eben von Funktionssystemen und ihren Kommunikationsmedien, die Anschlusskommunikation wahrscheinlicher werden lassen. Liebe wird unabhängig von sozialer Schichtung und genügt nur noch sich selbst.» Liebe durch Liebe« also, wie Luhmann (2022, S. 40) den Schriftsteller Jean Paul zitiert.

Nach Luhmann wählen »literarische, idealisierende, mythisierende Darstellungen der Liebe ihre Themen und Leitgedanken nicht zufällig«, sondern sie reagieren »damit auf ihre jeweilige Gesellschaft und auf deren Veränderungstrends« (Luhmann 1984, S. 24). In der Folge kann die spezifische »Semantik der Liebe [...] einen Zugang eröffnen zum Verständnis der Verhältnisse von Kommunikationsmedium und Gesellschaftsstruktur« (Luhmann 1984, S. 24). Romane konnen also als empirisches Material verwendet werden, dass die Veränderung in der Semantik der Liebe anzeigt, die die Verschiebung von einer primär nach Statusgruppen organisierten Gesellschaftsstruktur zu einer funktional differenzierten Gesellschaftsstruktur begleitet. Die Untersuchung der Romane und Liebestexte zeigt dabei sogar, dass der Umbruch in der Liebessemantik zeitlich früher stattfindet als die sozialstrukturelle Verschiebung.[10] So weist Luhmann am Beispiel spätmittelalterlicher, höfischer Liebeslyrik nach, dass eine Liebessemantik sich zuerst für außereheliche Beziehungen ausbildete. Da eheliche Beziehungen ständisch organisiert blieben, ergab sich dort keine Notwendigkeit (Luhmann 1984,

[9] Zur kritischen Diskussion der Begriffsunterscheidung von Semantik und Sozialstruktur siehe Stäheli 1998, Stichweh 2006.

[10] In seiner Evolutionstheorie bringt Luhmann das auf den Begriff von „preadaptive advances“ (Luhmann 1998, S. 512), also Vorentwicklungen evolutionärer Errungenschaften.

S. 50). Erst in späteren Jahrhunderten änderte sich dies allmählich in Folge von Veränderungen hinsichtlich der Formen des Codes, der Begründungen der Liebe, der Einarbeitung neuer Problembezüge in die Liebessemantik sowie der Frage, »wie der Mensch an der Liebe beteiligt ist« (Luhmann 1984, S. 53 f.; kursiv wegelassen) Am Beispiel zahlreicher Romane etwa von Friedrich Gottlieb Klopstock, Stendahl, Charles Duclos oder Johann Wolfgang von Goethe beobachtet Luhmann schließlich Verschiebungen, wie Liebe dargestellt und kommuniziert wird, auf welche Probleme in den Texten Bezug genommen wird und wie der Mensch erst eher vernünftig und später zunehmend leidenschaftlich und romantisch liebt, sodass sich ab Mitte des 17. Jahrhundert allmählich eine amour passion und um 1800 eine romantische Liebe ausbildete.

Luhmann beobachtet in Romanen aber nicht nur semantische Verschiebungen, sondern er geht auch von der wissenssoziologischen These aus, dass Sprache vorführt und vorgibt, wie man sich fühlt und wie man sich zu fühlen hat. Romane bringen in der Folge etwas auf den Begriff, was Leserinnen und Leser verwenden können, um ihre eigenen Gefühle überprüfen und begrifflich zuordnen zu können. Ohne begriffliche Vorgaben kann Kommunikation eher scheitern, da Kommunikation zum einen weniger stattfindet, weil etwas sprachlich schwieriger zu fassen ist und somit eher nicht mitgeteilt wird, weil es etwa nicht auffällt. Zum anderen erleichtern begriffliche Vorgaben und ihre Beschreibungen ein Verstehen der Mitteilung. Liebe ist also weniger ein Gefühl, sondern vielmehr ein Kommunikationsmedium, das erlaubt, seine Gefühle zuzuordnen, zu kommunizieren und eine Anschlusskommunikation wahrscheinlicher und möglicherweise erfolgreicher werden lässt. Liebe ist somit »ein literarisch präformiertes, geradezu vorgeschriebenes Gefühl«, das »nicht mehr dirigiert [ist] durch gesellschaftliche Mächte wie Familie und Religion, wohl aber in ihrer Freiheit um so mehr gebunden an ihre eigene Semantik und an das heimliche Ziel des sexuellen Genusses«. (Luhmann 1984, S. 53; kursiv weggelassen). Leserinnen und Leser von Liebesromanen verstehen daher eher Andeutungen und Hinweise, da sie mit der Liebessemantik vertraut sind. So bemerkt Luhmann: »Schon im 17. Jahrhundert weiß man: die Dame hat Romane gelesen und kennt den Code. Das steigert ihre Aufmerksamkeit.« (Luhmann 1984, S. 37). Da die Liebessemantik aber davon ausgeht, dass es in der Liebe um Individualität und Persönliches geht, sind die literarischen Vorgaben, die die intime Kommunikation vorführen, auch problematisch. Denn eine Intimkommunikation, die sich zu sehr an Beschreibungen der Liebestexte ausrichtet, läuft schließlich Gefahr als »unaufrichtig« (Luhmann 1984 S. 131) klassifiziert zu werden.

Wenn Romane und die darin enthaltenen literarischen Skripts die Wahrscheinlichkeit von Anschlusskommunikation erhöhen, müssen Romane eine genügende

Verbreitung aufweisen und gelesen oder anderweitig bekannt gemacht werden. In der Folge geht Luhmann davon aus, dass sich mit dem Buchdruck und der Verbreitung von Romanen die Verschiebungen in der Liebessemantik schneller durchsetzen (Luhmann 1984, S. 37).[11] Da die Sozialstruktur aber noch primär stratifikatorisch differenziert ist, ist die Verbreitung der Liebessemantik zu Beginn ungleich und noch durch ständische Differenzierungen gebrochen, sodass sie zuerst vor allem in aristokratischen und bürgerlichen Gruppen zu beobachten ist. Erst später verbreitet sich die Liebessemantik auch in anderen Statusgruppen. Hinzu kommt, dass in Folge einer zunehmenden Verbreitung von Romanen auch Änderungen und Verschiebungen in der Liebessemantik schneller registriert werden, sodass der Wechsel von einer leidenschaftlichen zu einer romantischen Liebe sich deutlich schneller vollzieht als der Wechsel von einer höfischen zu einer leidenschaftlichen Liebe.

Neben der Verwendung von Romanen als empirisches Material, das Verschiebungen in der Semantik anzeigt, lassen sich noch weitere wenige Hinweise auf belletristische Literatur und ihre Schriftsteller im Zettelkasten sowie in seinen literatursoziologischen Schriften nachweisen. Analog zu den Verwendungsweisen in seinen historisch-soziologischen Studien verwendet Luhmann auch in seinen Notizen Literatur als empirischen Hinweis auf bestimmte historische Aussagen, die Entwicklungen der Semantik aufzeigen. So verweist Luhmann unter dem Stichwort Gerechtigkeit und Gleichheit auf den Zetteln (ZK I: Zettel 12,14d5b3 sowie Zettel 12,14d5b4) auf Dostojewski und seinen Roman über die Brüder Karamasow:

> Ist die Gerechtigkeit als logisch-widerspruchsfreier Bereich des Gleichen und des Gemessen-Ungleichen konzipiert, so kann es nicht ausbleiben, dass die Wahrheit im Bereich des Sozialen unakzeptabel (rechtfertigungsbedürftig) wird, weil sie keine ›gerechte‹ Sozialordnung zur Erscheinung zu bringen vermag. Diese Gerechtigkeitsvorstellung findet sich gelebt nicht vor, sie muss realisiert werden, das Gerechte ist in wahres Sein zu übersetzen. Diese Aufgabe, aus Gerechtigkeit Wahrheit zu machen, wird dem Staat mit der Revolution gestellt. Camus, S. 77f. zeigt, wie diese Problematik bei Dostojewski bewusst wird: Iwan K. weigert sich, die Wahrheit als ungerecht zu akzeptieren. Damit ist die christlich-mittelalterliche Kombination von Wahrheit und Leiden verworfen.

[11] Dass Literatur und andere Künste die Funktion haben, die Wahrscheinlichkeit von Anschlusskommunikation zu erhöhen, zeigt sich neben Liebesromanen (siehe hierfür schon Elliott und Merrill 1934) auch etwa in Filmen, da diese einen Gesprächsanlass bieten und in der Folge Geselligkeit ermöglichen (Riesman et al. 1973).

Aber auch in seinen theoretischen Überlegungen finden sich vereinzelte Hinweise auf Schriftsteller. In der handschriftlichen Notiz zu dem Zettel (ZK I: Zettel 17,3,3a) über Ideologie bemerkt Luhmann etwa:

> Umgekehrt geht Geigers Standpunkt viel zu weit. Nicht jede Ist-Aussage, die wissenschaftlich nicht beweisbar ist, verdient die von Geiger bewusst tadelnd-kritisch gemeinte Bezeichnung Ideologie. Man müsste sonst das Denken des Parmenides ebenso wie das Dichten Hölderlins als ideologisch abwerten, denn Denker und Dichter sagen, was ist, ohne dass ihre Aussagen durch Beobachtung verifizierbar oder widerlegbar wären.

Und in seiner literatursoziologischen Abhandlung über *Literatur als Kommunikation*, die unter anderem die Unterschiede zwischen realer und fiktionaler Realität untersucht, fügt Luhmann literarische Beispiele ein, um seine Ausführungen zu plausibilisieren. So illustriert Luhmann etwa Abgrenzungen in der Literatur am Beispiel von Friedrich Rückert (Luhmann 2008a, S. 388) und schreibt an einer anderen Stelle:

> Die Unterscheidung von realer und fiktionaler (aber gleichwohl bedeutsamer) Realität sprengt zunächst das einfache Wahrheitsthema, das es nur mit der Vermeidung von Irrtum und allenfalls noch mit Teufeln oder Sophisten zu tun hatte, die den Irrtum unter dem Anschein von Wahrheit zu verbreiten suchen. Jetzt muss eine Gewißheit gesucht werden, die mit wahren und mit unwahren Vorstellungen sich beschäftigen kann, die Gewißheit des ›cogito ergo sum‹. Oder man sieht ein, daß Wahrheit im sozialen Verkehr eher schädlich ist, jedenfalls ohne elegante Darstellung wirkungslos bleibt (Gracián). Kommunikation ist Kunst der Simulation und Dissimmulation; und dies als Kommunikation, nicht nur als Korruption ihrer eigentlichen Zwecke. Nur so bleibt Sozialität unter Kontrolle. Mehr und mehr wird es dann auch fraglich, ob und wie der Mensch lernen kann. An der Literatur? Das widerlegen Don Quijote und Emma Bovary. Also an der Welt selbst, wie der Bildungsroman behauptet. Das widerlegt Henry Adams. Wie immer: Die Literatur hat es mit der Literatur und ihren Wirkungen zu tun. Das Endergebnis kann nur sein, daß man sich mit einer nicht konsenspflichtigen Realität zu begnügen hat. (Luhmann 2008a, S. 381 f.; kursiv weggelassen)

Die literatursoziologischen Untersuchungen von Luhmann und die darin eingeführte Unterscheidung von realer und fiktionaler Realität unterstützen schließlich die Verwendung von Romanen als empirische Anzeiger von Semantiken und eben nicht von Sozialstrukturen oder Gesellschaft. Fiktionen haben zwar »immer ein problematisches Verhältnis zur Realität« (Luhmann 2008b, S. 276), sodass die Literatur darauf Bezug nehmen muss und etwa darüber aufklären muss, was erfunden ist und was nicht. Dennoch können Romane und andere Fiktionen Problemlösungen und Handlungsanweisungen vorführen, die dann möglicherweise umgesetzt werden können. So verweist Luhmann etwa auf eine praktizierte Technik der Rechtsfiktion, die erkennbare Regelungslücken voraussieht und zu lösen sucht. »Kinder, die auf englischen Schiffen geboren werden, sind so zu behandeln, als ob sie in London geboren wären« (Luhmann 2008b, S. 276). Fiktionale Realitäten, die in Romanen beschrieben werden, sind also nicht nur Darstellungen möglicher Welten, sondern sie erlauben gleichzeitig die Beobachtung der realen Wirklichkeit, weil der Bezug zumindest implizit in den Fiktionen enthalten ist.[12] Und nur über diese Leistung, das Gelesene und die fiktionale Realität auf gesellschaftliche Wirklichkeiten und eigene Lebenswelten zu beziehen etwa über Analogieschlüsse, ist Literatur anschlussfähig an Semantiken. Ansonsten bleibt Literatur eben nur Literatur.

3 Schlussbemerkung

Die voranstehende Untersuchung zeigt am Beispiel von Norbert Elias und Niklas Luhmann, dass die Verwendungsweisen fiktionaler, belletristischer Literatur in der Soziologie sich zeitgleich mit der Institutionalisierung der Soziologie als wissenschaftliche Fachdisziplin verändern. So lassen sich bei Norbert Elias analog zu den Verwendungsweisen der frühen Soziologie noch mindestens drei Verwendungsweisen beobachten: Literatur als empirischer Nachweis, Literatur als theoretische Referenz und Literatur als Illustration. Hinzu kommen seine literatursoziologischen Thesen etwa hinsichtlich des Zusammenhangs von Zivilisationsprozessen, den daran angeschlossen Affektregulierungen und den persönlichkeitsstrukturellen Möglichkeiten zu Lesen und Schreiben. Im Unterschied zu Elias ist der Gebrauch von fiktionaler, belletrischer Literatur in den Arbeiten von Luhmann deutlich eingeschränkter. Wenn Literatur als empirisches Material verwendet werden kann, dann nur um historische Verschiebungen in der Semantik zu beobachten und nicht um Aussagen über historische Realitäten von Gesellschaften und ihren Sozialstrukturen zu machen. Darüber hinaus ist der Stellenwert von fiktionaler, belletristischer Literatur theoretisch umfassender ausgearbeitet. So geht Luhmann etwa davon aus, dass in Romanen stets ein Bezug zur gesellschaftlichen Wirklichkeit enthalten ist, über den ein Anschluss an die Sinnstrukturen

[12] Wie Luhmann in der Untersuchung aufzeigt, ändert sich historisch die fiktionale Bezugnahme auf die Realitäten und ihre Begründungen.

der Semantiken möglich ist, oder dass Literatur und die anderen Künste die Funktion haben, die Wahrscheinlichkeit von Anschlusskommunikation zu erhöhen. Im Vergleich zu den Zugangs- und Verwendungsweisen der frühen Soziologie, die den Stellenwert fiktionaler, belletristischer Literatur für die Soziologie kaum bearbeitet, lässt sich im historischen Vergleich und über die unterschiedlichen Institutionalisierungsphasen der Soziologie eine zunehmende Problematisierung von Max und Alfred Weber über Norbert Elias hin zu Niklas Luhmann feststellen.

Die Verwendungsweisen von und Zugangsweisen zu belletristischer, fiktionaler Literatur von Luhmann sind nun typisch für eine institutionalisierte Soziologie, die sich überhaupt mit Literatur auseinandersetzt. Viele soziologische Spezialuntersuchungen, aber auch die Gesellschaftsdiagnosen und Gegenwartsbeschreibungen der 1960er und 1970er Jahren kommen ohne Verwendung fiktionaler, belletristischer Literatur aus unter anderem eben als Folge eines Anspruchs, Wissenschaft zu sein.[13] Dementsprechend sind die unterschiedlichen Zugangsweisen zu und Verwendungsweisen von belletristischer, fiktionaler Literatur, die sich bei Elias und Luhmann beobachten lassen, Hinweise, dass der noch unspezifische Umgang der frühen Soziologie mit fiktionaler, belletristischer Literatur sich nach der Institutionalisierung an den Universitäten und ihrer Verwissenschaftlichung zunehmend weiter spezifiziert und problematisiert. Dies beinhaltet nicht nur Anstrengungen, über die Möglichkeiten von Belletristik und ihren Stellenwert für die Soziologie nachzudenken, sondern auch in verschiedenen Grenzziehungen zur Literatur oder zu als zu literarisch arbeitenden Sozialwissenschaften und Soziologien (Geertz 1990; Jameson 1988)[14]. So wird etwa Erving Goffman, der nicht nur Romane als Illustration für seine theoretische Ausführungen einsetzt, sondern auch als ethnografische Milieubeschreibungen verwendet, in denen sich historische Realitäten mehr oder weniger spiegeln, als „soziologisch inspirierter – und vielleicht auch inspirierender – Belletrist gelesen", dessen „soziologisches Unterhaltungsprogramm […] für eine Hinführung zur Soziologie wertvoll sein kann und aus dem man gelegentlich auch etwas schöpfen kann, das aber vom harten Geschäft der Disziplin – sei es die soziologische Theorie oder die quantifizierende Empirie – weit entfernt sei." (Lenz

[13] Siehe etwa die prominenten Beschreibungen der Gesellschaft als nivellierte Mittelstandsgesellschaft (Schelsky 1979), als Statusgefüge, die einer Zwiebel gleicht (Bolte 1966), oder als industrielle und nachindustrielle Gesellschaft (Aron 1964, Bell 1975). Hinzu kommt, dass im ausgehenden 20. Jahrhunderts die Frage, welche Romane gelesen werden sollten, sodass hierüber eine Anschlusskommunikation möglich wird, in Folge der unübersichtlichen Anzahl an vorhandener Literatur immer problematischer wird.

[14] Siehe hierfür auch die Arbeiten von Hannah Arendt und die Auseinandersetzungen um den Stellenwert von Lyrik und Belletristik in der Philosophie. Vgl. Hahn und Knott 2007.

und Hettlage 2022, S. VII). Diese wissenschaftsinternen Auseinandersetzungen um das Fach sowie der Ausbau der Soziologie an den Universitäten führen ab den 1950er Jahren aber nicht dazu, dass sich die Konkurrenz zwischen Soziologie und Literatur einfach auflöst. Vielmehr wird in Folge der Differenzierung die Konkurrenz umgangen, da unterschiedliche Publika adressiert werden. So adressiert die Soziologie vor allem die Wissenschaft, aber auch die Politik, während die Literatur ihr Publikum beispielsweise eher in Schulen oder in hochkulturellen Bereichen findet.[15]

Literatur

Aron, Raymond. 1964. *Die industrielle Gesellschaft. 18 Vorlesungen*. Frankfurt: Fischer.

Baecker, Dirk. 2012. *Niklas Luhmann: Der Werdegang*. In *Luhmann Handbuch. Leben – Werk – Wirkung*, Hrsg. Jahrhaus, Oliver et al. Stuttgart: Metzler.

Bell, Daniel. 1975. *Die nachindustrielle Gesellschaft*. Frankfurt. New York: Campus.

Beyes, Timon, et al. (Hrsg.). 2021. *Niklas Luhmann am OVG Lüneburg. Zur Entstehung der Systemtheorie*. Berlin: Duncker & Humblot.

Blomert, Reinhard. 1999. *Intellektuelle im Aufbruch. Karl Mannheim, Alfred Weber, Norbert Elias und die Heidelberger Sozialwissenschaften der Zwischenkriegszeit*. München: Hanser.

Bolte, Karl Martin. 1966. *Deutsche Gesellschaft im Wandel*. Opladen: Hessische Landeszentrale für politische Bildung.

Burnett, D. Graham. 1999. A View from the Bridge. The Two Cultures Debate, Its Legacy, and the History of Science. *Daedalus* 128:193–218.

Curtius, Ernst Robert. 1931. *Die französische Kultur. Eine Einführung*. Stuttgart: Deutsche Verlagsanstalt.

Dilthey, Wilhelm. 1962. *Einleitung in die Geisteswissenschaften. Versuch einer Grundlegung für das Studium der Gesellschaft und der Geschichte*. Gesammelte. Bd. 1. Leipzig: Teubner.

Duerr, Hans Peter. 1988. *Nacktheit und Scham. Der Mythos vom Zivilisationsprozess*. Bd. 1. Frankfurt: Suhrkamp.

Elias, Norbert. 1976. *Über den Prozeß der Zivilisation Soziogenetische und psychogenetische Untersuchungen. Band 2: Wandlungen der Gesellschaft. Entwurf zu einer Theorie der Zivilisation*. Frankfurt: Suhrkamp.

Elias, Norbert. 1977. *Adorno Rede. Respekt und Kritik*. In *Zwei Reden anlässlich Theodor W. Adorno-Preises*, Hrsg. Norbert Elias und Wolf Lepenies. Frankfurt: Suhrkamp.

Elias, Norbert. 1989. *Studien über die Deutschen. Machtkämpfe und Habitusentwicklung im 19. und 20. Jahrhundert*. Frankfurt: Suhrkamp.

[15] Dies schließt nicht aus, dass auch die Soziologie Romane liest und Schriftstellerinnen und Schriftsteller Soziologie.

Elias, Norbert. 1998. *Über den Prozeß der Zivilisation Soziogenetische und psychogenetische Untersuchungen*. Band 1: *Wandlungen des Verhaltens in den weltlichen Oberschichten des Abendlandes*. Frankfurt: Suhrkamp.
Elias, Norbert. 1999. Die Entstehung der modernen Naturwissenschaften. In *Intellektuelle im Aufbruch. Karl Mannheim, Alfred Weber, Norbert Elias und die Heidelberger Sozialwissenschaften der Zwischenkriegszeit*, Hrsg. Reinhard Blomert. München: Hanser.
Elias, Norbert. 2001. *Die Gesellschaft der Individuen*. Frankfurt: Suhrkamp.
Elias Norbert. 2002. *Die höfische Gesellschaft. Untersuchungen zur Soziologie des Königtums und der höfischen Aristokratie*. Gesammelte Schriften Bd. 2. Frankfurt: Suhrkamp.
Elias, Norbert. 2002. *Über die Einsamkeit der Sterbenden*. Gesammelte Schriften Bd. 6. Frankfurt: Suhrkamp.
Elias, Norbert 2005. *Mozart. Zur Soziologie eines Genies*. Gesammelte Schriften Bd. 12. Frankfurt: Suhrkamp.
Elias, Norbert. 2006. Das Schicksal der deutschen Barocklyrik. Zwischen höfischer und bürgerlicher Tradition. In: ders.: Aufsätze und andere Schriften III. Gesammelte Schriften Bd. 16. Frankfurt: Suhrkamp.
Elias, Norbert, und Eric Dunning. 2003. *Sport und Spannung im Prozeß der Zivilisation*. Frankfurt: Suhrkamp.
Elias, Norbert, und John L. Scotson. 2013. *Etablierte und Außenseiter*. Berlin: Suhrkamp.
Elliott, Mabel A., und Francis E. Merrill 1934. *Social Disorganization*. New York: Harpers.
Fisch, Stefan. 2015. *Geschichte der europäischen Universität. Von Bologna nach Bologna*. München: Beck.
Fulda, Daniel. 1996. *Wissenschaft aus Kunst. Die Entstehung der modernen deutschen Geschichtsschreibung 1760–1860*. Berlin: de Gruyter.
Geertz, Clifford. 1990. *Die künstlichen Wilden. Der Anthropologe als Schriftsteller*. München: Hanser.
Goffman, Erving. 1986. *Interaktionsrituale. Über Verhalten in direkter Kommunikation*. Frankfurt: Suhrkamp.
Hahn, Barbara, und Marie Luise Knott. 2007. *Hannah Arendt – Von den Dichtern erwarten wir Wahrheit*. Ausstellung Literaturhaus Berlin. Berlin: Matthes & Seitz.
Hegel, Georg Wilhelm Friedrich. 2000. *Grundlinien der Philosophie des Rechts oder Naturrecht und Staatswissenschaft im Grundrisse*. Werke Bd. 7. Frankfurt: Suhrkamp.
Hoeges, Dirk. 1994. *Kontroverse am Abgrund: Ernst Robert Curtius und Karl Mannheim. Intellektuelle und »freischwebende Intelligenz« in der Weimarer Republik*. Frankfurt: Fischer.
Hoffmann, Konrad. 1996. ›Vom Leben im späten Mittelalter‹. Aby Warburg und Norbert Elias zum ›Hausbuchmeister‹. In *Norbert Elias und die Menschenwissenschaften. Studien zur Entstehung und Wirkungsgeschichte seines Werkes*, Hrsg. Karl-Siegbert Rehberg. Frankfurt: Suhrkamp.
Hofmannsthal, Hugo. 1927. *Das Schrifttum als geistiger Raum der Nation. Rede, gehalten im Auditorium maximum der Universität München am 10. Januar 1927*. München: Verlag der Bremer Presse.
Jäger, Gerhard. 1990. *Buchhandel und Wissenschaft. Zur Ausdifferenzierung des wissenschaftlichen Buchhandels*. Siegen: Institut für Empirische Literatur.
Jameson, Fredric. 1988. *Das politische Unbewusste. Literatur als Symbol sozialen Handelns*. Reinbek: Rowohlt.

Jansen, Christian. 1992. *Vom Gelehrten zum Beamten. Karriereverläufe und soziale Lage der Heidelberger Hochschullehrer 1914–1933.* Mit einem personalbibliografischen Anhang und den Wohnsitzen der 1886–1936. Lehrenden: Wunderhorn.

Jitschin, Adrian. 2021. *Das Leben des jungen Norbert Elias.* Weinheim: Juventa.

Jellinek, Camilla. 1970. Georg Jellinek. Ein Lebensbild, entworfen von seiner Witwe. In *Ausgewählte Schriften und Reden*, Hrsg. Georg Jellinek. Aalen: Scientia.

Kremer, Carsten, Hrsg. 2017. *Die Verwaltungsrechtswissenschaft in der frühen Bundesrepublik (1949 – 1977).* Tübingen: Siebeck.

Kruse, Volker. 1990. Von der historischen Nationalökonomie zur historischen Soziologie. Ein Paradigmenwechsel in den deutschen Sozialwissenschaften um 1900. *Zeitschrift für Soziologie* 19:149–165.

Kruse, Volker. 2005. *Die Heidelberger Soziologie und der Stefan George-Kreis.* In *Wissenschaftler im George-Kreis. Die Welt des Dichters und der Beruf der Wissenschaft*, Hrsg. Bernhard Böschenstein et al. Berlin: de Gruyter.

Lenz, Karl, und Robert Hettlage. 2022. Vorwort. In *Goffman Handbuch. Leben – Werk – Wirkung*, Hrsg. Karl Lenz und Robert Hettlage. Stuttgart: Metzler.

Lepenies, Wolf. 1976. *Das Ende der Naturgeschichte. Wandel kultureller Selbstverständlichkeiten in den Wissenschaften des 18. und 19. Jahrhunderts.* München: Hanser.

Lepenies, Wolf. 1981. *Normalität und Anormalität. Wechselwirkungen zwischen den Wissenschaften vom Leben und den Sozialwissenschaften im 19. Jahrhundert.* In *Geschichte der Soziologie. Studien zur kognitiven, sozialen und historischen Identität einer Disziplin*, Hrsg. Wolf Lepenies, Bd. 3. Frankfurt: Suhrkamp.

Lepenies, Wolf. 1988. *Autoren und Wissenschaftler im 18. Jahrhundert. Buffon, Linné, Winckelmann, Georg Forster, Erasmus Darwin.* München: Hanser.

Lepenies, Wolf. 1997. *Sainte-Beuve. Auf der Schwelle zur Moderne.* München: Hanser.

Lepenies, Wolf. 2006. *Die drei Kulturen. Soziologie zwischen Literatur und Wissenschaft.* Frankfurt: Fischer.

Lichtblau, Klaus. 2018. Die Anfänge der Soziologie in Deutschland (1871–1918). In *Handbuch Geschichte der deutschsprachigen Soziologie. Bd. 1: Geschichte der Soziologie im deutschsprachigen Raum*, Hrsg. Stephan Moebius und Andrea Ploder. Wiesbaden: Springer VS.

Luhmann, Niklas. 1984. *Liebe als Passion. Zur Codierung von Intimität.* Frankfurt: Suhrkamp.

Luhmann, Niklas. 1987. *Schwierigkeiten mit dem Aufhören.* Interview mit Georg Stanitzek. In *Archimedes und wir*, Hrsg. Niklas Luhmann. Berlin: Merve.

Luhmann, Niklas. 1993. Gesellschaftliche Struktur und semantische Tradition. In *Gesellschaftsstruktur und Semantik. Studien zur Wissenssoziologie der modernen Gesellschaft*, Hrsg. Niklas Luhmann. Bd. 1. Frankfurt: Suhrkamp.

Luhmann, Niklas. 1998. *Die Gesellschaft der Gesellschaft.* Frankfurt: Suhrkamp.

Luhmann, Niklas. 2005. *Es gibt keine Biografie. Niklas Luhmann im Radiogespräch mit Wolfgang Hagen.* In *Warum haben Sie keinen Fernseher, Herr Luhmann? Letzte Gespräche mit Niklas Luhmann*, Hrsg. Hagen, Wolfgang. Berlin: Kadamos.

Luhmann, Niklas. 2008a. *Literatur als Kommunikation.* In *Schriften zu Kunst und Literatur*, Hrsg. Niklas Luhmann. Frankfurt: Suhrkamp.

Luhmann, Niklas. 2008b. *Literatur als fiktionale Realität.* In *Schriften zu Kunst und Literatur*, Hrsg. Niklas Luhmann. Frankfurt: Suhrkamp.

Luhmann, Niklas. 2018. *Schriften zur Organisation 1. Die Wirklichkeit der Organisation.* Wiesbaden: Springer VS.

Luhmann, Niklas. 2022. *Liebe. Eine Übung.* Berlin: Suhrkamp.

Marx, Karl. 1990. *Thesen über Feuerbach.* In MEW, Bd. 3. Berlin: Dietz.

Marx, Karl, und Friedrich Engels. 1977. *Manifest der kommunistischen Partei.* In MEW, Bd. 4. Berlin: Dietz.

Marx, Karl, und Friedrich Engels. 1990. *Die deutsche Ideologie. Kritik der neuesten deutschen Philosophie in ihren Repräsentanten Feuerbach, B. Bauer und Stirner, und des deutschen Sozialismus in seinen verschiedenen Propheten.* In MEW, Bd. 3. Berlin: Dietz.

Mix, York-Gothart. 2011. *Bildung und Unterhaltung „als eines" denken. Almanach-, Kalender- und Taschenbuchlektüre, habituelle Distinktion und das Spektrum literarischer Geselligkeit im literarischen Feld um 1800.* In *Geselliges Vergnügen. Kulturelle Praktiken von Unterhaltung im langen 19. Jahrhundert*, Hrsg. Anna Ananieva et al. Bielefeld: Aisthesis.

Moras, Joachim. 1930. *Ursprung und Entwicklung des Begriffs der Zivilisation in Frankreich (1756–1830).* Hamburg: Seminar für romanische Sprachen und Kultur.

Nitsche, Lilli. 2011. *Backsteingiebel und Systemtheorie. Niklas Luhmann – Wissenschaftler aus Lüneburg.* Gifkendorf: Merlin.

Pankoke, Eckart. 1970. *Sociale Bewegung – Sociale Frage – Sociale Politik. Grundfragen der deutschen „Socialwissenschaft" im 19. Jahrhundert.* Stuttgart: Ernst Klett.

Rexroth, Frank. 2019. *Fröhliche Scholastik. Die Wissenschaftsrevolution des Mittelalters.* München: Beck.

Riesman, David et al. 1973. Geselligkeit, Zwanglosigkeit und Egalität. Eine vorläufige Formulierung. In *Wohlstand wofür?*, Hrsg. David Riesman. Frankfurt: Suhkamp.

Röcke, Werner, und Marina Münkler, Hrsg. 2004. *Die Literatur im Übergang vom Mittelalter zur Neuzeit.* Hansers Sozialgeschichte der Literatur vom 16. Jahrhundert bis zur Gegenwart. München: Hanser.

Roth, Günther. 1989. *Marianne Weber und ihr Kreis.* In *Max Weber ein Lebensbild*, Hrsg. Marianne Weber. München: Piper.

Schäfer, Gerhard. 2015. *»Über die naive Phase empirischer Sozialforschung hinaus ...«. Überlegungen zu Helmut Schelskys Antrittsvorlesung an der Dortmunder Sozialforschungsstelle am 23. Mai 1960.* In *Zyklos 2. Jahrbuch für Theorie und Geschichte der Soziologie*, Hrsg. Martin Endreß et al. Wiesbaden: Springer VS.

Schäffle, Albert. 1878. *Bau und Leben des socialen Körpers. Encyclopädischer Entwurf einer realen Anatomie, Physiologie und Psychologie der menschlichen Gesellschaft mit besonderer Rücksicht auf die Volkswirtschaft als socialen Stoffwechsel*. Bd. 2: Das Gesez der socialen Entwicklung. Tübingen: Laupp.

Schelsky, Helmut. 1959. *Ortsbestimmung der deutschen Soziologie.* Düsseldorf: Eugen Diederichs.

Schelsky, Helmut. 1975. *Die Arbeit tun die die anderen. Klassenkampf und Priesterherrschaft der Intellektuellen.* Wiesbaden: Westdeutscher.

Schelsky, Helmut. 1979. *Die Bedeutung des Schichtungsbegriffs für die Analyse der gegenwärtigen deutschen Gesellschaft.* In *Auf der Suche nach Wirklichkeit. Gesammelte Aufsätze zur Soziologie der Bundesrepublik*, Hrsg. Helmut Schelsky. München: Goldmann.

Schelsky, Helmut. 1981. *Thomas Hobbes. Eine politische Lehre.* Berlin: Duncker & Humblot.

Schmidt, Siegfried J. 1989. *Die Selbstorganisation des Sozialsystem Literatur im 18. Jahrhundert.* Frankfurt: Suhrkamp.

Schwerhoff, Gerd. 1998. Zivilisationsprozeß und Geschichtswissenschaft. Norbert Elias´ Forschungsparadigma in historischer Sicht. *Historische Zeitschrift* 266:561–605.

Seidel, Bruno, und Siegfried Jenkner, Hrsg. 1968. *Klassenbildung und Sozialschichtung.* Darmstadt: Wissenschaftliche Buchgesellschaft.

Simonis, Linda. 1998. *Genetisches Prinzip. Zur Struktur der Kulturgeschichte bei Jacob Burckhardt, Georg Lukács, Ernst Robert Curtius und Walter Benjamin.* Tübingen: Max Niemeyer.

Snow, Charles Percy. 1961. *The Two Cultures and the Scientific Revolution. The Rede Lecture.* New York: Cambridge University Press.

Spencer, Herbert. 1887. *Die Principien der Sociologie*, Bd. 2. Stuttgart: Schweizerbart.

Stäheli, Urs. 1998. Die Nachträglichkeit der Semantik. Zum Verhältnis von Sozialstruktur und Semantik. *Soziale Systeme* 4:315–339.

Statistisches Reichsamt. 1925. *Vorläufige Ergebnisse der Volkszählung im Deutschen Reich vom 16. Juni 1925 mit einem Anhang: Die abgetretenen Gebiete und das Abstimmungsgebiet an der Saar nach den Ergebnissen der Volkszählung vom 1. XII.1910.* Sonderheft 2 zu Wirtschaft und Statistik. Berlin: Reimar Hobbing.

von Stein, Lorenz. 1921. *Der Begriff der Gesellschaft und die soziale Geschichte der französischen Revolution bis zum Jahre 1830.* München: Drei Masken.

Steuerwald, Christian. 2017. *Norbert Elias (1897–1990). Die Kunst der Soziologie und die Soziologie der Kunst.* In *Klassiker der Soziologie der Künste. Prominente und bedeutende Ansätze*, Hrsg. Christian Steuerwald. Wiesbaden: Springer VS.

Steuerwald, Christian. 2021. Die frühe Soziologie und die Literatur. Untersuchungen zur Soziologie von Max Weber. *Internationales Archiv für Sozialgeschichte der deutschen Literatur* 46(2):530–545.

Stichweh, Rudolf. 1979. Differenzierung der Wissenschaft. *Zeitschrift für Soziologie* 8:82–101.

Stichweh, Rudolf. 2006. *Semantik und Sozialstruktur. Zur Logik einer systemtheoretischen Unterscheidung.* In *Neue Perspektiven der Wissenssoziologie*, Hrsg. Dirk Tänzler et al. Konstanz: UVK.

Treiber, Hubert, und Karol Sauerland, Hrsg. 1995. *Heidelberg im Schnittpunkt intellektueller Kreise. Zur Topographie der „geistigen Geselligkeit" eines „Weltdorfes" 1850–1950.* Opladen: Westdeutscher Verlag.

Wallgärtner, Gisela. 1991. *Der soziologische Diskurs im Kaiserreich. Auswertung sozialwissenschaftlicher Zeitschriften.* Münster: Lit.

Weber, Marie-Lise. 1996. *Bürgerliche Kultur zwischen Stadt und Universität. Das Beispiel Heidelberg 1840–1914.* In *Bürgerkultur im 19. Jahrhundert. Bildung, Kunst und Lebenswelt*, Hrsg. Dieter Hein und Andreas Schulz. München: Beck.

Weber, Max. 1922. *Wirtschaft und Gesellschaft.* Tübingen: Mohr.

Wittmann, Gerhard. 1982. *Buchmarkt und Lektüre im 18. und 19. Jahrhundert. Beiträge zum literarischen Leben 1750–1880.* Tübingen: Niemeyer.

Wittmann, Gerhard. 2019. *Geschichte des deutschen Buchhandels.* München: Beck.

Protosoziologien und soziologisierte Literatur

Le carnaval du Louvre in Émile Zolas *L'Assommoir* (1877). Vom euphorischen ,walk-of-fame' zum miserabilistischen ,walk-of-shame'

Lars Henk

1 Einführung

Im Rahmen seiner originellen Interpretation der *Éducation sentimentale* (1869) hat Bourdieu (1992) Flaubert den Status eines Protosoziologen eingeräumt, weil dieser eine pointierte Analyse des literarischen Feldes und damit seiner eigenen Position geliefert habe.[1] Vor dem Hintergrund der protosoziologischen Tradition des Realismus überrascht es, dass Bourdieu kaum auf den Naturalisten Émile Zola rekurriert, dessen zwanzig Bände umfassendes Porträt der Natur- und Sozialgeschichte einer Familie im Second Empire (1852–1870) mit dem dediziert positivistischen Anspruch auftritt, eine ,praktische Soziologie' (vgl. Zola 2004, 334) für die moderne, stratifizierte Gesellschaft zu bieten. Dass Bourdieu Zola im Unterschied zu Flaubert keine über die bloße Soziographie hinausgehende soziologische Analyse(-fähigkeit) attestiert (vgl. Bourdieu u. Darbel 1969, 84 ff.), lässt sich möglicherweise damit begründen, dass *L'Assommoir*[2] bereits von Zeitgenossen als aus bourgeoiser Perspektive entworfenes, verzerrtes Elendsporträt kritisiert worden ist.[3] Diesen Einwand hat der Zola-Biograph Troyat (1992,

[1] Darüber hinaus attestiert er Flaubert, wie übrigens auch Balzac, die Fähigkeit, mittels einzelner Motive wie Haus- und Essensbeschreibungen ganze Milieus prägnant klassifiziert zu haben (vgl. Bourdieu 2015a, 32).

[2] Fortan mit der Sigle A und der Seitenangabe zitiert.

[3] Vgl. für eine werksübergreifende Übersicht hinsichtlich der Kritiken an Zola Baguley (1986).

L. Henk (✉)
Romanistik, Institut für fremdsprachliche Philologien, RPTU, Landau, Deutschland
E-Mail: lars.henk@rptu.de

C. Magerski und C. Steuerwald (Hrsg.), *„Die drei Kulturen" reloaded,* Literatur und Gesellschaft. Literatursoziologische Studien,
https://doi.org/10.1007/978-3-658-42824-2_6

153) etwas spöttisch, aber sehr anschaulich auf die Formel des „Bourgeois des Batignolles, égaré chez les sauvages“[4] gebracht. Der Soziologe Claude Grignon (1986; 1989) hat in der Tat gezeigt, dass Zola trotz seiner Objektivitätseide und seiner Überzeugung, mit dem *L'Assommoir* ein ‚Wahrheitswerk‘ (vgl. A, 373) vorgelegt zu haben, dem Miserabilismus[5] verfallen sei (vgl. 1989, 303). Zola entwirft die Arbeiterwelt unterhalb der Bourgeoisie als das, was die Bourgeoisie nicht ist: „La vivalité du peuple, contrairement à celles des bourgeois, est débordante […]. *L'Assommoir* donne, à l'opposé, une image du peuple qui est tout instinct, ‚rélâchement‘, ‚débandade‘“[6] (Becker u. Landes 1999, 50). Zola setze in seinem Roman mit der Darstellung der Pariser Arbeiterschaft also die bourgeoise Arbeiter-Ideologie[7] fort, der gemäß die *classes laborieuses* aufgrund ihrer Maßlosigkeit und Verschwendungssucht die *classes dangereuses* seien (vgl. Dubois 1973, 74). Dass Zola in *L'Assommoir* generell und in der Museumsszene im Besonderen ein Gefangener dieses zeitgenössischen Repräsentationsmodus der Arbeiterschaft geblieben ist, haben neben Grignon (1986; 1989), Dubois (1973), Becker und Landes (1999) auch Mitterand (1979) und Leduc-Adine (1994; 1997) aufgezeigt.

An diese Studien anknüpfend, soll im Folgenden aufgezeigt werden, mittels welcher narrativer Strukturen die konstatierte Kongruenz von Arbeiter-Ideologie und Roman in der Erzählung der Museumsszene hergestellt wird. Dazu wird in einem ersten Schritt diese monodiskursive Bezugnahme aufgebrochen und Zolas Roman zu der allgemeinen ideologischen Ausrichtung seines Romanprojekts in

---

[4] „eines Bürgerlichen aus dem Batignolles-Viertel, der sich bei den Wilden verirrt“, eigene Übersetzung.

[5] Miserabilismus liegt, so Grignon und Passeron (1989, 44; 152), in Wissenschaft und Kunst vor, wenn die Kultur der *classes populaires* ausschließlich relational zu der der Herrschenden, folglich als Mangel und Devianz, aufgefasst wird. Im Unterschied zu dieser Perspektive ist der Populismus versucht, die Kultur der *classes populaires* zu rehabilitieren, indem die populäre Kultur in ihrer autonomen Spezifizität, ohne Relation zu der dominierenden Kultur betrachtet wird (vgl. ebd., 10 f.; 43; 87ff.). Die Glorifizierung gibt sich nicht zuletzt als Klassenverachtung zu erkennen (vgl. ebd.), weil die Zielsetzung, in der Vulgarität die Exzellenz der Kultur zu identifizieren, die vom Miserabilismus gesetzten Kategorien blind akzeptiert (vgl. ebd., 10 f.).

[6] „Die Lebendigkeit des Volkes ist im Gegensatz zur der der Bourgeoisie uferlos […]. *L'Assommoir* vermittelt im Gegensatz dazu ein Bild des Volkes, das ganz Instinkt ist, ‚Zügellosigkeit‘, ‚Ausschweifung‘“, eigene Übersetzung.

[7] Ideologie wird in Übereinstimmung mit Jacques Dubois (1973, 117) begriffen als „Gefüge von Ideen und Überzeugungen, Werten und Vorstellungen von relativer Kohärenz, das sich auf eine Gruppe (eine Klasse) bezieht und der Gruppe dazu dient, ihre Position im sozialen Ganzen zu verorten sowie zu rechtfertigen“,eigene Übersetzung.

Beziehung gesetzt, die es ihm erlaubt, die natürliche und soziale Geschichte einer Familie im Zweiten Kaiserreich zu erzählen.[8] Den Rahmen für Zolas Projekt bildet in dieser Hinsicht die Feststellung einer Hypertrophie der Körperlichkeit als Charakteristikum des Second Empire, zu dessen Inszenierung Zola an den grotesken Realismus von Rabelais anknüpft. Mithilfe dieses Bezugs auf Rabelais' Konzeption des Karnevals, im Sinne Bachtins als euphorische, zeitlich begrenzte Inversion der offiziellen Kultur gedacht, und der Inversion dieser Inversion, lässt sich dann nachweisen, wie das euphorische Selbstbild des Volks in sein miserabilistisches Gegenteil verkehrt wird. Diese motivische und durch intradiegetische Blicke getragene Verschiebung hat die Zola-Forschung, die seine Romane allzu vorschnell als unreflektierte Exemplifizierung des ideologischen Bourgeois-Blickwinkels abgestempelt hat, bis dato nicht berücksichtigt. Gegen diese Forschungstendenz gerichtet, wird zweitens dafür argumentiert, dass sich Zola gerade aufgrund dieses doppelten Blicks auf die Arbeiter des Ethnozentrismusproblems in seinen Romanen bewusst ist, was ihn der (akademischen) Soziologie wiederum annähert (vgl. Grignon 1989). Trotz des Fiaskos seines physiologistisch fundierten Experimental-Romans (vgl. Lepenies 1978, 126) lässt sich, mit Lepenies (1985) über Lepenies (1978, 126 f.) hinausgehend, in Zolas Arbeiterroman *L'Assommoir* (1877) die Herausbildung jener ‚dritten Kultur' (vgl. Ledent 2012, 16) zumindest in reflexiven Ansätzen beobachten, die sich um die Jahrhundertwende aus dem Dialog zwischen literarischer und positivistischer Intelligenz zu einer autonomen wissenschaftlichen Disziplin mit dem Namen Soziologie entwickelt hat.

2 Zolas ideologische Ausrichtung der *Rougon-Macquart* im Spiegel von Rabelais

Am Ursprung von Zolas freskenartig angelegtem Porträt des Second Empire, in dem sich hinsichtlich der titelgebenden Familie der *Rougon-Macquart* natürliche Generationenfolge und Sozialbeschreibungen verbinden, liegt die spezifische Zeiterfahrung, in einem Unrechtsregime aufgewachsen zu sein. Aus der Retrospektive entwirft der Anti-Empirist Zola das Kaiserreich deshalb als „tableau d'un règne mort, d'une étrange époque de folie et de honte"[9] (Zola 1960, 4).

[8] Auf diesen allgemeinen Rahmen gehen ebenfalls Leduc-Adine (1997) sowie Becker und Landes (1999) ein, ohne allerdings danach zu fragen, welche traditionellen Narrationsformen sich damit verbinden lassen.

[9] „Bild eines abgestorbenen Regimes, einer seltsamen Epoche des Wahnsinns und der Schande" (Zola 1974, 6).

Dieses Unrechtsregime, das bereits Hugo angeprangert hatte und dafür mit dem Exil bestraft wurde, inszeniert Zola als die „[o]rgie d'appétits et d'ambition. Soif de jouir, et de jouir par la pensée surmenée, et par le corps surmené. Pour le corps, poussée du commerce, folie de l'agio et de la spéculation; pour l'esprit, l'éréthisme de la pensée conduite près de la folie"[10] (f°6/5 zit. nach. Becker u. Lavielle 2003, 32). Die Deregulierung des sexuellen und finanziellen Begehrens, die für Zola zu einem bestimmten historischen *moment* erst einsetzt, bezeichnet er als fundamentales Charakteristikum des Second Empire (vgl. Stöber 2005; Blaschke 2005; Ungelenk 2018).[11] Sein *Rougon-Macquart*-Zyklus erzählt von dieser Maßlosigkeit anhand der ursprünglich aus dem Volk stammenden Familie – fünf Generationen und alle Milieus übergreifend.

Diese von Zola proklamierte Orgie wird, wie Stöber (2006) in Anknüpfung an Warning (1999) herausgearbeitet hat, als eine pathologische Hypertrophie von Körperlichkeit lesbar, die die Leerstellen des zeitgenössischen Vitalismus imaginativ ausfüllt. Deshalb ist es in einer ersten Annäherung naheliegend, Zolas Romane in eine Traditionslinie mit dem grotesken Realismus zu stellen, wie ihn Bachtin (2018) in seiner Rabelais-Studie rekonstruiert und dessen Relikte er noch in der gesamten realistischen Tradition seit 1700 ausgemacht hat (vgl. ebd., 74).[12] Rabelais ist in der Lesart des russischen Literatur- und Kulturwissenschaftlers ein paradigmatischer Vertreter einer euphorisch-exzessiven (Volks-)Leiblichkeit.

Laut Stöbers (2005 [2006],141–148) Rekonstruktion wurzele Bachtins Karnevalstheorie in einem harmonischen Vitalismus, der im 19. Jahrhundert in der Literatur des Naturalismus schließlich nicht mehr geteilt werde. Eben weil sich die Prämisse des Vitalismus in ihr Gegenteil verkehre, so Stöber, sei es nicht

---

[10] „Orgie des Begehrens und des Ehrgeizes. Durst nach Genuss und Genuss aufgrund des überreizten Denkens und des überreizten Körpers. Für den Körper: Schub durch Erwerb, Wahnsinn des Handelns und der Spekulation; für den Geist: der Erethrismus des an den Rand des Wahnsinns getriebenen Denkens", eigene Übersetzung.

[11] In dieser Hinsicht ist Zolas Kommentar zu verstehen, dass sein Roman vor der Französischen Revolution unmöglich gewesen wäre. In der Tat betont Zola immer wieder in seinen Aufzeichnungen, dass es diese Regierungsform gewesen sei, die die Begierden und den Ehrgeiz erst entfesselt habe, dass er im ersten Band der *Rougon-Macquart* just dieses Trieberwachen, wie es durch den Staatsstreich geweckt worden ist, analysiere (vgl. f°2/1, f°3/2, f°4/3, f°5/4, f°6/5, zit. nach Becker u. Lavielle 2003, 28 ff.).

[12] Primär wird er die russische Tradition vor Augen haben. So hat er ein Buch zuDostojewskijs Romanen geschrieben. In seinem Rabelais-Buch spricht Bachtin aber ebenfalls von Balzac, sodass sich die konstatierten Relikte des Realismus auch in der französischen Literatur ausmachen lassen. Dies wird außerdem dadurch unterstrichen, dass Bachtin die Wandlung des Begriffs des Grotesken in seiner Studie zu Rabelais auch in der französischen Literatur des 18. und 19. Jahrhunderts untersucht.

mehr möglich, Bachtins Karnevalskonzept als theoretische Perspektive für die grotesk-karnevalesken Szenen in Zolas Romanen zu verwenden.[13] Stöbers (ebd., 130–141) Analyse der Festessensszene, die gerade nicht mehr ein Gleichgewicht zwischen Leben und Tod feiert, sondern die wegen ihrer orgiastisch-exzessiven Züge eindeutig in Richtung Tod ausschlägt, ist triftig. Seine theoretische Perspektivierung ist darüber hinaus legitim, weil die sich als solche zu erkennen gebende mortalistisch fundierte Begehrensökonomie von Zola (vgl. auch Stöber 2005; Blaschke 2005; Ungelenk 2018) in der Tat mit dem bourgeoisen Diskurs über die Arbeiter als maßlose Bestien kompatibel ist. Die Maßlosigkeit des *peuple* wird, dem ideologischen Zuschnitt der *Rougon-Macquart* entsprechend, an die physiologische Affektstruktur der aus dem Volk stammenden Familie gebunden und diese Devianz damit naturalisiert (vgl. Dubois 1973, 75; Ungelenk 2018). Die Pathologisierung der Hypertrophie der Triebkräfte im Volk befindet sich auf einer Linie mit der im Vorwort von *La Fortune des Rougon* (1871) entwickelten Programmatik. Anhand des *peuple* lassen sich diese krankhaften Auswüchse einer exzessiven Moderne am deutlichsten ausbuchstabieren (vgl. Leduc-Adine 1997, 137).

Aus inhaltlich-struktureller Perspektive betrachtet, können der pathologische Vitalismus und der pathologisch gewordene Karneval gerade nicht vollkommen für den Museumsbesuch als theoretische Grundlage veranschlagt werden. Erstens, weil sich diese Maßlosigkeitslogik – sexuelle, finanzökonomische, moralische Devianz – in der ersten Romanhälfte maximal in rudimentären Ansätzen zeigt. Generell ist die pathologische Vitalkraft, die Gervaise Macquart qua Zugehörigkeit zum Macquart-Zweig „antreibt", noch unter Kontrolle: Im Unterschied zum siebten Kapitel zeichnet Zola im Hochzeitskapitel noch das Bild eines fastenden, sparsamen und arbeitseifrigen Familienhaushalts, der finanz- und sexualökonomisch nicht exzessiv lebt. In der präzise komponierten Gesamtstruktur sind die Museumsszene und das Hochzeitsessen aus dem dritten Kapitel das positiv konnotierte Gegenstück zum siebten Kapitel. Diese strukturelle Verbürgung einer Anti-Exzessökonomie ist nicht der einzige Grund dafür, noch von Bachtins Karnevalsverständnis auszugehen. Zweitens hat sich Zola intensiv mit Rabelais beschäftigt und in seinen Werken zunächst eine Ethik, später eine Ästhetik gefunden (vgl. Voisin-Fougère 2004; 2009, 97–105). Zu einer seinen eigenen

[13] Deshalb verwendet Stöber (2006, 18 ff.) die vitalistisch inspirierte Entgrenzungs-Ökonomie von Georges Bataille als Zugang.

Zwecken dienlichen Inszenierung der vitalen Volkskultur bietet ihm die rabelaissche Tradition die probate Modellierungsoption.[14] Drittens ermöglicht diese Perspektivierung freizulegen, dass Zola den miserabilistischen Blickwinkel, der ihm in der Forschung allzu schnell unreflektiert unterstellt wird, sorgsam komponiert. Indem er ihn, zu einem intradiegetischen Bestandteil macht, invertiert er das euphorische Selbstbild des Volkes.

Laut Bachtin exponiert der groteske Realismus des Mittelalters und noch der frühen Neuzeit das materiell-leibliche Prinzip als eine Umdrehung des Sakralen und Hohen. Im Fokus steht gemäß der Topographie des Körpers dessen ‚Unten' (ebd., 71), was Bachtin als Degradierung bezeichnet. Diese Degradierung nähert den Leib nicht nur an die Erde, an den das Leben verschlingenden Tod an, sondern betont gleichzeitig die physische Erneuerung in Form neuen Lebens: „Die Degradierung gräbt ein Körpergrab für eine *neue* Geburt" (ebd., 71). Die Überbetonung der niederen Tätigkeiten des Körpers, wie des Sexualitätstriebs und der Defäkation – das Veräußern des Innerlichen –, ist eingebunden in den Sieg des Leibes in Form der Erneuerung des Lebens: „Nichts anderes bedeutet ‚Unten' für den grotesken Realismus, als die erneuernde Erde und den Schoß, von unten kommt immer ein neuer Anfang" (ebd., 71). Diese Hypertrophie der Körperlichkeit ist der Triumph des (Volks-)Körpers, dem eine Zukunft des Überflusses qua Erneuerung angekündigt wird. Ausdruck dessen ist das Lachen des Volksleibs.

Der groteske Leib ist Bestandteil der volkstümlich-festiven Populärkultur, die vor allem im Karneval erhalten geblieben ist (ebd., 493). Deshalb gehören – vermittelt über die Semiotik des grotesken (Volks-)Leibs – Karneval und Volk zusammen. Im Karneval erneuert der Mensch die Welt, wird das „komische Drama vom Absterben der alten und der Geburt der neuen Welt" (ebd., 191) als angstbefreite, die euphorische Zukunft heraufbeschwörende Lebensform sichtbar (vgl. ebd., 344), weshalb dem Karneval ein auf das Kollektiv bezogenes utopisches Moment eingeschrieben ist. Die positiv bewertete (vgl. ebd., 69) Semiotik des kollektiven Körpers wird mittels des Karnevals ausgedrückt: Das Innere wird nach Außen gebracht, nach außen gestülpt. Deshalb kommt es zu einer Vielzahl an Umkehrungen der offiziellen Kultur (vgl. ebd., 457). Der Karneval ist eine von der offiziellen Norm zugelassene andere Lebensform, die über den grotesken Leib als solche sichtbar gemacht wird. „Für die Dauer des Feiertags ist die Macht der offiziellen Welt (der Kirche und des Staats) mit ihren Normen und ihrem Wertesystem gebrochen, die Welt darf aus ihrem gewohnten Gleis

[14] Dass Zola den (pathologischen) Exzess zu einem, wenn nicht gar zu dem Grundmotiv seines Erzählens macht (vgl. Stöber 2005,[2006, nicht 2005] 126), sieht Voisin-Fougère (2004; 2009) nicht.

herausspringen“ (ebd., 301). Der Karneval zeigt, wie Lachmann (2018, 9) festhält, als das „Fest der Umstülpung und Parodie der Hochkultur“, den Sieg der volkstümlich-festlichen Kultur, der inoffiziellen (Volks-)Kultur an.

3 Das Pariser Schlachtvieh: *L'Assommoir* (1877)

Ein spezifischer Zusammenhang von Karneval und Volk(-skultur) lässt sich makrostrukturell für den *Rougon-Macquart*-Zyklus veranschlagen, weil Zola das von Napoléon III mit eiserner Hand geführte Kaiserreich als besondere Karnevalsform bezeichnet hat (vgl. Scarpa 2000, 246). Das Second Empire ist ein nie endendes, invertiertes, gar pervertiertes Karnevalsfest. Der zeitlich begrenzten, euphorisch-enthierarchisierten Volks-Ordnung steht die Anti-Ordnung des ‚Karnevalskaisers‘ Napoléon III gegenüber, die auf Blut und Korruption errichtet worden ist (vgl. ebd., 239). Mikrostrukturell hat Marie Scarpa in ihrer Studie zu *Le Ventre de Paris* (2000) gezeigt, dass der Karneval zusammen mit der Fastenzeit das narrative Strukturprinzip des Romans ist. Dies gilt ebenfalls für Émile Zolas *L'Assommoir* (1877)[15], den siebten Roman der Reihe, der das einfache Leben der Wäscherin Gervaise Macquart, so Zolas erster Titelvorschlag, ihren sozialen Auf- sowie ihren Abstieg minutiös schildert. Zola beansprucht in dem 1877 erschienenen Roman, die Sitten der Arbeiterklasse nicht nur wahrheitsgetreu darzustellen, sondern darüber hinaus als Folge der miserablen Lebensbedingungen zu erklären (f°158 zit. nach Becker u. Lavielle 2005, 936). Das sie umgebende Milieu wird, dem Romantitel entsprechend, insbesondere in der zweiten Romanhälfte zum ‚assommoir‘, zu jenem populären Schlachtwerkzeug, das sie final niederstreckt. Als Tötungsinstrument fungiert der Alkohol, der starke Schnaps, der in der gleichnamigen Kneipe, worauf der Romantitel anspielt, destilliert und ausgeschenkt wird (vgl. Leduc-Adine 1997, 36 ff.). Der Begriff ‚assommoir‘ präfiguriert anders gesagt die letalen sozialen Mechanismen, die dem Milieu eingeschrieben sind (vgl. Dubois 1973, 57). Gervaises genetisch verbürgte Disposition zum Alkoholmissbrauch realisiert sich im Verlauf des Romans aufgrund der schädlichen Milieueinflüsse. Wenn Zolas Roman eine Welt der Zügel- und Sittenlosigkeit porträtiert, dann geht es ihm laut eigener Aussage nicht darum, die „déchéance fatale“[16] als selbstverschuldet zu denunzieren, sondern „les mœurs du peuple, les

---

[15] An den Karneval, insbesondere im Zusammenhang von Gervaises Festessen, haben Baguley (1992), Lethbridge (1992) und Mitterand (1994) erinnert. Hinsichtlich der Struktur lässt sich die erste Romanhälfte als Fasten bezeichnen, während der zweite Teil den kataklystischen Karneval repräsentiert.

[16] „verhängnisvoller Verfall“, eigene Übersetzung.

vices, les chutes, la laideur morale et physique, par ce milieu, par la condition faite à l'ouvrier dans notre société succès"[17] (f°1 zit. nach Becker u. Lavielle 2005, 760) zu erklären.

4 Le carnaval du Louvre

Es mag zunächst überraschen, dass der Konnex zwischen bourgeoisem Arbeiterdiskurs und dem Strukturprinzip des Karnevals kaum über das ‚Unten' des grotesken Volksleibs vermittelt wird. Die Bewegung nach unten, die der Erzähler in Anknüpfung an Rabelais sehr wohl aufgreift, wird stattdessen in die Topographie von Paris eingeschrieben, denn die Hochzeitsgemeinschaft „descendit dans Paris par le faubourg Saint-Denis"[18] (A, 442), als sie sich auf den Weg zum Louvre macht. Nach einer neuerlichen Abwärtsbewegung, „après avoir descendu la rue Croix-des-Petits-Champs"[19] (A, 443), erreichen sie schließlich das Museum. Die Abstiegsbewegung wird also gleich zweimal, nach Aufbruch und vor der Zielerreichung aufgenommen, um eine feierliche Inversion der hierarchisierten Beziehung von Hochkultur und Volk deutlich zu machen, die sich (noch) auf einer Linie mit dem bachtinschen Karnevalsverständnis befindet: Es ist nicht das einfache Volk, das zum Museum *aufsteigt*, sondern es sind die ‚Karnevalskönige', die sich zu einer Besichtigung sprichwörtlich *herablassen*. Der Spaziergang zum Museum selbst erinnert an eine karnevaleske Prozession, wie die „drôleries de carneval"[20] (ebd.) der flanierenden Hochzeiter verdeutlichen. Gegenstand des Spotts ist just die Kleidung, die alle Umstehenden durch ihren „luxe des pauvres" (ebd.)[21] zum Lachen bringt. Dieses Oxymoron versinnbildlicht damit nach der doppelten Abstiegsbewegung erneut die Verkehrung der sozialen Ordnung: An diesem Tag sind es die Deprivilegierten, die am für die Arbeit vorgesehenen Sonnabend gerade nicht arbeiten, sondern den Samstag zum Festtag machen. Auf der Straße begegnen sich diese Gegensätze des Arbeits- und Feiertags, „blicken

[17] „Die Sitten des Volks, die Laster, die Abstürze, die moralische und physische Hässlichkeit durch dieses Milieu erklären, durch die Bedingungen, die dem Arbeiter in unserer erfolgreichen Gesellschaft auferlegt werden", eigene Übersetzung.

[18] „ging durch den Faubourg Saint-Denis nach Paris hinunter" (Zola 1975, 110).

[19] „nachdem sie die Croix-des-Petits-Champs-Straße hinabgelaufen waren", eigene Übersetzung.

[20] „karnevalsmäßige Drolligkeit" (Zola 1975, 112).

[21] „Armenluxus" (Zola 1975, 112). Vor dem Hintergrund der Verarbeitung religiöser Diskurse mag dies eine Anspielung auf die Feldpredigt Jesu sein, der die Seligkeit der Armen betont hat (vgl. Lk 6, 20 ff.).

sich an, spiegeln einander, kennen und verstehen einander" (Bachtin 1996, 83). Das (gemeinsame) Lachen des Volks fungiert an dieser Stelle als Rechtfertigung des eigenen Lebenskonzepts, die Witzeleien der Arbeiter werden gerade nicht als Verhöhnung, nicht als Entehrung verstanden (vgl. A, 443 f.).[22] Weiteren Anlass zum Lachen bietet anschließend die Körperfülle von Madame Gaudron, die in ihrem violetten Kleid an ein Schwein erinnert.[23] Von der lachenden Arbeiterbevölkerung wird sie für die schwangere Ehefrau gehalten und als solche mittels der populären Redewendung „avaler un rude pépin"[24] (A, 443) auf einer Linie mit der populären Lachkultur des Mittelalters und der frühen Neuzeit verunglimpft. Als Repräsentantin des schwangeren Tods gehört sie zu jenen Karnevalsgestalten, „die das schöpferische Karnevalslachen hervorrufen, in de[nen] Verspottung und Triumph, Schmähung und Lobpreisung untrennbar verschmolzen sind" (Bachtin 1996, 66). Das Karnevalslachen verdeutlicht, woran zu erinnern ist, das Wechselspiel von Anfang und Ende, Leben und Tod: „Im Tod wird die Geburt sichtbar, in der Geburt der Tod, im Sieg die Niederlage, in der Niederlage der Sieg, in der Erhöhung die Erniedrigung usf. Das karnevalistische Lachen sorgt dafür, daß nicht eines dieser Momente des Wechsels sich verabsolutiert, in einseitigem Ernst erstarrt" (ebd.). Das Lachen, das der Hochzeitsprozession auf dem Weg zum Louvre begegnet, ist mit Bachtin gesprochen für die Hochzeiter das euphorische Karnevalslachen des Volks. Ein Lachen ohne Ambivalenz, das die Zuversicht auf eine Zukunft voller Fülle feiert. So wird dem Hochzeitspaar der Weg mit dem Lachen des Volks bereitet. Ihr Weg gleicht damit einem Triumphzug.[25] Ihr Einzug in den Louvre erinnert ebenfalls an Jesu Einzug in Jerusalem, der von Zola bewusst profanisiert wird. Während Jesus alttestamentlicher Prophetie gemäß auf einem Esel in die Stadt reitet (vgl. Matthäus 21, 1–12), hat Gervaise allerdings ein Schwein an ihrer Seite: Sie ist die (Karnevals-)Königin, sie ist der (Karnevals-)Messias, die vom Volk gesalbte Retterin, die dem Volk eine neue Zukunft verspricht. Das Lachen ist in dieser Hinsicht, ohne den Vergleich

[22] In dieser Hinsicht stärkt das gemeinsame Lachen die sozialen Bindungen (vgl. Elkabas 2004, 17). Das populäre Lachen ist (noch) nicht, wie es Voisin-Fougère (2019) für Zolas Darstellungen gemeinhin ausgemacht hat, negativ konnotiert.

[23] Das Schwein ist ein immanent karnevaleskes Motiv (vgl. Scarpa 2000, 80; 82; 91; 219 ff.).

[24] „Die hat einen tollen Kern verschluckt" (Zola 1975, 113).

[25] Dieser wird freilich dadurch abgeschwächt, dass Mme Lorilleux sich über Gervaises hinkendes Bein lustig macht. Diese Schmähung ist gerade nicht karnevalesk, sondern böswillig (vgl. A, 440).

überstrapazieren zu wollen, ein intradiegetisch vollzogenes kollektives Freudenlachen darüber, dass der pagane Messias Gervaise endlich ankommt.[26] Hinter der triumphalen Prozession in den Louvre verbirgt sich nicht mehr die Ankündigung des anbrechenden Gottesreichs, sondern die profanisierte Utopie, gemäß der das Volk – zumindest dank der kurzweiligen Inversion der Hierarchien – dem Louvre würdig ist. Im Text wird das Volkskollektiv im Selbstblick gefeiert. Die Apotheose der Kultur der *classes populaires* wird durch den Blick der anderen Arbeiter und die vom Erzähler in Anschlag gebrachte Karnevalsmotivik vollzogen. Die Glorifizierung der *classes populaires* scheint durch diese Karnevalslogik den Geist des Populismus zu atmen.

Jedoch veranschaulicht die bediente Karnevalslogik selbst, dass dieses messianische Denken letztendlich leer ist und sein wird. Dadurch, dass der Karneval ein Inversionsfest auf Zeit ist, ist auch der Karnevalsmessias nur ein Messias auf Zeit, damit letztendlich keine Retterfigur. Die profanisierte Messias-Darstellung kennt keine Soteriologie. Der angekündigten Utopie, die der Erzähler von Zola mit der linken Hand heraufbeschwört, entzieht er mit der rechten Hand sogleich das Fundament, was der gesamten Prozession im Blick des Lesers einen Anstrich der Lächerlichkeit verleiht. Eine Ironisierung der Volkskultur drängt sich auch dadurch auf, dass der Erzähler die Erfahrung der Arbeiter, Objekt der Betrachtung und der Witzeleien geworden zu sein, als kollektives Glückserlebnis arrangiert, das gerade nicht entwürdigend sei (vgl. A, 443). Gerade die mit Inbrunst vertretene, durch die doppelte Verneinung überbetonte Überzeugung von Bibi-la-Grillade, dass die Frotzeleien nicht erniedrigen, invertiert in der Erzähllogik diese Erfahrung, sodass das aufgebotene semantische Feld der Belustigung nicht mehr der euphorischen Karnevalslogik angehört. Das Einkassieren der Volks-Euphorie wird außerdem durch die auf den weiteren Verlauf des Romans vorausdeutende Motivik unterstrichen, denn im Unterschied zum harmonischen Wechselspiel zwischen Leben und Tod, wie es im Karneval bachtinscher Rekonstruktion gefeiert wird, schlägt das Pendel in *L'Assommoir* eindeutig in Richtung Tod aus. Dies wird im karnevalesken Motiv des ‚schwangeren' Schweins, wie bereits erwähnt, verdichtet. Anhand dessen wirdgeschickt ein Verwechsel- und Vertauschspiel inszeniert, denn Gervaise ist die eigentliche Gemahlin. Damit liegt es nahe, sie

[26] Dass die weibliche Figur Gervaise – bereits auf der geschlechtlichen Ebene eine Verkehrung zu Jesus – messianisch angelegt ist und für ihre Jünger stirbt, zeigt sich, wie von der Forschung mehrfach herausgearbeitet, im Festessen im siebten Kapitel. Wenn am Pessachabend Jesu Jünger seinen Leib gegessen und sein Blut getrunken haben, dann wird diese Abendmahlszene in invertierter Form anlässlich der Feier aufgenommen, als sich die Gäste auf die Gans, die Gervaise symbolisiert, stürzen. Diese Anthropophagie ist nichts anderes als ein invertiertes Abendmahl.

als das eigentliche Schwein zu bezeichnen. Sie ist das Tier, das zum Schlachten aufgezogen wird (vgl. Scarpa 2000: 220 ff.). Darauf verweist auch das titelgebendn Schlachtwerkzeug. Gervaise wird bereits kurz nach ihrer Hochzeit dazu verurteilt, der Braten ihrer Gäste zu sein.

Das Karnevalslachen des Volks ist, schon bevor die Hochzeitsgesellschaft im Louvre eintritt, ein ambivalentes Lachen. Auf der Textebene als euphorische Feier des Volkskollektivs eingesetzt, deutet der Erzähler gerade durch die Betonung der zeitlichen Begrenzung des Fests und der Inversion des Messias-Gedankens an, dass der Selbstblick einer starken Verzerrung unterliegt. Zola ist der textimmanenten Selbstkonsekration und damit jeder populistischen Darstellung bereits einen Schritt voraus.

Die Ambivalenz des Karnevalslachens wird auch innerhalb des Museums wieder aufgenommen. Zolas Erzähler schildert anlässlich des Besuchs, wie sich die Kunde von einer Hochzeitsgesellschaft im Museum verbreitet und dass daraufhin „des peintres" herbei gerannt kamen, „la bouche fendue d'un rire; [...] tandis que les gardiens, les lèvres pincées, retenaient des mots d'esprit"[27] (A, 446). Die weit aufgerissenen Münder der Maler befinden sich noch in der harmonischen Karnevalslogik der Euphorie (vgl. Bachtin 2018, 321). Sowohl das karnevaleske Lachen der Arbeiter außerhalb des Museums als auch das der Porträtzeichner im Museum verleiht dem Volk Anerkennung und Legitimität für seinen Besuch, weil die sozialen Hierarchien für eine begrenzte Zeit invertiert sind. Daher ist es nicht verfehlt, wenn Pierre-Gnassounou (2008, 25) von der Inszenierung eines rabelaisschen Volks im Museum spricht. Allerdings übersieht sie, dass diese Logik innerhalb des Textverlaufs gebrochen wird, wenn der Erzähler die Hochzeitsgesellschaft und die Museumswächter aufeinandertreffen lässt. Sie schürzen anlässlich des wilden, lauten Verhaltens des einfachen Volks die Lippen. Im Aufeinandertreffen von Volk und Vertretern der Hochkultur wird der euphorische Selbstblick auf das Volk, wird die legitime, zeitlich begrenzte Inversion nun nicht nur durch das auf den weiteren Verlauf vorausdeutende Erzählerwissen in sein Gegenteil verkehrt, sondern darüber hinaus intradiegetisch durch den Blick des kulturaffinen Bourgeois ersetzt: Die Arbeiter werden nun zu einem Objekt des Geschehens (vgl. Leduc-Adine 2004, 80). Funktionierte das Lachen *außerhalb* des Museums als Mechanismus der Selbstversicherung des Volks an diesem Karnevalstag anerkannt zu sein, der noch von den Malern geteilt wird, fungieren

[27] „Maler eilten herbei mit vor Lachen aufgerissenem Mund [...], während die Wärter mit zusammengekniffenen Lippen witzige Bemerkungen unterdrückten" (Zola 1975, 117). Das Zusammenkneifen wird hier nicht als die Unterdrückung eines Lachens interpretiert, wie die Übersetzung nahelegen könnte.

insbesondere die Museumswächter als textimmanente Bezugsinstanz zur Verurteilung des Verhaltens. Sie sind es, die auf der Ebene der Handlung das deplatzierte Verhalten der Angehörigen als solches anprangern. Die Wächter institutionalisieren die bourgeoise Blickrichtung auf die Arbeiterschaft innerhalb des Textes. Genau durch diese Operation vollzieht sich ebenfalls ein Funktionswandel der Wächter, die zu Wärtern werden: Das Museum wird so zu einem Zoo, in dem die Vertreter der Bourgeoisie die exotischen ‚Volkstiere' innerhalb des eigenen Staats betrachten können. Eine Wildsafari mitten im Zentrum der Hochkultur von Paris wird zum integralen Bestandteil der Textlogik, die durch den Wärterblick vermittelt wird. Vor diesem Hintergrund erklärt sich, dass die Hochzeitsgesellschaft, während sie ohne Respekt und Manieren durch die Hallen schlurft, als ein „troupeau débandé“[28] (A, 446) beschrieben wird, als eine zügellose, maßlose Herde. Mit diesem Bild werden die animalischen Dimensionen der Arbeiterschaft diskursgerecht wieder in Erinnerung gerufen. Dieser Auffassung widerspricht auch nicht die Betrachtung der *Kermesse* von Rubens (vgl. ebd.). Dabei handelt es sich um ein Gemälde von euphorisch-exzessiver Körperlichkeit, das aufgrund der vulgären Details die Gäste wiederum zum Lachen bringt. Für Bachtin (2018, 344) hat die flämische Malerei die euphorische Körperkraft, den karnevalesken Siegeszug des Werdens, besonders deutlich eingefangen. Das Bild zeigt einen gesunden Volksleib, der gemeinsam feiert, es zeigt die Selbstwahrnehmung der *classes populaires*. Diese über die Malerei vermittelte *mise en abyme* steht gerade nicht im Widerspruch zum miserabilistisch-bourgeoisen Blick auf die Bestialität des Volks, weil das Rubensbild erst vor dem Hintergrund der zweiten Feierlichkeit im siebten Kapitel vollständig zu verstehen ist. Die sich in diesem Bild ankündigende Fülle des Lebens, wie sie das Volk bei Rubens feiert, bleibt für Gervaise unerfüllt (vgl. Mitterand 1994, 114). Ihr im siebten Kapitel geschildertes Fest „is far from the frank and jovial frolics of the rural revellers of Ruben's *Kermesse*“ (Baguley 1992, 80). Das gemeinsame Essen wird zu einer reinen Fress- und Sauforgie. Sie hat mit dem karnevalesken Weltempfinden als Befreiung von institutionell eingeimpfter (Höllen-)Furcht, mit der gegen eine Absolutsetzung gerichteten Aushandlung der beiden Pole des Lebens, mit der der Gegenwart inhärenten Utopie, wie sie im Karneval zutage tritt, nichts mehr gemein (vgl. Bachtin 1996; 2018). Dort gibt es diese „Karnevalswahrheit“ (Bachtin 2018, 99) nicht mehr, weil es sich, wie Stöber (2005, 141 ff.) gezeigt hat, um einen Karneval unter verkehrten vitalistischen Prämissen handelt. Dieser Exzess wird gemäß der bourgeoisen Logik als pathologische Verschwendung von Vitalkräften (vgl. Stöber 2006) inszeniert, die auf Gervaises eigenes Ende vorausdeutet. Nicht allein

[28] „mit dem Getrampel einer in heilloses Durcheinander geratenen Herde“ (Zola 1975, 117).

dieses Bild wird, wie David Baguley (1992, 63) herausgearbeitet hat, zu einer *mise en abyme*, die die Zukunft vorwegnimmt. Auch *Le Radeau de la Méduse*, das Madinier der Hochzeitsgesellschaft erklärt (vgl. A, 444), verweist auf den vor Gervaise liegenden Todeskampf, auf die Wellen, die sie in Form ihres Milieus, und allen voran in Form ihrer Gäste, verschlingen werden.[29]

In dieser Vorausdeutung erschöpft sich die narrative Bedeutung des Bilds keineswegs, denn es drückt zudem die grundlegende Erfahrung der Hochzeitsgesellschaft aus. Angesichts der vielen Bilder, zu deren Dechiffrierung sie nicht im Stande sind, erleiden sie ‚Schiffbruch'. Die Arbeiter werden als im Museum Umhertreibende inszeniert, die kein Land zum Ankern – sprich: kein Bild, das sie verstehen – erblicken können. Auch in der Galerie Apollons, des griechischen Gottes des Lichtes und der Künste, wird die populäre Wissenskultur als eine dem Licht widerstreitende Dunkelheit inszeniert, denn der selbst ernannte Kunstkenner und Museumsführer Madinier verirrt sich (vgl. A, 446 f.).[30] Wie Platons Höhlenmenschen sind die Museumsgäste fern der wahren Erkenntnis (vgl. Hardt 2021, 279; Breuer 2021). Dies wird nicht nur hinsichtlich der Kunst verdeutlicht, sondern auch mittels der Suche nach dem Ausgang aus dem Museum. Vergeblich nach Pfeilen Ausschau haltend, die den Weg zur Freiheit weisen, müssen sie schließlich von einem Museumswärter herausgeführt werden (vgl. A, 447 f.) – eine Inversion des Siegeszugs zum Louvre hin, die letztendlich zeigt, dass die Arbeiter im Museum ihre ‚Feuertaufe', verstanden als Probe einer ästhetischen Vollkommenheit, gerade nicht bestanden haben.[31] Das euphorische Selbstbild, das seinen sichtbarsten Ausdruck im konvivialen Lachen außerhalb des Museums

---

[29] Deshalb schließt Adeline Wrona (2004, 206; 211), dass dem Lachen in den *Rougon-Macquart* makrostrukturell die Todesverfallenheit als absolutes Ende und gerade nicht eine Erneuerung, wie sie Bachtin bei Rabelais festgestellt hat, eingeschrieben sei. Dies ändere sich erst mit dem letzten Roman *Docteur Pascal* (1893).

[30] Zuvor hatte Madinier sich zum kulturaffinen Kunstkenner stilisiert, der mit einem befreundeten Künstler häufig den Louvre aufgesucht hat. Deshalb scheint er prädestiniert dafür, die Gruppe durch das Labyrinth konsekrierter Kulturgüter zu führen. Jedoch entlarvt er sich selbst als Unverständiger und Stümper, wenn der Erzähler hinter seiner andächtigen Einfühlung vor den Bildern lediglich eine Effekthascherei ausmacht (vgl. A, 443–446). Diese soll ihm die Anerkennung der Gruppe einbringen. Er mimt vor ihnen das Verhalten des Kunstkenners und täuscht damit die Anwesenden. Die Lächerlichkeit dieses Versuchs wird dadurch betont, dass die übrigen Besucher seinem prätentiösen Verhalten rein gar nichts abgewinnen können. Es ist wohl mehr als folgerichtig, dass seine vorgegebene Fachkenntnis zur Verirrung der Gemeinschaft führt.

[31] Das Museum, dessen Türen auch den Angehörigen der *classes populaires* offenstehen, von dem sie kulturell nicht eingenommen sind, nimmt sie anders gesagt physisch gefangen, weil es sich für die kulturell Mittellosen als geschlossen erweist.

gefunden hatte, hat seine Legitimität verloren. Das Volk als Subjekt eines die (Kultur-)Hierarchie umkehrenden Karnevalslachens, das die Vermählung und die Zukunft in Fülle feiert, ist zum Objekt der bourgeoisen Lächerlichkeit geworden. Die kulturelle Form des Karnevals wird selbst invertiert. Der Siegeszug des ‚Untens', der ‚walk-of-fame', mit dem Zolas karnevaleske Darstellung des Volks begonnen hatte, wird gleich zu einem doppelten ‚walk-of-shame' – im Blick der intradiegetischen Figuren und damit verbunden auch für den Leser.

Dies verdeutlicht Zolas Erzähler ebenfalls in der Galerie Apollons. Dort ist die Hochzeitsgemeinschaft von dem „parquet luisant, clair comme un miroir, où les pieds des banquettes se reflétaient"[32] (A, 444) fasziniert. Die Füße der Bänke und – vermittelt über die Schuhe von Madame Gaudron – die Füße der Hochzeitsgesellschaft (vgl. ebd.) werden hier zum Sinnbild eines physischen ‚Untens', das allerdings, so durchschaut der Leser, nicht mehr in der traditionellen Karnevalslogik der euphorischen Vertauschung der Hierarchien das ‚Oben' bildet. Wenngleich die Hochzeitsgesellschaft ihr ‚Unten' zelebriert, wird dieses Selbstbild vom bourgeoisen Blick überlagert. Dies verdeutlicht der auf Betreiben von Madinier gerichtete Blick an die Decke. Die Gäste können dort oben nichts erkennen, ihnen fehlt der notwendige Sehsinn. Die Hochkultur ist vom ‚Unten' zu weit entfernt, als dass sie dechiffriert werden könnte. Der Karneval wird gleichsam entkarnevalisiert. Der Erzähler invertiert im Verlauf des Kapitels den euphorischen Karnevalsblick. Übrig bleibt der Miserabilismus.

Allerdings bleibt er bei dieser Schilderung nicht stehen. Dem Miserablismus erteilt er, diese Annahme drängt sich zumindest an dieser Stelle der Erzählung auf, gerade nicht das letzte Wort. Unmittelbar an die Spiegelbodenszenerie schließt nämlich der Kommentar von Madinier an, dass die Gäste nun den Balkon sehen könnten, von dem aus König Charles IX. (1550–1574) das Volk hat niedermetzeln lassen (vgl. A, 445). So wenig das euphorische (Selbst-)Bild des Volks berechtigt ist, so wenig ist es auch das miserabilistische Fremdporträt, das von einem olympischen Standpunkt, von einer Herrscherperspektive auf die *classes populaires* herabzielt und schießt. Die von Charles IX. gezückte Waffe ist Zolas Schreibfeder. Zola thematisiert also in diesem Bild die Machtverhältnisse, die dem Versuch eingeschrieben sind, als Bourgeois über eine andere Kultur zu schreiben. Seiner Darstellung ist folglich ein Reflexionsgrad hinsichtlich der eigenen Perspektive eingeschrieben, der ihm von der literaturwissenschaftlichen Forschung gerade nicht attestiert wird. Diese Annahme bestätigt sich, wenn Zolas *dossiers préparatoires* Berücksichtigung finden. Wenn er das Ziel verfolgt, dem

[32] „ein glänzendes Parkett, klar wie ein Spiegel, in dem sich die Füße der Sitzbänke spiegelten" (Zola 1975, 115).

Arbeiter weder schmeicheln noch ihn besser darstellen zu wollen, als er ist (vgl. Becker und Lavielle 2005, 936), dann ist er sich der Gefahr bewusst, bei der Darstellung des Proletariats in den Populismus und den Miserabilismus abzurutschen. Stimmt man Grignon (1989, 291) dahingehend zu, dass das genuin protosoziologische Verdienst der realistisch-naturalistischen Literatur darin besteht, sich denselben Problemen zu stellen, wie die damals in ihren Kinderschuhen steckende Soziologie, dann ist Zola methodologisch und epistemologisch der Soziologie wohl doch näher als sein Miserabilismus es vermuten lässt.[33] Dass Zolas Narrativierung des *peuple* trotz dieser Reflexion unbestritten stark miserabilistische Züge erhält, mag gar kein Widerspruch sein. Wird Soziologie im Sinne Bourdieus als Enthüllungswissenschaft betrieben (vgl. Schrenk 2008), berühren sich Komödie und Tragödie, um gerade die verborgenen Mechanismen der Macht zu entlarven (vgl. Bourdieu 2015b, 86).

5 Fazit

L'Assommoir ist unbestritten ein literarisches Meisterwerk, gerade weil es, wie der gesamte *Rougon-Macquart*-Zyklus, eine Polyphonie der gesellschaftlichen Diskurse anstimmt und sich so jeglichen eindimensionalen Dechiffrierungsversuchen entzieht (vgl. Dubois 1973, 112 ff.; Mitterand 2009, 210; auch Schneider 2014, 24.). Wie die einzelnen Stimmen von Zola bezüglich des Second Empire, der Arbeiter und Rabelais zusammenwirken und mehr als die Summe ihrer Teile erzeugen, wurde anhand der Untersuchung der Museumsszene offengelegt. Dabei hat sich gezeigt, dass sich Zolas Erzählung zunächst auf einer Linie mit Rabelais' Karnevalslogik befindet und diese Inversion anschließend invertiert. Zu Beginn beschreibt Zolas Erzähler in nahezu populistischer Manie(r) die Hochzeitsprozession auf dem Weg zum Louvre. Während die Hochzeitsgesellschaft außerhalb der sakralen Mauern des Kunsttempels in der Begegnung mit anderen Arbeitern die euphorische Fülle des karnevalesken Lebens feiern darf, findet intradiegetisch schließlich eine Verschiebung des Blickwinkels statt. Der Erzähler integriert den bourgeoisen Blick auf die kulturlosen Barbaren, der die Hochzeitsgesellschaft mit dem Eintritt ins Museum begleitet hat, anhand der Figuren der Museumswächter in die Erzählung. Im weiteren Verlauf zeigt sich, dass der Karneval nicht mehr als zeitlich begrenzte Inthronisierung des

[33] Aufgrund dessen und aufgrund seiner ethnographischen und -logischen Arbeitsweise (vgl. Mitterand (1986), Scarpa (2000) und Ledent (2012)) sowie der Durchdringung des Finanzmarktkapitalismus mag man Zola den Status des ‚Quasi-Soziologen' (Charle (2003)) zuschreiben.

‚Untens' gilt, sondern als invertiertes Inversionsfest, das den Abstand der Arbeiter zur offiziellen Kultur inszeniert. Zola spielt mit der legitimen Inversion und ihrer Inversion, um schließlich eine Kongruenz zwischen Arbeiter-Ideologie und Literatur herzustellen. Dies reicht für sich genommen schon aus, um die Forschungssicht infrage zu stellen, der gemäß *L'Assommoir* eine bloße Übernahme der Topoi der Arbeiterideologie in der zweiten Hälfte des 19. Jahrhunderts darstelle. Dieser Annahme widerspricht zweitens, wie die Analyse des Spiegelmotivs und Madiniers Kommentar unterstrichen haben, dass Zola als Erzähler bewusst dazu imstande ist, seine miserabilistische Position zu reflektieren. Unabhängig von den Diskussionen um das Scheitern von Zolas Anspruch, ein physiologistischer Experimental-Wissenschaftler der Literatur (vgl. Lepenies 1985, 97) zu sein, ist Zolas protosoziologische Reflexivität Grund genug dafür, seine Position zwischen Naturwissenschaft, entstehender Soziologie und literarischer Tradition neu zu bewerten. Mitnichten liefert Zola, wie Lepenies (ebd.) unter Aufnahme der Zola-Kritik von dessen Zeitgenossen erklärt, lediglich „vulgäre[] Reportage[n]" des Sozialen. Er steht, ohne die Vorbehalte aus dem Blick zu verlieren, dort, wo er stehen muss, um einen originellen Beitrag zur Entstehung soziologischen Problembewusstseins und damit zur Soziologie zu leisten.

Literatur

Bachtin, Michail. 1996. *Literatur und Karneval. Zur Romantheorie und Lachkultur*. Frankfurt/M.: Fischer.

Bachtin, Michail. 2018. *Rabelais und seine Welt. Volkskultur als Gegenkultur*. 7. Aufl. Frankfurt/M.: Suhrkamp.

Baguley, David. 1992. *Zola. L'Assommoir*. Cambridge: CUP.

Critical Essays on Emile Zola. 1986. Hrsg. David Baguley. Boston: G.K. Hall.

Becker, Colette u. Agnès Landes. 1999. *L'Assommoir. Émile Zola*. Paris: Hatier.

Becker, Colette u. Véronique Lavielle. 2003. *La Fabrique des Rougon-Macquart. Édition des dossiers préparatoir [sic!]. Volume I*. Paris: Honoré Champion Éditeur.

Becker, Colette u. Véronique Lavielle. 2005. *La Fabrique des Rougon-Macquart. Édition des dossier [sic!] préparatoires. Volume II*. Paris: Honoré Champion Éditeur.

Blaschke, Bernd. 2005. «Literarische Anthropologie im Zeitalter des Hochkapitalismus – Zolas Antinomien des notwendigen Exzesses». *Grenzgänge. Beiträge zu einer modernen Romanistik* 23 (12):38–52.

Bourdieu, Pierre u. Alain Darbel. 1969. *L'amour de l'art. Les musées d'art européens et leur public*. Paris: Les Éditions de Minuit.

Bourdieu, Pierre. 1992. *Les règles de l'art. Genèse et structure du champ littéraire*. Paris: Éditions du Seuil.

Bourdieu, Pierre. 2015a. «Die feinen Unterschiede». In *Pierre Bourdieu. Die verborgenen Mechanismen der Macht. Schriften zu Politik & Kultur 1.* Durchges. Neuauflage der Erstauflage 1992, Hrsg. Margareta Steinrücke, 31–48. Hamburg: VSA.

Bourdieu, Pierre. 2015b. «Die verborgenen Mechanismen der Macht enthüllen». In *Pierre Bourdieu. Die verborgenen Mechanismen der Macht. Schriften zu Politik & Kultur 1.* Durchges. Neuauflage der Erstauflage 1992, Hrsg. Margareta Steinrücke, 81–86. Hamburg: VSA.

Breuer, Constanze. 2021. «Museum». In *Metzler Literatur Lexikon literarischer Symbole*, Hrsg. Günter Butzer u. Joachim Jacob. 3. Aufl., 418–421. Stuttgart: Metzler.

BasisBibel. 2021. Stuttgart: Deutsche Bibelgesellschaft.

Charle, Christophe. 2003. «Le romancier social comme quasi-sociologue entre enquête et littérature: le cas d'Émile Zola». In *L'écrivain, le savant et le philosophe. La littérature entre philosophie et sciences sociales*, Hrsg. Eveline Pinto, 31–44. Paris: Publications de la Sorbonne.

Dubois, Jacques. 1973. *L'Assommoir. Idéologie, société.* Paris: Larousse.

Elkabas, Charles. 2004. «Rire ou ne pas rire chez Zola: Une affaire de perspective?». In *Zola et le rire*, Hrsg. Marie-Ange Voisin-Fougère, 15–26. Auxonne: Les éditions du Murmure.

Grignon, Claude. 1986. «Sociology of taste and the realist novel». *Food & foodways: Explorations in the history & culture of human nourishment* 1:75–118.

Grignon, Claude. 1989. «Sociologie et littérature». In *Le savant et le populaire. Misérabilisme et populisme en sociologie et en littérature*, v. Claude Grignon u. Jean-Claude Passeron, 281–314. Paris: Seuil.

Grignon, Claude u. Jean-Claude Passeron. 1989. *Le savant et le populaire. Misérabilisme et populisme en sociologie et en littérature.* Paris: Seuil.

Hardt, Isabelle. 2021. «Höhle». In *Metzler Literatur Lexikon literarischer Symbole*, Hrsg. Günter Butzer u. Joachim Jacob. 3. Aufl., 279–280. Stuttgart: Metzler.

Lachmann, Renate. 2018. «Vorwort». In *Rabelais und seine Kultur. Volkskultur als Gegenkultur*, v. Michail Bachtin, 7–46. 7. Aufl. Frankfurt/M.: Suhrkamp.

Ledent, David. 2012. *L'homme social selon Émile Zola. Une sociologie par la littérature*, Zugriff 31.03.2023, https://dspace.mic.ul.ie/handle/10395/1523.

Leduc-Adine, Jean-Pierre. 1994. «*L'Assommoir* : La terreur des ouvriers». *Littératures* 30:61–71.

Leduc-Adine, Jean-Pierre. 1997. *L'Assommoir d'Émile Zola.* Paris: Gallimard.

Leduc-Adine, Jean-Pierre. 2004. «Rire devant un tableau». In *Zola et le rire*, Hrsg. Marie-Ange Voisin-Fougère, 79–91. Auxonne: Les éditions du Murmure.

Lepenies, Wolf. 1978. *Das Ende der Naturgeschichte. Wandel kultureller Selbstverständlichkeiten des 18. und 19. Jahrhunderts.* Frankfurt/M.: Suhrkamp.

Lepenies, Wolf. 1985. *Die drei Kulturen. Soziologie zwischen Literatur und Wissenschaft.* München/Wien: Hanser.

Lethbridge, Robert. 1992. «A visit to the Louvre: "L'assommoir" Revisited». *The Modern Language Review* 87(1):41–55.

Carnets d'enquêtes. Une ethnographie inédite de la France. 1986. Hrsg. Henri Mitterand. Paris: Plon.

Mitterand, Henri. 1979. «Programme et préconstruit génétiques: le dossier de *L'Assommoir*». In *Essais de critique génétique*, Hrsg. Louis Hay, 193–226. Paris: Flammarion.

Mitterand, Henri. 1994. *L'illusion réaliste. De Balzac à Aragon.* Paris: PUF.

Mitterand, Henri. 2009. *Zola, tel qu'en lui-même.* Paris: PUF.

Pierre-Gnassounou, Chantal. 2008. «Présentation». In *L'Assommoir*, v. Émile Zola, 15–37. Paris: Garnier-Flammarion.

Scarpa, Marie. 2000. *Le Carnaval des Halles. Une ethnocritique du Ventre de Paris de Zola*. Paris: CNRS.

Schneider, Lars. 2014. «... Schreibweisen des Naturalismus in der Romania». In *Anfänge vom Ende. Schreibweisen des Naturalismus in der Romania*, Hrsg. Lars Schneider u. Xuan Jing, 17–26. München: Wilhelm Fink.

Schrenk, Jakob. 2008. «Ein Enthüllungssoziologe auf Dienstreise». In *Soziologie ist ein Kampfsport. Pierre Bourdieu im Porträt. Kommentar, Interviews und Materialien zusammengestellt von Jakob Schrenk*, v. Pierre Carles, 6–14. Frankfurt/M.: Suhrkamp.

Stöber, Thomas. 2005. «Die Ökonomie der „dépense". Vitalistisches und ökonomisches Wissen im 19. Jahrhundert (Balzac, Zola, Bataille)». *Grenzgänge. Beiträge zu einer modernen Romanistik* 23 (12):22–37.

Stöber, Thomas. 2006. *Vitalistische Energetik und literarische Transgression im französischen Realismus-Naturalismus. Stendhal, Balzac, Flaubert, Zola*. Tübingen: Günter Narr Verlag.

Troyat, Henri. 1992. *Zola*. Paris: Flammarion.

Ungelenk, Johannes. 2018. «Ruinöses Erzählen, oder: Vom Affekt des Haus-Spaltens bei Zola». In *Der Affekt der Ökonomie. Spekulatives Erzählen in der Moderne*, Hrsg. Gesine Hindemith u. Dagmar Stöferle, 260–280. Berlin: De Gruyter.

Voisin-Fougère, Marie-Ange. 2004. «Emile Zola: un Rabelais lugubre?». In *Lire/Dé-lire Zola*, Hrsg. Jean-Pierre Leduc-Adine u. Henri Mitterand, 259–274. Paris: Nouveau Monde Éditions.

Voisin-Fougère, Marie-Ange. 2009. *Le rire de Rabelais au XIXe siècle. Histoire d'un malentendu*. Dijon: EUD.

Voisin-Fougère, Marie-Ange. 2019. «Le rire fémin: savoir-vivre et savoir-rire dans Les Rougon-Macquart». In *Émile Zola et le naturalisme, en tous genres. Mélanges offerts à Alain Pagès*, Hrsg. Olivier Lumbroso, Jean-Sébastien Macke u. Jean-Michel Pottier, 121–130. Paris: PSN.

Warning, Rainer. 1999. «Kompensatorische Bilder einer ‚Wilden Ontologie': Zolas *Les Rougon-Macquart*». In *Die Phantasie der Realisten*, v. Rainer Warning, 239–268. München: Wilhelm Fink.

Wrona, Adeline. 2004. «Du rire animal de sagesse: Autour de quelques rieurs dans les *Rougon-Macquart*». In *Zola et le rire*, Hrsg. Marie-Ange Voisin-Fougère, 199–215. Auxonne: Les éditions du Murmure.

Zola, Émile. 2004. «Le roman expérimental». In *Émile Zola. Tome 9: Nana (1880)*, Hrsg. Henri Mitterand, 323–348. Paris: Nouveau Monde Éditions.

Zola, Émile. 1961. «L'Assommoir». In *Émile Zola. Les Rougon-Macquart. Histoire naturelle et sociale d'une famille sous le Second Empire. Tome II*, Hrsg. Henri Mitterand, 371–796. Paris: Gallimard.

Zola, Émile. 1960. «*La Fortune des Rougon*». In *Émile Zola. Les Rougon-Macquart. Histoire naturelle et sociale d'une famille sous le Second Empire. Tome I*, Hrsg. Henri Mitterand, 1–315. Paris: Gallimard.

Zola, Émile. 1974. *Das Glück der Familie Rougon*, Hrsg. Rita Schober. München: Winkler.

Zola, Émile. 1975. *Der Totschläger*, Hrsg. Rita Schober. München: Winkler Verlag.

Rückkehr zur Klasse: soziologisierte Gegenwartsliteratur in Frankreich und Deutschland (Eribon, Ernaux, Ohde, Baron)

Heribert Tommek

1 Einleitung

Eine wichtige Opposition, die Wolf Lepenies in seiner Studie *Die drei Kulturen* verfolgt, betrifft das Verhältnis von soziologischer Erkenntnis und literarischem Stil. Beide verbinden sich historisch, aber auch semiotisch und verfahrenstechnisch vor allem mit dem Realismus. Wie Roland Barthes bemerkt hat, basiert der „Wirklichkeitseffekt" auf der Vertreibung des Signifikaten aus dem Zeichen. Das „Fehlen des Signifikats zugunsten des Referenten" (Barthes 2006, S. 171) tritt häufig als Verschleierung des ästhetischen Zeichens, als Verneinung des Stils oder als ›Stil der Stillosigkeit‹ auf. Hierin liegt die zeichentheoretische Erklärung für den vermeintlich ›stil-losen‹, quasi-wissenschaftlichen Charakter des Realismus. Dagegen lag die Bedeutung Gustave Flauberts darin, dass er die Darstellung der Alltagswirklichkeit mit einer Betonung des ästhetischen Zeichens verband (vgl. Jurt 2015).

Die *ernsthafte* und zeitlich geprägte gesellschaftliche Wirklichkeitsdarstellung im eigentlichen Sinne begann für Erich Auerbach in Frankreich, genauer: mit

H. Tommek (✉)
FU Berlin, Wissenschaftlicher Mitarbeiter, Berlin, Deutschland
E-Mail: Heribert.Tommek@fu-berlin.de

C. Magerski und C. Steuerwald (Hrsg.), *„Die drei Kulturen" reloaded,* Literatur und Gesellschaft. Literatursoziologische Studien,
https://doi.org/10.1007/978-3-658-42824-2_7

Stendhals Roman *Le Rouge et le Noir* (1830).[1] Dagegen war die deutsche Literatur des 18. und 19. Jahrhunderts für Auerbach durch die Verbindung eines „gemütvoll-bürgerlichen Realismus mit dem Idealisch-Politischen und Menschenrechtlichen“ geprägt, „so daß ein grundsätzliches und unmittelbares Ergreifen der Zeitwirklichkeit nicht stattfindet […]“ (Auerbach 2001, S. 407).

In welchem Verhältnis stehen aber heutzutage Soziologie und Literatur? Das traditionelle Spannungsverhältnis scheint sich weitgehend aufgelöst zu haben, denn in der westlich geprägten internationalen Gegenwartsliteratur scheinen „Realismus“ und das „unmittelbare Ergreifen der Zeitwirklichkeit“ zu einem selbstverständlichen, populären Stil-Verfahren geworden zu sein (Baßler 2022). Zudem ist in den letzten Jahren sowohl in Frankreich als auch in Deutschland ein „Boom soziologischer Narrative“ zu beobachten (Henk und Sauer 2022). Bei genauerem Hinsehen sind aber weiterhin feine Unterschiede in den jeweiligen Resonanzräumen zu erkennen. Auch hier scheint eine gewisse deutsche ›Verspätung‹ und ›Verschiebung‹ der von Frankreich kommenden Renaissance der Soziologie in der Literatur charakteristisch zu sein, wie die folgende Studie zeigen möchte.[2]

2 Die Renaissance der Soziologie in der französischen Gegenwartsliteratur

Pierre Bourdieus *Ein soziologischer Selbstversuch* (2002) als Modell

Ein Grundtext für die jüngst zu beobachtende Erfolgsgeschichte der „Sozioautobiografie“ stellt Pierre Bourdieus *Soziologischer Selbstversuch* dar. Er erschien 2002 zunächst in Deutschland und erst danach in Frankreich, weil sich Bourdieu in den intellektuellen Kreisen Deutschlands eine unvoreingenommenere Rezeption als in Frankreich erhoffte. Im Nachwort bezeichnet Franz Schultheis den

[1] „Insofern die moderne ernste Realistik den Menschen nicht anders darstellen kann als eingebettet in eine konkrete, ständig sich entwickelnde politisch-gesellschaftlich-ökonomische Gesamtwirklichkeit – wie es jetzt in jedem beliebigen Roman oder Film geschieht – , ist Stendhal ihr Begründer.“ (Auerbach 2001, S. 431).

[2] In den letzten Jahren ist eine Renaissance der Soziologie in der Literatur Frankreichs festzustellen. Ein DFG-Projekt an der Universität Koblenz-Landau untersucht diese unter dem Titel „Bourdieus Erben. Zur Rückkehr der Klassenfrage in der französischen Gegenwartsliteratur“ (vgl. https://gepris.dfg.de/gepris/projekt/449669912?context=projekt&task=showDetail&id=449669912&).

Soziologischen Selbstversuch als eine „Anti-Autobiographie“ (Schultheis 2002, S. 133). Allgemein sei es Bourdieu im Kontext seiner letzten Vorlesung am Collège de France *Science de la science et réflexivité* (2001), aus der sein *Soziologischer Selbstversuch* hervorging, nicht um eine Selbstinszenierung, sondern um eine *kollektive* Biographie gegangen: um eine Freilegung der soziologischen Bedingungen seiner Aufstiegsgeschichte von einer „petit employé“-Herkunft in der Provinz bis zum renommiertesten Soziologen Frankreichs (vgl. Schultheis 2002, S. 134 f., Henk und Schultheis 2022). Bourdieu bezeichnet sich selbst im Text als „transfuge de classe“, als Klassen-„Überläufer“ (Bourdieu 2002, S. 95) – ein vom Birminghamer Kultursoziologe Richard Hoggart stammender Begriff, den auch Annie Ernaux für sich und ihre Literatur verwendet hat. Auch die von Bourdieu geschilderten Scham- und Schuldgefühle gegenüber der durch den Bildungsaufstieg verlassenen und daher ›verratenen‹ Kultur der ›kleinen Leute‹ sind zentrale Merkmale in der hier zu thematisierenden Literatur.

Was den Stil angeht, so leitet er sich bei Bourdieu von seinem erkenntnistheoretischen Konzept der „teilnehmenden Objektivierung“ ab (Schultheis 2002, S. 133). „Ziel der teilnehmenden Objektivierung“, so Bourdieu, „ist es nicht, die ›gelebte Erfahrung‹ des erkennenden Subjekts zu erforschen, sondern vielmehr, die gesellschaftlichen Möglichkeitsbedingungen (und Grenzen) dieser Erfahrung und, noch genauer, des Aktes der Objektivierung selbst“ (zit. n. ebd., S. 133 f.). Auch die von Spinoza entlehnte Maxime in *Das Elend der Welt* (1993) – „Nicht bemitleiden, nicht auslachen, nicht verabscheuen, sondern verstehen!“ – impliziert nicht nur eine epistemologische, sondern auch eine narrative und stilistische Antwort auf eine Grundfrage, der sich auch Annie Ernaux und die anderen Autoren einer selbstreflexiven Sozioautobiografie stellen müssen: Von welchem Standpunkt aus, in welchem Stil und zu welchem Zweck kann die Geschichte der verlassenen und ›verratenen‹ Herkunft vom ›einfachen Volk‹ erzählt werden? Wie kann man der doppelten Gefahr entgehen: einerseits dem Erzählen von einem überlegen Standpunkt der Gebildeten aus, andererseits der Gefahr einer populistischen Einfühlung und damit politischen Vereinnahmung des ›einfachen Volks‹?[3] Für Bourdieu stand fest, dass sein Konzept der „teilnehmenden Objektivierung“ weder auf eine psychologische Einfühlung noch auf eine philosophische Überlegenheit zielte, sondern auf eine soziologische Reflexion. Diese teilt mit der Naturwissenschaft die Objektivierung, objektiviert dabei aber auch den „Objektivierer“, fragt nach den sozialen Bedingungen der Möglichkeit seiner Sichtweise.

[3] „Beim Schreiben ein schmaler Grat zwischen der Rehabilitierung einer als unterlegen geltenden Lebensweise und dem Anprangern der Fremdbestimmung, die mit ihr einhergeht.“ (Ernaux 2020, S. 45; vgl. auch Jurt 2017, S. 107 f.)

Es wird sich zeigen, dass die von Wolf Lepenies verfolgte Spannung zwischen literarischem Stil und soziologischer Erkenntnis sich in der literarischen Sozioautobiographie in ein spannungsreiches Verhältnis zwischen individuellem und kollektivem Erzähler-Ich übersetzt.

Von der Soziologie zur Literatur: Didier Eribons *Rückkehr nach Reims* (2009) als Initiation

„*Rückkehr nach Reims* ist nicht nur ein überwältigendes literarisches Werk und die wichtigste soziologische Arbeit seit Bourdieus *Die feinen Unterschiede*, es ist auch eines der sehr wenigen Bücker, die eine Revolte entzünden und den Lauf eines Lebens verändern können." (Eribon 2016, Umschlag).

Dieses dem Klappentext der deutschen Suhrkamp-Ausgabe entnommene Zitat stammt vom jungen Autor Édouard Louis (2015). Mit seinem Debütroman *Das Ende von Eddy* hatte er zuvor einen großen Erfolg erzielt. Mit dem Zitat schrieb sich Louis also in einen sich anbahnenden soziologisch-literarischen Konnex auf dem deutschen Buchmarkt ein. Seine Eloge auf Eribon zeigt exemplarisch, wie die Verbindung von Soziologie und Literatur erfolgreich auf dem Buchmarkt platziert wurde und wie der Suhrkamp-Verlag das eindeutig französisch markierte Verhältnis öffentlichkeitswirksam für sein deutsches Publikum vermarkten konnte: Der Übergang von der auf empirische und statistische Untersuchung basierenden „soziologischen Arbeit" *Die feinen Unterschiede* hin zum „literarischen Werk" (man beachte die Opposition: „Arbeit" versus „Werk") ist fließend. Mühelos verbinde *Rückkehr nach Reims* Soziologie und Literatur. Suggeriert wird, dass die Grundlage für diese Verbindung eine wissenschaftliche Erkenntnis bilde, entstanden aus „soziologischer Arbeit". Eribons Text übersteige aber diese Ebene hin zu einem literarischen Werk, dem eine quasi genieästhetische Kraft innewohne, die die soziologische Arbeit belebt.

Tatsächlich war *Rückkehr nach Reims* sowohl in Frankreich als auch international ein großer Erfolg. Die im Zentrum der Autobiographie stehende Frage, „warum ein Teil der Arbeiterschaft zum Front National übergelaufen ist" (Klappentext), konnte von der deutschen Leserschaft, vor allem aus dem linksintellektuellen Milieu, unmittelbar auf die Krise der Sozialdemokratie und auf den Aufstieg der „Alternative für Deutschland" (AfD) übertragen werden. Ohne Gattungsbezeichnung, wird *Rückkehr nach Reims* schlicht als „Buch" bezeichnet. Der in fünf Hauptteile mit jeweils durchnummerierten Unterkapiteln und einem Epilog eingeteilte Text ist einerseits ein soziologischer Essay, lässt sich aber andererseits auch als ein autobiographischer Roman lesen. Im Text, der mit einem an Marcel Proust erinnernden Stil einsetzt, erzählt Eribon aus der Ich-Perspektive von seiner Entfremdung vom Wohnort der Eltern als Ausgangspunkt einer rückblickenden Auseinandersetzung mit der eigenen Herkunft.[4] Diese selbstreflexive Rückwendung auf Herkunft und anschließendem akademisch-bürgerlichen Lebenslauf führt zur klassengesellschaftlich fundierten Kritik des linksintellektuellen Diskurses:

> Nicht mehr von Ausbeutung und Widerstand war die Rede, sondern von ›notwendigen Reformen‹ und einer ›Umgestaltung‹ der Gesellschaft. Nicht mehr von Klassenverhältnissen oder sozialem Schicksal, sondern von ›Zusammenleben‹ und ›Eigenverantwortung‹. Die Idee der Unterdrückung, einer strukturierenden Polarität zwischen Herrschenden und Beherrschten, verschwand aus dem Diskurs der offiziellen Linken und wurde durch die neutralisierende Vorstellung des ›Gesellschaftsvertrags‹ ersetzt, in dessen Rahmen ›gleichberechtigte‹ Individuen (gleich? was für ein obszöner Witz) auf die Artikulation von Partikularinteressen zu verzichten (das heißt zu schweigen und sich von den Regierenden nach deren Gusto regieren zu lassen) hätten. (Eribon 2016, S. 120)

Die soziologisch-essayistische Zeitdiagnostik mit appellativem Charakter arbeitet mit den Stilmitteln der inneren Reflexion und des stellungnehmenden kritischen Kommentars. Die neue Brisanz der Klassenfrage, die der herrschende politische Diskurs ausgeblendet habe, wird nicht auf Grundlage empirisch erhobener Daten und Modelle des sozialen Raums erörtert. Vielmehr geht es um eine diskursive Diagnostik, um diskursive Ausschlussverfahren, scheiternde Repräsentationen und um Gegenstrategien. Dabei wird die „Klassen"-Frage um eine kollektive Trieb-Ökonomie erweitert:

> Wenn die Linke sich als unfähig erweist, einen Resonanzraum zu organisieren, wo solche Fragen [der politischen und diskursiven Partizipation; H.T.] diskutiert und wo Sehnsüchte und Energien investiert werden können, dann ziehen Rechte und Rechtsradikale diese Sehnsüchte und Energien auf sich.
>
> Das ist also die Aufgabe, vor der kritische Intellektuelle und soziale Bewegungen stehen: Es gilt, einen theoretischen Rahmen und eine politische Sichtweise auf die Realität zu konstruieren, die es erlauben, jene negativen Leidenschaften, die in der Gesellschaft insgesamt und insbesondere in den populären Klassen zirkulieren, zwar nicht auszumerzen – denn das wäre unmöglich –, aber doch weitgehend zu neutralisieren [...]. (Ebd., S. 146)

[4] „Lange ist es für mich nur ein Name gewesen. Meine Eltern waren zu einer Zeit in dieses Dorf gezogen, als ich sie nicht mehr besuchte. Hin und wieder schickte ich ihnen eine Postkarte von meinen Auslandsreisen, halbherzig bemüht, eine Verbindung aufrechtzuerhalten, die ich mir so lose wie möglich wünschte." (Eribon 2016, S. 9).

In Eribons Essay setzt sich dieser diskurs- und psychoanalytische Ansatz, der in eine therapeutische Handlungsaufforderung für Intellektuelle und Bürgerbewegung mündet, zunehmend durch. Er führt im vierten Teil zu einer Auseinandersetzung mit Pierre Bourdieu.

Einerseits spielt Bourdieus Soziologie für Eribon eine grundlegende Rolle, andererseits rechnet er auch mit ihr ab.[5] So sei der *Soziologische Selbstversuch* nicht zur letzten Wahrheit über sich selbst vorgedrungen und habe einen blinden Fleck: Bourdieus Durchsetzungskraft, sein erfolgreicher gesellschaftlicher Aufstieg von der Herkunft aus bescheidenen Verhältnissen hin zum Professor des Collège de France, basiere auf der Opposition von „Ästheten" und „Athleten" (Eribon 2016, S. 155; Bourdieu war ja bekanntlich in seiner Jugend „Rugbyspieler"). Hinter dieser Opposition verberge sich eine Homophobie: eine Abwertung feminisierter Homosexueller durch maskulinisierte Kampfsportler (vgl. ebd., S. 154–157). Tatsächlich hatte Bourdieu die Soziologie als einen „Kampfsport" bezeichnet. Worauf Eribon mit seiner Kritik zielt, ist das Verhältnis zu Michel Foucault. Bourdieu hatte es selbst als ein Spannungsverhältnis zwischen Soziologie und Philosophie thematisiert. Eribon deutet es – und hier erweist er sich als Anhänger Foucaults – als ein Diskriminierungsverhältnis zwischen Hetero- und Homosexualität. Der blinde Fleck in der Soziologie Bourdieus sei, dass sie in einem homophoben Verhältnis gegenüber der feminisierten Philosophie Foucaults stehe (Eribon 2016, S. 156), in die sich Eribon, selbst Autor einer Biographie Foucaults,[6] einschreibt. Bei seiner identitätspolitischen Kritik der Soziologie Bourdieus im Namen des „Philosophen" Foucault übergeht Eribon allerdings das tendenziell klassengesellschaftliche Argument, das Bourdieu im *Selbstversuch* anführte, um die Divergenzen zwischen seiner und Foucaults „Posture intellectuelle" zu erklären: Beide kamen aus der Provinz und reüssierten in Paris. Während aber ersterer aus den „bescheidenen" Verhältnissen einer Arbeiter- und Kleinen-Angestellten-Familie kam, war letzterer, als Sohn eines Chirurgen und Universitätsprofessors, mit anderen symbolischen Ansprüchen eines neu akzentuierten französischen „Philosophen" als „spezifischer Intellektueller" ausgestattet (vgl. Bourdieu 2002, S. 90 f., Henk und Schultheis 2022). Mit Eribons identitätspolitischen Kritik an der Soziologie wurde der Weg frei für eine neue, mit soziologischen Erkenntnissen selbstbewusst umgehenden Literatur zwischen individueller und kollektiver Identitätsnarration.

---

[5] Eribon behauptet, er habe die Entstehung von Bourdieus *Soziologischem Selbstversuch* in vielen Gesprächen begleitet (vgl. Eribon 2016, S. 156, Anm. 58). Schultheis bezweifelt dies (Henk, Schultheis 2022).

[6] Eribon 1989.

Annie Ernaux und die „Transfuge de classe"-Literatur

Auch die 1940 in Yvetot in der Normandie geborene Autorin Annie Ernaux steht für einen außergewöhnlich erfolgreichen sozialen Aufstieg durch Bildung: Aus Arbeiter- und Klein-Händler-Verhältnissen auf dem Land stammend, absolvierte sie einen Bildungsweg über Gymnasium, Studium der Literaturwissenschaften, Promotion, Gymnasiallehrerin bis hin zur heute international renommiertesten, mit dem Nobelpreis ausgezeichneten Autorin Frankreichs. Mit ihrem ersten Roman *Les Armoires vides* („Die leeren Schränke") von 1974, der sofort beim renommierten Gallimard-Verlag erschien, erzielte sie jedoch 'zunächst nur einen Achtungserfolg. Dieser und die folgenden Romane wurden zunächst als „Frauenliteratur" und damit als nicht ›hochliterarisch‹ eingestuft. Erst das 1983 veröffentlichte Buch *La Place* (*Das bessere Leben*), mit dem sie explizit den Übergang zur Autobiographie vollzog, fand größere literarische Anerkennung, hier in Form des Prix Renoudot. Als schließlich Eribon ihrer soziologisierten Literatur den ›Ritterschlag‹ erteilte, war der Weg der Anerkennung besiegelt.

Ernaux und ihre Schreibweise fanden ihren „Platz" im literarischen Feld. In ihren autoreflexiven Erzählungen thematisiert sie die Lebensbedingungen der „classes populaires", ihrer Kindheit und Jugend, den Bruch mit ihrer Herkunftsklasse durch die Schule. Dabei reflektiert sie die Auswirkungen des verinnerlichten Bildungskapitals wie auch der symbolischen Gewalt in der Konfrontation mit der herrschenden Klasse, in die sie aufgestiegen ist, zu der sie sich aber nicht vollständig zugehörig fühlt. Die mit Schmerzen, Scham und Schande verbundene „Klassen-Migration" und soziale Entwurzelung machen die zentralen Themen ihrer Werke aus.

Ernauxs Schreiben ist darauf ausgerichtet, die Grenzen zwischen Literatur und Soziologie zu verwischen. 1972 hatte sie ihr soziologisches Erweckungs-Erlebnis, als sie zum ersten Mal von Pierre Bourdieus und Jean-Claude Passeron *Les Héritiers* (1964; dt. *Die Erben. Studenten, Bildung und Kultur*, 2007) und *La Reproduction* (1970), also die wichtigen Untersuchungen der Reproduktion der Klassengesellschaft in Frankreich über das Bildungssystem las. Später kamen die Lektüre von *La Distinction* (1979; dt. *Die feinen Unterschiede*, 1982) und *La misère du monde* (1993; dt. *Das Elend der Welt*, 1997) hinzu. Nach eigenem Bekunden haben all diese soziologischen Werke bei ihr einen „gewaltigen ontologischen Schock" und eine „kognitive Umwälzung" ausgelöst.[7] Die Offenlegung der versteckten Mechanismen sozialer Reproduktion und Herrschaft hätten ihr

[7] Zit. n. Dictionnaire 2020, S. 302.

zum ersten Mal die Augen geöffnet und sie habe ihren eigenen Ort in der Gesellschaft und ihren bisherigen Lebensweg jenseits von ›Schicksalsbestimmungen‹ erkennen können.

Das selbstreflexive und emanzipative *Verstehen* ihrer Entwicklung stellte seitdem für Ernaux die Rechtfertigung und einen integrativen Bestandteil ihres literarischen Schreibens dar. Mit dem Soziologen teilt sie also den Willen zur „teilnehmenden Objektivierung" ihrer sozialen Existenz, jedoch sind ihre Mittel die der Literatur und ihr Ausgangspunkt nicht soziologische Themenfelder wie „soziale Ungleichheit", „Bildungsaufstieg" etc., sondern eigene Erfahrungen oder Fotos, die sie sprachlich entwickelt (vgl. Jurt 2017, S. 105). Dabei verweigert sich die für Ernaux charakteristische Mischung von Autobiographie und Auto-Sozioanalyse sowohl der Bemitleidung des „sozialen Elends" unterer Klassen als auch eines Populismus', der die einfache Lebensweise verherrlicht und sich die Repräsentation des „Volksmäßigen" aneignet. Stattdessen strebt ihr Schreiben danach, literarisch eine objektivierende Distanz zu erzeugen, indem sie einerseits jede Form einer psychologischen Empathie durch eine „écriture de plus en plus plate" entgegentritt und andererseits das Persönliche und Intime mit dem Sozialen verbindet (Dictionnaire 2020, S. 302). Entsprechend wird in *Les Années* (2008; dt. *Die Jahre*, 2017), das als bislang wichtigstes Buch ihrer schriftstellerischen Karriere gilt, nicht aus der Perspektive eines individuellen, sondern eines kollektiven Ichs erzählt.

Diese Präsenz soziologischen Denkens in der Formbildung französischer Literatur stieß in Deutschland auf Ablehnung. So wandte sich die Literaturkritikerin Thea Dorn bei der Besprechung von Ernauxs Roman *Die Jahre* im „Literarischen Quartett" scharf gegen die Verwendung des kollektiven „man" statt des individuellen „Ich". Das nicht literarische, sondern „quasi soziologische" Buch sei politisch, links und poststrukturell. Besonders missfiel der Literaturkritikerin, dass „ein Mädchen aus kleinen Verhältnissen in der Provinz […] nach Ernaux keine Subjektivität haben" dürfe.[8] Dass das Literarische von der Soziologie scharf abgegrenzt und dagegen mit dem Eigenrecht der Subjektivität verbunden wird, ist für die spezifische Rückkehr soziologischer Themen in der deutschen Literatur symptomatisch, wie die folgenden Ausführungen zeigen werden.

[8] https://de.wikipedia.org/wiki/Annie_Ernaux#Literarische_Karriere.

3 Individuelle Aufstiegsgeschichten und der deutsche Resonanzraum der soziologisierten Literatur

Der gegenwärtige Boom sozialer Aufsteigergeschichten in der Literatur, der unterschwellig mit dem herrschenden neoliberalen Narrativ der Gesellschaft korrespondiert, lässt sich nahtlos anschließen an etablierte Literaturtraditionen wie den Bildungsroman, dem Coming of Age-Roman oder die sogenannte Migrationsliteratur, die die Themen Entwurzelung und Heimatsuche sowie die Problematik der kulturellen „Integration" längst narrativ verhandelt haben. Die Soziologin Silke van Dyk betont daher zu Recht, dass die Wahrnehmung einer „Rückkehr der Klassenfrage" in der Literatur vor allem auf ein neues *Framing* in einem veränderten Resonanzraum der Öffentlichkeit zurückzuführen ist (vgl. Henk und Sauer 2022). Dieser Resonanzraum geht auf eine an das Feuilleton und an Polit-Talk anschlussfähige zeitdiagnostische Soziologie zurück, die damit nicht nur die öffentliche Wahrnehmung, sondern auch die Politik direkt prägt, wofür die Karriere von Andreas Reckwitz ein gutes Beispiel ist (vgl. ebd.).

Rückkehr nach Reims hat auch hierzulande ein großes Echo erfahren: sowohl in den öffentlichen Debatten als auch in der Literatur.[9] Trotzdem erfolgte die Rezeption der französischen Sozioautobiographien verspätet. So erschien die deutsche Übersetzung von Eribonds *Rückkehr nach Reims* erst sieben Jahre nach der französischen Originalausgabe; die der Werke von Ernaux mit einem teilweise noch deutlicheren zeitlichen Abstand (dies änderte sich schlagartig mit der Verleihung des Literaturnobelpreises 2022). Entsprechend verzögerte sich auch die Wahrnehmung und Anerkennung der neuen „Gattung", die hierzulande lange nicht so etabliert wie in Frankreich. Auch im Suhrkamp-Verlag, der die Werke Bourdieus schon seit den 1970er Jahren herausgibt, hatte man sich offenbar schwergetan, den soziologischen Funken von der „Wissenschaft"-Reihe auf die „Bibliothek Suhrkamp" überschlagen zu lassen. Erst in den letzten Jahren, als der internationale Erfolg immer größer wurde, hat der Verlag Annie Ernaux, deren Werke zunächst bei Fischer und Goldmann entsprechend ihrer Wahrnehmung als „Frauenliteratur" erschienen waren, als Star-Autorin in sein Literaturprogramm aufgenommen und den gewinnbringenden ›Synergie-Effekt‹ von Soziologie und Literatur aufgegriffen.

In einem Interview hat van Dyk betont, dass die jüngst in der Literatur begegnenden Aufstiegsgeschichten der Arbeiterkinder aus soziologischer Sicht

[9] Ein weiteres Beispiel für eine sozioautobiografische, insbesondere von Eribon inspirierte Literatur in Deutschland ist das Buch von Daniela Dröscher: *Zeige deine Klasse. Die Geschichte meiner sozialen Herkunft*, 2021.

Ausnahmegeschichten sind. In der Realität dominierten die Geschichten vom Verbleib in der Herkunftsklasse.[10] Diese Geschichten sind aber kaum erzählenswert, weil sie sich nicht mit einer besonderen, zum Erfolg führenden Anstrengung des Individuums verbinden. Im Folgenden soll nun der deutsche Resonanzraum der soziologisierten Romane hinsichtlich des Verhältnisses von Literatur und Soziologie, literarischem Stil und soziologischer Erkenntnis betrachtet werden. Dabei können – vereinfachend – zwei Resonanzräume unterschieden werden: einer des Einvernehmens und einer des Vorbehalts gegenüber der Rückkehr der Klassenfrage in der Gegenwartsliteratur.

Das Einvernehmen mit der Melancholie: Deniz Ohdes *Streulicht* (2020)

„Industrieschnee markiert die Grenzen des Orts, eine feine Säure liegt in der Luft, und hinter der Werksbrücke rauschen die Fertigungshallen, wo der Vater tagein, tagaus Aluminiumbleche beizt. Hier ist die Ich-Erzählerin aufgewachsen, hierher kommt sie zurück, als ihre Kindheitsfreunde heiraten. Und während sie die alten Wege geht, erinnert sie sich: an den Vater und den erblindeten Großvater, die kaum sprachen, die keine Veränderungen wollten und nichts wegwerfen konnten, bis der Hausrat aus allen Schränken quoll. An die Mutter, deren Freiheitsdrang in der Enge einer westdeutschen Arbeiterwohnung erstickte, ehe sie in einem kurzen Aufbegehren die Koffer packte und die Tochter beim trinkenden Vater ließ. An den frühen Schulabbruch und die Anstrengung, im zweiten Anlauf Versäumtes nachzuholen, an die Scham und die Angst – zuerst davor, nicht zu bestehen, dann davor, als Aufsteigerin auf ihren Platz zurückverwiesen zu werden." (Ohde 2020, Klappentext).

Wie im Falle Ernauxs erschien Deniz Ohdes Debütroman gleich bei einem der renommiertesten Verlage des Landes: bei Suhrkamp, wo mit Bourdieu, Eribond und Ernaux das ›Feld‹ für eine soziologisierte Literatur bereitet war. Stichworte im Klappentext wie „Scham", „Aufsteigerin" und „Platz" verweisen auf die französische Erfolgsautorin und tatsächlich weist Ohdes Roman thematische Ähnlichkeiten mit Ernauxs frühen, einst als „Frauenliteratur" wahrgenommenen Roman *Les Armoires vides* auf. Auch die Fortsetzung des Klappentextes lässt schnell erkennen, dass der Verlag Ohdes Roman in den Resonanzraum der prominenten Suhrkamp-Autoren stellt:

[10] Henk und Sauer 2022.

> Wahrhaftig und einfühlsam erkundet Deniz Ohde in ihrem Debütroman die feinen Unterschiede in unserer Gesellschaft. Satz für Satz spürt sie den Sollbruchstellen im Leben der Erzählerin nach, den Zuschreibungen und Erwartungen an sie als Arbeiterkind, der Kluft zwischen Bildungsversprechen und erfahrener Ungleichheit, der verinnerlichten Abwertung und dem Versuch, sich davon zu befreien. (Ebd.)

Das Schlagwort von den „feinen Unterschiede" spielt auf Bourdieu an – es kann aber auch als allgemein bekannte, quasi-soziologische Redewendung gelesen werden. In der Bewerbung des Buches und bei vielen Besprechungen ist immer wieder die Rede von einem „falschen Bildungsversprechen", das der Roman entlarve. Auch hier könnte der soziologisch informierte Leser eine Anspielung auf Bourdieus und Passerons Werk *Les héritiers*, anfangs teilübersetzt unter dem Titel *Die Illusion der Chancengleichheit* (1971), sehen, aber die Zeitthematik ist spätestens seit den öffentlichen Debatten um die „PISA"-Studie bekannt, die insbesondere die Chancengleichheit beim Bildungserwerb im Ländervergleich einstuft. Dass gerade Deutschland das Land ist, in dem der Bildungsaufstieg maßgeblich von der sozialen Herkunft abhängt, ist heutzutage ein Gemeinplatz.

Wieso wurde der Roman nun von der Literaturkritik so positiv aufgenommen? Hierzu sei eine exemplarische Rezeptionsstimme aus der „ZEIT" angeführt, mit der auch der Suhrkamp-Verlag das Buch bewirbt:

> [*Streulicht*] erinnert an französische Autoren wie Didier Eribon, Édouard Louis und Annie Ernaux, die sich allesamt aus dem sozialen Abseits herausgeschrieben haben. Nun liegt mit Deniz Ohdes *Streulicht* auch ein überzeugendes Gegenstück deutscher Literatur vor, das in seiner schnörkellosen Sprache mit dem Bildungsversprechen von Chancengleichheit abrechnet, ohne dabei plakative identitätspolitische Statements oder ein ›J'accuse‹ gebrauchen zu müssen. (Kiliç 2022)[11]

Der deutsche Resonanzraum wird hier exemplarisch zum ›Schwingen‹ gebracht und lässt sich direkt an Wolf Lepenies Studie anschließen: Denn als die Autorin die Rezension für das Feuilleton der „ZEIT" verfasste, war sie Doktorandin des DFG-Graduiertenkollegs an der Humboldt-Universität zum Thema: „Philosophie, Wissenschaft und die Wissenschaften: Der Dialog zwischen Formen und Modellen des Wissens im antiken griechischen, römischen und arabischen Denken"[12] und schrieb an einer Arbeit zu Platons Philosophie der Musik und ihr Echo in der Renaissance. Die Renaissance der Soziologie in der deutschen Literatur

[11] Zit. n. https://www.suhrkamp.de/buch/deniz-ohde-streulicht-t-9783518429631.

[12] Vgl. https://gepris.dfg.de/gepris/projekt/228914880?context=projekt&task=showDetail&id=228914880&.

wird im Zitat vom Naturalismus und vom politischen Engagement französischen Ursprungs, die negativ mit „plakativer Identitätspolitik“ konnotiert werden, abgekoppelt. Das gespaltene Verhältnis zu einer ›militanten‹ Soziologie kommt dabei in der doppeldeutigen Rede vom „Gegenstück deutscher Literatur“ zum Ausdruck: Das „Gegenstück“ bezeichnet hier nicht nur wie das französische „Pendant“ ein komplementäres Verhältnis, sondern auch eine „Gegenläufigkeit“. Dieser Doppelklang ist charakteristisch für eine ästhetische Neutralisierung der „Klassen-Frage“. Denn die positive Aufnahme des Romans in der deutschen Literaturkritik beruht auf folgenden ›Ingredienzien‹: Rekurs auf soziologische „Erkenntnissen“, die vermeintlich Unerhörtes aufzeigen, tatsächlich aber nur öffentliche Gemeinplätze wiederholen, Literarisierungen in Form von Symbolisierungen und Allegorisierungen, schließlich Psychologisierung und Moralisierung des soziologischen Narrativs.

Wie in allen Sozioautobiografien (oder auch Autofiktionen) wird mit der Technik der Rückblenden erzählt. Sie erlaubt die Präsentation des Schreibens als Ergebnis eines Reflexionsprozesses. Der Erzählrahmen ist durch die Rückkehr der Ich-Erzählerin an den Ort ihrer Herkunft gesetzt, nachdem sie diese Sphäre äußerlich durch einen Bildungsaufstieg verlassen hat. Am Ende des narrativen ›Abstiegs‹ in die frühere Identität steht die reflexive Versöhnung mit der Herkunft, die bei Ohde allerdings ambivalent ausfällt.[13]

Diese den Bildungsroman in einer Umkehrung aufnehmende *Katabasis* ist bei Ohde stark symbolisch, ja allegorisch – im Sinne eines kohärent zusammengesetzten Bildfeldes – aufgeladen. Dem ambivalenten inneren Verhältnis zum sozialen Aufstieg entspricht das titelgebende Symbol des „Streulichts“, das den Roman als Sinnbild des verinnerlichten sozialen Stigmas der Herkunft durchzieht. Andererseits ist das „Streulicht“ auch Symbol einer inneren Haltung, die die einsam bleibende Protagonistin vor den arrivierten bürgerlichen Freunden auszeichnet: Der neue Bildungsroman der „Arbeiterkinder“ einer hier sozial, geschlechtlich und ethnisch diskriminierten Protagonistin ist durchzogen von „Streulicht“, d. h. von temporären und mühsam erkämpften Inseln der Erkenntnis auf einem ›zweiten Bildungsweg‹, die sich nicht mehr zu einem durch Bildung ›gerechtfertigten‹ Individuum verbinden, sondern die Identität eines nomadischen Ichs mit einem unversöhnlichen gespalteten Habitus ausmachen. Es geht hier nicht mehr um bürgerliche „Selbstwerdung“, sondern um die Bewältigung der „Schneise[n] des Lebenslauf[s]“, wie es im Text heißt (Ohde 2020, S. 129 f.).

[13] „Ich habe die Tür geöffnet, das schmatzende Geräusch des Holzes, das rundgeriebene Schnappen des Schlosses, und während ich noch den Knauf in der Hand hatte, hörte ich ihn hinter mir sagen: ›Wenn’s nichts wird, kommst wieder heim.‹“ (Ohde 2020, S. 285).

Der ›zweite Bildungsweg‹ ist bei Ohde nicht von Stolz, sondern von Wut, von der Anstrengung und Beharrlichkeit des Bildungsnachweises geprägt. Am Ende verkörpert der Roman eine zusammengesetzte Allegorie: das Credo von der einzig wahren Schule, die das Leben ist (vgl. ebd., S. 277).

Wenn in der den Roman kennzeichnenden Licht-Symbolik eine erste Versinnbildlichung des sozialen Aufstiegs durch den nachgeholten Bildungsweg erkennbar ist, so betrifft eine zweite das Stigma der Herkunft aus einfachen Verhältnissen. Sie lässt sich als eine Allegorie der deformierten „Heiligen Familie" lesen. Denn der Vater der Ich-Erzählerin ist nicht nur Industrie-Arbeiter, ein Alkoholiker mit Gewaltausbrüchen, sondern auch ein lebensunfähiger „Messie", der den billigen Versprechungen der Warenästhetik verfällt und alles hortet. Bei genauerer Betrachtung erweist sich der Vater als eine melancholische Allegorie des Gedächtnisses einer verlorenen sittlichen Ordnung:

> Es war eine Vorzeit, die mein Vater sich mit der Chronik des Geschichtsvereins zurückwünschte, mit stärkehaltigem Essen und seltenen Sonntagsbraten, eine Zeit ohne Autos und mit Frauen in Schürzen, die ihre Augenbrauen zusammenzogen vor lauter Arbeitsfleiß; eine Zeit, in der er noch nicht geboren war und die man sich zurechtbiegen konnte in eine Ordnung, in der scheinbar alles seinen Platz hatte. ›Wir sind einfache Leut'‹, sagte er. Eine Zeit, in der noch alles klar war: die Rollen, die Hierarchien, die Bräuche. (Ohde 2020, S. 211)

Dagegen lässt sich die Mutter-Figur, die in sich die soziale Herkunfts-, Emanzipation- und Identitätsfrage der Migrations- und Frauenliteratur kombiniert, als eine Allegorie einer in unserer postindustriellen Gesellschaft weiterhin zum Scheitern verurteilten weiblichen Emanzipation lesen.[14] So spielt der Roman mit dem Schwanken der allegorischen Aufladung zwischen der heiligen, die Ordnung immer wieder herstellenden und sich aufopfernden Mutter und einer aus Verzweiflung über die Unmöglichkeit einer Emanzipation sich selbst zerstörenden Frau.

Schließlich wird die Allegorisierung des Vaters zum Gedächtnis einer in den Waren hohlgewordenen moralischen Ordnung und der Mutter als Selbstzerstörung der Versöhnung von weiblicher Fürsorge und Emanzipation durch die Versinnbildlichung des verinnerlichten Stigmas der Protagonistin vervollständigt: Das Stigma einer Herkunft aus marginalisierten Verhältnissen – hier die Kombination von „Unterschicht", „Migrationsherkunft" und „weiblicher Existenz" – ist

[14] „Ob man sich in die Luft sprengt oder ob man geht, sehr leise geht, ohne das Licht hinter sich zu löschen – das schienen mir früher die beiden Möglichkeiten zu sein. (Ohde 2020, S. 235).

punktuell einerseits christologisch konnotiert, denn die Bildungsbemühungen in der ungerechten Schule entsprechen einer ›Blut und Wasser‹ schwitzenden Passion (vgl. ebd., S. 103). Andererseits ist sie alttestamentarisch aufgeladen: als gerechtfertigte Wut über die Blasiertheit der bürgerlichen Bildungsschicht.

Was aber den Roman durchgehend kennzeichnet, sind Scham- und Schuldgefühle, die die letztlich erfolgreiche Bildungsgeschichte der Ich-Erzählerin prägen. Diese typischen Merkmale einer „transfuge de classe"-Geschichte erscheinen hier aber – im Unterschied zu Ernaux – im Zeichen der Melancholie: So steht das „Streulicht" nicht nur für die dem Leben Wert verleihenden, mühsam erkämpften Momente des ›Lernens fürs Leben‹, sondern auch für die zerfallende Ordnung im kalten Licht. Allgemein durchzieht den Roman eine melancholische Stimmung, die ihm eine literarisch-geistige ›Klasse‹ sichert: eine quasi-philosophische oder religiöse Trauer über den Werte-Zerfall in der Gesellschaft und den Verlust der ›Heiligen Familie‹, des Einklangs von gesellschaftlicher, d. h. männlich konnotierter Moral, Sitte, weiblicher Identität und Gleichberechtigung.

Das Unbehagen am rohen Sozialen: Christian Barons *Ein Mann seiner Klasse* (2020)

„Stil" ist – wie Pierre Bourdieu in den *Feinen Unterschieden* im Detail gezeigt hat – eine aristokratische Kulturtechnik der Distanznahme, die das „Feine" kultiviert und zum universalen Geschmack erklärt, um sich vom „Rohen"-Körperlichen der unteren Klassen und ihrem schlechten Geschmack abzugrenzen. Im deutschen Resonanzraum lässt sich ein entsprechender Vorbehalt gegenüber der „Stillosigkeit" feststellen, die der Präsenz der Soziologie in der Literatur immer schon eingeschrieben ist. Dies sei nun kurz an einem zweiten Beispiel, dem Roman *Ein Mann seiner Klasse* von Christian Baron, deutlich gemacht.

Christian Baron, 1985 in Kaiserslautern geboren, studierte Politikwissenschaft, Soziologie und Germanistik. Seitdem schreibt er als Journalist, zunächst bei einer Lokalzeitung, dann für die Tageszeitung *Neues Deutschland*. Er veröffentlichte Beiträge in *nachtkritik*, *Neue Zürcher Zeitung* und *Theater der Zeit*. Ab 2018 arbeitete er als Redakteur bei der Wochenzeitung *Der Freitag*. 2021 gab er zusammen mit Maria Barankow den Band *Klasse und Kampf* heraus. Dieser Band versammelt literarische, aber auch soziologische Aufsätze zur Rückkehr der Klassenfrage (Baron und Barankow 2021).[15] Wie wird nun Barons Roman im soziologisch-literarischen Feld ›platziert‹?

> ›Mochte mein Vater auch manchmal unser letztes Geld in irgendeiner Spelunke versoffen, mochte er auch mehrmals meine Mutter blutig geprügelt haben: Ich wollte immer, dass er bleibt. Aber anders.‹ Kaiserslautern in den neunziger Jahren: Christian Baron erzählt die Geschichte seiner Kindheit, seines prügelnden Vaters und seiner depressiven Mutter. Er beschreibt, was es bedeutet, in diesem reichen Land in Armut aufzuwachsen. Wie es sich anfühlt, als kleiner Junge männliche Gewalt zu erfahren. Was es heißt, als Jugendlicher zum Klassenflüchtling zu werden. Was von all den Erinnerungen bleibt. Und wie es ihm gelang, seinen eigenen Weg zu finden. *Ein Mann seiner Klasse* erklärt nichts und offenbart doch so vieles von dem, was in unserer Gesellschaft im Argen liegt. (Baron 2020, Werbetext)

Auch Barons Roman hatte im Kontext der „transfuge de classe“-Literatur einen gewissen Erfolg. Im Unterschied zu Ohdes Roman bringt die Literaturkritik im deutschen Resonanzraum jedoch ein signifikatives Unbehagen zum Ausdruck. Exemplarisch sei hierfür die Rezensionsnotiz im „Perlentaucher“ zu Ijoma Mangold aus der ZEIT vom 30.1.2020 zitiert:

> Rezensent Ijoma Mangold verortet Christian Barons autobiografischen Roman im Kontext der Bücher von Didier Eribon. Berührend findet er die Schilderung einer kaputten Familie aus Kaiserslautern, die unter Armut und dem Alkoholismus des Vaters leidet, weil sie den Schmerz der Kinder transportiert, die den Vater nicht so lieben konnten, [wie] sie es wollten. Doch so reizvoll der Stoff für Mangold, so problematisch findet er die Klassifizierung des Vaters und den Versuch des Autors, einen »übergeordneten systemischen Zusammenhang« für das Unglück der Familie verantwortlich zu machen. Darüber hinaus erscheint dem Rezensenten die ausgestellte Sprachlosigkeit des geschilderten Milieus als ästhetische Entscheidung zwar nachvollziehbar, beim Leser jedoch bleibt laut Mangold der Wunsch zu erfahren, was in den Köpfen der Figuren vorgeht.[16]

---

[15] „Deutschland gibt sich gerne als ein Land, in dem Klasse unsichtbar ist. In dem die Chancen auf Bildung und Wohlstand für alle gleich sind. Klasse und Kampf räumt mit diesem Mythos auf. 14 Autor*innen schreiben in persönlichen Essays über Herkunft und Scham, über Privilegien und strukturelle Diskriminierung, über den Aufstieg und das Unwohlsein im neuen Milieu. Zusammen ergeben ihre Stimmen ein vielschichtiges Manifest von großer politischer Kraft. Mit Beiträgen von Christian Baron, Martin Becker, Bov Bjerg, Arno Frank, Lucy Fricke, Kübra Gümüsay, Schorsch Kamerun, Pinar Karabulut, Clemens Meyer, Katja Oskamp, Sharon Dodua Otoo, Francis Seeck, Anke Stelling, Olivia Wenzel.“ (Baron und Barankow 2021, Klappentext).

[16] Vgl. https://www.perlentaucher.de/buch/christian-baron/ein-mann-seiner-klasse.html.

Das Unbehagen des „ZEIT"-Literaturkritikers gegen die soziologisierte Literatur bezieht sich auf den „systemischen Zusammenhang". Tatsächlich reflektiert Barons Roman expliziter als die meisten anderen Autoren auf Klassen-Zugehörigkeit und die Krise politischer Repräsentation der Arbeiter bei den Sozialdemokraten oder Kommunisten (vgl. Baron 2020, S. 223, 233 f.). In der Rezension von Mangold wird dagegen eine sprachlich eloquentere Darstellung dessen, „was in den Köpfen der Figuren vorgeht", einfordert, also ein psychologischer Roman à la Flaubert, in dessen Rahmen die soziale Thematik erst richtig „interessant" würde.

Allgemein wurde Barons Buch, das 2020 nicht im renommierten Suhrkamp-Verlag, sondern in dem zu Ullstein gehörenden Claassen-Verlag erschien, von der Literaturkritik der „Roman"-Charakter abgesprochen.[17] Als authentische Autobiographie wahrgenommen, werden literarische Form und Stil sowohl von den Rezensenten als auch vom Autor kaum thematisiert. Der Roman gibt vor allem Anlass zur Diskussion der Persistenz sozialer Misere und Ungleichheit in der deutschen Gesellschaft (genauer: in den absteigenden Arbeiter-Regionen der alten Bundesrepublik). Der ausschließlich thematischen Rezeption bietet der Roman selbst Vorschub, indem er immer wieder in krasser Direktheit das soziale Elend von Armut und innerfamiliären Gewalt zur Darstellung bringt. Markantestes Beispiel hierfür ist eine Passage, in der der Ich-Erzähler erzählt, wie er als Kind vor lauter Hunger und Verzweiflung den Schimmel von der Wand gekratzt und gegessen hatte (vgl. ebd., S. 92 f.). Bezeichnenderweise hat sich Daniela Dröscher, die einen Roman von den Malaisen der Bildungsaufsteiger aus der bürgerlichen Mittelschicht, also von komplexeren und „feineren" Unterschieden geschrieben hat, in einem Interview zum Thema von dieser „groben" Darstellung der sozialen Misere distanziert (Schuhen et al. 2021).

Dem „rohen" Stil der Stillosigkeit entspricht im Roman das Thema der Männlichkeit und genauer: dem Maskulinitätsideal der Arbeiter. Während bei Ohde die Mutter zwischen ordnungsliebender Heiligen- und emanzipativer Märtyrerinnenfigur oszilliert und der Vater zwar ein mit sozialer Scham besetzter „Messie" ist, der sich aber bei näherem Hinsehen als sanfter Statthalter eines melancholischen Gedächtnisses der zerfallenden, gutmütigen patriarchalischen Ordnung erweist, stellt der durch die soziale Misere gehende Entwicklungsroman Barons, der am Sterbebett des Vaters einsetzt, eine reflexive Rückkehr zum maskulinen Arbeiter-Ethos und Stolz des Vaters dar (vgl. Baron 2020, S. 87 f., 111). Der Titel, „Ein Mann seiner Klasse", ist daher bewusst ambivalent formuliert: Einerseits bringt er die unverfügbaren Klassenbestimmungen zum Ausdruck, die sozialen

[17] Vgl. die Rezension von Paul Jandl in der „Neuen Zürcher Zeitung vom 12.2.2020.

Zwänge, die nicht überwunden werden können und keine selbstbestimmte Individualisierung zulassen. Andererseits schwingt im „Mann seiner Klasse" auch eine Auszeichnung mit: der Vater verfügte noch über „echte" Gefühle wie „Zorn", „Freundschaft" und „Stolz". Diese quasi stammesgemeinschaftlichen emotionalen Fähigkeiten stehen der modernen Ungleichheitsgesellschaft entgegen. Im Roman betont der Sohn immer wieder, dass er so werden wollte wie sein Vater – trotz seines Alkoholismus und trotz seines Gewaltcharakters.[18] Auch diese Haltung ist ambivalent: Einerseits bringt der Roman die Vererbung und Verinnerlichung sozialer Gewalt zum Ausdruck. Andererseits werden die Laster zur Tugend umgemünzt. Das soziale Erbe dient dem reflexiven Bildungsaufsteiger-Ich als Korrektiv in der modernen Gesellschaft. Denn der Vater verfügte noch über ›authentische‹, hier: ›maskuline‹ Eigenschaften, die die moderne Gesellschaft als ›rohe‹ Affekte nicht mehr als Werte anerkennt: gerechten Zorn, wahre Freundschaft, Stolz der einfachen Natur. Wenn Ohde die Unmöglichkeit einer Emanzipation der Frau in einer männlichen Klassengesellschaft anprangert, steht Bodes Roman für den reflexiven Versuch einer ›Ehrenrettung‹: einer Versöhnung mit einem ›auf der Strecke gebliebenen‹ maskulinen Arbeiter-Ethos. Am Ende des Romans kehren alle Affekte, die die Kapitel der „Überläufer"-Geschichte strukturieren, nochmals verdichtet zusammen:

> Mit all meinem Zorn und all meinem Glück, mit all meinem Schmerz und all meiner Überraschung, mit all meiner Scham und all meinem Stolz, mit all meiner Angst und all meiner Liebe, mit all meinem Hass und all meiner Hoffnung, mit all meinen Zweifeln werde ich kurz vor meinem Tod dieses eine Wort aussprechen, das mein Vater sein Leben lang nie von mir zu hören bekam: Papa. (Baron 2020, S. 280)

Das Roman-Ende ist eine lyrische, an die Lyrics der Popmusik, die sowohl bei Baron als auch bei Ohde eine große Rolle für die Überwindung der Sprachlosigkeit und für ein projiziertes Selbstbewusstsein der sozial Deklassierten spielt, angelehnte Liebeserklärung an den gestorbenen Vater. Im Unterschied zu Ohdes Melancholie steht bei Baron am Ende eine Versöhnung mit der Herkunftsklasse. Während beide den Zweifel gegenüber der bürgerlichen Zielkultur teilen, kann sich der literarische Resonanzraum mit der melancholischen Haltung eher arrangieren als mit einer kruden ›Umwertung‹ der Klassen-Zugehörigkeit.

[18] „Jahrelang hatte ich mich abgemüht, ein Mann wie er zu werden, und dann das." (Baron 2020, S. 110).

Literatur

Auerbach, Erich. 2001. *Mimesis. Dargestellte Wirklichkeit in der abendländischen Literatur*. 10. Aufl. Tübingen: Francke.

Baron, Christian. 2020. *Ein Mann seiner Klasse*. Berlin: Claassen.

Baron, Christian, und Maria Barankow, Hrsg. 2021. *Klasse und Kampf*. Berlin: Claassen.

Barthes, Roland. 2006. Der Wirklichkeitseffekt. In *Das Rauschen der Sprache (Kritische Essays IV)*. Aus dem Französischen von Dieter Hornig, Hrsg. Roland Barthes. Frankfurt a. M.: Suhrkamp.

Baßler, Moritz. 2022. *Populärer Realismus. Vom International Style gegenwärtigen Erzählens*. München: Beck.

Bourdieu, Pierre. 2002. *Ein soziologischer Selbstversuch*. Aus dem Französischen von Stephan Egger. Mit einem Nachwort von Franz Schultheis. Frankfurt a. M.: Suhrkamp.

Dictionnaire international Bourdieu. 2020. *Dirigé par Gisèle Sapiro*. Paris: CNRS Editions.

Eribon, Didier. 2016. *Rückkehr nach Reims*. Berlin: Suhrkamp.

Eribon, Didier. 1989. *Michel Foucault. Eine Biographie*. Frankfurt a. M.: Suhrkamp

Ernaux, Annie. 2020. *Der Platz*. Berlin: Suhrkamp.

Henk, Lars, und Lea Sauer. 2022. *Die Klassenfrage und die Literatur*. Interview mit der Soziologin Prof. Dr. Silke van Dyk. https://literaturportal-france2000-lit.webflow.io/essais-entretiens/bourdieus-erben-interview-silke-van-dyk

Henk, Lars und Schultheis, Franz. 2022. Wenn man Sartre etwas entthronen kann, ist das sicherlich kein Nachteil. *Ein Gespräch mit Franz Schultheis über Bourdieu, seine Erben und das Wechselverhältnis von Soziologie und Literatur*. https://literaturportal-france2000.uni-landau.de/espace-bourdieu/interview-franz-schultheis-bourdieu

Louis, Édouard. 2015. *Das Ende von Eddy*. Übersetzt von Hinrich Schmidt-Henkel. Frankfurt a. M.: Fischer.

Jurt, Joseph. 2015. *„Das Mittelmässige gut (be)schreiben". Der Alltag als ästhetische Herausforderung* (Vortrag Universität Regensburg, 28. April 2015). https://www.academia.edu/12165576/Das_Mittelm%C3%A4ssige_gut_be_schreiben_Der_Alltag_als_%C3%A4sthetische_Herausforderung_Vortrag_Universit%C3%A4t_Regensburg_28_April_2015_

Jurt, Joseph. 2017. La transmission d'une expérience de dominés: Pierre Bourdieu, Annie Ernaux. In *Imaginaire et transmission. Mélanges offerts à Gérard Peylet. Textes réunis par Antony Soron et Agnès Lhermitte*, 95–110. Bordeaux: Presses Universitaires.

Kiliş, Sinem. 2022. Der Geruch der Herkunft. Deniz Ohdes Roman *Streulicht* erzählt eindrucksvoll von den gar nicht so feinen Unterschieden der Klassengesellschaft. *Die Zeit*, 25. November.

Ohde, Deniz. 2020. *Streulicht*. Berlin: Suhrkamp.

Schuhen, Gregor et al. 2021. *Mich interessiert die Brüchigkeit des kleinbürgerlichen Milieus*. Interview mit der Schriftstellerin Daniela Dröscher über Klasse, Sprache und den Eribon-Moment. https://literaturportal-france2000.uni-landau.de/essais-entretiens/mich-interessiert-die-bruchigkeit-des-kleinburgerlichen-milieus-interview-daniela-droescher

Schultheis, Franz. 2002. Nachwort. Etappen einer Anti-Autobiographie. *Bourdieu* 2002:133–151.

Autosoziobiografie ja, Gesellschaftsroman jein. Zu Anke Stellings *Schäfchen im Trockenen*

Markus Joch

1 Die andere Autosoziobiografie

Schäfchen im Trockenen, Anke Stellings mit dem Preis der Leipziger Buchmesse ausgezeichneter Roman von 2018, wird gemeinhin dem Genre Autosoziobiografie zugeordnet. Um Besonderheiten dieses Textes innerhalb seines Literaturtyps zu markieren, empfiehlt sich zunächst eine kurze Kontrastierung mit Christian Barons *Ein Mann seiner Klasse*, dem ebenfalls unlängst konsekrierten, durch den Klaus Michael Kühne-Preis von 2020 gewürdigten Buch, das man dem gleichen Erfolgsgenre zuzurechnen pflegt (vgl. Henk et al. 2022, S. 11). Die geschilderten Milieus trennen im sozialen Raum Welten: hier ein Bericht über das Kaiserslauterer Subproletariat um 1990, dort Innenansichten des Prenzlauer Bergs von heute, der grün-liberalen Hochburg Berlins, Synonym eines neuen Bürgertums, der Selbstwahrnehmung nach alternativ, woke, tolerant und kultiviert zugleich. Wie sehr die beiden Texte sich nicht nur durch die porträtierten Lebensumstände und Habitus unterscheiden, sondern auch durch die Haltung, die Autor bzw. Autorin zu ihnen einnehmen, können wir in nuce am Thema Trinkgewohnheiten ablesen.

Bei Baron steht der Alkoholismus des prügelnden Vaters im Mittelpunkt. Dabei neigt der Ich-Erzähler dazu, seinem Erzeuger mildernde Umstände zuzugestehen, sei es durch den Verweis auf eine familiäre Vorbelastung, den ebenfalls trunksüchtigen und gewalttätigen Großvater, sei es durch die Bemerkung einer Positivfigur, der fürsorglichen, zum Vater eigentlich aversiv stehenden Tante

M. Joch (✉)
Keio University, Tokyo, Japan
E-Mail: joch@a2.keio.jp

C. Magerski und C. Steuerwald (Hrsg.), *„Die drei Kulturen" reloaded*, Literatur und Gesellschaft. Literatursoziologische Studien,
https://doi.org/10.1007/978-3-658-42824-2_8

mütterlicherseits. Ihr zufolge hat der Ehemann ihrer Schwester zwar schon vor Christians Geburt „immer mal wieder zu tief in die Flasche geguckt, aber das sei damals", in den frühen Achtzigern, „normal gewesen" (Baron 2021, S. 43). Ein Übriges tut jene Szene, in der der zehnjährige Christian seinen Vater, einen Möbelpacker, einen Tag lang bei der Arbeit begleiten darf. Dem betreffenden Abschnitt im Kapitel „Stolz" ist zum einen entnehmbar, was für einen ‚Knochenjob' der Vater und seine Kollegen leisteten, zum anderen, beiläufig fast, mit welcher Selbstverständlichkeit die muskelbepackten Malocher bereits in der Mittagspause die Bierflaschen aufploppen ließen, um am Ende des Arbeitstags noch mehrere Sixpacks nachzuschieben. Der Alkoholismus von Baron senior wird hier als ein durch die soziale Umwelt begünstigtes Handicap präsentiert, zumindest diegetisch verdankt es sich nicht allein einer Charakterschwäche. Zieht man die drei Faktoren zusammen: familiäre Herkunft, Zeit und Umwelteinfluss, begegnen wir einer impliziten, obgleich wohl unbeabsichtigten Aktualisierung der naturalistischen Formel – *race, temps et milieu*, transformiert ins Pfälzer Prekariat. Heißt dann aber der auf den Vater bezogene Titel *Ein Mann seiner Klasse*, kann die kritische Rückfrage kaum ausbleiben, ob „Alkoholismus und Gewaltbereitschaft wirklich Klassenmerkmale [sind]", hier nicht eher Subproletarisches verhandelt und an einem Determinismus gestrickt wird, der sich dem (verständlichen) Bedürfnis des Autors nach Vater-Exkulpation verdankt (Mangold 2020).

Die erzählte Welt von Anke Stelling hingegen, der 1971 Geborenen, vierzehn Jahre älter als Baron, kennt keinen Alkoholmissbrauch. *Wenn* Stellings Figuren dem Alkohol zusprechen, wird die Getränkewahl als soziales Zeichen anderer Art bedeutet, wie an einer kurzen Szene in *Schäfchen im Trockenen* verdeutlicht sei. Die Ich-Erzählerin Resi, wie ihre Autorin Schriftstellerin, gebürtige Schwäbin und Anfang der Neunziger mit ihrem Freundeskreis nach Berlin gezogen, wird von ihren langjährigen und mittlerweile wohlsituierten Vertrauten geschnitten, weil diese sich in Resis letztem Zeitungsartikel und Roman unvorteilhaft gezeichnet sehen. Bedauerlicherweise hat sie sich über das Projekt eines gemeinsamen Hausbaus lustig gemacht, an dem sie sich doch hätte beteiligen können. Eine Vermittlerrolle spielt Ulf, ein Architekt aus großbürgerlichem Hause, seit dem Stuttgarter Gymnasium, bis Mitte der neunziger Jahre Resis Partner und jetzt immerhin noch zu einem Gespräch mit der Verfemten bereit. „Ulf hat Flaschenbier bestellt, ich Wein. Ulf betont seine Bereitschaft, sich dem Proletariat zuzuwenden, ich kenne immer noch nicht den Unterschied zwischen Cabernet und Bordeaux und Pinot noir, hätte ihn längst lernen können, bluffe stattdessen, indem ich beim Bestellen so tue, als müsse ich kurz überlegen." (Stelling 2018, S. 218) Zwei Leitmotive der Erzählung finden sich an dieser Stelle verschränkt.

Resi, der Tochter einer Buchhändlerin und eines technischen Zeichners (weitere biographische Parallelen zu Stelling),[1] Kind des bildungsbeflissenen, aufsteigenden Kleinbürgertums, mit Bourdieu zu sprechen (1982, S. 500 ff.), mangelt es wie schon ihrer Mutter an Geschmackssicherheit. Ulf wiederum verfügt über diese, pflegt seine distinktiven Qualitäten aber zu verleugnen, wie Resi glaubt; mit dem Ja zum Flaschenbier mache er einen auf proletarisch. Hier wird nicht zu viel Bier entschuldigt, sondern ein allzu demonstrativ genossenes bespöttelt, denn der von der Autorin prima vista schwer zu unterscheidenden Protagonistin gilt das Getue als Symptom.

Folgt man ihr, kennzeichnet der Hang zum Vernebeln sozialer Unterschiede ihren gesamten ehemaligen Bekanntenkreis. In warnend-lehrhaften Briefen an die 14-jährige Tochter Bea rechnet Resi mit einer dubiosen Ideologie sozialer Gleichheit ab, die vor allem ein Plotelement der Verlogenheit überführen soll: Der wenig erfolgreichen Literatin, verheiratet mit einem genauso finanzschwachen Künstler, Mutter von vier Kindern und auf staatliche Zuzahlungen für sie angewiesen, mithin einer Schriftstellerin im Existenzkampf wird von einem ihrer Bekannten der günstige Untermietvertrag gekündigt – offensichtlich aus Rache dafür, dass sie erst die Einladung zu dem Baugruppenprojekt ausgeschlagen und dann über dasselbe die als unverschämt empfundenen Texte verfasst hat. Offiziell verantwortlich für die Kündigung zeichnet Frank, ein Berater im Changemanagement; besonders schmerzhaft aber macht den Rausschmiss, dass er mit dem Segen von Franks Frau Vera erfolgt, Resis Freundin seit Grundschultagen, heute eine Top-Designerin. Mit Veras ‚Verrat' droht der Künstlerfamilie der Zwangsumzug zu den Unterprivilegierten jenseits des S-Bahnrings, nach Marzahn oder Ahrensfelde, den sie am Ende tatsächlich wird vollziehen müssen.

Eine Exklusions- und Gentrifizierungsgeschichte innerhalb der gebildeten Stände also. Wie steht es um ihren sozioanalytischen Gehalt? Auch wenn er beachtlich ausfällt, komme ich zu einer zwiespältigen Einschätzung. Die erbauliche und dann wieder enervierende Lektüre rührt von beiden Ebenen her, die Pierre Bourdieu in *Les Règles de l'art* zum Gegenstand einer Sozioanalyse erklärte und die er selbst am Exempel der *L´éducation sentimentale* beleuchtete, dem Gesellschaftsroman Flauberts. Ebene eins betrifft die literarische Repräsentation der sozialen Welt, in der die Figuren ihr ökonomisches und kulturelles Kapital, das notorisch ungleich verteilte, zur Geltung zu bringen versuchen. Auf Ebene

[1] Minimaldifferenz zu ihrer Vita: „Meine Eltern waren beide Buchhändler." (Daum und Stelling 2021).

zwei geht es um die Position, die Autor(inne)en kraft ihrer distinktiven Repräsentationsweise im literarischen Feld besetzen, wie auch um die Beziehung von Protagonist, hier Protagonistin, und realer Autor(innen)person.

Thesen zu Ebene eins, auf der im Folgenden der Schwerpunkt liegen wird: Ein Plus ist Stellings Fähigkeit zur Selbstobjektivierung, wie sie im Cabernet-oder-Bordeaux-Beispiel aufblitzte, einer Situation nachvollziehbarer Verlegenheit. Die wirklichen Selbstobjektivierungen (nicht die, die die Wahrnehmung des Selbst durch andere imaginieren) schärfen uns ein, dass klassenbedingte Prägungen, Vor- und Nachteile auch in einer sich als meritokratisch verstehenden Gesellschaft fortbestehen. These zwei: Genauso lesenswert macht den Text seine Unterscheidbarkeit von literarischen Werken, die Ähnliches leisten.

Wie in den geläufigsten Beispielen für Autosoziobiografie, von Annie Ernaux' Erzählungen über Didier Eribons *Rückkehr nach Reims* bis zu Barons Bericht, handelt es sich bei *Schäfchen im Trockenen* um „eine Form des Erzählens der eigenen Lebensgeschichte, die von soziologisch informierten Reflexionen begleitet wird" (Henk et al. 2022, S. 11), verbunden mit der Absicht, „einen soziologisch-literarischen Blick auf gesellschaftspolitisch relevante Entwicklungen der Gegenwart zu werfen" (Blome 2020, S. 545 f.), Anders als jene handelt Stelling jedoch nicht von einem dank Bildung gelungenen Klassenwechsel nach oben, dem seltenen Aufstieg aus kleinen oder prekären Verhältnissen und der damit einhergehenden Entfremdung vom Herkunftsmilieu (vgl. Blome 2020, S. 544; Henk et al. 2022, S. 9, 12). Vielmehr setzt Resi, wenn sie den mit kulturellem Prestige behafteten, aber finanziell gewagten Schriftstellerberuf ergreift, die Geschichte ihres Herkunftsmilieus fort. „Meine Eltern hatten wenig Geld. Sie Buchhändlerin, er technischer Zeichner. Schöne Berufe, geringes Gehalt. Angesehene Berufe, weil sie mit Intellektualität und Kreativität statt mit Verkauf und Dienstleistung in Verbindung gebracht werden" (Stelling 2018: 50). Während Ich-Erzähler Baron vom Bruder skeptisch als „Wörteranderreiher" beäugt wird (2021, S. 55) und sich durch seine Journalistenkarriere, die sich gegen Ende des Lautern-Porträts abzeichnende, aus bildungsfernen Verhältnissen löst, verbindet Resi mit den Eltern neben der Bildungsbeflissenheit, dass das kulturelle Kapital das ökonomische überwiegt.

Dass *Schäfchen im Trockenen* die Perspektive dieser Klassen*fraktion* einnimmt und die Spannung zur Fraktion mit ausgeglichener Kapitalzusammensetzung (vgl. Bourdieu 1982, S. 185, 449) veranschaulicht, etwa zu Architekten, ist für das einschlägige Forschungssegment von Interesse. Zumal der Roman dräuenden sozialen Abstieg trotz Bildung verhandelt, ist in seinem Licht davon abzuraten, den Begriff Autosoziobiografie auf Geschichten vom Aufstieg aus Arbeiter- oder bäuerliche Schicht zu verengen (vgl. Blome, S. 545), wiewohl das Muster von bildungsgestütztem Aufstieg unbestreitbar vorherrscht im Genre. These drei: Gerade die Schrägstellung des Romans unter den aktuellen Autosoziobiografien macht ihn geeignet, Sozialtheorie (Bourdieu, Schulze, Reckwitz) sowohl zu bestätigen als auch, wichtiger, zu korrigieren.

Getrübt wird die Lust am Text, weil Stelling der deskriptiven Erfassung sozialer Unterschiede einen lamentierenden und zwanghaft misstrauischen Ton beimischt, der hinter den nüchtern-neutralen eines Flaubert zurückfällt. Resis „Ich werde mich nicht beklagen" (Stelling 2018, S. 25) ist zu viel versprochen. Einen Vorgeschmack aufs Misstrauische gab bereits die Trinkszene, in der einer Feststellung – „Ulf hat Flaschenbier bestellt" – eine Deutung folgt, die von Unterstellung schwer zu unterscheiden ist. „Ulf betont seine Bereitschaft, sich dem Proletariat zuzuwenden"? Der Verfasser kennt Architekten, die zum Flaschenbier greifen und sich ums Proletariat wenig scheren. Der Überhang an Unterstellungen, und die genannte war die harmlose, sollte sich als ungünstig für die literaturwissenschaftlicher Rezeption erweisen. These vier: Er hat es einem prominenten Desinteressenten von Literatursoziologie zu leicht gemacht, sich in seinem *Midcult*-Aufsatz über die überdrehten Momente bei Stelling zu mokieren und von den autosoziobiografischen Qualitäten des Romans zu schweigen (vgl. Baßler 2021, S. 144 f.).

Auf Ebene zwei ist beachtenswert, was die journalistischen Elogen zur Erzählung herunterspielten oder unproblematisch fanden, ein Beitrag von Christine Magerski jedoch in einiger Schärfe akzentuiert (vgl. 2022, S. 24, 26 f., 33): die augenfälligen Unterschiede zwischen Protagonistin und Autorin, die die Erzählung als Text mit autofiktionalem Anteil ausweisen. Anders als bei der von Wohnungsverlust und Isolation bedrohten Resi kann von einer sozialen Randständigkeit Stellings keine Rede sein. Zwar hat sich auch ihr Freundeskreis laut Eigenauskunft nach ihrem vorletzten Roman gelichtet (vgl. Daum und Stelling 2021), doch ist sie im edel-alternativen Baugruppenprojekt wohnen geblieben. Zudem mutet ihre Lage im literarischen Feld wenig prekär an. Im linksliberalen Feuilleton hochgelobt, im Kulturradio sympathisierend porträtiert, in Leipzig durch einen mit 15.000 € dotierten Buchpreis konsekriert und schließlich von der *Zeit* ausgiebig interviewt, ähnelt sie eher dem „erfolgreichen Künstler[] als Kreativarbeiter", den Andreas Reckwitz als neue soziale Leitfigur ausgemacht hat (2012, S. 271). Was aber ist dann von dem von Stelling gepflegten Image zu halten, dem der Außenseiterin vom Prenzlauer Berg? Fünfte These: Die Inszenierung eines Sprechens aus dem sozialen Abseits ergab sich aus der steinigen Laufbahn der Autorin und war zugleich ein Vorstoß in eine relativ spät gefundene Marktlücke. Was man eine Paria-*posture* nennen könnte, verdankt sich dem Sinn für so distinktinktive wie risikoarme Positionierung; auch hat der Kulturjournalismus an der Imagebildung kräftig mitgewirkt. Doch spricht Paria-*posture* nicht gegen einen autosoziobiografischen Kern der Erzählung.

2 Zwischen Erkenntnis und Lamento

Mit dem Konflikt zwischen der Schriftstellerin-Protagonistin und ihrem ehemaligen Freundeskreis, bestehend aus der Designerin, dem Architekten, einem Arzt und deren Partner(inne)n, veranschaulicht Stelling, wie sich die Reibung zwischen den verschiedenen Fraktionen der führenden Klasse, das aus *Die feinen Unterschiede* Geläufige, heute gestalten kann. Wie erinnerlich, sah Bourdieu, dass die Fraktionen in den oberen Regionen des sozialen Raums das hohe Kapitalvolumen eint, doch getrennt sind durch die Kapitalzusammensetzung. Eine einfache Polarität besteht zwischen den Schriftstellern und Professoren einerseits, bei denen das kulturelle Kapital das ökonomische überwiegt, und den Unternehmern aus Handels- und Industriebranchen andererseits, bei denen sich die Relation umgekehrt. Zwischen den Polen der führenden Klasse liegen die Freiberufler, gekennzeichnet durch eine ausgeglichene Kapitalzusammensetzung. So gesehen streitet sich Resi mit der benachbarten Klassenfraktion, doch ist die Perspektive des soziologischen Klassikers von 1979/82 modifikationsbedürftig. Resi hat es mit einer neueren Spielart vom Freiberuflern zu tun, Akteuren, die ihren finanziellen Vorteil gegenüber Schriftsteller(inne)en nicht mehr nur mit einem kulturellen, sondern auch mit künstlerischen und sozialen Ansprüchen verbinden. Derlei Ambitionen waren für den Bourdieu der 1970er Jahre unvorhersehbar, die „Bobos", die Bohemien-Bourgeois (vgl. Brooks 2001), seinerzeit noch kein Begriff.

Als Bobos klassifizierbar sind zuvorderst die beiden Antreiber des Baugruppenprojekts: Ingmar, ein Arzt, ist bei jeder Dichterinlesung, jeder Vernissage gern dabei und so nobel, der klammen Resi die für den Einstieg ins Bauprojekt nötigen Mittel vorstrecken zu wollen. Ulf, der Architekt, von Resi selbst als eine Art Künstler eingestuft, als „ästhetischer Vorreiter" (Stelling 2018, S. 221) in seinem Beruf, ist um des lieben Gemeinschaftsfriedens willen bereit, einen langweilig vanillefarbenen Anstrich des neuen Wohnhauses zu akzeptieren. Am deutlichsten wird die soziale Ader der beiden wie die der der ganzen alternativen Baugruppe, als Resi und ihr Mann, weil ihnen ein Kredit zu riskant erscheint, auf den Einstieg ins Projekt verzichten. In das dadurch freigewordene Erdgeschoss will die K 23 – allein der Namen schon, mit seinem Anklang an die K 1! – sozial Schwache einziehen lassen, vorzugsweise Flüchtlinge.

Wie kann man sich von hilfsbereiten Leute mit Geld erst entfremden und dann mit ihnen überwerfen? (Der Bucheklat stellt narrativ lediglich den Kulminationspunkt dar, keinen unvermittelten Bruch.) Vorm Nachzeichnen des Entfremdungsprozesses ist seine Voraussetzung zu beachten, die Gründe für temporären Zusammenhalt. Ihre erste Liebe Ulf konnte Resi auf dem Gymnasium kennenlernen, da a) ihre Mutter der Tochter ermöglichen wollte, jene Bildungsabschlüsse zu erwerben, die ihr selbst, Marianne, versperrt blieben; b) Ulfs Mutter, wie Marianne von 68er-Egalität beseelt, in Distanzierung von ihrem Industriellen-Elternhaus darauf dringt, den Sohn auf eine allen zugängliche Bildungseinrichtung zu schicken, „auf keinen Fall mehr ins Internat am Bodensee" (Stelling 2018, S. 66). Der Gleichklang der 68erinnen unterschiedlicher Herkunft verweist auf eine generationsspezifische und schichtenübergreifende Mentalität, die in Bourdieus auf die Verteilungs- und Geltungskämpfe zwischen den Klassenfraktionen konzentrierter Sicht zu kurz kam. Ferner figuriert hier das Gymnasium bemerkenswerterweise als Ort zeitweiliger Neutralisierung von Klassenunterschieden statt, wie im landläufigen Bezichtigungsdiskurs, als Stätte sozialer Schließung.

Für eine langfristige Kohäsion mit der späteren Baugruppe sorgt Resis Entschluss, nach dem Abitur nach Berlin zu gehen, denn die gleiche Entscheidung in Stuttgart treffen neben Ulf auch Friederike, die den Arzt Ingmar heiraten wird, und Christian, der, bei unklar bleibender Berufswahl, als der Wohlhabendste der K 23 vorgestellt wird (sein Vater hat ein Vermögen durch den Verkauf einer Softwarefirma gemacht). Die vier gelten ihren „unkomplizierten" Klassenkameraden als „die Intis", die Intellektuellen, was nicht als Kompliment gemeint war, „und dann sind wir noch nach Berlin gezogen, wo diejenigen hingehen, die meinen, sie seien was Besonderes" (Stelling 2018, S. 23). Auch die von einer Privatschule kommende Vera tritt jenen Weg gen Osten an, der, Selbstironie hin oder her, Distinktionsgewinn durch Ortswechsel verspricht, einen gemeinsam genossenen. So entsteht im Berlin der frühen Nachwendezeit ein Netzwerk, das wesentliche Merkmale der von Gerhard Schulze (1992) beschriebenen Selbstverwirklichungsmilieus aufweist (zur Beziehbarbarkeit auf den Roman schon Magerski 2022, S. 34–37): Negativ definiert man sich durch die Abgrenzung von Konservativen – klingt Resis „unkompliziert" in den Ohren der im Schwabenland Zurückgebliebenen nicht nach „gewöhnlich", „konventionell"? –, positiv durch hedonistische und kreative Selbstdarstellung. In Resis Rückschau auf den ‚Abenteuerspielplatz' Berlin wird viel gefeiert, und bezeichnenderweise festigte sich eine besonders enge Verbindung Resis, die zur Grundschulfreundin, in dieser Zeit durch einen gemeinsamen künstlerischen Gehversuch: „Vera schneidet Videofilme. Kennt deshalb bald echte Bands […]. Ich schreibe einen Text und Vera singt ihn. Wir drehen ein Video dazu.“ (Stelling 2018, S. 216.)

Alles scheint im Lot, zumal die Beziehung zum angehenden Architekten noch intakt ist. Doch ist es so eine Sache mit dem Hang der neuen Kulturszene, „Entvertikalisierung“ und die „Relevanzsteigerung von Distinktion“ (Schulze 1992, S. 545) wichtiger zu nehmen als die soziale Frage. Mag das Selbstbild des Selbstverwirklichungsmilieus auch von interner Egalität bestimmt sein, *Schäfchen im Trockenen* schildert, dass Hierarchiefreiheit nur vorübergehend zu haben ist, über kurz oder lang das Vorhanden- oder Nichtvorhandensein von ökonomischem und kulturellem Kapital seine alles andere als entvertikalisierende Wirkung entfaltet. Nach und nach, in einer Kette von Analepsen – von der Jetztzeit aus gesehen, Resis Schreiben an die Tochter – streut Stelling ein, welche sozialen Merkmale ihre Heldin auf Distanz zum Freundeskreis brachten. Obgleich wohl nicht-intentional, widerspricht der literarische Text solchermaßen einer Sozialtheorie, die vom empirisch evidenten Nebeneinander diverser Sozialmilieus, die zueinander in einer Beziehung „fundamentalen Nichtbegreifens“ stehen (Schulze 1992, S. 364), schon auf eine dehierarchisierte Gesellschaft, die Ablösung von Klassenstrukturen schließt.

Nicht allein, dass die Künstlerfamilie mit der Geburt der Kinder unter einen finanziellen Druck gerät, dem die betuchteren Jungfamilien der Gruppe entgehen; Resis Beschwerde über teure Kita- und Klassenfahrten erfährt auch postwendend eine soziale Sanktion. „Weiß man doch. Das muss man sich vorher überlegen, ob man sich die Kinder leisten kann“, bekommt sie von Arztgattin Friederike zu hören. (Stelling 2018, S. 52). Und im vorderhand nur anerkennenden „Wie schaffst du das?“ des weiblichen Bekanntenkreises steckt eine indirekte Missbilligung, die Frage, wie man als brotlose Künstlerin Kinderreichtum überhaupt wagen kann (S. 43). Abgesehen vom Geldmangel registriert Resi eine Lücke an kulturellem Kapital, in femininer Variante. Ulf, der sie 1997 mit der Begründung verließ, die Negativität der Intellektuellen gehe ihm auf die Nerven, ist heute mit einer Frau liiert, die der Schriftstellerin was voraus hat? „Caro weiß sich zu kleiden, zu frisieren, zu bemalen; sie weiß sich mit unaufdringlicher Weiblichkeit in Szene zu setzen, kann Kellner kommandieren und an Putzfrauen delegieren und Praktikantinnen statt Aufgaben nur ihr eigenes Vorbild geben.“ (S. 107) Hegt die Protagonistin deshalb den Verdacht, dass der Spross einer wohlhabenden Familie beizeiten, als er beruflich durchstartete, seine „ungehobelte Gespielin“ (ebd.) abservierte und durch eine standesgemäße Partnerin ersetzte, klingt das nach Privatdrama. Resi will jedoch auf den habituellen Aspekt ihrer Defizienz hinaus, wenn auch nur einer nach bourgeoisen Maßstäben, die nicht wirklich anzuerkennen das despektierliche „bemalen" signalisiert. Den Mangel an bürgerlichem Schliff schreibt sie einer negativen Mitgift ihrer Mutter zu, die ihre erste Liebe, einen Pfarrerssohn, vor Jahrzehnten aus ganz ähnlichen Gründen verloren habe wie nun die Tochter den angehenden Architekten und Anwaltssohn: „Konnte zwar gut nähen und Kunden beruhigen, aber weder Skifahren noch Tennis spielen noch *Kellner kommandieren* [von mir kursierte Wiederholung, MJ]. Irgendwie verhuscht war sie; [...] der Haltung fehlte es an Selbstbewusstsein, an Ballettstunden [...]." (S. 151)

All diese Beobachtungen erzielen fraglos einen Realitätseffekt und erlauben es einer sozioanalytischen, die verstreuten Informationen zusammenführenden Lektüre, den sozialen Raum zu rekonstruieren, in dem sich die Protagonistin respektive ihre Autorin bewegte. Insoweit kann die Erzählung als Gesellschaftsroman gelten (vgl. zur analogen Sicht auf den Helden der *L'education...* Bourdieu 1999, S. 19). Allerdings liest man schon die Darstellung des mütterlichen Erbes ambivalent. Eine Sache ist Resis Erkenntnis, mit ihrem im Haushalt praktizierten Do-it-Yourself aus der Geldnot die Tugend der Selbständigkeit zu machen und damit genauso zu verfahren wie einst Marianne, nur dass die das Kompensieren vor den Töchtern verschleierte. Anteile von proletarischem Notwendigkeitsgeschmack (vgl. Bourdieu 1982, S. 585 ff.). finden sich auch unter Kleinbürgerinnen und praktisch veranlagten Bohèmiennes, lernen wir. Zudem nimmt für die Ich-Erzählerin ein, mit dem Kultursoziologen den von falschen Idealisierungen freien Blick auf unterprivilegierte Praxis zu teilen. Eine ganz andere Sache ist es, der Mutter das Kaschieren vorzuhalten und ein Klagelied anzustimmen, demzufolge das postmaterialistische, reformpädagogische Erziehungsprogramm von Marianne und Ihresgleichen einem weisgemacht habe, aufgeklärten Menschen komme es auf Geld und Privilegien nicht mehr an (vgl. Stelling 2018, S. 56, 92), sodass Resi naiv in die Welt gegangen sei (S. 57). Dort musste sie entdecken, dass selbst die vermeintlich progressiven Wahlberliner spätestens ab dem 40. Geburtstag nur noch ihr Schäfchen ins Trockene bringen wollen (S. 93), und Ulfs Vater, der Anwalt, zwar schlipsloser 68er ist, die Ringe an den Ohren der Großmama aber so viel kosten wie ein neues Hüftgelenk (S. 110). Man denke.

„Kann dir [Bea, MJ] nur sagen, dass ich mir jetzt, dreißig Jahre später, wünsche, jemand hätte mich gewarnt" (ebd.): Verblüffend ist nicht nur der vorwurfsvolle Ton, der so tut, als seien, sagen wir, frühe Twens außerstande, materialistische Wertvorstellungen, die von denen des Elternhauses abweichen, selbst zu erfassen. Irritierend auch die mitlaufende Suggestion, eine fehlende Vorwarnung der Eltern habe dazu geführt, dass Resi, romantischen Träumen aufsitzend, einen Beruf wählte, der sich als brotlos und damit wenig nachwuchsinkompatibel entpuppte (vgl. S. 54). Seit wann zählt das finanzielle Risiko von

Schriftstellerei zum Geheimwissen? Und verdankte sich die Berufswahl nicht vor allem dem Glauben, Künstler seien Lehrern an Sozialprestige überlegen (vgl. S. 215), mehr dem Ehrgeiz als der Naivität? Die Protagonistin, deren Namen wir hier getrost durch Stelling ersetzen dürfen, hat allen Grund zu einem vordergründig an Bea gerichteten, realiter meta-narrativen Kommentar, der allfälligen Einwänden der Rezipient(inne)en vorbeugen soll: „[...] selbst jetzt bin ich noch in Sorge, dass du oder sonst jemand meinen könnte, ich wolle mich [...] zum Opfer stilisieren – denn das ist durchaus ein gängiger Vorwurf gegenüber denjenigen, die Unterschiede benennen." (S. 73) Ja, aber wahr ist auch, dass die Repräsentation sozialer Unterschiede und dubiose Selbstviktimisierung Hand in Hand gehen können.

3 Notwendiger und kontingenter Bruch mit den Bobos

Mit Resis Roman, durch den sich die Baugruppe „beschämt und beleidigt fühlt" (Stelling 2018, S. 17), spielt Stelling auf Fiktionsexternes an, ihre vorausgegangene Prenzlauer-Berg-Erzählung – wie alle wissen, die *Bodentiefe Fenster* selbst, eine Besprechung oder auch nur ein Interview der Autorin gelesen haben. Das Werk von 2015 barg tatsächlich Zündstoff. So konstatiert die Ich-Erzählerin Sandra in Gegenwart einer Freundin, die gern erwähnt, Kindern ohne Deutschkenntnissen zu helfen, dass es in den Grundschulen des Bezirks „ebenso wenig Migrantenkinder [gibt] wie früher im Kinderladen Kinder von Arbeitern." (Stelling 2016, S. 204). Direkt angesprochen fühlen darf sich die real existierende Baugruppe, wenn Sandra von einem Plenum berichtet, auf dem sich der Vorschlag einer Uta, die Gewerbefläche im Supermarkt den Trinkern vorm Supermarkt als Wärmestube zur Verfügung zu stellen, nicht durchzusetzen vermag. „Wir haben stattdessen an einen Biobäcker vermietet, das ist auch irgendwie links und sozial." (ebd., S. 90) Für besonders böses Blut im Haus, Vorwürfe von Geheimnisverrat und Verletzung von Persönlichkeitsrechten, schließlich zu einer gescheiterten Mediation sorgte nach Stellings Angaben im *Zeit*-Interview jene Szene, in der sich eine Mitbewohnerin wünscht, dass zu Weihnachten alle Kinder das Gleiche bekommen. Sandra aber lehnt die „Richtlinien [...] für die Bescherung" mit einer wenig schmeichelhaften Begründung ab: „Ich habe keine Lust, Ricardas schlechtes Gewissen, dass sie im Geld schwimmt, mit einer gemeinsamen Geschenkepolitik zu dämpfen. Soll sie doch Bo und Lina [Sandras Kindern, MJ] ebenfalls iPads kaufen, die würden sich freuen." (ebd., S. 75)

Es nimmt weder wunder, dass den Bourgeois-Bohemiens das unschöne Porträt ihrer selbst missfiel, noch dass es von weiten Teilen des Feuilletons belohnt wurde – sei es durch das Lob, Stellings Romane hielten dem Prenzlauer Berg „den Spiegel vor" und haderten „mit der Unehrlichkeit, der Scheinwahrerei, die das Erwachsenwerden in der Klassengesellschaft mit sich bringt" (Bemmer und Vogt 2019, gleichsinnig Ufer 2018), sei es im *Zeit*-Interview durch dessen Ausführlichkeit, das griffige Stelling-Zitat als Titel („Klasse durchdringt alles") wie auch durch einen Untertitel, der an diesem Ort als Respektsbekundung aufzufassen ist: „ein Gespräch mit einer Nestbeschmutzerin". (Daum und Stelling 2021) Schon im ersten Roman entwirft Stelling ein Gesellschaftsbild, in dem das neue Bürgertum für Soziales nur zu haben ist, solange es folgenlos bleibt (‚zu' hohen Migrantenanteil und Trinkeranblick vermeiden), und Gleichheit lediglich simuliert (die Geschenkepolitik). Beide Erzählungen zusammen zeigen, wie unterschiedliche, doch dem Effekt nach ineinandergreifende Faktoren Klassengesellschaft verschleiern – die einen kaschieren ihre Geldnot, die anderen ihren Reichtum. Eine Botschaft, für die seit Mitte der 2010er Jahre erhöhte Nachfrage besteht: Die Thema Klasse trendet auch im literarischen Feld, da „die Segregation von Arm und Reich immer deutlicher zu Tage tritt und nicht zuletzt auch die Schulen wohlhabender und benachteiligter Stadtteile immer unterschiedlichere Aufgaben zu bewältigen haben" (Blome 2020, S. 543).

Auf den Nachfrage-Aspekt komme ich zurück (5.), doch ist schon hier einzuschieben, warum eine Suggestion, der Autorin gehe es *nur* um Marktnähe, zu billig wäre. Zweifellos kennt Stelling ihr Milieu, ihr Erfolg resultiert aus dem Zusammentreffen von Nachfrage und Erfahrungskapital. Zudem ist zu beachten, warum sie selbstbewusst reagierte, als die skeptisch gezeichneten 68er-Nachfahren die Andeutungen geheuchelter Egalität mit sozialer Ächtung ahndeten. Stellings Bemerkung im *Zeit*-Interview, sie habe schließlich keine Reportage verfasst, müsse sich „eine Romanhandlung und dessen Dialoge nicht autorisieren lassen" (Daum und Stelling 2021), unterstreicht die Überzeugung, literarische Fiktion dürfe alles. In ihrer Sicht offenbart der Einspruch der Porträtierten jedoch nicht nur eine Missachtung ästhetischer Autonomie, er hat auch eine befriedigende Seite, die vom Alter Ego angesprochen wird. Resi schließt aus der Entrüstung der K 23, „dass Erzählen Macht bedeutet" (Stelling 2018, S. 17) – eine Wahrnehmung, in der die kritische Repräsentation der sozialen Welt den Gegenpol zu jener Macht des Geldes bildet, unter der die Protagonistin leidet.

Erklärt Resi nach den Vorwürfen der Bobos lapidar, nur ihren Job gemacht zu haben, so wie der Arzt den seinigen (vgl. Stelling 2018, S. 27), setzt sie Schriftstellerberuf und Sozialkritik implizit gleich, was auf eine etwas andere Logik verweist, eine Art Nullsummenspiel. *Wenn* sich Autor(inn)en entscheiden, vom Besitzbürgertum zu handeln, hier: vom neuesten, ist ein kritischer Modus wenn auch nicht zwingend, so doch wahrscheinlich, da jede Autorin, jeder Autor davon ausgehen muss, nur einer von zwei Nachfragearten entsprechen zu können. „Während die ‚intellektuellen' Fraktionen vom Künstler eher einen *symbolischen Protest* gegen die gesellschaftliche Wirklichkeit erwarten", hält Bourdieu fest, verlange die Bourgeoisie „von ihren Künstlern, Schriftstellern und Kritikern [...] *Instrumente zur Verleugnung der gesellschaftlichen Wirklichkeit* [...]", überdies „eine Bestätigung ihrer Selbstgewissheit" (1982, S. 458 f.). Das heißt in unserem Kontext nicht nur, dass angesichts der Erschütterung neubürgerlicher Selbstgewissheit ein Zerwürfnis mit den Betroffenen absehbar war. Es heißt umgekehrt auch: Eine affirmative Darstellung, mithin Wirklichkeitsverleugnung hätte Stelling in den intellektuellen Fraktionen der Leser(innen)schaft Prestige gekostet. Ausgeschlossen wäre dann die Prämierung mit dem Leipziger Buchmessen-Preis gewesen, die feuilletonistische Würdigung wie schon der Vertrag mit dem Kreuzberger Verbrecher Verlag, einem eher kleinen, aber unter linken Akteuren im literarischen Feld angesehen Haus, in dem *Bodentiefe Fenster* wie auch das Folgewerk erschien. Insofern besteht ein notwendiger Gegensatz zu den Bobos: Man kann nicht überall gewinnen.

Dessen ungeachtet wird man fragen dürfen, ob die Repräsentation sozialer Welt tatsächlich so umstandslos für bare Münze zu nehmen ist, wie der einverstandene Teil der Literaturkritik annimmt. Wie selbstverständlich greift er zur Spiegelmetapher oder rühmt „schonungslose Milieubeschreibung" (Ufer 2018), dabei ist ein punktueller Zweifel schon an *Bodentiefe Fenster* erlaubt. So realitätsnah, auch schön bissig, die Spitze zum niedrigen Migrantenanteil und zu Bioladen statt Wärmestube anmutet – wenn Sandra der im Geld schwimmenden Ricarda ein schlechtes Gewissen bescheinigt, sind wir wieder im Reich der Unterstellungen: Was macht sie da eigentlich so sicher? Noch eine ganz andere, prinzipielle Frage drängt sich bei der Fortsetzung der Prenzlauer-Berg-Erzählung auf, nämlich ob *Schäfchen im Trockenen* nicht streckenweise dem Reenactment eines Cowboy-und-Indianer-Spiels aus dem 19. Jahrhundert gleicht, den traditionellen Gegensatz von Schriftsteller(in) und Bourgeois künstlich dramatisiert (vgl. Magerski 2022, S. 39). Dass der 2015 erfolgte Angriff aufs neue Bürgertum für dasselbe ein Kündigungsgrund gewesen wäre, gehört schließlich ins Reich der Fabel. Gewiss, anders als Barons Geschichte aus dem Subproletariat, eine faktuale auftretende Erzählung ohne Gattungsbezeichnung, firmiert Stellings Erzählung als Roman – eine Gattung mit der Lizenz zur Kontingenz, zum Überschreiten des Tatsächlichen in Hinblick auf das nur Mögliche. Doch müsste die Erzählung dann zumindest, soll sie als realistischer Gesellschaftsroman gelten, das realiter nicht Eingetretene, die Kündigung, diegetisch hinreichend motivieren. Das gelingt mal nicht so ganz, mal nur auf Kosten überzeugender Mimesis. Der Preis für die Plausibilisierung jenes Plotelements, das das Werk erst zur Gentrifizierungsgeschichte macht und damit besonders marktgängig, besteht darin, die Darstellung der Bobos ins Karikatureske zu treiben.

Schon die Selbstexklusion von Resi und ihrem Mann Sven, der Nichteinzug in die K 23, der sie zu Untermietern in Franks und Veras alter Wohnung macht, was eine Kündigung erst ermöglicht (anders als bei einer Teilhaberin der Baugruppe) – schon dieses erzähllogisch notwendige Element wirkt eher schwach motiviert (so bereits Magerski 2022, S. 24). Wir erfahren lediglich, dass Sven den potenziellen Kreditgebern Ingmar und Friedrike nicht zu lange verbunden sein will, doch nicht einmal die Höhe der ihn abschreckenden Kreditsumme (vgl. Stelling 2018, S. 71). Später dann ist Ulf über Resis Zeitungsartikel verärgert, der, erstens, den vanillefarbenen Anstrich des neuen Hauses bekrittelt und, zweitens, einen verlegenen Wohnungsbesitzer zeigt, der seinen begehbaren Kleiderschrank, ein Wohlstandssymbol, der Ex-Freundin vorenthalten will (vgl. ebd., S. 183, 92). Zwar sind dies beides gute Gründe für einen verstimmten Jungarchitekten. Der eine wegen verletzter Berufsehre, der andere, weil Resi nicht beleidigen muss, um anzuecken, es schon genügt, einen Bobo zum öffentlichen Gegenstand kühler Beobachtung zu machen. Hier bekommt die Literatin einen ähnlichen Widerwillen zu spüren wie die Kultursoziologie Bourdieus beim Durchleuchten der Interessen in literarischen, künstlerischen oder philosophischen Feldern: den Widerstand gegen Objektivierung (vgl. 1999, S. 295 f.) Nur ändert das nichts daran, dass das Befremden des Ex-Lovers allenfalls eine Sanktion erklärt, wie es sie in der ‚wirklichen Wirklichkeit' gab: die missliebige Literatin zu rügen und fortan zu schneiden. Als Motiv für sein Einverständnis mit dem Kündigungsschreiben reicht Verschnupftsein kaum aus.

Bleibt als einziger handfester Grund, warum die gesamte K 23 hinter Franks Schritt steht, das Elendscasting. So nennt Resi rein binnenfiktional (ohne wirkliche Entsprechung in *Bodentiefe* Fenster) eine Szene ihres Romans, in der das Plenum der Baugruppe bei der Auswahl von Flüchtlingen fürs Erdgeschoss Vorbehalte ohne Ende äußerte: „Manche haben ganz schön hohe Ansprüche", „[s]o' ne Machobande da unten?" (Stelling 2018, S. 201 f.). Nun macht die Ich-Erzählerin zwar ausgerechnet diese Szene, die die Porträtierten als Kampfansage verstehen mussten, im Nachhinein als Phantasieprodukt bzw. Parodie kenntlich („Niemand hat je so was geäußert"). Doch folgt unmittelbar darauf, paradox genug, erneut eine, in der die Baugruppe nach dem Idealflüchtling sucht. Kriterien: „– Bedürftigkeit – Sympathie – Gefahr für die Hausgemeinschaft – Nutzen für die Hausgemeinschaft – Gefahr im Herkunftsland – Kultur (Macho, Musikalität, Sprachbarriere, Religion) […] – passt zu uns […]". (ebd.) Da diese zweite

Szene *nicht* als Kreation einer unzuverlässigen Erzählerin neutralisiert wird, bedeutet Stelling Resis gehässige Rede von Elendscasting als gerechtfertigt und damit ihren Rausschmiss als Rache fürs Entlarven von Altruismus anmaßender Art.

Eine gegenüber *Bodentiefe Fenster* zugespitzte Wertungssteuerung, sie passt nur zu gut zu der Passage, die Moritz Baßler aufgespießt hat. An Ingmar stört Resi, „dass er es gut fand, dass Silas in der Kita auch Spielkameraden aus einfachen oder migrantischen Verhältnissen hatte,‚nicht so schrecklich weiß und arriviert'. Da fiel mir auf, dass Armut für Ingmar ein willkommenes Unterscheidungsmerkmal zu sich selbst darstellte,‚herrlich bunt und ausgeliefert', und es kam mir absurd vor." (S. 75). Dagegen ist in der Tat einzuwenden, dass es für Kitas womöglich „ein Segen ist, wenn auch Eltern wie Ingmar ihre Kinder hinschicken, [...] während Resi sich offenbar nicht vorstellen mag, in etwas gemischteren Vierteln zu leben" (Baßler 2021, S. 144). Ihr ständiges Lamentieren über ein Leben außerhalb des S-Bahn-Rings speist sich ja aus expliziter „Ablehnung des Pöbels" (Stelling 2018, S. 114). „Perfide" darf man es nennen, wie sie dem Arzt mittels markierter Zitate Formulierungen unterschiebt, mit denen eher am Feindbild herablassender Großbürger gepinselt wird als dass sie gut beobachtet wären – „‚herrlich bunt' ist Werbesprech", nicht die Sprache eines jungen, gebildeten Mediziners (Baßler 2021, S. 145).

Zu ergänzen ist, dass gegen das denunziatorische Verfahren auch eine Relation spricht. Eingangs stellt Resi fest, dass das grüne Bürgertum danach trachtet, den Nachwuchs „in der Kita oder an der Wunschschule" unterzubringen, „die der Einzugsschule aus diversen Gründen vorzuziehen ist" (Stelling 2018, S. 15). Für sich genommen eine angemessene Stichelei: Wie in *Bodentiefe Fenster*, nun freilich in der eleganteren Form bloßer Anspielung, kritisiert Stelling die diskrete Bobo-Praxis, Stätten mit hoher Quote von unterprivilegierten Kindern zu umkurven. Mit der Nörgelei an Ingmar aber beginnt die korrekte Beschreibung zu schillern. Wer gemischte Bildungsstätten meidet, macht sich sozialer Abschottung, der Scheinegalität schuldig. Wer die gleichen Orte akzeptiert, missbraucht die einfachen Leute als Dekor, vor dem der eigene, höhere Sozialstatus besonders glänzt. Man kann es Resi nicht recht machen.

Und genau, wenn die Protagonistin hinter Ingmars Kreditangebot ex post den Wunsch wittert, die Baugruppe mit finanzschwachem Künstlervolk anzureichern, „um „sie für sich und nach außen als Sozialprojekt darstellen zu können", die Schriftstellerin ihm gar unterstellt, er habe sie mit dem Darlehen zu seinem „Clown" machen wollen (Stelling 2018, S. 75), dann wird opfernarzisstische Hyperkritik geübt. „[W]ie schlimm ist es denn eigentlich, wenn ein wohlhabender Arzt [...] sein Geld zur Förderung der geringverdienenden Literatin einsetzen möchte?" (Baßler 2021, S. 144) ist eine fällige Frage, die bei Bezichtigungskunst freilich nur stört. Für eine wie auch immer geartete Haltungsdifferenz zwischen Protagonistin und Autorinnenperson gibt es um Übrigen kein Indiz an dieser Stelle, Fehlanzeige auch in den Interviews.

Sobald Stelling die herbe Selbstbeobachtung, sachliche Beschreibung sozialer Unterschiede und zutreffende Schilderung der Praktiken ihres Umfelds verlässt – als wäre sie nicht kritisch genug –, um stattdessen zu polemisieren, praktiziert sie das Gegenteil von Flauberts Erzählprogramm (vgl. Bourdieu 1999, S. 57, 65, 153, 165). Wo dieser auf unpersönliche Neutralität hielt, zu allen Positionen im sozialen Raum Äquidistanz wahrte, durch erlebte Rede sämtlichen Figuren wahrscheinliche Gedanken zuschrieb, statt ihnen die eigenen zu leihen, alles Moralisierende und Demonstrative verabscheute, wählt Stelling eine Ich-Perspektive, die sie in den anfechtbaren Partien dazu bringt, auf finanzkräftigere Figuren als sie selbst die eigenen Phantasien zu projizieren. Wer moralische Abgründe der ‚Gegenseite' glauben machen will, liefert Deutung und Wertung der Handlungen gleich mit („da fiel mir auf", „absurd", „Elendscasting"), statt sie dem Publikum zu überlassen. Während Flauberts Erzählweise das Interesse Bourdieus weckte, weil dessen Kultursoziologie, anders als die politischen Interventionen, dem neutralen Blick auf den sozialen Raum wahlverwandt war, findet Stelling, gerade wo sie austeilt, den Beifall von Verächtern des grünen Bürgertums. Auf ihn zu vertrauen ist kein Fehler, nur kostet es den alle soziale Positionen in gleicher Unbefangenheit erfassenden, vollwertigen Gesellschaftsroman.

4 Von den feinen Unterschieden zum fehlenden Erbe

Dennoch macht es sich zu einfach, wer *Schäfchen im Trockenen* als „geradezu topische[n] Schwäbisch-Berliner-Bohème-Leftism-gone-sour mit hohem Mimimi-Faktor" abtut (Baßler 2021, S. 144). So treffend das M-Wort ist – Twitterslang für Gejammer –, so verfehlt die Bindestrich-Konstruktion zuvor. Sie suggeriert mit den ersten vier Gliedern, was der Roman widerlegt: ein einheitliche Mentalität der linken Schwaben-Community, und sodann, dass deren Binnendifferenz sich auf die zwischen Erfolgreichen und Erfolglosen („gone sour") beschränke. Damit werden die autosoziobiografischen Ebenen des Romans geflissentlich ignoriert.

In einer sozialen Anamnese erinnert sich die Protagonistin der Klassenmerkmale, die sie bereits in Stuttgart vom linksliberalen Bürgertum trennten. Am

Schauplatz Berlin wiederum verdeutlicht Stellung mittels der Schriftstellerinnen-Figur und ihrer Konkurrenz zu Architekt und Designerin einen Unterschied innerhalb jener *creative class*, die seit den 1970er Jahren nach und nach das Kreativitätsdispositiv durchsetzte und heute den Ton angibt. Längst in die postmaterialistischen Mittelschichten ausstrahlend, hat die „Avantgarde der kulturellen Entwicklung" (Reckwitz, S. 271) den altvertrauten Sozialtypus des marginalen Künstlers in den Hintergrund gedrängt (vgl. ebd.; auch Magerski 2022, S. 38) – ohne dass prekäre Künstlerexistenzen deshalb schon verschwunden wären. Mit gleich drei Figuren aus der *creative class* bestätigt der Roman deren Attraktivität, fokussiert aber zugleich einen bei Reckwitz unterbelichteten Gesichtspunkt, der auch nicht einfach in der Unterscheidung erfolgreich/-los aufgeht: die Reibung zwischen den Erben (Ulf, Vera), denen ökonomischer Rückhalt die Etablierung in der neuen Avantgarde erleichtert, und Akteuren ohne Erbe (Resi, auch Sven), die sich schwerer tun, die Zugehörigkeit zur angesagten Künstlerszene finanziell durchzuhalten. Ein für die überwiegend positive Resonanz des Werks sicher mitverantwortliches Motiv, denn obgleich Stelling selbst zum Zeitpunkt der Verfertigung ihrer randständigen Literatin schon unähnlich geworden ist, lässt sich die Romanfigur gesellschaftlich leicht referenzialisieren – nach wie vor ist der Schriftstellerberuf einer mit relativ hohem Armutsrisiko (vgl. Amlinger 2021, S. 355 f.) Letzter, ganz anderer Punkt: Schlussendlich ist Resi gar nicht so erfolglos, muss sie zwar nach Ahrensfelde, gewinnt aber einen Literaturpreis in Höhe von 15.000 €. Dass ihre Autorin eine sich in Leipzig bewahrheitende Prognose abgeben konnte, ist gerade das Erklärungsbedürftige.

Zu den Rückständen schon in Schwabenland. Ulf hat das große Latinum, Resi hat es nicht, der Unterschied zwischen A- und B-Klasse auf dem Gymnasium war ihren Eltern unbekannt (vgl. Stelling 2018, S. 22). Aufs Skiwochenende mit den Intis muss sie verzichten, anders als Schwimmen hat sie Skifahren nie gelernt. Wie auch ohne Ausrüstung daheim (S. 67)? Und beim weihnachtlichen Liederabend in Ulfs Elternhaus – mehrstimmiger Gesang, die Mutter am Flügel – bereut Resi ihre Präsenz. „Instinktiv weiß ich, dass meine zwei Jahre Blockflötenunterricht in der Grundschule nichts gelten in diesem Rahmen, dass die allenfalls so was sind wie ein Seemannsköpper im Spaßbad." (108) Mit den Fertigkeiten der anderen bekommt sie auch deren abweichende Gewohnheiten zu spüren – habituelle Differenzen wie aus dem Lehrbuch.

Nun scheint Resi in der Trinkszene, dem kurz vor der Preisnachricht geführten Gespräch mit dem Architekten, die habituelle Kluft wie ein Beweisstück zu behandeln, da mit Karrierefragen zu verknüpfen. „[W]ir haben extrem unterschiedliche Voraussetzungen gehabt […] und ich denke, dass das immer noch so ist oder noch mehr und dass es mehr denn je ignoriert wird, schlimmer noch, bemäntelt mit neoliberalem Geschwätz von Aufstiegschancen" (220). Da könnten selbst FDP-ferne Leser(innen) zu bedenken geben: An mangelnden Latein-, Abfahrts- und Gesangskünsten ist noch keine Literatenkarriere gescheitert, an Rebsortenblindheit schon gar nicht. Generell sind habituelle Abstände ungeeignet als Alibi für ausbleibenden Erfolg. Bourdieu betonte zwar, dass inkorporierte Denk-, Wahrnehmungs- und (hier relevant) Handlungsgewohnheiten, sind sie mit den jeweiligen Märkten inkompatibel, den individuellen Aufstieg erschweren und so zur Reproduktion sozialer Ungleichheit beitragen. Unmöglich aber ist der Aufstieg schon deshalb nicht, weil Habitus veränderlich sind, wenn auch nur unter erheblichem, von einem Trägheitseffekt erzwungenen Aufwand. Dass der Klassensoziologe ein „Panorama individueller Ausweglosigkeit" entwickelt hätte (Spoerhase 2017, S. 31), ist ein Gerücht.[2] Resi selbst freilich bemüht es auch gar nicht. Was die ungleichen Aufstiegschancen betrifft, denkt sie weniger an die zu den Stuttgarter Kleindemütigungen führenden Schranken als an den *aktuell* wirksamen Unterschied der Voraussetzungen („immer noch so oder noch mehr"). Seit Berlin haben sich die Vorteile von Ulfs und Veras Erbe[3] bemerkbar gemacht.

„Ich weiß nicht, wo das Geld für die K 23 herkommt. Wer Ulfs Studium bezahlt hat oder die MR-Freischwinger in seinem Büro. Es ist indiskret danach zu fragen, und unnötig, darüber nachzudenken." (S. 144) So unnötig, dass Resi Bea vom Fragen und Nachdenken berichten muss. Auch rapportiert sie den beruflichen Startvorteil von Vera, die vom Vater die Ausbildung an einer privaten Designschule bezahlt bekam („nimmt schließlich sein Geld", S. 214) und von der Investition bald profitieren sollte: „Hat irgendwann die bestbezahlten Jobs von allen, weil sie Photoshop und digital Videos schneiden kann, noch bevor das sonst irgendjemand kann." (S. 214 f.) Zur gleichen Zeit muss sich die fiktive Literatin mit Putzen und Korrekturlesen über Wasser halten. Dass für Stelling das ökonomische Gefälle unter den Jungkreativen schwerer als alle anderen Unterschiede wiegt, lässt bereits eine Erinnerung ihrer Heldin mit spitzem Unterton erkennen:

---

[2] Die Rede vom „Panorama individueller Ausweglosigkeit, das Bourdieu in seinen späten Schriften wie etwa den dunklen *Méditations pascaliennes* entwickelt ", zeugt von selektiver Lektüre. Eben in den *Meditationen* zeichnet Bourdieu (2001) ein differenziertes Bild. Einerseits spricht er von „dunklen Dispositionen des Habitus, denen Wahrnehmungs-, Bewertungs- und Handlungsschemata innewohnen, aus denen vor jeder bewußt getroffenen Entscheidung und willentlichen Kontrolle eine sich selber undurchsichtige Beziehung praktischen Erkennens und Anerkennens hervorgeht." (218) Andererseits „vermag [...] eine wahre Arbeit der Gegendressur, die ähnlich dem athletischen Training wiederholte Übungen einschließt, eine dauerhafte Transformation des Habitus zu erreichen." (S. 220).

[3] Ich gebrauche den Begriff in einem weiten Sinne: Gemeint sind neben dem nach dem Tod der Eltern geerbten Vermögen auch die Mittel, die man beim Karrierestart von der Familie bezieht oder in Zukunft von ihr zu erwarten hat.

„Andere gehen *zweimal* die Woche zur Uni und kriegen *dafür* Unterhalt von den Eltern [Hervorh. MJ].“ (ebd.) Vereindeutigt wird der Vorbehalt in einem Epitext, im *Zeit*-Gespräch, wo Stelling als Beleg für Klassengesellschaft die familiäre Mitgift anführt, eine dauerhafte Trennlinie in ihrer Clique aus Künstlerinnen, Schauspielern und Filmemacherinnen:

> Irgendwann habe ich gemerkt: Wir machen zwar alle das Gleiche, aber nicht alle müssen davon leben. Also schon, aber manche müssen zum Beispiel keine Miete bezahlen. Die haben eine Eigentumswohnung von ihren Eltern oder sie werden irgendwann erben und müssen von ihren kläglichen Einkünften nicht auch noch vorsorgen. Sie können sich dieses Künstlerleben leisten. (Daum und Stelling 2021)

Der letzte ist ein Schlüsselsatz. Nach 2010 sah es eine Zeit lang ganz so aus, als könne sich Anke Stelling das Künstlerleben nicht mehr leisten. Schon zuvor in finanzieller Bedrängnis – drei Kinder, „kein Geld im Hintergrund“ (ebd.) – , verliert sie nach mehreren wenig beachteten Büchern bei S. Fischer sowohl Verlag als auch Agent (vgl. Ufer 2018). Zieht man die Informationen beider Epitexte zusammen, liegt auf der Hand, was es heißt, wenn die Autorin 2018 knapp bemerkt, die „schlimme Durststrecke“ habe „zur Schärfe“ ihrer Erzählungen beigetragen (ebd.). In den harten Jahren zwischen Fischer-Debakel und Aufnahme im Verbrecher Verlag, etwa vier, maximierte sich die Befangenheit gegenüber denjenigen in der *creative class,* die dank Geld im Rücken kärgliche oder ausbleibende Einkünfte verkraften können. „Das (geerbte) Geld sichert immer noch am besten die Freiheit vom Geld“ (Bourdieu 1999, S. 138): Eine Grundregel des literarischen Feldes lernte diese Autorin von der übervorteilten, frustrierenden Seite aus kennen.

Die prekäre Resi, das ist die Stelling dieser Phase, nur ohne Schriftsteller-Diplom[4] und mit Kündigungsschreiben.Eine Näheverhältnis, das die Autorin zunächst in ein vorteilhaftes Licht rückt. Wählt sie 2018 eine Literatin in Bedrängnis als Alter Ego, verstellt sie sich nicht, sie erinnert sich nur ihrer mageren Jahre. Die zeitweilige Nähe zur Protagonistin erklärt allerdings auch, was mehr als einem Leser (vgl. Baßler 2021, S. 144) zu steil vorkommt: dass Ulf nicht irgendein Erbe, sondern gleich ein Profiteur von großelterlichem Nazi-Vermögen (!) sein soll (vgl. Stelling 2018, S. 64, 144, 231). Kein Zufall, dass die giftigste Insinuation einer Figur gilt, die ihre berufliche Trockenzeit problemlos überstehen konnte, nur indirekt erwähnt (vgl. ebd., S. 252). Kurz, in Bourdieu-zentrierter

[4] Der in Leipzig erworbene Abschluss kann die Abneigung der Autorin gegenüber den Erben nur gesteigert haben. 2010 folgende schien es so, dass sich *ihre* Bildungsinvestition nicht auszahlt.

Sicht ist Resis Hang zur Polemik dem nachwirkenden, besser gesagt erinnerbaren Ressentiment ihrer Autorin geschuldet, der denkbar dominierten Position, die Stelling zu ‚Kampfzeiten' im literarischen Feld einnahm und damit privatim auch in ihrer Baugruppe. Eine Deutung, die sich damit begnügt, die Selbstbeschreibungen der Autorin feldtheoretisch auszubuchstabieren und die Wertungssteuerungen der literarischen Fiktion auf die Erfahrung einer „*geknickten Laufbahn*" (Bourdieu 1999, S. 43) zurückzuführen, reicht jedoch nicht hin. Zwischen Durststrecke und *Schäfchen im Trockenen* liegt nun mal ein Erfolgserlebnis, der Grund für Tonverschärfung, den Stellings Selbstdeutung im Epitext ausspart.

5 Paria-*posture*: Genese, Erfolg und autosoziobiografischer Gehalt

Bodentiefe Fenster steht 2015 auf der Longlist des Deutschen Buchpreises, verkauft sich sehr gut und wird zumeist positiv besprochen (vgl. Messmer und Stelling 2015). Fortan hat die Autorin wenig Grund für Ressentiment, es sei denn, man hält ihren Ärger über ein paar eingeschnappte Mitbewohnerer(inne)n für wichtiger als die Freude am literarischen Durchbruch nach 16 Jahren Wartezeit (*Gisela*, der Erstling, erschien 1999). Vor der Zäsur, plötzlichem Durchstarten, sieht die Schriftstellerin sich und ihre Familie noch in der Rolle der „Bedürftigen", die sich ohne das Wohnprojekt den Bezirk nicht mehr leisten kann und in den Augen ihrer Gönner für „die lustige, lebendige Mischung" im Haus zuständig sei (Stelling 2016, S. 125). In der zweiten Jahreshälfte 2015 dann verwandelt sich die ‚arme Verwandte' in eine Autorin, die kommerziellen Erfolg und mehr vorzuweisen hat. In der Frankfurter Rundschau vom 17. August kann sie lesen, *Bodentiefe Fenster* habe „nicht in einer übermäßig poetischen, dafür aber herrlich analytischen und pointierten Sprache" „den schönen Schein einer bürgerlichen Linken [zerfetzt]" (Lenz 2015). Die so emphatische wie aggressive Wortwahl teilt mit den Verkaufszahlen die Botschaft: Weiter so!

Macht Stelling mit Resi eine sozial schwächere Protagonistin als Sandra zu ihrer Stellvertreterin und steigert sie den antibürgerlichen Gestus, obwohl sich realiter ihre Position in der Baugruppe deutlich verbessert hat (sozial, nicht klimatisch), dann verdankt sich das neben der Erinnerung ans frühere Ich und alten Groll auch der Erfahrung, dass eine Kritik des eigenen Milieus ‚zieht', monetär und symbolisch prämiert wird, in ihrem Fall die Karriere gerettet hat. Die Anlage von *Schäfchen im Trockenen* hat sehr viel mit den „wechselseitigen Erwartungserwartungen von Produzenten und Rezipienten" (Magerski 2022, S. 44) zu tun. Nach dem ersten Erfolg muss die Produzentin annehmen, dass das Publikum die

Abrechnung mit dem grünen Bürgertum fortgesetzt sehen will. Umgekehrt ist für Konsekrationsinstanzen mit ‚progressivem' Selbstbild schon 2015 erkennbar, dass das Neue, das heißt Prenzlauer-Berg-Bashing in Romanform, von links und innen (keines nach Art des *Focus*-Kolumnisten Jan Fleischhauer), eine symbolische Belohnung erwarten darf, die über Rezensionsjubel hinausgeht. Die erste, indirekte bleibt auch nicht lange aus 2016 erhält der Verbrecher Verlag für die Publikation von *Bodentiefe Fenster* den Melusine-Huss-Preis – für die Autorin ein weiterer Ansporn, den Kurs zu halten. Zu hoher Wiederholungsanteil verbietet sich allerdings, zumindest im begrenzten Teil des literarischen Feldes ist Selbstepigonalität verpönt.

Ideale Bedingungen für die Kreation einer Paria-*posture*. Im Gebrauch von Jerôme Meizoz bezeichnet *posture* (frz.: Haltung) die Modi der Selbstdarstellung, durch die ein Autor, eine Autorin „eine Rolle oder einen Status" im literarischen Feld „erspielt oder erstreitet" (Meizoz 2005, S. 177), wobei sowohl die Modi im literarischen Werk als auch die in Epitexten thematisierbar sind („diskursive Dimension", ebd., S. 178). Mit dem Begriff des Posturalen lässt sich *wertfrei* fragen, für welche Selbstdarstellungen sich ein Autor, eine Autorin warum entscheidet, und darüber hinaus, ob und aus welchen Gründen die Wahl[5] ihm/ihr Aufmerksamkeit (Menge an Beachtung) und/oder symbolisches Kapital (Anerkennung durch die Konsekrationsinstanzen) verschafft. Stelling behält die *posture*, die ihr 2015/16 Aufmerksamkeit wie Anerkennung einbrachte, die der Außenseiterin ihres Milieus, im Kern bei, radikalisiert sie aber. Die Modifikation liegt im Trend des literarischen Feldes, der Wiederentdeckung der sozialen Frage, sodass das via Resi gesendete Signal, den Leipziger Preis erwarten zu dürfen, nicht sonderlich gewagt war.

In *Bodentiefe Fenster* stellte das Klassen- nur ein Nebenthema dar, in der Hauptsache ging es um die wechselseitige soziale Kontrolle im Wohnprojekt (vgl. etwa Stelling 2016, S. 100, 145 f.) Als Grund dafür, warum sie die Klassenfrage fortan „brachialer" stellen wolle, gibt Stelling im Taz-Interview vom Oktober 2015 unter anderem an, die Frage sei „momentan wenig schick" (Messmer und Stelling 2015). Das stimmt nicht ganz. Die Aussage passt zwar zum erstaunlichen „[i]ch schreibe etwas, das nicht gelesen werden will" (ebd.) am Anfang des Gesprächs, zur *posture* als Autorin, die um der Wahrheit willen eine literarische Außenseiterrolle in Kauf nehme; der der aktuelle Verkaufserfolg,

[5] Wie die Vokabeln „Rolle" und „erspielen" schon erkennen lassen, umfasst *posture* die Haltungselemente, für die sich ein Autor bewusst entscheidet und von seinem Sinn für Auftrittseffekte zeugen. Daher ist *posture* abzugrenzen von Bourdieus Habitusbegriff, der, wie oben erwähnt, die über Jahre inkorporierten, nicht einfach wählbaren, nur mit Zeitaufwand aneig- oder ablegbaren Einstellungen bezeichnet.

auf den die Journalistin sie sogleich hinweist, sozusagen zugestoßen sei. Doch blendet das auf den grün-liberalen Mainstream zutreffende „momentan wenig schick" zwei Fakten aus. Obwohl der Fokus des aktuellen Romans noch auf den Scharmützeln linksalternativer Mütter um die richtige Erziehung liegt, hat die FR-Rezensentin anders akzentuiert, gleich im ersten Absatz die Zerstörerin der *bürgerlichen* Linken gerühmt. Überdies zeichnet sich 2015 im literarischen Feld die Rückkehr der Klassenfrage bereits ab. Im Frühjahr hat das deutsche Feuilleton einhellig *Das Ende von Eddy* gefeiert, Édouard Louis' autosoziobiografischen, das Leben eines schwulen jungen Mannes in subalternen Verhältnissen vorstellenden Roman, erschienen ausgerechnet bei S. Fischer, dem altem Verlag von Stelling. Was den Schluss erlaubt, dass die Autorin, wenn sie fortan ihre ‚klassenbewusste' Seite in Gestalt von Resi stärker herausstellt, aus Überzeugung handelt (Schwierigkeiten mit den Erben erwähnt sie schon in der Taz), sich aber zugleich verspricht, dadurch in eine größere, von deutschen Schriftsteller(inne)n noch unbesetzte Marktlücke zu stoßen. 2016, nach dem Bestsellererfolg der deutschen Übersetzung von Eribons *Rückkehr nach Reims*, kann sie sich dessen sicher sein.

Etwa in die gleiche Zeit fallen jene Vorkommnisse, die die markanteste Schärfung des Posturalen begünstigen. Kommt die Empörung der in *Bodentiefe Fenster* als gönnerhaft-verlogen gezeichneten Bürgerkinder, die gescheiterte Mediation nicht einem halben Rauswurf gleich? Oh nein, doch rückt die Entzweiung im Haus das Gentrifizierungsthema in Sichtweite des romanesk Möglichen. Der Zwist erleichtert es einer autobiographisch grundiert schreibenden Erzählerin wie Stelling, in den literarischen Selbstdarstellungen eine Außenseiterin, Sandra, durch eine Aussätzige zu ersetzen und um Resi einen Plot zu bauen, in dem für die Protagonistin der Prenzlauer Berg unbezahlbar wird –‚schon' ist Gentrifizierung, besonders in Berlin ein Megathema der 2010er Jahre, als Sujet besetzt.

Den beträchtlichen Unterschied zwischen ihrer eigenen sozialen Lage und der der Protagonistin sieht Stelling durch die Romanform gedeckt, wie der Selbstkommentar zum vorausgegangenen Werk zu verstehen gibt (3.). Warum akzeptiert auch der Kulturjournalismus die fundamentale Differenz, obwohl sich *Schäfchen im Trockenen* als Mischung aus Authentizitätssignalen eines Briefromans und Sich-Brüsten mit der Exklusionserfahrung anderer (vgl. Magerski 2022, S. 41, 44) kritisieren ließe? Der eine Grund ist natürlich die Gattungskonvention; wie die Autorin hält auch der Kulturjournalismus die Romanform für den legitimen Ort des nur Denkbaren. imaginativ Durchgespielten. Zum anderen stellt die journalistische Rezeption die Kluft der sozialen Lagen fest (vgl. Ufer 2018) und registriert das privat so entspannte, unresihafte Auftreten von Stelling leicht irritiert (vgl.

Bommer und Vogt 2019) – ein Ausweis gewisser Blauäugigkeit bzw. gelungener literarischer *posture* –, doch nimmt man das ‚heiße Eisen' PB-Gentrifizierung letztlich wichtiger, bevorzugt wie meistens eine themenzentrierte Darstellung. Im speziellen Fall allerdings kommt die Tendenz hinzu, wegen des Nachbarschaftsstreits die Differenz Autorin/Protagonisten zu bagatellisieren. Die Wahrnehmung, Resi habe nur „weniger Glück" gehabt als ihre Autorin (Ufer 2018), Stelling mehr davon, der Glaube an Kontingenz in der wirklichen Welt trägt dazu bei, jene Extremkontingenz im Roman abzunicken, die diegetisch zu begründen Stelling etwas schwerfällt.

Bereits durch das Herunterspielen literarischer Phantasie wirkt die journalistische Rezeption an der Paria-*posture* mit. Es ist aber besonders die Stilisierung der Autorinnen*person* zur Aussätzigen, die im Zusammenspiel von Selbstbeschreibung der Schriftstellerin und Darstellung ihrer Persona in den Medien entsteht. Die von Stelling kommende Information zur Entrüstung im Wohnprojekt gewinnt in den Medien Eigendynamik. Heißt es anfangs nur, die Freunde der Autorin hätten ihr *Bodentiefe Fenster* „sehr übel genommen" (Ufer 2018), woran nicht zu zweifeln ist, behauptet der Teaser des *Zeit*-Interviews schon, sie schreibe „so böse über das grün-liberale Milieu, das sie sich mit ihm überworfen hat" (Daum und Stelling 2021). Die Ko-Konstruktion des Posturalen (vgl. Meizoz 2014) führt zu einer Formulierung, die so klingt, als habe es sich die Autorin mit einem ganzen Bezirk, wenn nicht bundesweiten Milieu verscherzt.

Wie man übertreiben kann. Sprechen die hohen Verkaufszahlen beider Prenzlauer-Berg-Erzählungen – *Schäfchen im Trockenen* bringt es im Mai 2019 gar auf Platz zehn der *Spiegel*-Bestsellerliste – für einen Bruch, nicht eher für gemischte Nachfrage? Neben den anti-bourgeois gestimmten Prenzlauer-Berg-Hassern, die die Kommentarspalte des *Zeit*-Interviews mit über 1.000 meist beifälligen Einträgen überlaufen ließen (vgl. Daum und Stelling 2021), zählte offenbar auch das von Stelling attackierte Milieu selbst zur Kundschaft, wenn „die postmaterialistische, akademische Mittelschicht, die beruflich häufig in der ästhetischen Ökonomie beschäftigt […] ist" (Reckwitz 2012, S. 287), nicht den Kern der Klientel bildete (vgl. Bartels 2019). Ist dem aber so, betrachtete die „Avantgarde der kulturellen Entwicklung" das heftige Buch tatsächlich als reizvolle Herausforderung, über die sich beim Brunch angeregt diskutieren ließ, in der Gewissheit, dass die Verlogenen immer die anderen sind – dann steht es zwischen den Gesellschaftsmodellen Reckwitz und Bourdieu 1:1. Obgleich die vertraute Polarität zwischen intellektueller und bourgeoiser Nachfrage (3., Bourdieu 1982, S. 458 f.) (mit)erklärt, weshalb Stelling im Roman eine Paria-*posture* mit Klassenkampf-Touch wählte, auch noch, warum linksliberale Feuilletonistinnen, begeistert von Resis Wutreden, der Leipziger Ehrung zustimmten (vgl. etwa

Ströbele 2019), ist gegen Bourdieu eins festzuhalten: Die mittelständische Fraktion der *creative class* hat mit ihrem Kaufverhalten die Trennlinie zwischen den Nachfragearten offensichtlich übersprungen und destabilisiert, sie schätzt noch so aversive Selbstbeobachtungs- als Erregungsmedien.

Ein Roman, der gewagt daherkommt und doch so einträglich ist, der sich überdies die Kontingenzlizenz seiner Gattung weidlich zunutze macht, soll mit Autosoziobiografie vereinbar sein? Absolut. Erstens hat es seinen Grund, warum niemand die Privatperson Stelling mit dem Gentrifizierungsopfer im Roman *verwechselte.* Der rein fiktionale Anteil des Plots ist transparent, anders als etwa beim frühen Alfred Andersch, der auf der Grenze zwischen Autobiografie und Roman zu *tricky* operierte (vgl. Joch 2011). Zweitens ist die Kreation der aufgebrachten Resi nicht nur Stellings Lust auf kämpferischen Auftritt im Roman und trendgerechter Positionierung im Feld geschuldet, sondern auch der Selbstobjektivierung. Dass sich die Autorin mit ihrer „lange unveröffentlicht[en]" (Stelling 2018, S. 17) und entsprechend ressentimentbeladenen Heldin immer auch ihrer früheren sozialen Position erinnert, sei noch mal hervorgehoben, da Klang und Gestalt der Vokabel *posture* manchen dazu verführt, sie mit Pose gleichzusetzen (vgl. Schley 2012). Drittens zählt zuvorderst die erfolgreiche Resi des vorletzten Kapitels zu Stellings Selbstbeobachtungen, wie auch zu denen des Betriebs. Die Einsicht der Ich-Erzählerin, „dass Worte für Wut in einem Literaturhaus zwangsläufig auf Wohlwollen stoßen" (Stelling 2018, S. 256), zeugt von einer Autorin, die sich zumindest auf den letzten Romanmetern ihres Erfolgsgeheimnisses bewusst war. Das heißt, man kann Genese und mediale Verstärkung der Paria-*posture* rekonstruieren, doch zu entlarven gibt es nichts.

Viertens und abschließend: Ausflüge in den Gesellschaftsroman gelingen Stelling nur abseits der Bürgerkinder-Karikatur, mit dem Benennen einiger unliebsamer Fakten zum Prenzlauer Berg – und bezeichnenderweise dort, wo für Resi Bobo-Schelte zum Medium gnadenloser Selbstbeobachtung wird, dem Nazierbe von Ulf hypertropher Überführungsehrgeiz auf die Spur kommt, eine „erfolglose Drehbuchautorin, die versucht, mit linksradikalen Enthüllungen auf ihrem Blog Aufmerksamkeit zu erregen." (S. 144) Überhaupt besteht der autosoziobiografische Kern der Erzählung, ganz dem Begriff entsprechend, im Schreiben des *Selbst.* Es dürfte alle Interessierten erkennen lassen, dass in Anke Stellings Leben auch ohne Wohnungsverlust die habituellen und ökonomischen Rückstände Nachteile hatten, für die sie die Macht des Erzählens entschädigen sollte. Der Soziologie voraus ist diese Autosoziobiografie, wenn sie gerade die unsympathischen, von enttäuschtem Distinktionsbedürfnis geprägten Züge der Abstiegsangst ausstellt. Wie die Heldin weiß, haben ihr die Eltern die „Ablehnung des Pöbels, jedoch nicht das Geld, ihn mir vom Leibe zu halten, vererbt […]" (S. 114).

Auch ist es nur der Literatur erlaubt auszusprechen, dass einseitige Kapitalausstattung in unschöner Regelmäßigkeit Nervensägen hervorbringt.„Bildung ohne Geld macht dich zum Spielverderber. Wenn Bildung das einzige ist, was du hast, musst du dauernd im Recht sein: weil du ja nicht auf La Gomera chillen und einfach mal Fünfe gerade sein lassen kannst!'" (S. 118)

Literatur

Amlinger, Caroline. 2021. *Schreiben. Eine Soziologie literarischer Arbeit.* Berlin: Suhrkamp.

Bartels, Gerrit. 2019. Anke Stelling und ‚Schäfchen im Trockenen'. *Tagesspiegel*, 11. April.

Bemmer, Ariane, und Sylvia Vogt. 2019. Spießigkeit mit bodentiefen Fenstern. *Der Tagesspiegel*, 10. Juli.

Baron, Christian. [2020] 2021. *Ein Mann seiner Klasse.* Berlin: Ullstein.

Baßler, Moritz. 2021. Der Neue Midcult. Vom Wandel populärer Leseschaften als Herausforderung der Kritik. *Pop. Kultur und Kritik* 10(1):132–149.

Blome, Eva. 2020. Rückkehr zur Herkunft. Autosoziobiografien erzählen von der Klassengesellschaft. *Deutsche Vierteljahresschrift für Literaturwissenschaft und Geistesgeschichte* 94:541–571.

Bourdieu, Pierre. 1982. *Die feinen Unterschiede. Kritik der gesellschaftlichen Urteilskraft.* Frankfurt a. M.: Suhrkamp.

Bourdieu, Pierre. 1999. *Die Regeln der Kunst. Genese und Struktur des Feldes.* Frankfurt a. M.: Suhrkamp.

Bourdieu, Pierre. 2001. *Meditationen. Zur Kritik der gesellschaftlichen Vernunft.* Frankfurt a. M.: Suhrkamp.

Brooks, David. 2001. *Die Bobos. Der Lebensstil der neuen Elite.* Berlin: Ullstein.

Daum, Philipp, und Anke Stelling. 2021. Klasse durchdringt alles. *Die Zeit*, 16. Februar.

Henk, Lars, Marie Schröer, und Gerhard Schuhen. 2022. „Erzählen von Männlichkeit und Prekarität. Eine Einleitung. In *Prekäre Männlichkeiten. Klassenkämpfe, soziale Ungleichheiten und Abstiegsnarrative in Literatur und Film*, Hrsg. Lars Henk, Marie Schröer, und Gerhard Schuhen, 9–31. Bielefeld: Transcript.

Joch, Markus. 2011. Erzählen als Kompensieren. Andersch *revisited* und ein Seitenblick auf die Sebald-Effekte. In *Alfred Andersch revisited. Werkbiograpische Studien im Zeichen der Sebald-Debatte*, Hrsg. Jörg Döring und Markus Joch, 253–296. Berlin: De Gruyter.

Lenz, Christine. 2015. Alles ist richtig und letztlich auch egal. *Frankfurter Rundschau*, 17. August.

Magerski, Christine. 2022. Von der Kunst simultaner Beobachtung. Literatursoziologie zwischen zwei Kulturen. *Artis Observatio* 1:21–48.

Mangold, Ijoma. 2020. Prekär in Kaiserslautern. *Die Zeit*, 21. Januar.

Meizoz, Jerôme. 2005. Die *posture* und das literarische Feld. Rousseau, Céline, Ajar, Houellebecq. In *Text und Feld. Bourdieu in der Literaturwissenschaftlichen Praxis*, Hrsg. Markus Joch und Norbert Christian Wolf, 177–188. Tübingen: Max Niemeyer.

Meizoz, Jerôme. 2014. Cendrars, Houellebecq: portrait photographique et présentation de soi. *COnTEXTES* 14, 17 Juni. http://contexts.revues.org. Zugegriffen: 2. Febr. 2023.

Messmer, Susanne, und Anke Stelling. 2015. Niemand benimmt sich freiwillig wie ein Depp. *Die Tageszeitung,* 17. Oktober.

Reckwitz, Andreas. 2012. *Die Erfindung der Kreativität. Zum Prozess gesellschaftlicher Ästhetisierung.* Berlin: Suhrkamp.

Schley, Fridolin. 2012. *Kataloge der Wahrheit. Zur strategischen Inszenierung von Autorschaft bei W. G. Sebald.* Göttingen: Wallstein.

Schulze: Gerhard. 1992. *Die Erlebnisgesellschaft. Kultursoziologie der Gegenwart.* Frankfurt a. M.: Campus.

Spoerhase, Carlos. 2017. Politik der Form. Autosoziobiografie als Gesellschaftsanalyse. *Merkur* 71:27–37.

Stelling, Anke. [2015] 2016. *Bodentiefe Fenster.* Berlin: Verbrecher.

Stelling, Anke. 2018. *Schäfchen im Trockenen.* Berlin: Verbrecher.

Ströbele, Carolin. 2019. Schweigen in Prenzlauer Berg. *Die Zeit*, 21. März.

Ufer, Gesa. 2018. Schonungslose Milieubeschreibung. *Deutschlandfunk Kultur,* 10. Dezember.

Deutungskonkurrenzen und -kongruenzen

Literatur und Soziologie als Genres der Reflexion monetären Wissens

Kirsten von Hagen und Andreas Langenohl

Einleitung

Im 19. Jahrhundert wird die Ökonomie, insbesondere die sich popularisierende und an politischer Bedeutung gewinnende Geldwirtschaft (einschließlich der Kredit- und Finanzwirtschaft), zu einem Bereich gesellschaftlicher Verhältnisse, der den Zeitgenossen zunehmend als ein epistemisches Problem sichtbar wird. In diesem Zeitraum wurde in Literatur und Soziologie die Frage ökonomischen Wissens und seiner (Un-)Möglichkeit intensiv diskutiert. Die Geldwirtschaft und der Bereich des Monetären sind somit ein zentrales epistemisches Projekt im gesellschaftlichen Imaginären des 19. Jahrhunderts. Diese Tendenz verschafft sich Ausdruck über Genregrenzen und Praxisfelder hinweg. Als Problematik der *Gesellschaft* wird sie allerdings in erster Linie von der Romanliteratur und der entstehenden Soziologie adressiert. Diese beiden Diskurse, die thematisch, rezeptionsmäßig und personell stark überlappen, raffinieren gewissermaßen das Monetäre als Kernkomponente des gesellschaftlichen Imaginären.

K. von Hagen (✉)
Institut für Romanistik, Französische und Spanische Literatur- und Kulturwissenschaft, Justus-Liebig-Universität Gießen, Gießen, Deutschland
E-Mail: kirsten.v.hagen@romanistik.uni-giessen.de

A. Langenohl
Institut für Soziologie, Justus-Liebig-Universität Gießen, Gießen, Deutschland
E-Mail: andreas.langenohl@sowi.uni-giessen.de

C. Magerski und C. Steuerwald (Hrsg.), *„Die drei Kulturen" reloaded*, Literatur und Gesellschaft. Literatursoziologische Studien,
https://doi.org/10.1007/978-3-658-42824-2_9

1 Das gesellschaftliche Rätsel der Geldwirtschaft

Wie wurde das Monetäre als epistemisches Objekt der Gesellschaft problematisiert? In welcher Weise wurden monetäres Wissen, sein Wissenswert, die Relevanz und die Grenzen monetären Wissens in Literatur und Soziologie als gesellschaftliches Problem thematisch und reflexiv? Diese, wie man sagen könnte ‚zweifelnden Epistemologien des Monetären sind aus verschiedenen Gründen für die Erfassung der Bedeutung der Geldwirtschaft im gesellschaftlichen Imaginären des 19. Jahrhunderts von herausragender Bedeutung. Erstens artikuliert sich seit dem 18. Jahrhundert in der Reflexion von Wissen und Wissensmöglichkeiten ‚Gesellschaft' zunehmend als neuer, eigenständiger Bereich der Welt, der weder auf politische Ökonomie noch auf Herrschaftsformen reduziert werden kann – und hierbei sind es gerade geldwirtschaftliche Dynamiken, die sich ökonomischer oder politischer Indienstnahme zu entziehen scheinen und gerade dadurch die Eigenlogik der gesellschaftlichen Sphäre und ihrer Wertzuschreibungen unterstreichen. Zweitens werden Grenzen gesellschaftlichen Wissens vom Geld anhand von Sozialfiguren diskutiert, die verschiedene Formen von Marginalitäten zum Ausdruck bringen: Seien es die mittellosen Mädchen, die in den Textilfabriken arbeiten, während andere im Kaufrausch immer mehr kostbare Stoffe auf Kredit kaufen und derart auf den gesellschaftlichen Aufstieg spekulieren (von Hagen 2018), oder die dilettierenden ‚kleinen Hände' der unwissenden Kleinanleger bei Max Weber (Langenohl 2013). Drittens – hierauf hat die Forschung der letzten Jahre verstärkt hingewiesen – ist die Geldwirtschaft durch Bezugsprobleme geprägt, die oftmals ein Doppelleben als allgemeine gesellschaftliche Problematik führen, welches im 19. Jahrhundert zur Anschauung gelangt: Seien es Glaub- bzw. Kreditwürdigkeit (Brantlinger 1996; Poovey 2008; Boy 2014), finanzielle bzw. moralische Schuldigkeiten (siehe Beiträge in Macho 2014) oder stürmisch verlaufende Umwertungsprozesse (die Launen der öffentlichen Meinung spiegeln die Launen der Börse, s. Langenohl und Wetzel 2014).

2 Konzeptueller Zugang

Um die Problematisierung monetären Wissens in Soziologie und Literatur analysieren zu können und darin unsere beiden Disziplinen Romanistik und Soziologie zusammenzuführen, ist eine theoretische Herangehensweise zielführend, die transdisziplinär einsetzbare Konzepte miteinander in Verbindung bringt. Mit diesem Ziel werden im Folgenden die Konzepte der *Imagination bzw. des Imaginären*, der *Spekulation* und der *Szene* eingeführt.

Die miteinander verwandten Konzepte des *Imaginären und der Imagination* sind, im Anschluss an die postmarxistische französische politische Theorie (Castoriadis 1984; Lefort 1990; Lefort und Gauchet 1990), in der Literaturtheorie und -geschichte aufgegriffen worden, um einen sozialtheoretischen Punkt zu unterbreiten: nämlich dass die Entdeckung des Eigenlebens der Gesellschaft und ihrer Differenz vom politischen Körper des Herrschers neue Formen der Imagination ermöglichte und erforderte (Hebekus et al. 2003). Dieser Herangehensweise zufolge äußert sich das ‚gesellschaftliche Imaginäre' nicht allein durch politisch-performative Handlungen (Revolutionen, allgemeine Wahlen etc., vgl. Castoriadis 1984; Lefort und Gauchet 1990), sondern wird in bestimmten ästhetischen Praktiken unterschiedlicher Genres, nicht zuletzt der (Roman-)Literatur, kultiviert. Insbesondere sind Paradoxien, Dilemmata oder Ambivalenzen Gegenstand der Auseinandersetzung der Literatur mit dem gesellschaftlichen Imaginären. So wurden die paradoxalen Geltungsstrukturen der Glaubwürdigkeit von Staatsanleihen (Poovey 2008) darstell- und reflektierbar im performativen Vehikel des Geltungsanspruchs des realistischen Romans, möglich sein zu können, ohne wahr sein zu müssen (Boy 2014). In diesem Sinne spricht Wolfgang Matzat vom „Roman als Medium des sozialen Imaginären" (Matzat 2014, S. 10).

Eine besonders ausgeprägte gesellschaftliche Verve verlieh solchen das Imaginäre anrufenden Darstellungsverfahren eine bestimmte Problematisierung von Kredit-, Geld- und Finanzwirtschaft als *Spekulation.* Marieke de Goede (2005) hat auf die Abgrenzungsbemühungen hingewiesen, mittels der sich Finanzakteure und -institutionen des Vorwurfs zu erwehren versuchten, ‚bloße', d. h. moralisch verwerfliche Spekulation zu sein. Vermutlich haben solche Abgrenzungskämpfe und die damit in Verbindung stehenden Prozesse der Professionalisierung, Akademisierung und Elitenbildung im Finanzhandel (Preda 2009) in erheblichem Maße zur Herausbildung eines weitgehend eigenlogisch ‚regulierten' Sektors des Finanzmarktes beigetragen. Indes meint Spekulation auch die Tätigkeit eines imaginierenden Geistes, insbesondere die Fähigkeit, in der Vorstellung Zukunftsszenarien auszubilden und damit durchaus auch den Handlungsspielraum in der Gegenwart zu vergrößern. Auf diese Weise verdichten sich Praktiken des Spekulierens und Konsums, soziologische Rationalisierungen von Kreditgeschäft als Vergrößerung ökonomischen Handlungsspielraums und literarische Reflexionen auf Spekulation als Faszinosum zu einem das gesellschaftliche Imaginäre befeuernden, moralisch aufgeladenen Konzept der Spekulation. Das spekulative Element findet sich indes nicht nur in zeitgenössischen Reflexionen auf den Finanzbereich des Monetären, sondern auch mit Blick auf alltägliche Geldverwendung. So förderten die entstehenden Kaufhäuser und das Kreditwesen zugleich ein Konsumverhalten, bei dem die Frauen durch einen neuen vestimentären Code auf gesellschaftliche Anerkennung spekulierten (von Hagen 2019). Auf diese Weise kristallisiert sich am Monetären ein spezifisches Ambivalenzkontinuum, das vom Vorwurf skrupelloser finanzieller Gelegenheitsmitnahme und ohnmächtigen Kaufwahns bis hin zur Raffinierung und Kultivierung möglicher Weltzustände reicht – ein Kontinuum, das einen kontradiktorischen Impuls zu Ambiguitätsaufbau und Vereindeutigung erzeugt. Dieser Impuls wurde in Gestalt literarischer und soziologischer Texte ausgefaltet und bearbeitet.

Denn was in dieser historisch-imaginären Konstellation des 19. Jahrhunderts, deren Reflexion sich ins 20. Jahrhundert fortsetzt (s. Polanyi 1944), Literatur und Soziologie vereint, ist die Identifikation gesellschaftlicher Schauplätze oder *Szenen*, an denen sich das gesellschaftliche Imaginäre in Gestalt finanzieller Dynamiken gleichsam zu erkennen gibt. Tendenziell anders als in der klassischen politischen Ökonomie werden bei der Konstruktion dieser Szenen eher konkrete gesellschaftliche ‚Bühnen' als abstraktifizierte Modellkonstruktionen (wie etwa eine Robinsonsche Inselökonomie, ein Markt mit zwei Waren etc.) zur Darstellung gebracht. Zugleich dienen diese Szenen einem ähnlichen Zweck wie jene Modellkonstruktionen, indem sie einen Darstellungsanspruch auf einen bestimmten Sachverhalt erheben. In der Soziologiegeschichte ist in diesem Sinne das Konzept der „Gründungsszenen" eingeführt worden (Farzin und Laux 2014). Eine Gründungsszene ist eine darstellerisch erzeugte Konfiguration von Akteuren und Objekten an bestimmten lokalen oder translokalen Schauplätzen, die nicht nur beansprucht, ein spezifisches epistemisches Problem zu formulieren, sondern darüber hinaus gewissermaßen paradigmatische Ambitionen aufweist: In der sinnfälligen Darstellung der Szene soll sich sowohl eine allgemeine gesellschaftliche Wahrheit wie die Adäquanz des Zugangs, mittels der die Szene modelliert war, erweisen. Das Konzept der Gründungsszene hat daher die methodologische Bedeutung, literarische und soziologische Darstellungen unter dem Aspekt miteinander vergleichbar zu machen, wie die Darstellung partikularer Erscheinungen ans allgemeine Imaginäre angeschlossen wird – eine Leistungszuschreibung, über die, so Wolf Lepenies (1985), gerade Soziologie und Literatur miteinander im Wettstreit standen.

Schließlich ist unser Forschungsanliegen von der Frage angeleitet, wie das Wissen um das Monetäre und insbesondere dessen Grenzen in Literatur und Soziologie verhandelt werden. Dies geht über bestehende Studien hinaus, denen es zumeist um den Nachweis einer Beziehung zwischen Vorstellungen von Gesellschaft und Vorstellungen des Monetären geht. Im Folgenden wollen wir anhand einiger Beispiele aus Literatur und Soziologie dieser Frage nachgehen.

3 Das (Nicht-)Wissen der Frauen vom Geld in der Literatur der Moderne

Bereits im 19. Jahrhundert ist eine Reihe französischer Romane zu konstatieren, die sich mit aktuellen nationalökonomischen Entwicklungen der kapitalistisch orientierten industrialisierten Gesellschaft auseinandersetzen. Dabei wird in zwei Romanen ein spezifisch weiblich induziertes ökonomisches „(Nicht)wissen", d. h. Artikulationen des *Zweifelns* an Wissen über die (Geld-)Wirtschaft inszeniert: (Geld-)Wirtschaft erscheint als ein Bereich, über den Wissen nur begrenzt oder gar nicht möglich ist.

Dass insbesondere die Frage der weiblichen ökonomischen Bildung bis heute virulent ist, zeigt auch ein aktueller Film von 2010 des Filmemachers Cédric Klapisch, *Ma part du gâteau* (Dt. *Mein Stück vom Kuchen*) von 2010, der damit die Börse als Gründerszene der Online-Trader in Zeiten der Globalisierung nach der Finanzkrise in Szene setzt. Derart knüpft der Film an frühere literarische Darstellungen der Arbeitswelt an, wie etwa Zolas Roman *Au bonheur des Dames* (1883), bei dem ebenfalls eine Frau für soziale Gerechtigkeit eintritt und damit asymmetrische Machtstrukturen in der kapitalistisch orientierten Marktwirtschaft aufzeigt. Im Folgenden möchte ich am Beispiel von zwei richtungsweisenden modernen Texten, Flauberts Ehebruchoman *Madame Bovary* (1855/56) und Zolas Kaufhausroman *Au bonheur des Dames* (1883) aus dem Rougon-Macquart-Zyklus aufzeigen, wie in diesen Romanen ein spezifisch weiblich kodiertes finanzökonomisches (Nicht-)wissen inszeniert wird. Bei der Diskussion der Beispiele wird aus einer gendertheoretischen Perspektive auch deutlich, wie bis heute mit überkommenen Denkschemata operiert wird, bei denen der Frau immer noch der Bereich des Hauses und eines stärker empathisch-intuitiv erworbenen Wissens zugewiesen wird, während Männer stärker mit numerischem Denken und der Arbeitswelt assoziiert werden.

Flauberts Roman *Madame Bovary* illustriert das Scheitern seiner Titelfigur, die eine Klostererziehung genossen hat und in Haushaltsdingen, trotz der Nachhilfe ihrer ökonomisch denkenden Schwiegermutter, wiederholt ihre Unfähigkeit ausstellt, in Zahlen denken zu wollen. Dies zeigt sich insbesondere in den Szenen mit dem Tuchhändler Lheureux. Der Tuchhändler, dem bereits das Glücksversprechen mit dem anspielungsreichen Namen „L(')heureux" eingeschrieben ist, verführt Emma zum Kauf, indem er nicht nur die Qualität seiner Waren anpreist und ihr in Aussicht stellt, diese erst später bezahlen zu müssen, sondern auch, indem er in besonderer Weise auf Emmas Wunsch nach sozialer Anerkennung und nach einer Flucht aus der provinziellen Enge zu spekulieren versteht: Die

Ware wird zur Projektionsfläche ihrer Phantasien und zum Symbol des gesellschaftlichen Aufstiegs. Indem der Tuchhändler die Waren atmosphärisch auflädt, verführt er Emma zum Kauf und löst bei der enttäuschten Arztgattin einen veritablen Kaufrausch aus. Laut Gertrud Lehnert (2009, S. 255) muss die Käuferin erst ihre eigene Imaginationskraft investieren, damit die Ware zum Symbol oft nicht klar artikulierter Sehnsüchte avanciert: „Die Begegnung mit dem Ding und der momentane Kontrollverlust bewirken ein Glücksgefühl in der Käuferin". Die Ware wird mit Affekten aufgeladen. Zentral sind dabei vor allem folgende Momente: die Imaginationskraft der Verkäuferin, die ihre unartikulierten Phantasien und Wünsche auf die Ware projiziert, der implizierte Kontrollverlust, das Moment des Sich-verlierens, des Rausches und die Konsumhaltung, die teilweise auch in den interpersonalen Beziehungen der Romanfiguren zu erkennen ist.

Der Tuchhändler Lheureux, der seinen Kunden einen Kredit gewährt, um Madame Bovary zum unkontrollierten Kaufrausch zu bewegen, zeigt zugleich wie auch die Figuren Balzacs das Ende der Tradition des von Adam Smith und Jean Baptiste Say geprägten utopischen Liberalismus auf (vgl. Schröder 1999, S. 175). Die beiden für das Selbstverständnis der ökonomischen Eliten der Julimonarchie zentralen ökonomischen Denker gehen davon aus, dass das auf Interaktion von konkurrierenden Privatpersonen angelegte gesellschaftliche Gefüge in der Lage sei, Harmonie und Wohlstand zu garantieren. Flaubert verdeutlicht später als Balzac die Kehrseite der bürgerlichen Marktgesellschaft. Die Konsumhaltung offenbart sich in Emmas ständiger Suche nach neuen Konsumobjekten oder Waren. Jeder Widerstand des Objekts wird als Unzulänglichkeit eines falsch ausgewählten Produkts interpretiert, die nicht vollends befriedigende Ware im marktgesteuerten Konsumismus gegen eine neue und vermeintlich bessere ausgetauscht (vgl. Baumann 2009, S. 31). Sinnfällig ist nun aber, dass diese Haltung nicht nur Emmas Konsumverhalten bestimmt, sondern auch ihre Paarbeziehungen, bei denen ihren Partnern wiederholt der Status von Konsumobjekten zugewiesen wird (vgl. ebd., S. 15). Aber auch die männlichen Verführer wie Rodolphe oder Léon degradieren Emma zu einer Projektionsfläche ihrer Wünsche und machen deutlich, dass sie der verführten Frau den Status eines Objekts, einer Ware zuweisen, deren Wert sie unter ökonomischen Gesichtspunkten zu taxieren suchen. Derart verdeutlichen fast alle der Figuren – eine Ausnahme sind der Ehemann Charles und die Tochter Berthe – was Karl Marx konstatiert hat, dass es gemein sei, den Menschen wie in einem Kredit unter ökonomischen Gesichtspunkten zu sehen: „Pensez ce qu'il y a d'abject à éstimer l'homme en argent comme c'est le cas dans le crédit". (Marx 1968, S. 21)

Bei der Inszenierung von Emmas ökonomischem Handeln geht es weniger um konkrete Summen als vielmehr darum, Schulden zu machen. Emma verliert zunehmend die Kontrolle über ihre Ausgaben, was durch den ihr zunächst umstandslos gewährten Aufschub, die Ware später zu bezahlen, verstärkt wird. Sie ist demzufolge nicht in der Lage, ihre Schulden genau zu beziffern und ihre Ausgaben den Einnahmen ihres Mannes, d. h. dem Haushalt anzugleichen. Emma verhält sich nicht angemessen den ihr gegebenen ökonomischen Rahmenbedingungen, sie ist unökonomisch im ursprünglichen Wortsinn des Haushaltens.

Interessant ist dabei der zeitliche Aspekt: So läuft der Aufschub, der Emma wiederholt gewährt wird, gleichzeitig auf ein Ende zu. Das Erbe, das Charles von seiner Mutter erhält, reduziert sich auf einen Betrag von viertausend Francs zum neu gegründeten Hausstand des Sohnes und wird schließlich Lheureux überlassen, der derart ein beträchtliches Kapital akkumulieren kann (Flaubert 2001, S. 432). Bleibt das genaue Ausmaß der Schulden Emmas unklar, so werden der finanzielle Gewinn und das Gewinnstreben von Lheureux nur umso genauer geschildert. Das ökonomische Geschehen dominiert derart den zweiten Teil des Romans (vgl. Nakano 2004, S. 56). Als Lheureux bei Emma das Geld mit juristischen Mitteln einzutreiben sucht, reagiert Emma erneut mit dem Gedanken der Stundung, des Aufschubs, den der Geschäftsmann mit einer minutiösen Kalkulation pariert.

Anders als der Tuchhändler, der die der Arztgattin gewährten Kredite genau beziffern kann und derart über eine ökonomische Bildung verfügt, ist Emma nicht in der Lage, die erworbenen Güter genau zu beziffern. Sie vermag es nicht, die Kalkulation zu lesen. Insbesondere die Beziehung Emmas zu Lheureux wirft auch die Frage der Schuld und der Schulden auf: Emma verschuldet sich, da sie darauf spekuliert, derart nicht nur mehr zu scheinen, sondern tatsächlich auch mehr zu sein, d. h. sie hofft auf eine soziale Mobilität und Durchlässigkeit, welche ihr die Gesellschaft aber schuldig bleibt.

Je mehr die Zeit der Handlung voranschreitet, d. h. je länger die erzählte Zeit, desto mehr gibt Emma aus (vgl. ebd., S. 60). Dies könnte unendlich nun so weitergehen, würde nicht Lheureux dem Leben auf Pump ein Ende setzen und damit den Tod der Heldin und folglich das Ende der Narration einleiten: „Pensiez-vous, ma petite dame, que j'allais, jusqu'à la consommation des siècles, être votre fournisseur et banquier pour l'amour de Dieu ? Il faut bien que je rentre dans mes déboursés, soyons justes !" (Flaubert 2001, S. 432). Die neue Religion des Geldes (vgl. Hörisch 1998, S. 55) kennt keine Vergebung der Schuld(en).[1]

[1] Obwohl der Fokus auf eine Dynamik des Tausches und der ökonomischen Transaktionen gelegt ist, fehlt die in Aussicht gestellte soziale Mobilität. Adeline Daumard (1993, S. 840 f.)

Dem Exzess der Ausgaben steht die Ökonomie der erzählerischen Mittel gegenüber. Obwohl die Ökonomie als Referenzsystem des Realen gleichsam ständig im Romanuniversum präsent ist, reduziert sich die genaue Beschreibung ökonomischer Transaktionen häufig auf wenige Seiten (Flaubert 2001, S. 432). Gleichwohl wird Emmas Handeln des Öfteren als Reflex ihrer ökonomischen Situation dargestellt (vgl. Nakano 2004, S. 65). Es reicht also, das eine genau zu benennen, um das andere zu implizieren. Dies zeigt zugleich, dass der Text selbst einer Ästhetik der Verdichtung und Verknappung folgt, einer „économie textuelle" (ebd., S. 108), dass sich die Literatur aber andererseits einer rein ökonomischen Betrachtung als Ware entzieht, wie diverse paratextuelle Reflexionen verdeutlichen.

Anders als Flaubert, der in besonderer Weise die ökonomische Bildung der Protagonistin in einer entschieden konsumorientierten Marktwelt hinterfragt, zeigt Zola in seinem Roman *Au bonheur des Dames* am Ende des 19. Jahrhunderts am Beispiel seiner Protagonistin auf, wie insbesondere weibliche Empathiefähigkeit und Intuition zu einer sozial verträglichen Warenkultur beitragen kann. Die Umgestaltung vom handwerklich geprägten, spezialisierten Laden zum großen Warenhaus, das die Boulevards der französischen Hauptstadt dominiert und hier als Tauschszene par excellence fungiert, kann, so impliziert der Text, nur gelingen, wenn dabei auch der neu entstehenden Arbeiterschicht der vornehmlich weiblichen Verkäuferinnen Rechnung getragen wird. Die Protagonistin, zunächst aufgrund ihrer provinziellen Herkunft verspottet, sorgt mit ihrem zugleich ökonomischen wie sozialen Wissen, das sie sich durch ihre Erfahrung und die eigene Arbeit aneignet, dafür, dass sich unter ihrem Einfluss auch eine sozial gerechtere Behandlung der vornehmlich weiblichen Verkäuferinnen etabliert. In dem naturalistischen Roman steht den neuen Kaufhäusern mit ihrer ans Theatrale gemahnenden Inszenierung der Ware, die das Konsumverhalten Emmas als das ganzer weiblicher Käuferschichten ausweist – das Warenhaus trägt nicht zufällig den Namen „Aux bonheur des dames" – die desolate Situation der Verkäuferinnen gegenüber, die oft in prekären Verhältnissen leben. Auch die Käuferinnen und Käufer, die ebenfalls aufgrund ihrer Eigenschaft, in die Ware ihre eigenen Wünsche zu projizieren, zunehmend das Ziel dieser Taxonomien des Tausches sind, werden in dieser Gründungsszene adressiert. Neue Krankheitsbilder wie Nervosität und Kleptomanie sind die Folge. Zola stützte sich in den Recherchen für seinen naturalistischen Roman auf Häuser wie „Le Bon Marché"; das

---

hat in ihren Ausführungen zur *Histoire économique et sociale de la France* erläutert, dass die Veränderung der Lebensbedingungen ein zentrales Thema bourgeoisen Denkens und realistischer Romankunst im Frankreich des 19. Jahrhunderts ist.

Kaufhaus, das Zola als Modell für seinen Roman diente, wurde 1852 gegründet, 1865 und 1895 folgten die großen Kaufhäuser „Le Printemps" und „Les Galeries Lafayette", die für eine Metamorphose im urbanen Raum mit der von Haussmann geprägten Stadtarchitektur mit den entstehenden Boulevards sorgen und weltliche Kathedralen schufen, in welchen ein Kult der Ware vorherrschte. Die durch die industrielle Revolution ermöglichte Massenproduktion bedingt das Verschwinden der kleinen handwerklich orientierten Läden und prägt die entstehende Konsumgesellschaft. Dadurch, dass die Protagonistin Denise Baudu numerisches und intuitives Wissen vereint, trägt sie in der von Zola entworfenen liberalen Utopie dazu bei, die Gewinnmaximierung des Warenhausgründers Octave Mouret mit einer sozial gerechteren Behandlung des neuen Berufsstandes der „vendeuses", der Verkäuferinnen zu verbinden. Die Tauschszenen, die das Gebot des gesellschaftlichen Scheins perfektioniert haben, um Aufstieg zumindest vorzutäuschen, konterkarieren derart zugleich die Maxime Emma Bovarys, deren eigene Tochter schließlich Stoffe weben muss, während ihre Mutter an eben jenen Stoffen ihr Leben ausgerichtet hat. Während Emma Bovary dabei aber ständig über ihre Verhältnisse lebt, da ihr das Wissen um die Marktgesetze des Wirtschaftsliberalismus fehlen, erwirbt sich Denise durch genaue Beobachtung, das richtige Maß an Resilienz und Empathie schließlich eben das Wissen, das nötig ist, auf dem freien Markt zu reüssieren. Konstatiert Zola (1884) über seine Heldin „D'un côté, le côté financier et commercial, la création du monstre, donné par la rivalité des deux magasins et par le triomphe du grand écrasant le petit; et de l'autre, le côté passion, donné par une intrigue de femme, une petite ouvrière pauvre dont je raconte l'histoire et qui conquiert Octave peu à peu", so avanciert der Name Denise selbst zum Nennwert, zur Währung (compte courant) erscheint er doch nicht weniger als 528 Mal in diesem elften Band des Zyklus der Rougon-Macquart.

Zola, der in *L'argent* (1891) eine Gründungsszene der Moderne ins Zentrum rückt und Spekulation als Praxis der (Klein-)Anleger schildert (Finger 2017, S. 143), zeigt hier am Beispiel von Denise eine Form der Resilienz gegen den vorherrschenden Konsumgedanken auf. So ist wiederholt die Rede davon, dass das Geld knapper wird und sich somit ein Verdrängungswettbewerb entwickelt, der sich auch auf die Taxonomie des zwischenmenschlichen Handelns auszuwirken scheint. Frauen werden immer stärker auch zum sexualisierten Konsumobjekt, was sich in der Inszenierung der zerstückelten Frauenkörper offenbart, welche in Form von fetischisierten Schaufensterpuppen im Warenhaus der Zukunft für Modeartikel werben, eine immer kürzere Halbwertszeit implizieren und somit auf ein neues Zeitregime verweisen. Werden zuvor vor allem Käuferinnen und Käufer gezeigt, die mit billigen Stoffen zu immer mehr Konsum angeregt werden sollen, was sich auch in Krankheitsbildern wie der Kleptomanie offenbart, und

Frauen, die selbst zum Konsumobjekt werden, was ironisch in den Schaufensterpuppen gespiegelt wird, welche bewusst in ihrer betonten Sexualität objektifiziert werden (vgl. Vinken 1998, S. 145–153), so entwickelt im Verlauf der Handlung vor allem Denise eine Form der Resilienz. Sie, die aus der Provinz stammt und als Frau durch das vorherrschende männliche Blickregime als Projektionsfläche männlichen Begehrens und als Objekt taxiert und dem vorherrschenden gewinnmaximierenden Denken unterworfen wird, scheint durch ihren Widerstand eben diese Ordnung infrage zu stellen. So steigert sie ihren eigenen Wert dadurch, dass sie sich den Verführungsversuchen des Kaufhausbesitzers Mouret immer wieder entzieht, der sie in die Reihe der verführten und verlassenen Frauen einreihen möchte. Gleichzeitig erweist sie sich als frühe Verfechterin einer utopistischen sozialgerechteren Ordnung, indem sie sich für andere Angestellte – insbesondere Frauen – einsetzt. Dabei schreibt sie sich aber auch wieder in die gängige Ordnung ein, insofern, als sie selbst durch den Erwerb finanzökonomischen Wissens eben dieses ökonomische Denken, das Spekulieren auf Glück und persönlichen Erfolg, gewinnbringend für sich selbst einzusetzen weiß. Anders als France in dem Film von Klapisch gibt sie seinem Verlangen aber nicht einfach nach, sondern erweist sich als widerständig. Durch die Verweigerung des eigenen Körpers, der zum schnellen Genuss immer wechselnder Geliebter gedacht war, weiß sie nicht nur die eigene Autonomie zu behaupten, sondern auch die Exklusivität des begehrten Objekts in der Taxonomie des Mannes hervorzuheben: „— Non, laissez-moi… Je ne suis pas une Clara, qu'on lâche le lendemain. Et puis, monsieur, vous aimez une personne, oui, cette dame qui vient ici… Restez avec elle. Moi, je ne partage pas" (Zola 1883, S. 360). Deutlich wird dies in der Aussprache, die auf einen Brief folgt, in dem er ihr das Angebot unterbreitet hat, ihr, als seiner Geliebten, ein besseres Leben zu führen. Aufschlussreich ist vor allem, dass sie, indem sie ihm hier einen Aufschub des Begehrens nicht länger ermöglicht, ein Umdenken in dem kapitalorientierten und auf schnellen Konsum ausgerichteten Denken des Kaufhausbesitzers herbeiführt. So reagiert sie auf seinen Brief nicht, wie erwartet mit einem Antwortschreiben, sondern sie nimmt Feder und Tinte, um Listen für die Inventur zu schreiben, Enumerationen, die auf das Konsumverhalten Mourets im Hinblick auf Frauen verweisen.[2] Indem sie sich eben diesem Angebot, seine Geliebte zu werden und sich somit in die Liste

[2] So sagt sie Pauline gegenüber: „J'ai reçu une lettre, c'est à moi d'y répondre" (Zola 1883, S. 329). Den Brief lässt sie zu Boden fallen, verbirgt ihn aber schließlich in einer Tasche ihres Kleides. In dem Kapitel ist immer wieder von der Tinte und der Feder die Rede, d. h. die Erwartung eines Antwortbriefes wird erweckt, aber immer wieder unterlaufen, da diese Schreibutensilien nur im Kontext des Erstellens der Listen Verwendung finden.

seiner Frauen einzureihen, entzieht, bereitet sie auch seinen Spekulationen auf das eigene Glück im Rekurs auf den Körper der Frauen ein Ende.

Sie gibt schließlich dem Drängen des Kaufhausbesitzers nach, der sie nun aber auch heiratet, was ihr den gesellschaftlichen Erfolg sichert, der wiederum davon abhängt, dass das Kaufhaus insgesamt weiter Gewinne macht. Man könnte in dem Zusammenhang aber auch fragen, ob sie nicht diesen Erfolg nur erzielen kann, da sie selbst ihre Liebe als Gabe aus freien Stücken gibt und nur das materielle Gut, nämlich ihren Körper, entzieht. Insofern ist sie eine Figur, die als utopische Figur und ihrem Entwurf eines sozial gerechteren Wohnmodells für Angestellte die späteren noch deutlicher als Utopie dargestellten Weltentwürfe in Romanen wie *Travail* oder *Fécondité* präfiguriert.[3] Dies wird auch deutlich durch die Szene der Hochzeit, die eben diesen Widerspruch, diese Ambivalenz deutlich macht:

> Ce qui arrêtait ces dames, c'était le spectacle prodigieux de la grande exposition de blanc. Autour d'elles, d'abord, il y avait le vestibule, un hall aux glaces claires, pavé de mosaïques, où les étalages à bas prix retenaient la foule vorace. Ensuite, les galeries s'enfonçaient, dans une blancheur éclatante, une échappée boréale, toute une contrée de neige, déroulant l'infini des steppes tendues d'hermine, l'entassement des glaciers allumés sous le soleil. On retrouvait le blanc des vitrines du dehors, mais avivé, colossal, brûlant d'un bout à l'autre de l'énorme vaisseau, avec la flambée blanche d'un incendie en plein feu. Rien que du blanc, tous les articles blancs de chaque rayon, une débauche de blanc, un astre blanc dont le rayonnement fixe aveuglait d'abord, sans qu'on pût distinguer les détails, au milieu de cette blancheur unique. Bientôt les yeux s'accoutumaient : à gauche, la galerie Monsigny allongeait les promontoires blancs des toiles et des calicots, les roches blanches des draps de lit, des serviettes, des mouchoirs ; tandis que la galerie Michodière, à droite, occupée par la mercerie, la bonneterie et les lainages, exposait des constructions blanches en boutons de nacre, un grand décor bâti avec des chaussettes blanches, toute une salle recouverte de molleton blanc, éclairée au loin d'un coup de lumière. Mais le foyer de clarté rayonnait surtout de la galerie centrale, aux rubans et aux fichus, à la ganterie et à la soie. (Zola 1883, S. 435-469).

Das Hyperbolische der Form und die wiederholte Nennung der Farbe Weiß verweist auf die Entropie der Moderne, aber auch auf die Flüchtigkeit der Großstadt. Auch die Ambivalenzen der Moderne, welche eng mit der Logik von An- und Abstoßung des Spekulationsverhaltens an der Börse verknüpft sind, werden wie später in *L'argent* (vgl. Finger 2017, S. 139) an dem Verhalten Denises aufgezeigt, welche sich zwar einerseits im Rekurs auf ein feminines finanzökonomisches Wissen dem konsumorientierten Körper-Kapital-Verhältnis

[3] Uwe Dethloff (2005, S. 154 f.) weist diese deutlich als Gegenentwürfe zur Realgesellschaft und als Zukunftsmodelle aus.

zu entziehen weiß, sich andererseits aber auch selbst einer spekulativen Logik nicht ganz verschließt. Zugleich lässt sich der Text selbst als Autoreflexion des Schreibens in Zeiten der Industrialisierung und Ökonomisierung lesen. Letztendlich muss die Auflistung, wie sie hier erfolgt, die Enumeration, die sich auch in den Listen manifestiert, welche Denise statt einer Antwort, statt eines Briefes an Mouret formuliert, begleitet werden von einem individualisierten, auf das persönliche Schicksal ausgerichteten Denken, welches auch Frauen als Akteurinnen ausreichend berücksichtigt. Dieses zeigt die Wäscherin Pauline, welche jedes weiße Kleidungsstück einem Besitzer zuordnen kann, dessen Geschichte sie zu erzählen versteht (vgl. Cnockaert 2004, S. 438). So gilt auch für den Roman, der sich in die Gesamtstruktur des Zyklus der Rougon-Maquart einordnet und somit dem experimentell-naturalistischen Duktus gehorcht, dass trotz aller Allgemeingültigkeit der Figuren und ihres Handelns immer auch eine personalisierte, individualisierte Geschichte erforderlich ist, will der Schriftsteller seine Geschichte zu einer Erfolgsgeschichte machen, d. h. schwarze Zahlen schreiben.

4 François Simiand (Durkheim-Kreis 1994) und der monetäre Glaube der Lohnarbeiterinnen und -arbeiter

François Simiand gehörte dem Kreis um Émile Durkheim an und galt, neben Marcel Mauss, als der prominenteste Soziologe ökonomischer Relationen in diesem Kreis, wenngleich seine Arbeiten in der heutigen Wirtschaftssoziologie nicht sehr intensiv rezipiert werden (s. aber Steiner 2013). Simiand gab zwischen 1901 und 1906, parallel zu seiner Aktivität für die *Année sociologique*, die Zeitschrift *Notes critiques. Sciences sociales* heraus, die sich in noch umfänglicherer Weise als die *Année sociologique* ökonomischen Problemen widmete, und publizierte umfangreiche monografische Arbeiten (etwa *Le Salaire des ouvriers des mines des charbon en France*, 1907, und *La méthode positive en science économique*, 1912), die insbesondere ökonomische Tausch-, Preis-, Geld- und Lohntheorien kritisierten und an deren Stelle er eine Sicht auf Geld als eine soziale Realität im Sinne einer moralischen Tatsache in Durkheims Verständnis setzen wollte (s. die zusammenfassende, spätere Darstellung bei Simiand 1934).

Insbesondere befasste er sich mit der Bedeutung von Geld als einer nicht nur oder nicht einmal überhaupt ökonomischen, sondern einer ‚sozialen Tatsache'. Denn Simiand erörtert das Wesen des Geldes innerhalb eines soziologischen Paradigmas, das die Vorgängigkeit des Sozialen vor dem Individuellen betont.

Dieses Paradigma wird von ihm gegen die zeitgenössische Ökonomik, insbesondere die politisch-ökonomische Klassik und die marginalistische Neoklassik, in Anschlag gebracht. Die Klassik hielt sich damit auf, den ökonomischen Wert von Gegenständen aus bestimmten, unabhängig und objektiv bestimmbaren Parametern ableiten zu können (etwa eingesetztes Kapital oder Arbeit) und, vor allem, Geld lediglich als ein Tauschmittel zu sehen, über das die Menschen eine Übereinkunft gefunden hätten (Simiand 1934, S: 74, 85). Die Neoklassik wiederum, die im Kern eine Theorie der Preisbildung ist, sieht ähnlich wie die Klassik Geld lediglich als ein getauschtes Gut unter anderen. Erstere verkennt dabei, so Simiand, dass Geld in den Augen seiner Benutzer durchaus einen Eigenwert hat und nicht bloß Wertmaßstab ist; letztere vermag nicht zu erkennen, dass Geld bestimmte Qualitäten zugeschrieben werden, die es von jedem anderen Gut unterscheiden. Geld ist somit aus Simiands Sicht ein Objekt, welches eine gesellschaftliche Wertzuschreibung erfährt, aufgrund der „es von der Gesamtheit aller Waren unterschieden und unabhängig ist“ (Simiand 1934, S. 94).

In zweiter Linie richtet sich Simiand gegen ökonomische Studien, die versuchen, den Geldwert aus mathematischen Äquivalenzen zu bestimmen, beispielsweise aus der Beziehung zwischen Geldmenge und Goldvorräten (id., S. 72). Hier meldet Simiand das Argument an, dass sich der Wert des Geldes in erster Linie aus einem ‚Vertrauen‘ in die Erfüllung eines Wertversprechens in der Zukunft speist. Allein schon, weil über die genauen zukünftigen Nutzungsweisen von Geld nichts gesagt werden kann, eignet dem Geldwert in jeder denkbaren Gegenwart ein spekulativer (man könnte auch sagen: auf Hoffnung begründeter) Wert (Simiand 1934, S. 98–101).

Aus heutiger Rückschau auf die Wissenschaftsgeschichte der französischen Soziologie kann seine Gesamtanalyse nicht überraschen. Geld ist für Simiand Projektionsfläche von sozialen Überzeugungen und von einem „Glauben“ (Simiand 1934, S. 111), die historisch auf eine Verbindung zwischen dem Monetären und dem Sakralen zurückgeführt werden können (id.: 74). Wenngleich die explizite Sakralisierung des Geldes, die seinen ‚außerordentlichen‘ Wert verbürgt, der Vergangenheit angehört, macht Simiand das Element des Glaubens an unterschiedlichen zeitgenössischen Phänomenen fest: beispielsweise dem unterschiedlichen Vertrauen in den Wert nichtkonvertibler Nationalwährungen, je nachdem, welchem nationalen Kollektiv ein Individuum angehört; oder die nicht mathematisch fassbaren Verhältnisse zwischen Geldwert, Goldwert, Produktionskosten, Angebotspreisen und anderen (national-)ökonomisch berechenbaren Größen (id., S. 98–101. Geld ist für Simiand somit eine ‚Kollektivrepräsentation‘ im Durkheimschen Sinne. Letztlich verkörpert es in den Augen der Gesellschaftsmitglieder die moralische Gangbarkeit und die faktische Zukunft einer

Kollektivität: Es ist *„eine Sache des Vertrauens* (oder des Misstrauens)." (id., S. 100, Hvhb. i. O.).

Innerhalb unserer Argumentation schießen sich an diese Exposition von Simiands Sicht auf Geld zwei Fragen an. Die erste lautet: Wo liegt das Moment des Zweifels an ökonomischem Wissen in Simiands Theorie des Geldes? Sie liegt in einer doppelten Geste, die einerseits die Gewissheiten der Ökonomik als scheinbare und irreführende enttarnt und zweitens auf der Eigenschaft des Geldes besteht, etwas zu sein, dessen gesellschaftliche Bedeutung nicht in einem Gewusstwerden, sondern in einem Geglaubtwerden besteht.

Simiands kritische Haltung gegenüber der Ökonomik ist aus Sicht der heutigen Diskussion in der Wirtschaftssoziologie im Grunde wohlbekannt: Er sät Zweifel an einer Form ökonomischen Wissens, die szientistisch vorgeht, d. h. die Ökonomie als Set von Binnenrelationen zwischen objektiven ökonomischen Werten betrachtet (gleichviel, ob es sich hierbei um Relationen zwischen verschiedenen Wertträgern oder um Relationen zwischen Wertrepräsentationen und ihnen angeblich unterliegenden ökonomische Realien handelt). Sein Objektivitätsverständnis – nämlich von Geldwert als einer sozialen Tatsache auszugehen (Simiand nennt es „monetäre[.] Tatsache" [Simiand 1934, S. 72]) – wird somit diametral gegen eine ökonomistisch verkürzte Sichtweise auf Objektivität als den monetären Gegenständen und ihren Wechselbeziehungen inhärent, quantitativ abbildbar, und unabhängig von ihrer sozialen Ausdeutung, gesetzt. Der Zweifel an *ökonomischem* Wissen ist somit eine Folge der Valorisierung *soziologischen* Wissens. Denn Geld ist *das* Beispiel für die „Erschaffung eines ökonomischen Werts [, der] seinen Ursprung in der Gesellschaft" hat (id., S. 75), und daher kann sein Wesen nur auf gesellschaftstheoretischem Wege erkannt werden. Simiand (id., S. 83) scheut sich nicht, dieses Programm in Begriffen des Auguste Comteschen Dreistadiengesetzes menschlicher Erkenntnis zu formulieren, nämlich als ‚positives' Stadium der Erkenntnis, in dem Phänomenen wie irrational scheinender Glaube – eben auch Glaube an den Eigenwert des Geldes – in seiner realen Funktionalität für die Gesellschaft erkannt werden kann.

Diese soziologische Erkenntnis beinhaltet indes das Argument, dass die gesellschaftliche Natur des Geldes von einer Art ist, die ihrer Rationalisierung und epistemischen Durchdringung durch die Gesellschaftsmitglieder enge Grenzen setzt (Mauss und Simiand 1934, S. 140, 142). Simiand zufolge besteht das gesellschaftliche Wesen des Geldes in modernen Gesellschaften vor allem in seiner Wertaufbewahrungsfunktion (id., S. 137), der er eine spezifische, Durkheimianische Lesart gibt. Ihr zufolge beruht der Wert modernen Geldes auf einem Glauben daran, in der Zukunft etwas, das derzeit noch nicht bestimmt werden muss, tun zu können – gewissermaßen eine Spekulation auf die Zukunft. In einer akademischen

Diskussion, die im Mai 1934 im Institut français de sociologie stattfand und die den Kernthesen Simiands im Lichte seines jahrzehntelangen Wirkens in der Geldsoziologie gewidmet war, stellt sich Simiand einem Einwand von Pirou entgegen (id., S. 131 f.), welcher zur Geltung brachte, dass lohnabhängig Beschäftigte in Zeiten der Geldentwertung einen klaren Unterschied zwischen einem nur angeblichen Versprechen des Geldes auf zukünftige Kaufmöglichkeiten und einer rationalen Strategie der sofortigen Verausgabung inflationsunterworfenen Geldes für Sachwerte machen. Simiand argumentiert, dass eine solche Konstellation kein Indiz für ein Auseinandertreten von Geldrepräsentation und operativem Geldwert, sondern stattdessen für einen Zusammenbruch der modernen Geldordnung ist, weil die Funktion des Geldes, ein glaubhaftes Versprechen auf zukünftige beliebige Gebrauchsweisen zu sein, wegbricht (id., S. 139). Geld ist daher ein Charakteristikum der modernen Gesellschaft gerade deswegen und insofern, als es den Gesellschaftsmitgliedern einen Glauben an zukünftige Handlungsmöglichkeiten vermittelt. Auf den Einwand Pirous direkt eingehend, dass seine Theorie keine Möglichkeit rationalen ökonomischen Handelns seitens der Gesellschaftsmitglieder vorsehe, antwortet Simiand in charakteristisch Durkheimianischer Weise, dass Rationalität einzig im (soziologischen) Erkennen und Anerkennen des „Zwang[s], der jeder Gesellschaft, die ökonomisch progressiv sein will, auferlegt ist", (id.), bestehen könne – es geht darum, „Dinge verständlich zu machen, die man nicht versteht" (id., S. 140).

Es läuft somit darauf hinaus, den gesellschaftlichen, immanent nicht rationalisierbaren Glauben an die zukünftige Werthaltigkeit des Geldes als eine ‚monetäre Tatsache' anzuerkennen. Die Gesellschaftsmitglieder spekulieren auf die prosperierende Zukunft ihres Kollektivs. Aber weil das Objekt ihrer Spekulation nicht individuelle Bereicherung, sondern kollektiver Reichtum ist (der als die Voraussetzung individuellen Wohlstands gilt), handelt es sich nicht um Spekulation i.S. individueller irrationaler Bereicherungsabsicht, sondern um eine Projektion der eigenen Mitgliedschaft in der Gesellschaft in die Zukunft – mit anderen Worten, um einen Glauben, der nicht „Illusion oder Irrtum", sondern „wesentliche Realität" der Gesellschaft ist (Simiand 1934, S. 83).

Die zweite Frage lautet, welche Szenen Simiand bemüht, um diesen Zweifel an der Möglichkeit ökonomischen Wissens zu begründen. In der besagten Diskussion reiht Simiand verschiedenste historische und gegenwärtige Beispiele aneinander. Er beginnt mit den offensichtlichen Widersprüchen zwischen ökonomischen Doktrinen zur Goldbindung des Wertes von Währungseinheiten und Zentralbankpolitiken (insbesondere der Bank of England), die diese Doktrin durchkreuzen. Weiter in der Vergangenheit zurückliegende ebenso wie einige ethnologische Episoden – die als Beispiele für die Strategie des Durkheim-Kreises anzusehen sind, die Soziologie als Leitwissenschaft durch eine gesellschaftsfunktionalistische Reformulierung andersfachlicher, v. a. auch ethnologischer Arbeiten zu etablieren (ein Hauptziel der *L'Année sociologique*, s. Karady 1981 und Vogt 1981) – dienen dazu, den historischen Ursprung des Geldes in zeremoniell oder religiös hochbesetzten Gegenständen (etwa Schmuck) darzulegen (Simiand 1934, S. 88–90). Das Beispiel nichtkonvertibler Nationalwährungen wird angeführt, um die Gebundenheit der Wertschätzung einer Währung an die Zugehörigkeit zu gesellschaftlichen (nationalen) Kollektiven zu unterstreichen (vgl. Simiand 1932, S. 453–457). Entscheidend für das Vorgehen Simiands ist indes, dass er die Untersuchung der ‚monetären Tatsache' empirisch dort beginnt, wo sie, ihm zufolge, am klarsten und reinsten artikuliert ist (Mauss und Simiand 1934, S. 136): nämlich bei der *Lohnarbeit* in modernen, arbeitsteilig differenzierten Gesellschaften. So ist Simiands Hauptwerk der Frage gewidmet, wie sich Veränderungen der Lohnhöhe, am Beispiel des Kohlebergbaus, seit dem späten 18. Jahrhundert bis in seine Gegenwart erklären lassen. Seine Beobachtung, dass Lohnhöhe und Preisniveau miteinander gekoppelt seien und zugleich auf bevorstehende Konjunkturentwicklungen vorauswiesen, interpretiert er mit Bezugnahme auf den besonderen Glauben an das Geld, nämlich,

> „en raison du rôle que *la monnaie* dans la vie économique, de type avancé, joue non uniquement comme signe, expression ou mesure de la valeur économique, mais davantage comme *réalisation essentielle et la plus générale de cette valeur et plus encore comme anticipation de valeurs nouvelles dans le futur*" (Simiand 1932, S. XVIII, Hvhb. i. O.).

Es handelt sich bei diesem Vorgehen um eine Variation der Durkheimschen Methode, wie sie am klarsten in den *Elementaren Formen des religiösen Lebens* (Durkheim 1912) unterbreitet wurde: soziale Tatsachen anhand von empirisch-historischen Beispielen zu untersuchen, in denen sich diese Tatsachen am deutlichsten zeigen. Während Durkheim für seine Analyse des Sakralen hierfür ‚vormoderne' Gesellschaften heranzog, in denen die Religion gesellschaftliche Prozesse als Ganze strukturierte, wählt Simiand für seine Analyse des Geldes zuvörderst moderne Gesellschaften mit „Ökonomien progressiven Typs" (Simiand 1934, S. 117), die seines Erachtens am stärksten durch die Präsenz des Geldes in allen Gesellschaftsschichten und -sektoren geprägt sind. Simiands Fokus auf die Lohnarbeiterinnen und -arbeiter unterstreicht den epistemischen Anspruch, Aussagen über die Gesamtgesellschaft zu treffen und nicht nur über eine bürgerliche, mit dem Geldverkehr seit langem vertraute Elite. Umgekehrt ist die gesellschaftliche Bedeutsamkeit des Geldes nicht von dessen ökonomischer Funktionalität her zu denken (die entsprechendes Wissen im Umgang mit Geld voraussetzt), sondern von seiner Bedeutsamkeit für breite Gesellschaftsschichten, in welcher „die Geld*repräsentation* tatsächlich eine Realität ist, ein konstitutiver wesentlicher Bestandteil in der Funktionsweise [...] eines ökonomischen Systems im eigentlichen Sinne.“ (id., S. 116, meine Hvhb.).

Fazit

Im Unterschied zu den meisten bisherigen Forschungen zum langen 19. Jahrhundert, die auf die Konstitution von gesellschaftlichem Wissen über die Ökonomie durch außerökonomische Diskurse abzielen (etwa populäre, moralische und ästhetische Diskurse), haben wir Artikulationen des *Zweifelns* an Wissen über die (Geld-) Wirtschaft sondiert und ihre Ausprägungen und Wechselwirkungen zwischen Literatur und Soziologie in den Blick genommen. Unsere Frage lautete, durch welche literarischen und soziologischen Darstellungsformen die (Geld-)Wirtschaft als ein Bereich gesellschaftlich relevant gesetzt wird, über den Wissen nur begrenzt oder gar nicht möglich ist. Abschließend tragen wir die allgemeinen Ergebnisse der vorliegenden Untersuchung zusammen.

Die konzeptuelle Trias von Imaginärem/Imagination, Spekulation und Szene hat es vermocht, literarische und soziologische Reflexionen und Problematisierungen geldwirtschaftlichen (Nicht-)Wissens zu fokussieren, die auf bestimmte Sozialfiguren und soziale Milieus zugeschrieben werden, welche in diesem Beitrag zu exemplarischen Zwecken herausgearbeitet wurden. Im Falle der französischen Romanliteratur sticht die Inszenierung des geldwirtschaftlichen Nichtwissens von Frauen heraus, die sich indes als ambivalente Projektionsfiguren erweisen, weil ihnen an einigen narratologisch entscheidenden Punkten die Fähigkeit attestiert wird, sich unter bestimmten Bedingungen die Regeln der Geldwirtschaft – insbesondere auch ihre spekulative Logik – und damit die Regeln sozialen Aufstiegs anzueignen. In der Geldsoziologie Simiands liegt der Schwerpunkt auf dem sozialen Milieu der lohnabhängig Beschäftigten, denen Simiand statt eines Wissens um das Geld und den Geldwert einen Glauben an selbigen attestiert – einen Glauben, der die Arbeiterinnen und Arbeiter in die Gesamtgesellschaft einbindet und letztere gleichzeitig gegenüber den Beschäftigen in Wert setzt, und zwar auf dem Wege einer kollektiven Spekulation auf die künftige Prosperität des Gemeinwesens.

Sowohl Literatur wie Soziologie befassen sich somit mit der gesellschaftskonstitutiven Bedeutung von monetärem Nicht- und Halbwissen. Mittels einer Thematisierung des defizitären Wissens vom Geld, das durch andere Orientierungsweisen substituiert wird – die Verschiebung der ökonomischen Logik auf das Gebiet der Liebesökonomie in der Literatur, die Ersetzung eines Wissens vom

Geld durch einen ermächtigenden Glauben bei Simiand – werden zugleich Diagnosen der modernen französischen Gesellschaft formuliert. Schließlich wird mittels der Thematisierung und Problematisierung geldwirtschaftlichen Nichtwissens, und der Artikulation entsprechender Szenen, ein epistemischer Anspruch formuliert: Sowohl Literatur wie Soziologie stellen sich auf den Standpunkt, die Bedeutsamkeit des Ökonomischen und des Wissens von ihm adäquater darzustellen als die zeitgenössische Wirtschaftswissenschaft – und sie setzen bei der Formulierung dieses Anspruchs auf ganz bestimmte Szenen.

So etabliert sich das Monetäre im 19. Jahrhundert als eine imaginäre Referenz zur Gesellschaft und stellt diese damit vor eine sozusagen stellvertretende Herausforderung epistemischer Durchdringung. Diese wird insbesondere von der Romanliteratur und der Soziologie angenommen und zur Profilierung je eigener epistemischer und darstellerischer Ansprüche genutzt – nicht immer gleichzeitig, sondern in verschiedenen Reflexionsschritten und mit nachhaltiger Wirkung. Wenngleich eine Weiterverfolgung der zweifelnden Epistemologien im 20. und 21. Jahrhundert nicht Gegenstand der vorliegenden Untersuchung ist, scheint eine weitere Untersuchung der Problematisierungsformen monetären und ökonomischen Wissens gerade für die jüngere Vergangenheit und die Gegenwart lohnenswert. Denn trotz, oder vielleicht wegen, des Siegeszuges der neoklassisch informierten Wirtschaftswissenschaft seit dem 20. Jahrhundert bleiben Zweifel an monetärem Wissen, ja haben sich, wie gegenwärtige Debatten um das Wesen des Geldes angesichts neuer ‚dezentraler' digitaler Währungen anzeigen, eher noch verstärkt.

Literatur

Flaubert, Gustave. [1856] 2001. *Madame Bovary. Mœurs de Province*, Hrsg. Thierry Laget. Paris: Gallimard.

Mauss, Marcel, und Simiand, François. 1934. Debatte über die Funktion des Geldes. In *Schriften zum Geld*, Hrsg. M. Mauss, 120–142. Berlin: Suhrkamp.

Simiand, François. 1912. *La méthode positive en science économique*. Paris.

Simiand, François. 1932. *Le salaire. L'évolution sociale et la monnaie*. Tome premier. Paris: Félix Alcan.

Simiand, François. 2015 [1934]. Das Geld, eine soziale Realität. In *Marcel Mauss: Schriften zum Geld*, Hrsg. H. P. Hahn, M. Schmidt, und E. Seitz, 68–119. Berlin.

Zola, Émile. 1883. *Au bonheur des dames*. Paris: G. Charpentier et E. Fasquelle.

Zola, Émile. *Extraits de l'ébauche du Bonheur des Dames*. Archiv BNF. http://expositions.bnf.fr/zola/bonheur/dossierprep/1/naf10277_010.htm. Zugegriffen: 29. Nov. 2022.

Sekundärliteratur

Baumann, Zygmunt. 2009. *Leben als Konsum*. Hamburg: Hamburger Edition.

Boy, Nina. 2014. Öffentlichkeit als public credit. In *Finanzmarktpublika. Moralität, Krisen und Teilhabe in der ökonomischen Moderne*, Hrsg. A. Langenohl und D. J. Wetzel, 301–317. Wiesbaden.

Brantlinger, P. 1996. *Fictions of State: Culture and Credit in Britain, 1694–1994*. Ithaca.

Castoriadis, C. 1984. *Gesellschaft als imaginäre Institution. Entwurf einer politischen Philosophie*. Frankfurt a. M.

Cnockaert, Véronique. 2004. Denise ou la vertu attentatoire. In *L'écriture du féminin chez Zola et dans la fiction naturaliste*, Hrsg. Anna Gural-Migdal, 437–448. Bern: Lang.

Daumard, Adeline. 1993. Caractères de la société bourgeoise. *Histoire économique et sociale de la France* 3, Hrsg. Fernand Braudel und Ernest Labrousse. Paris: Quadriag – Puf.

Dethloff, Uwe. 2005. *Literatur und Natur – Literatur und Utopie: Beiträge zur Landschaftsdarstellung und zum utopischen Denken in der französischen Literatur*. Tübingen: Gunter Narr.

Durkheim, Émile. 1994. *Die elementaren Formen des religiösen Lebens*. Frankfurt a. M.: Suhrkamp.

Farzin, S., und Laux, H., Hrsg. 2014. *Gründungsszenen soziologischer Theorie*. Wiesbaden.

Finger, Jürgen. 2017. Spekulation für Jedermann und Jedefrau. Kleinanleger, Frauen und der graue Kapitalmarkt in Paris in der zweiten Hälfte des 19. Jahrhunderts. In *Sozialgeschichte des Kapitalismus im 19. und 20. Jahrhundert*, Hrsg. Friedrich Lenger und Philipp Kufferath, 143–172. Bonn: Dietz.

Goede, Marieke de. 2005. *Virtue, Fortune and Faith: A Genealogy of Finance*. Minneapolis.

Von Hagen, Kirsten. 2018. Les affaires d'argent – Zum Verhältnis von Ökonomie und Affekt in Flauberts Madame Bovary. In *Der Affekt der Ökonomie: Spekulatives Erzählen in der Moderne*, Hrsg. Gesine Hindemith und Dagmar Stöferle, 105–120. Berlin.

Von Hagen, Kirsten. 2019. Échange de biens et frénésie de dépenses: nouveaux espaces d'action économique dans les textes de Flaubert et Zola. In *La ritualité des rencontres: Modes de représentation littéraire*, Hrsg. Karin Schulz und Fabian Schmitz, 67–80. Berlin.

Hebekus, U., Koschorke, A., und Matala de Mazza, E., Hrsg. 2003. *Das Politische. Figurenlehren des sozialen Körpers nach der Romantik*. München.

Hörisch, Jochen. 1998. *Kopf oder Zahl. Die Poesie des Geldes*. Frankfurt a. M.: Suhrkamp.

Karady, Victor. 1981. Strategien und Vorgehensweisen der Durkheim-Schule im Bemühen um die Anerkennung der Soziologie. In *Geschichte der Soziologie. Studien zur kognitiven, sozialen und historischen Identität einer Disziplin*, Hrsg. W. Lepenies, Bd. 2, 206–262. Frankfurt a. M.

Langenohl, Andreas. 2013. Finanzmarktdiskurs und Produktivitätsdiskurs in Deutschland um 1900. Anmerkungen zu Werner Sombart, Max Weber und Georg Simmel. In *Der Produktivitätsdiskurs und seine Ausschlüsse*, Hrsg. Franziska Schößler und Ariane Totzke, 87–102. Bielefeld.

Langenohl, Andreas, und Wetzel, Dietmar J., Hrsg. 2014. *Finanzmarktpublika. Moralität, Krisen und Teilhabe in der ökonomischen Moderne*. Wiesbaden.

Lefort, Claude. 1990 [1983]. Die Frage der Demokratie. In *Autonome Gesellschaft und libertäre Demokratie*, Hrsg. Ulrich Rödel, 281–297. Frankfurt a. M.: Suhrkamp.

Lefort, Claude, und Gauchet, Marcel. 1990. Über die Demokratie: Das Politische und die Instituierung des Gesellschaftlichen [Mitschrift und Redaktion einer Lefort-Lesung von 1966/67 durch Marcel Gauchet]. In *Autonome Gesellschaft und libertäre Demokratie*, Hrsg. Ulrich Rödel, 89–122. Frankfurt a. M.: Suhrkamp.

Lehnert, Gertrud. 2009. Kaufrausch. In *Koordination der Leidenschaft. Kulturelle Aufführungen von Gefühlen*, Hrsg. Clemens Risi und Jens Roselt, 254–266. Berlin: Theater der Zeit.

Lepenies, Wolf. 2006 [1985]. *Die drei Kulturen. Soziologie zwischen Literatur und Wissenschaft*. Frankfurt a. M.

Macho, Thomas, Hrsg. 2014. *Bonds*. München: Schuld, Schulden und andere Verbindlichkeiten.

Marx, Karl. [1844] 1968. *Œuvres, Économie*, Bd. II. Paris: Gallimard.

Nakano, Shigeru. 2004. *Les réalités écnomiques et sociales dans l'œuvre de Gustave Flaubert: Madame Bovary et L'Éducation sentimentale*, Dissertion, Lille.

Polanyi, Karl. 1978 [1944]. *The Great Transformation. Politische und ökonomische Ursprünge von Gesellschaften und Wirtschaftssystemen*. Frankfurt a. M.: Suhrkamp.

Poovey, Mary. 2008. *Genres of the Credit Economy: Mediating Value in Eighteenth- and Nineteenth-Century Britain*. Chicago.

Preda, Alex. 2009. *Framing Finance: The Boundaries of Modern Capitalism*. Chicago: University of Chicago Press.

Schröder, Achim. 1999. Geld und Gesellschaft in Balzacs Erzählung Gobseck. *Germanisch Romanische Monatsschrift* 49:161–235.

Steiner, Philippe. 2013. Religion und Wirtschaft. Mauss, Simiand und das Durkheim'sche Programm. *Berliner Journal für Soziologie* 22:473–496.

Vinken, Barbara. 1998. Mannequin, Statue, Fetisch. *Kunstforum* 145:145–153.

Vogt, W. Paul. 1981. Über den Nutzen des Studiums primitiver Gesellschaften: Eine Anmerkung zur Durkheim-Schule 1890–1940. In *Geschichte der Soziologie. Studien zur kognitiven, sozialen und historischen Identität einer Disziplin*, Hrsg. W. Lepenies, Bd. 3, 276–297. Frankfurt a. M.

Hochschulforschung und Universitätsroman. Korrespondenzen, Diskrepanzen

Christa Karpenstein-Eßbach

1 Zwischen Wissenschaft und Literatur

Wer eine Buchhandlung oder eine Bibliothek betritt, findet dort erwartungsgemäß die Bücher der *belles lettres* und die der Wissenschaften in getrennten Abteilungen – die letzteren geordnet nach den verschiedenen disziplinären Gebieten des Wissens, die ersteren nach Autoren, eventuell nach Ländern, Epochen oder literarischen Gattungen. Keinesfalls kommen Frisch, Max und Foucault, Michel oder Sanyal, Mithu und Stachowicz, Victoria nebeneinander zu stehen. Während die Wissenschaften der Erkenntnis dessen, wie es sich mit den Dingen verhält und wie das Wissen von ihnen in eine Ordnung gebracht werden kann, verpflichtet sind, besteht die Welt der Literatur aus Erfindungen und Fiktionen, weshalb die Dichter gar unter die Lügner fallen. Wie lassen sich Beziehungen zwischen den getrennten Gebieten der Wissenschaften und der Literatur herstellen, die auch Auskunft geben können über die Modalitäten ihrer Erkenntnisse und des Wissens, die dort jeweils zu finden sein können?

Für die Frage nach den disziplinären Ordnungen des Wissens steht uns das diskursanalytische Verfahren zur Verfügung. Hier geht es um ein begrenztes Feld: um eine geregelte Sprache, die den Raum dessen absteckt, was zu einer Zeit gedacht, d. h. was als sinnhafte Äußerung gemacht bzw. für wahrheitsfähig gehalten werden kann und den Focus der wissenschaftlichen Aufmerksamkeit bestimmt. Dazu gehören auch, so Foucault, „bestimmte Funktionen in der Gesellschaft“, insofern die „Beschreibung der Diskurse (…) versucht, jenes ganze

C. Karpenstein-Eßbach (✉)
Universität Mannheim Seminar für deutsche Philologie, Freiburg, Deutschland
E-Mail: karpenstein.essbach@gmail.com

C. Magerski und C. Steuerwald (Hrsg.), *„Die drei Kulturen“ reloaded,* Literatur und Gesellschaft. Literatursoziologische Studien,
https://doi.org/10.1007/978-3-658-42824-2_10

Gebiet der Institutionen, ökonomischen Prozesse und gesellschaftlichen Beziehungen zu entdecken, über die sich eine diskursive Formation artikulieren kann". (Foucault 1973, S. 234 f.)

Ein diskursanalytisches Verfahren für die Literatur hat Foucault an keiner Stelle entfaltet; es gibt keinen „literarischen Diskurs", in dem vergleichbare disziplinäre Ordnungen wie im Fall der Wissenschaften dingfest zu machen wären.[1] Man bleibt auf Literaturanalyse als Parallelaktion zu diskursanalytischen Verfahrensweisen verwiesen. Allerdings eröffnet der Befund, wonach es keinen eigenständigen literarischen Diskurs gibt, eine Perspektive, die *belles lettres* und Gebiete der Wissenschaft miteinander in Relationen zu bringen. Folgt man dem Literatursoziologen Jan Mukařovský, so enthält Literatur ein Spektrum außerästhetischer Momente bzw. Werte, die für die literarische Komposition von erheblicher Bedeutung sind, sei es, daß soziale, ethische, mitteilende, psychologische oder politische Momente und ein Wissen um sie zum Tragen kommen oder der Nachdruck auf Beschreibungen von Wirklichkeiten gelegt wird. (Mukařovský 1967, S. 37) Statt also Literatur als einen radikal eigenständigen Bereich abzugrenzen, steht sie, schon im Hinblick auf das einzelne Werk, in einem Feld von Beziehungen. Sie adoptiert die verschiedensten Diskurse, enthält ein, wenn man so will, internes Netz von Relationen auch in ihren Fiktionswelten. (Karpenstein-Eßbach 2000, S. 139) Zum einen läßt sich dann ein literarisches Werk in einer intratextuellen Analyse auf das hin untersuchen, was in es an Bruchstücken anderer Diskurse schon eingegangen ist, zum anderen aber können externe Relationen in einem Netz von Außerhalbs hergestellt werden, die das Werk mit nichtliterarischen Aussagegebieten in Beziehung setzen. Solche Relationen externer Art sind vorwiegend auf thematischer Ebene aufzufinden, sie stellen also Bücher der *belles lettres* und die aus bestimmten Gebieten der Wissenschaft im Blick auf Gegenstandsbezug und Thema in ein und dasselbe Regal. In diesem Beitrag handelt es sich um das Regal für Universitätsromane und die in das Gebiet der Soziologie fallende Hochschulforschung. In einzelnen Stationen werden, diskurs- und literaturanalytisch inspiriert, Korrespondenzen und Diskrepanzen zwischen ihnen aufgesucht, um abschließend die Aussageweisen von Soziologie und Literatur mit ihren möglichen unterschiedlichen Stellungen zur Welt und Weltsichten zu charakterisieren.

Es gibt zunächst eine bemerkenswerte Gemeinsamkeit von Literatur und Soziologie: beide können alles zu ihrem Gegenstand machen, von Globalisierung

---

[1] Als philosophisierte Literatur hingegen spielt sie bei Foucault eine markante Rolle als Zeichen für ereignishafte Umbrüche in der Geschichte des Denkens, so Cervantes, de Sade, Mallarmé, Roussel.

bis Familie, von Essensgewohnheiten bis Arbeitsbedingungen, von Krankheiten bis zum Sozialverhalten in Fahrstühlen oder der Interaktion zwischen Menschen, Tieren und Maschinen. Bei Chemikern, Mikrosystemtechnikern und, was zu vermuten steht, selbst Philosophen, sieht das anders aus. So sehr wir beide, Soziologie und Literatur, wohl zu unterscheiden wissen, liegt in ihrer grenzenlosen Gegenstandsvielfalt, die von ihren Untersuchungen, Erklärungen und Deutungen heimgesucht wird, auch ihre Konkurrenz beschlossen. Hier soll es nicht darum gehen, wie sich das Verhältnis zwischen beiden prinzipiell oder abstrakt darstellen ließe, sondern um einen bestimmten Gegenstandsbereich, den sie zu ihrer Sache gemacht haben. Aufgesucht werden soll der Ort, an dem es um Forschung und Lehre geht: die Universität, zum einen in soziologischen Forschungen und zum anderen in Universitätsromanen. Während in diesen konkrete Personen auftreten, ist in den Schriften der Hochschul- und Bildungssoziologie die Rede von systemischen Prozessen. Dabei sind die Themen dieser Forschung nicht aus einer anderen Welt als die Dinge, die in Universitätsromanen eine Rolle spielen. Im Folgenden sollen drei Aspekte jeweils soziologisch und literarisch behandelt werden: das Problem der Studienplätze und Hermann Kinders Roman „Vom Schweinemut der Zeit" (1980); die Frage: Institution oder Organisation und Annette Pehnts „Hier kommt Michelle" (2012); Humboldtreferenzen und Mithu Sanyals Roman „Identitti" (2021).

Hochschul- bzw. Bildungsforschung und -soziologie haben sich in einer kaum zu überschauenden Menge von Monographien und Sammelbänden niedergeschlagen, die z. T. aus eigens dafür gegründeten Zentren hervorgegangen sind. Orientiert an diskursanalytischen Verfahrensweisen lassen sich die Modalitäten, Ordnungen und Objektfelder, in denen Universität soziologisch konturiert wird, erschließen. Einen ersten Eindruck vermittelt das kurrente, wiederkehrende Vokabular, zusammengetragen aus einer ganzen Reihe von Veröffentlichungen. Die gewiß nicht vollständige Liste lautet, in alphabetischer Reihenfolge: Absolventen, Autonomie, ökonomischer Wandel, Evaluation, Exzellenz, Forschungs- und Innovationspolitik, Flexibilität, Hochschulsteuerung, Indikatoren, Inklusion, Innovation, Karrierestrukturen, Kompetenzniveau und -management, Konkurrenz, Mainstreaming, Modul, Organisationsgestaltung, Professionalisierung, Profilbildung, Qualifikationsstandards, Steuerungsmodelle, Studiengang, Vorgaben, Wissenstransfer, Zielvereinbarung.[2] Das Vokabular ist frei von Begriffen, die

[2] Zusammengestellt u. a. aus: Altvater et al. 2007, Kehn et al. 2012, Alt 2021 sowie Publikationen des Instituts für Hochschulforschung Halle-Wittenberg. Angesichts der Konjunktur gegenwärtiger Hochschulforschung ist nach wie vor ratsam ein vergleichender Blick in die umfangreiche qualitative Untersuchung (WS 1953/54 bis WS 1954/55) von Hans Anger

Subjektpositionen oder Akteure bezeichnen könnten, sondern referiert auf systemische Prozesse. Sieht man genauer hin, lassen sich eben jene drei Aspekte unterscheiden: das Problem der Studienplätze, die Frage: Institution oder Organisation, drittens die Humboldtreferenzen. In jeweils kurzen Abrissen hierzu läßt sich zeigen, wie sich der Soziologie die Entwicklung und Struktur der Universität darstellt. Hier führt zwar kein Weg an der mit der Hochschulreform reüssierenden Mainstream-Forschung vorbei, aber die kritischen Stimmen der Dissidenz gehören ebenso dazu – nicht zuletzt im Blick auf die Literatur.

Eine Relationierung von literarischen Werken und nichtfiktionalen Texten zur Universität hat Thomas Kühn (2002) im Blick auf englische Universitätsromane vorgenommen, was in methodischer Hinsicht als eine gewissen Parallelaktion zu der hier interessierenden Fragestellung zu sehen sein darf. Kühn untersucht das „dialogische, häufig konfliktreiche Verhältnis" zwischen Literatur und diskursiven Texten im Fokus auf die „Spannung zwischen den Geistes- und Naturwissenschaften als treibendem Moment" mit ihrer „Polarität zwischen Utilitarismus und liberalem Humanismus" (S. 12). C. P. Snows Diagnose von den Zwei Kulturen als Terminus wie als Denkmodell ist hier die Basis für den „Streit um die Definition des Kulturbegriffs" (S. 345), in dem sich Romane und nichtfiktionale Texte begegnen und der in der Gegenüberstellung von science und humanities im englischen Universitätsdiskurs immer wieder reaktiviert wird. Das tertium datur, das Universitätsromane und Universitätsdiskurse vereint, ist der Streit im Rahmen der Dualität von science und humanities. Eben diese Dualität hat Wolf Lepenies (1985) mit der Auffaltung der „Drei Kulturen" aufgebrochen, so daß ein tertium datur in den tangentionalen Berührungen zwischen zwei Polen entstehen kann, die schließlich auch das Verhältnis von soziologischen und literarischen Gegenstandskonturierungen und Erkenntnisweisen betreffen. So sehr sich Spuren der von Kühn für den englischen Raum untersuchten Gegenüberstellung auch im deutschen finden lassen mögen – hier soll es nicht um den Streit über die Definition des der einen oder der anderen Kultur zugeneigten Kulturbegriffs und seiner jeweils übergeordneten Bedeutung für Auffassungen von der Universität generell gehen, sondern darum, die verschiedenen Facetten literarischer und soziologischer Ansichten von Universität in spezifischen Problemfeldern aufzusuchen.

(1960), sowohl in Hinsicht auf das methodische Verfahren, den Fragenkatalog für die qualitativen Interviews wie auf die erhobenen Befunde und zuweilen erschütternde Persistenz von Problemlagen und -wahrnehmungen.

2 Studienplätze

Die Frage, welche Studienplätze für wen, in welcher Menge und für was unter welchen gesellschaftlichen und wirtschaftlichen Gesichtspunkten und Zielen zur Verfügung stehen oder dies sollen, hat die Debatten um die Universitäten spätestens seit Mitte der 1960er Jahren umgetrieben. Durchmessen werden die Spannungen zwischen Bildungskatastrophe und Wissensgesellschaft. Steigende Studentenzahlen und wachsende Wirtschaft werden als Korrelat verstanden, das unter dem Begriff der Bildungsökonomie untersucht wird. „Wir wissen heute", notiert der Bildungsökonom und Direktor am Institut für Bildungsforschung in der Max-Planck-Gesellschaft 1967, „daß das Wachsen der Wirtschaft in hohem Maße durch das Fördern geistiger Fähigkeiten und geistiger Leistung bedingt ist und von daher noch stärker beeinflußt werden könnte, wenn es gewollt würde". (Edding 1967, S. 81) 1966 unterbreitet der Wissenschaftsrat den Vorschlag, ein Zwei-Zyklen-System mit einem ersten berufsorientierten und einem zweiten forschungsorientierten Studium an den Universitäten einzuführen, der an der FU Berlin in einem ersten Versuch auch realisiert wird. Der Wunsch nach und die Wirklichkeit steigender Studentenzahlen sollen in dieser Reform, die Zeit und Raum des Studiums arrangiert und rhythmisiert, zusammenkommen.

Die Diskussionen darum unterscheiden sich deutlich von den heutigen Reformdiskursen. Befürchtet wird damals, daß es zu einer „an die Bedürfnisse der industriellen Gesellschaft überangepaßte(n) Universität" kommt, die als „eine entpolitisierte Hochschule in das System der gesellschaftlichen Arbeit fugenlos integriert" und „aus ihrer Verzahnung mit der politischen Öffentlichkeit" gelöst wird. (Habermas 1967, S. 70 f.) Daß in der quantitativen Öffnung der Universitäten für breite Bevölkerungsschichten schon etwas Demokratisches zu sehen wäre, ist umstritten, denn das zweistufige Studium droht den Gegensatz von Elite und Masse, von Bildung und Ausbildung zu installieren. Die Idee, daß das „Lernen (...) nicht ausschließlich in Hochschulen vor sich gehen (muß)" (Edding 1967, S. 92), kommt weder bei Studenten noch bei Professoren gut an, so daß die Dichotomie von Masse und Elite in der Massenuniversität verschwinden kann. Die miteinander verschränkten bildungsökonomischen und politischen Debatten um die Rolle der Universitäten, die vorwiegend auf den bundesrepublikanischen Raum bezogen geführt werden, haben – in ihrer Wendung gegen die Empfehlungen des Wissenschaftsrates von 1966 – „in vielen Fällen in einem fragwürdigen Bündnis zwischen konservativen Ordinarien und *linken* Studenten gegen eine Ökonomisierung der Hochschulen" Ausdruck gefunden. Zugleich war der Versuch der FU, dem Wissenschaftsrat zu folgen, „ein wesentlicher Impuls für die ersten Demonstrationen der sich herausbildenden westdeutschen Studentenbewegung in Berlin". (Wuggenig 2008, S. 139) Lange bevor es zur Einführung der neuen Bachelor- und Masterstudiengänge kommen wird, haben zwei Urteile des Bundesverfassungsgerichts von 1972 und 1973 die Möglichkeiten verbaut, auf der einen Seite eine neue Idee für die mit der Massenuniversität andrängende Frage nach Zugängen zu Bildung und Universität zu finden, und auf der anderen Seite der Demokratisierung der Universität eine institutionelle Gestalt in der Form der Mitbestimmung der sie tragenden Gruppen zu geben. (Eßbach 2003).

Spätestens mit den 1990er Jahren ändert sich das Vokabular, die Stichworte lauten nun Europäisierung und Internationalisierung. Sie führen zu neuen Schwerpunkten der Hochschulforschung, vor allem erlauben sie eine neue Weise, Studienpläne zu bewirtschaften. Denn mit „der faktischen Zuerkennung einer bildungspolitischen Kompetenz der EG, die aus dem Grundsatz der *ArbeitnehmerInnenfreizügigkeit* abgeleitet wurde, erfolgte schon in den 1980er Jahren ein wichtiger Impuls für den Prozeß zur *Vereinheitlichung* der Studienabschlüsse". (Banscherus 2007, S. 77) Wer vereinheitlichen und dafür Verschiedenes vergleichbar machen will, benötigt dafür ein Maß, mit dem man Qualität in Quantität umrechnen kann. Dafür sorgt die Einführung eines Punktesystems, genannt ECTS, eine, so Stefan Kühl, „Art Kunstwährung zur Bestimmung des Arbeitsaufwandes von Studierenden". (Kühl 2012, S. 22) Die Studenten werden damit zu Trägern und Akkumulatoren von Punkten, und die Universitäten organisieren deren Erwerb dadurch, daß sie die Studiengänge mit vergleichbaren Werteinheiten so versehen, daß die Sammelpunkte schließlich gegen ein Zeugnis getauscht werden können. Während eine bildungsökonomisch orientierte Soziologie an Bezügen zwischen Universität, Gesellschaft, Wirtschaft und Politik interessiert ist, wird mit der Kunstwährung der ökonomische Faktor zu einer universitätsinternen Angelegenheit. Hier begegnet man der Ricardo-Marxschen Arbeitswertlehre wieder, wonach sich der Wert einer Ware nach der für ihre Herstellung nötigen durchschnittlichen Arbeitszeit bemißt. (Kühl 2012, S. 35) Das Wort Massenuniversität findet trotz steigender Studentenzahlen keine Verwendung mehr, weil die Masse nun in der Differenzierung von Studiengängen organisiert ist.[3]

Die Art und Weise, auf die mit welchen Maßstäben und Kriterien bewertet wird, ist für Universitäten nicht folgenlos, wie Pierre Bourdieu in seiner Untersuchung „Homo academicus" (1992) zur Klassifikationspraxis im universitären Feld gezeigt hat, weil diese Praxis selbst eine eigene soziologische Qualität hat. Für das, so Bourdieu, „alte Universitätssystem" galt, daß es bei

[3] S. Alt 2021, S. 29 ff.; die Massenuniversität wird hier auf die Zeit bis Mitte der 1990er Jahre datiert, danach scheint sie verschwunden zu sein.

allen Kämpfen im Feld der Stellungen und Stellungnahmen eine gewisse Stabilität in den Kriterien der Qualifikationen, Werturteile, Rekrutierungsbedingungen, Anerkennungen, Erwartungen, Ansprüche und Hierarchien garantierte – also eine Kalkulierbarkeit der qualitativen Beschaffenheit des Bildungskapitals und der mit ihm verbundenen denkbaren universitären und beruflichen Zukünfte. Mit der „Expansion der Bildungspopulation", also dem Aufstieg der Massenuniversität, sind diese Gleichgewichte zusammengebrochen, es kommt zu einer „Entwertung der Bildungstitel" und einer Deklassierung, die universitären „Reproduktionszyklen" stimmen nicht mehr, Anspruchsniveau und objektive Chancen treten auseinander, so daß in der Folge auch die Bewertungsmaßstäbe und qualitativen Kriterien für universitäre Leistungen und Karrieren fraglich werden. (Bourdieu 1992, S. 259 ff.) Im Lichte einer kritischen Universitätssoziologie heißt das: mit der strukturellen Verkümmerung qualitativer Werturteile setzen sich quantitative Rechnungseinheiten zur universitären Steuerung durch.

3 „Der Himmel der Universität ist aus Plaste"

Es gibt, anders als dies häufige, vor allem im Feuilleton, zu lesende Klagen nahelegen, eine Fülle von Universitätsromanen, die hier deshalb so heißen, weil sie sich aus verschiedenen Gründen von den Campusromanen anglo-amerikanischer Provenienz unterscheiden.[4] Für die Auswahl von drei Romanen war es wichtig, daß sie in die Zeit der zuvor skizzierten soziologischen Debatten fallen, die Universität zentraler Handlungsraum ist und ihre Personnage verschiedene Spektren und Gruppen umfaßt.[5] Daß die Autoren selbst Universitätsangehörige sein müssen, war hingegen kein Kriterium.

Hermann Kinders Roman „Vom Schweinemut der Zeit" aus dem Jahre 1980 ist in eben der Zeit angesiedelt, in der manche Fächer personell vergrößert, andere

[4] So z. B. Wiele 2017, S. 9. Dagegen die Monographie von Victoria Stachowicz 2002 zur bemerkenswerten Menge von Universitätsromanen. Bezogen auf unterschiedliche Länder: Reingard M. Nischik 2000 sowie Voytěch Trombik 2015.

[5] Im Unterschied zur hier interessierenden Spannung zwischen literarischer und soziologischer Universität s. die Untersuchung von Laura M. Reiling 2021. Im Zentrum der behandelten Romane stehen jeweils Geisteswissenschaftler, untersucht wird die „binnenfiktionale Beschäftigung mit Literaturwissenschaft" (S. 22) sowie das literarische „Vorführen geisteswissenschaftlicher Praktiken in nuce" (S. 16), ein „doing science" aus wissenskonstruktivistischer Perspektive ohne Bezüge auf Bildungsdiskurse oder Hochschulpolitik. Angesichts des „'battleground' Universität" (S. 24) kommt Reiling zu dem Ergebnis: „wissenschaftliches Scheitern ist demzufolge *conditio sine qua non* der neueren literarischen Texte über die Universität." (S. 331).

verkleinert werden. Hier berichtet der Ich-Erzähler, der Kunsthistoriker Gottlieb Müller, Jahrgang 1945, wissenschaftlicher Assistent an der Universität Konstanz, dessen Habilitationsschrift klären soll, „ob sich der Prozeß der Säkularisation bis zu unserer melancholischen Perspektivlosigkeit in Kirchendarstellungen wiederfindet", von zwei Tagen seines Lebens. (Kinder 1980, S. 19) Im Verlauf des ersten Tages erfahren Müller und seine Kollegen über eine Radiomeldung, daß die Geisteswissenschaften nachhaltig eingekürzt werden sollen, am Ende des Romans wird Müllers Stelle gestrichen.

Kinder hat, vermittelt über den Protagonisten, die Innenperspektive mit Außenperspektiven auf die Universität kombiniert. Zwar ist alltagsbestimmend die häusliche Arbeit am Schreibtisch, von der es heißt, nur dort „bin ich Ich", denn in „der Einsamkeit meiner Kirchenbilder lebe ich gegen alle". Allerdings: er „wäre aber nichts ohne mein Büro in der Universität, den prallen Schlüsselbund in der Hosentasche, meinen Chef, meine Hilfskraft." (Kinder 1980, S. 39) Die Begegnungen innerhalb der Universität geben Anlaß zu Charakterisierungen von Fachvertretern der skurrilen Art. Ein Beispiel: „Der Philosoph, dessen Metaschau es war, sich beim Hinterfragen nicht nur zugleich von hinten und vorne, sondern auch von oben und unten zu sehen, geht nun dem Sein der Zeit auf den Grund und nähert sich über Schopenhauer und Nietzsche Gott und Tod. Der Verwaltungswissenschaftler trägt zweireihig, taubenblau und hinten doppelt geschlitzt; er läßt seinen gut geölten Aktenkoffer aufschnappen und speichert eine neue Kapazitätsberechnung ein, die schlüssig beweist, was das Ministerium nur politisch wünschte: gesundschrumpfen." (S. 47 f.) Etliche sitzen auf risikobehafteten, befristeten Stellen, andere nicht, weil sie „in rosigen Ausbauzeiten hereingerutscht" sind. (S. 53) Konkurrenz und Vorbehalte allenthalben. Die Studenten „sind still geworden", „sie wollen glatt durchkommen", sie gähnen, sind lustlos, und sie bringen sich „signifikant häufig" um, was „damit erklärt werden (dürfe), daß Studenten nicht mehr studieren, um etwas zu lernen, sondern um etwas zu werden, und dies nach vorgegebenen Zwecküberlegungen und in vorgegebenen Studiengängen". (S. 62, 70 f.) Von Professoren-Selbstmorden weiß der Roman auch zu berichten.[6] Im Binnenblick stellt Kinders Roman mit dem Elend der Studenten und Dozenten eine Universität im Niedergang dar, eine Diagnose, der mit den Aussagen des „Nörglers", dem „gelegentlichen Freund" Müllers, eigens Raum gegeben wird. (S. 72 ff., 159 ff.) Die Nachricht von den bevorstehenden Stellenstreichungen provoziert denn auch alles andere als eine Solidarisierung des Mittelbaus; die Professoren fassen ins Auge, mit den Pfunden ihres Renommées zu wuchern und ins Ausland zu gehen. Der Erzähler stellt fest: „Der Himmel

[6] Zur nicht-romanesken Lage s. Fleming 2021 sowie Readings 1997.

der Universität ist aus Plaste“, darunter sieht man „leichengrün die vorgebeugten Gesichter der Skriptenjäger im Rank-Xerox-Blitz.“ (S. 47)

Nun ist Kinders Roman, und das unterscheidet ihn von den beiden anderen später untersuchten, nicht nur im Binnenraum der Universität angesiedelt. Das universitäre Außerhalb wird in zweierlei Hinsicht wichtig. Zum einen ist der mit dem geschulten Blick des Kunsthistorikers ausgestattete Müller ein genauer Beobachter gesellschaftlicher und sozialer Verhältnisse, sei es bei McDonalds, im Bahnhofsviertel bei den Stadtstreichern, bei einer alternativen Landkommune, in der Stadt, in einem alten, vom Verfall bedrohten Hotel, einem ebensolchen Schloß oder in der Sauna. Was alle diese Orte miteinander gemeinsam haben, das ist ihr heruntergekommener Zustand, und darin unterscheiden sie sich auch nicht vom Plastehimmel der Universität und ihren verdreckten Räumen. An einigen von diesen Plätzen, den außenseiterischen, findet der Erzähler im Abseits einen sicheren Ort, auch für seine Klagen, etwa mit dem „Nörgler“, über die Universität.

An anderen Orten ist zu erfahren, was die Leute über die Universität reden und denken. In der Sauna begegnet eine Rentnergruppe dem „Schtudierten“, dem „Herrn von der Unsinnetät“ mit unverhohlener Verachtung; er wird gefragt: „Wie isch des nu au mit dene Kummunischte (...) Isch des etwa alls verlogge, wo in Ziiting stoht (...)Wie die scho schwätzet dir tobe (...) Die tun nix wie saufe, die saufet de ganze Tag un haschet.“ (Kinder S. 26 f.) Es ist in diesem Zusammenhang daran zu erinnern, daß der Roman am Ende der 1970er Jahre spielt und in der Zeit von Terrorismus und deutschem Herbst nicht nur die Presse die Universitäten aufs Korn ihrer Verdächtigungen genommen hatte, sondern in der Universität selbst Begriffe und Aussagen unter den Verdacht falscher Gesinnung geraten, so daß Müller aufpassen muß, was er wie wo sagt oder welche Bücher ausgeliehen werden können, welche nicht. (S. 193) Der binnenperspektivisch dargestellte Wertverlust der Universität, die Melancholie des Zerfalls, spiegelt sich in ihrer außenperspektivischen aggressiven Verachtung, ergänzt um verwaltungstechnischen Kahlschlag. „Schweinemut“ auf allen Seiten. Beschrieben wird hier nicht nur ein Soziotop namens Universität, sondern ebenso die mentale und soziale Verfaßtheit einer Gesellschaft, in der sie existiert; man könnte auch sagen, Gesellschaft und Universität bilden eine Verachtungsgemeinschaft, wenn auch aus unterschiedlichen Gründen. Im Vergleich zu den soziologischen Analysen fällt die Kritik an der Universität hier nicht nur radikaler aus, sie ist auch ganz und gar frei von postulatorischen Aussagen oder projektierten Sollenskonzepten.

4 Institution oder Organisation

Zum zweiten soziologischen Aspekt, der Frage: Institution oder Organisation. Daß Bildung und Organisation miteinander verknüpft seien, ist den Klassikern der Soziologie wie Durkheim, Theodor Geiger, Mannheim oder Parsons ein recht fernliegender Gedanke gewesen. (Rosenmund 2016, S. 29 ff.) Wenn, dann hatten Bildungsprozesse eine institutionelle Rahmung. Institutionen werden getragen von einer sie leitenden Idee, und wie sie sich dann im Einzelnen ausgestalten und gliedern, ist eine sekundäre Frage gegenüber dem ideellen Anspruch, dem sie sich verpflichtet sehen. Organisationen hingegen sind darauf ausgerichtet, ihre internen Steuerungsprozesse an Richtlinien wie Effizienz, der Rationalität ihrer Strukturen, der Bilanzierung von Maßnahmen und der Differenzierung von Zuständigkeiten zu messen und zu planen. Frederick Taylor hat das für Industrieunternehmen, Max Weber für Bürokratien gezeigt. Dafür benötigt man Verwaltung, aber keine Idee. Wollte man die Verwaltung einer Universität etwa der Verpflichtung auf die Suche nach Wahrheit unterstellen, wäre das allenfalls gut gemeint. 1992 stellt Niklas Luhmann fest: „Das Soziotop Universität hat gegen Institution und für Organisation optiert." (Luhmann 1992a, b, S. 98) Daß die Effizienzorientierung der Organisation zur Steigerung regulativer Bürokratie führt, hat nicht nur Luhmann am Beispiel der Hürden für die Einstellung einer studentischen Hilfskraft gezeigt (Luhmann 1992a, b b, S. 77), sondern auch Stefan Kühl in fast humoresk anmutenden Analysen der „ungewollten Nebenfolgen einer Hochschulreform" (Kühl 2012, S. 67 ff.). Vergleichbar der Pflegeversicherung, ist in der Folge mit verschiedenen Hilfsbedarfsstufen und mit Beratungsnotwendigkeiten zu rechnen, für die differenzierte Stabsstellen ihre Dienste leisten.

Die Verschiebung von Institution zu Organisation als internem Selbstverständnis der Universität bedeutet zum einen, daß das „unaufhebbare Technologiedefizit", das mit Bildungsprozessen nun einmal verbunden ist, zur „Umcodierung der individuellen Verhaltensform ‚Lernen' in ein organisatorisches Pendant" *an* den Universitäten selbst nötigt und dafür Begriffe, Maßeinheiten und administrative Regeln gefunden werden müssen. (Rosenmund 2016, S. 34 f.) Diese Verschiebung hat aber auch Folgen für die soziologische Forschung *über* Universitäten. Die Organisationssoziologie verzeichnet hier ein beachtliches „Wachstum des Forschungsfeldes", dessen Differenzierung „als Erfolgsindikator ausgewiesen werden" könne. (Hasse 2016, S. 50) Daß die „Hochschulforschung (...) sich im Laufe der letzten Jahrzehnte zu einem vergleichsweise eigenständigen Forschungsfeld entwickelt" hat, ist nicht zuletzt in der „Nachfrage nach organisationswissenschaftlicher Expertise" vonseiten der Hochschulen begründet. (Hasse 2016, S. 51) Nachdem das New Public Management eingeführt wurde, rücken die Universitäten „als Organisationen explizit in den sozialwissenschaftlichen Blick". (Berger und Kahlert 2008, S. 14) Er richtet sich auf Untersuchungen zur Differenzierung von Studiengängen, Evaluationsverfahren, Strukturen und Kommunikationsprozesse in Verwaltung und Lehre, zu Rankings und Absolventen, Wissenstransfers, Internationalisierung und Mobilität, Karrierewege, Chancenoffenheiten, Stellenbestände, Ressourcenverteilung und anderes mehr. Von der organisationellen Logik der Universität, mit Zahlen arbeiten zu müssen, profitiert wiederum die Soziologie, der damit eine Fülle von Daten zur sekundären Verarbeitung zur Verfügung stehen, was schließlich dazu führt, daß die „Bildungsforschung (...) sich häufig nur auf die quantitativ messbare Spitze des Eisbergs konzentriert". (Kühl 2012, S. 88, Anm. 2)

Gegenüber einer Universitätsforschung, die sich der Logik des New Public Management weitgehend verpflichtet sieht, machen kritische Stimmen auf die nicht-intendierten Konsequenzen eben der Phänomene aufmerksam, „die der neuen akademischen Welt ihren Stempel aufdrücken: die Audit-Universität, die unternehmerische Universität und der akademische Kapitalismus". (Münch 2011, S. 29) Für den Soziologen Richard Münch handelt es sich bei der Umstellung von Institution auf Organisation um die „Kolonisierung des Bildungssystems durch die Ökonomie", womit der „wissenschaftsinterne Wettbewerb um Priorität bzw. Qualität (...) durch den wissenschaftsexternen Kampf um Sichtbarkeit durch Evaluations- und Akkumulationserfolge" ersetzt wird. (S. 121, 379) Die Folgen sind beträchtlich. Das Modulsystem in der Lehre „zerstört den Aufbau von Lern- und Bildungsbiographien" und macht das Studium „zur Rennstrecke mit idiotensicheren Marschbefehlen" auf Seiten der Studenten, während die Lehre selbst vom „Schrumpfen disziplinärer Ansprüche" bedroht ist, weil ECTS basierte Kapazitätsverpflichtungen dazu nötigen, ein Angebot von Studiengängen aus gemixten Disziplinen bereitzustellen. (Eßbach 2009, S. 20 f., 16)

Sobald Universitäten zu Unternehmen werden, ändert das auch die Spielregeln des akademischen Feldes. (Münch 2011, S. 269) Wenn Bourdieu die Reputationsbedingungen der Universität in der Spannung zwischen wissenschaftlicher Autonomie und Machtstrukturen noch in ein vergleichsweise stabiles, wenn auch seit den 1960er Jahren fragiler werdendes Feld von Positionskämpfen eingelagert gesehen hatte, kommt es, wie Richard Münch gezeigt hat, mit dem Marktmodell und der Bolognareform zu einer „Verschiebung der symbolischen Macht vom wissenschaftlichen zum universitären Kapital, vom Pol der Autonomie der Wissenschaft zum Pol ihrer Nutzung für weltliche Interessen", was darauf hinausläuft, daß die „Barrieren gegen Einschränkungen der akademischen Freiheit abgebaut" werden. (Münch 2011, S. 270)

5 „... und schaut andächtig hinaus auf die brennende Universität"

Annette Pehnts „Hier kommt Michelle" von 2010 ist ein Roman über die Universität als Organisation. Er erzählt von der Studentin gleichen Namens, die ihr Deutsch- und Anglistikstudium an der Exzellenzuniversität Sommerstadt beginnt. Sie ist sehr bemüht, zwar nicht besonders akademisch veranlagt, aber pragmatisch, weiß, daß man offen für alles sein, aber auch planen muß, wobei der Stundenplan, den sie erhalten hat, ebenso hilft wie die Ordnung der zu absolvierenden Module und die Einführungswoche, in der alles noch einmal erklärt wird. Dort wird den „Frischlingen" auch erklärt, „dass sie eine wissenschaftliche Neugier entwickeln müssen. Michelle weiß nicht genau, was damit gemeint ist. Vielleicht heißt es, dass sie neugierig auf die Wissenschaft sein sollen. Aber weil Michelle ja Deutsch kann und Englisch auch sehr gut, lässt sie das mal auf sich beruhen." (Pehnt 2012, S. 26)[7] Als sie später in der Sprechstunde von der Anglistin gefragt wird, was sie denn interessiere, antwortet Michelle: „Ja ich mag Katzen sehr gern, und in der Schule war Musik immer eins meiner..."; bezogen auf Literatur weiß sie nichts zu sagen. (S. 35) Diese naive, unterkomplexe Studentin wird zum Objekt einer bis ins Groteske gesteigerten satirischen Darstellungsweise, die wiederum von einer zweiten Instanz kommentiert wird. „Die Erzählstimme ist, wenn man mich fragt, durchgehend hämisch und herabsetzend." (S. 20) Überhaupt sei der Roman, so wird der Leser zu Beginn belehrt, „larmoyant, verbittert, arrogant, ungerecht und unpsychologisch, er enthält Stereotypen, Versatzstücke, Gesellschaftskritik, Verhöhnungen, Polemik und ein negatives Weltbild. Ähnlichkeiten zu lebenden Personen sind beabsichtigt." (S. 11)

Mit einer virtuosen Erzähltechnik, die auch den Verdacht aufkommen lassen könnte, Michelle habe Teile des Romans, provoziert durch eine erfundene Schriftstellerin, selbst geschrieben (S. 71, 87), werden Alternativen für den erzählerischen Fortgang erwogen, was in die Entscheidung mündet, „den Sprung auf die Metaebene zu wagen, Hintergründe aufzuzeigen: denn auch Michelle ist, wie sie gerade beginnt zu ahnen, Spielball, Marionette, Produkt der Verhältnisse, in diesem Fall: Produkt der Studienreformen". (S. 73) Damit wird das Romanpersonal beachtlich erweitert: um den Rektor, seinen Pressesprecher, ehemals Germanist, den Personalchef Birkner mit dem Aufgabenbereich Stellenkürzung,

[7] Einen aufschlußreichen Gegenpol bildet der Roman „Kress" von Aljoscha Brell (Berlin, Ullstein 2015), dessen Protagonist, Germanistik- und Philosophiestudent mit hohem Anspruch, Genauigkeitsbestreben, Forschungsinteressen und einer idealisierten Vorstellung von der Universität, allseits enttäuscht wird.

die befristete Anglistin Heike Blum, den Keltologen, der trotz Drittmitteleinwerbung abgeschafft wird, um die „Bolognagewinner und Exzellenzstreber“ mit ihrer „eigenen Elitemensa“, den Psychologen, der weiß, „wie man sich selbst programmieren kann“, den Mittelbau, der unter der Last von Textmengen und Anträgen leidet, den emeritierten gütigen alten Professor, der natürlich den alten Studiengängen nachtrauert, aber in der Empörung über die neuen „keinen Sinn“ sieht, den Juniorprofessor, der seine Karriere gemacht sieht, bis hin zum „Zentrum für Schlüsselkompetenzen“ und der Gleichstellungsbeauftragten. (S. 86, 98, 49) Sie alle sind Figuren einer Satire, in der die Universität den Charakter eines maschinell funktionierenden Gehäuses hat; die Überschriften der einzelnen Kapitel lauten mit dem aus dem Maschinenbau entlehnten Begriff jeweils „Modul“, numeriert von eins bis vier. Der Plan, die Modularisierung zu vervollkommnen durch „Standardisierungsstrategien“ und die, so der Rektor, „nur noch bei den Studierenden“ vorhandene „Heterogenität“ durch „eine Normierungsapparatur für Studierende“ abzuschaffen (S. 133), fordert den studentischen Widerstand heraus, schließlich brennt die Universität. Das ist, „ahnt Michelle auf einmal, ein ganz großes Fest, vielleicht das größte, das sie in ihrem Leben feiern wird“, und aus dem Fenster des Zimmers des Emeritus, bei dem sie Hilfskraft geworden war, „schaut (sie) andächtig hinaus auf die brennende Universität Sommerstadt“ – ohne die Feuerwehr zu rufen. (S. 139)

6 Humboldtreferenzen

Es ist wenig erstaunlich, daß neben den kritischen bzw. affirmativen organisationalen Analysen Bestrebungen zur Revitalisierung einer institutionellen Idee in Diskursen mit Humboldt-Referenzen zu finden sind. Sie kommen zunächst dort ins Spiel, wo es um die Kritik an einer utilitaristischen Auffassung von den Aufgaben der Universität geht, der das „Ideal der unmittelbar zweckfreien universitären Bildung“ gegenübergestellt wird, das sich seinerseits „als äußerst zweckreich erwiesen“ hat. (Bollenbeck und Saadhoff 2007, S. 20) Zweckreich deshalb, weil „die Wirtschaft ihre kulturellen Voraussetzungen nicht selbst erzeugen kann“. (S. 23) Das heißt: man bezieht sich hier nicht auf Wirtschaft, sondern auf Gesellschaft, von der Wirtschaft nur ein Teil ist – ein universitätsbezogener Gegenzug gegen jene „Great Transformation“, mit der Karl Polanyi den Prozeß einer zunehmenden Dominanz von Ökonomie beschrieben hat.

Bemerkenswerterweise trifft man auf Humboldt nicht nur dort, wo die Klagen über eine durch Reformen zerstörte, über eine „ungeliebte Universität“ (Hörisch

2006) laut werden, sondern auch dort, wo man sich bemüht, eine utilitaristische Universität humboldtianisch zu unterfüttern, diskursiv aufzuhübschen könnte man auch sagen. Auf das apodiktische Urteil: „Der Humboldt der Sonntagsreden ist ein Popanz“ (Alt 2021, S. 78), folgt, so kann man des Weiteren lesen, eine Explikation, die auf die Humboldtschen Prinzipien: die Einheit von Forschung und Lehre, Einsamkeit, Freiheit, Zusammenwirken, Autonomie und Persönlichkeitsentwicklung, rekurriert, um festzustellen: „Die Diagnose vom Fortdauern Humboldtscher Ideen gilt für die programmatische Makroebene ebenso wie für die praktische Mikroebene der Universität.“ Diese Ideen werden als „Funktion im Kontext heutiger Universität“ verstanden, so der sich an Luhmann orientierende Germanist Peter-André Alt (2021, S. 85, 89). Die Trennung von Wissenschaft auf der einen, Organisation und Management auf der anderen Seite fällt hier fort, beide Seiten entsprechen sich in den „operativen Verfahren, die beide Systeme einsetzen“ (S. 259). Während im ersten Fall der Humboldt-Referenzen die Bezüge zwischen Universität und Gesellschaft im Zentrum stehen, werden im zweiten den organisationalen Steuerungsprozessen selbst Funktionen Humboldtscher Provenienz zugeschrieben, was eine Umstellung von „Idee“ auf „Funktion“ bedeutet.

Humboldt-Referenzen, so verquer sie auch sein mögen, sind Kämpfe um Kritik oder Legitimation der Universität und ihrer Reform. Diskursanalytisch gesehen, handelt es sich, wie Christian de Montlibert (2008) in einer Untersuchung reformprogrammatischer Texte gezeigt hat, um die Koppelung von Universitätsreform mit Begriffspolitik, die eine ausgeprägte Nähe zum „Mediendiskurs, vor allem in der Wirtschaftspresse“ hält. Die Begriffe der Universitätsreform wären „wahrscheinlich nicht so folgenschwer, wenn sie nicht auf eine Gesamtheit von Vorstellungen gestützt wären, die von den Akteuren des ökonomischen, politischen und medialen Feldes verbreitet werden und die, indem sie die Universitäten in Verruf bringen, jede der programmierten Änderungen glaubwürdiger machen.“ (S. 38, 36) Man darf hier an die Rede vom faulen Professor denken. Im Ergebnis dieser Begriffspolitik „zeigt sich, dass die neue Universität dem Männlichen, dem Virilen zuzuschreiben ist, während die alte Universität eine feminine Welt ohne Energie aufscheinen lässt. Die adjektivischen Wendungen verstärken nur diese mythische Evokation, denn die Universität der Zukunft ist ‚strahlend‘, ‚leuchtend‘, gewissermaßen auf der Seite eines solaren Helden und der Welt der Herrschenden, während die alte Universität ‚obskur‘, ‚abstoßend‘, ‚glanzlos‘ ist“. (Montlibert 2008, S. 37 f.) Um an den anfangs genannten Vokabelkatalog zu erinnern: er paßt zu dieser diskursiven Neuordnung der Begriffspolitik.

Möglicherweise läßt sich der Kampf um die Beanspruchung, Neudeutung oder Beerbung von Humboldt in einer mit technisch-bürokratischem Vokabular erfaßten universitären Organisation mit einem latenten Defizitbewußtsein erklären. Hans-Paul Bahrdt hat darauf aufmerksam gemacht, daß – nach dem Ende des Bildungsbürgertums und der Verdünnung von Bildung zum beliebig nutzbaren Statussymbol – es im Fall der anwachsenden technischen Intelligenz „nicht zu einer Herausbildung eines Kollektivbewußtseins, das zugleich Gesellschaft neu interpretiert", gekommen ist. (Bahrdt 1996, S. 259) Woher sollte man eine Idee der Universität nehmen, außer zum Ausgleich des Defizits in fremden, außer-technischen Gärten zu wildern, um der neuen Universität Geist zu applizieren?

7 „Was ich gemacht habe, ist mehr, als nur zu unterrichten"

Der dritte Roman unterscheidet sich von den beiden anderen darin, daß hier nicht mehr die internen Verfaßtheiten der Universität und die hochschulpolitischen Entscheidungen mit ihren Folgen für Lehre und Forschung Gegenstand sind, sondern eine bis zur Persönlichkeitsbildung reichende, spezifische gesellschaftspolitische Bedeutung von Wissenschaft. Mithu Sanyals Roman „Identitti" von 2021 situiert die Handlung an der Heinrich-Heine-Universität Düsseldorf, wo es den Studiengang „Intercultural Studies und Postkoloniale Theorie" gibt, verantwortet von der Professorin namens Saraswati, bei den Studenten ebenso geschätzt wie international renommiert. „Saraswati ist Pop", Bücher von ihr tragen Titel wie „Decolonize your soul" oder „PopPostKolonialismus". (Sanyal 2021, S. 19) Die Studentin Nivedita, die unter dem Namen „Identitti" einen eigenen Blog in Sachen gender und race betreibt, bildet mit den anderen, überwiegend weiblichen Studenten die Personnage, die Saraswatis Seminare besucht und sich in intensiven Diskussionen mit ihr befindet. Weil Saraswati eine PoC, eine people of colour, in diesem Fall mit indischem Look, verkörpert, gewinnen ihre Seminare und wissenschaftlichen Arbeiten eine existenziell unterfütterte Authentizität, und sie wird zum „Rollenmodell" insbesondere für Nivedita mit ihrem indischen Vater. (S. 35) „Was ich gemacht habe, ist mehr, als nur zu unterrichten", erklärt Saraswati. (S. 305)

Die onto-biologische Basis der Legitimität von Aussagen bricht jedoch mit der Erkenntnis weg, daß Saraswati weiß ist – also blackfacing betrieben hatte.[8]

Der vierhundertseitige Roman kennt keine weitere wesentliche Handlung, sondern entfaltet, verbunden mit Rückblicken auf Seminarsitzungen und Kommentaren zu wissenschaftlicher Literatur, den Streit und die Debatten um die Berechtigung, sich eine andere rassische Zugehörigkeit zuzulegen, und die Frage, ob der Geltungsanspruch von Wissenschaft an Träger gebunden ist, die eine bestimmte soziale Gruppe auch leibhaftig verkörpern. Während die Professorin darauf besteht, daß angesichts der Wählbarkeit des Geschlechts auch „die Grenzen von race zu öffnen" seien, wird ihr von ihren Studenten vorgeworfen, es sei „unsere Haut, die du dir aneignest! Unsere Geschichte!", womit wiederum – so ein Konterargument – „Nicht-*Weißsein* kulturelles Kapital geworden" und dies ein Zeichen für den Erfolg der Critical Race Studies sei. (S. 243, 237, 305) Diese identitätspolitischen Debatten, die um Internetkommentare und wissenschaftliche Zitate ergänzt werden, können hier nicht im Einzelnen aufgefaltet werden. Als wiederkehrendes Muster in den Auseinandersetzungen um dieses „doing race" schält sich heraus, daß der Rassismusvorwurf wie eine Münze benutzbar ist, mit der gezahlt und heimgezahlt werden kann – vom Mithu Sanyal nicht ohne eine beachtliche Portion Ironie geschildert.

Sanyals politischer Universitätsroman mit der Verbindung von Forschung und Lehre, der Intensität der gemeinsamen Diskussionen und der Bedeutung von Bildung für die Persönlichkeitsentwicklung erinnert ein Stück weit an die humboldtianischen Ideale. Aber abgesehen von der ironischen Brechung im Modus der Darstellung liegt ein wesentlicher Unterschied darin, daß zum alten bürgerlichen Bildungsideal ein allgemeiner Geltungsanspruch gehörte und die Partizipation an Bildung die Emanzipation von der Bindung an soziale Herkunft ermöglichte. Anders in diesem Roman, in dem die universitären Bildungsprozesse an soziale Herkunft und vor allem an die geradezu existentielle Beschaffenheit besonderer Körper gebunden sind und eben dies die Gegenstände der Wissenschaft und Debatten in ihrer Relevanz für eine spezifische soziale Gruppe bestimmt.

[8] Sanyal bezieht sich hier, wie sie im Nachwort schreibt, auf den realen Fall von Rachel Dolezal, die sich in den USA für die Farbigen engagierte – eine Weiße, die sich als Schwarze ausgegeben hatte. „Viele der Reaktionen auf Saraswati basieren auf tatsächlichen Zitaten zu Rachel Dolezal, die ich als Tweets in die Handlung eingeflochten habe." (S. 422).

8 Formfragen und Weltsichten

Nimmt man die soziologische und die literarische Universität vergleichend in den Blick, so fallen zunächst eine ganze Reihe thematischer Gemeinsamkeiten auf, von der Frage der Stellenstrukturen und Karrieren über den Niedergang und Wertverlust der Universität bis hin zum Umbau von Organisationsstrukturen, zur Modularisierung, dem Studierverhalten und den Profilen von Forschungszielen und Bildungsinteressen bei Dozenten und Studenten. Wenn sich die literarisierte Universität von den Modalitäten ihrer soziologischen Erforschung unterscheidet, dann ist diese Abweichung weniger auf der Ebene der thematischen Facetten des Gegenstandes zu suchen, sondern ist eine Angelegenheit der Darstellung, der Art und Weise, wie etwas vorgeführt wird.

Im Unterschied zum „Homo academicus, diesem Klassifizierer unter den Klassifizierenden“ (Bourdieu 1992, S. 13), erscheint die Welt des literarischen Homo academicus im Lichte der von den Protagonisten der Romane erfahrenen Irritation und Destabilisierung dessen, was von der Universität erwartet wurde. Hier stimmt etwas nicht mehr, Vorstellungen werden brüchig, Illusionen zerbröseln. Diese Irritation verdankt sich nicht dem, was die literarischen Werke an *Wissen* über die Universitäten auf ihrer thematischen Ebene vermitteln – das unterscheidet sich eben nicht besonders von der Soziologie –, sie verdankt sich stattdessen dem besonderen *Können* von Literatur, also einer Angelegenheit der Form, die in der Modalität ihres Aussagens gründet. Ins literarische Spiel kommt eine Doppelbödigkeit von Sprache und Handlungen, die den Gegenstand Universität für eine Art Metareflexion öffnet, so daß die bisherige eigene Lage und die Weltdefinition in Sachen Universität durch irritierte Erfahrung neu angeschaut werden können. Konkret bezogen auf die drei Romane: der Modus des Aussagens, man könnte auch sagen: des Stils, läßt sich hier mit den beiden Polen des Tragischen und des Komischen bestimmen. Geradezu klassisch schildert Kinders Roman den unverschuldeten Untergang seines Protagonisten angesichts übermächtiger Gewalten, die alle besten Absichten zunichtemachen. Die komische Seite, verbunden mit Ironie, findet sich in Pehnts Roman über die gedoppelte Lenkung von Studenten und organisationeller Hochschule ebenso wie in Sanyals „Identitti“ über die an- und absichtsvolle Neuformierung studiengangsgestützter Bildungsprozesse.

Tragik und Komik spielen, über ihren festen Platz in den dramatischen Ausprägungen von Tragödie und Komödie hinaus, auch in andere, in unserem Fall epische Gestaltungsweisen hinein, können sogar tragende Elemente sein. Aber das Tragische bzw. das Komische sind nicht allein nur literarische Formen betreffende Stile, sondern darüberhinaus philosophische Haltungen gegenüber der Welt, Weltsichten und Einstellungen zur Welt. Dem tragisch tingierten Bewußtsein tritt das Geschehen in der Welt als Vollzugsgewalt gegenüber, an dem der Widerstand aus dem Geiste der eigenen Wertorientierungen früher oder später zerbricht, so daß schließlich die Gewalt der Verhältnisse den Sieg davonträgt.

Im Fall des Komischen liegen die Dinge anders. Wir können in unserem Zusammenhang darauf verzichten, das Komische von der Satire und der Ironie ausführlicher abzugrenzen; während die Satire gegenüber dem Komischen eine viel größere Schärfe und Aggressivität an den Tag legt, hat die Ironie im Vergleich zur Komik einen deutlich ernsteren Charakter. Gegenüber dem Tragischen zeichnet sich die Geisteshaltung des Komischen dadurch aus, daß sie von der Fixierung auf die tragisch erfahrenen Vollzugsgewalten distanziert antwortet, die Zielvorstellungen funktionierender Handlungsabläufe mit deren Störungen und unbeabsichtigten Folgen konfrontiert oder – mit Hans-Paul Bahrdt gesagt – die „himmlischen Planungsfehler" entdeckt, kurzum: mit einer deidealisierenden, entideologisierenden intellektuellen Einstellung einhergeht. Wenn die Komödie, anders als die Tragödie, den Verhältnissen ihre eigene Melodie vorspielt und insofern als eine Form der Emanzipation von der Gewalt im Horizont des Tragischen zu verstehen ist, so darf man in einer Weltsicht im Zeichen des Komischen – und des mit ihm verbundenen Humors – das aus der Distanz geborene kritische Unterlaufen vorausgesetzter oder projektierter Funktionszusammenhänge und Handlungsvollzüge sehen. Zum Komischen, so Hegel, „gehört überhaupt die unendliche Wohlgemutheit und Zuversicht, durchaus erhaben über seinen eigenen Widerspruch und nicht etwa bitter und unglücklich darin zu sein, die Seligkeit und Wohligkeit der Subjektivität, die, ihrer selbst gewiß, die Auflösung ihrer Zwecke und Realisationen ertragen kann. Der steife Verstand ist dessen gerade da, wo er in seinem Benehmen am lächerlichsten für andere wird, am wenigsten fähig." (Hegel 1970, Bd. 15, S. 528)

Komisch und tragisch sind Weltsichten, die zugleich die Weisen der Darstellung von Welt, das Zur-Schau-Stellen von Weltausschnitten bestimmen, bis hin zu den kritischen Impulsen des An-den-Pranger-Stellens, wie sie in den Universitätsromanen zu finden waren. Solche Weltsichten sind für eine strikt positivistisch verfahrende Soziologie unwesentlich. Die Romane stehen denn auch einer kritischen Universitätssoziologie weitaus näher, und dies weniger aufgrund der Thematik, sondern deshalb, weil ihre tragische bzw. komische Imprägnierung mit einem Wertungsverhalten verbunden ist, ohne das eine kritische Soziologie nicht auskommen kann. Dabei dürfte im Arsenal des Komischen vermutlich ein besonders kritisches Potenzial liegen, ohne daß die (Hochschul-)Soziologie, von der Literatur lernend, deshalb zur Komödie werden muß, wenn sie den Verhältnissen ihre eigene Melodie vorspielt.

Literatur

Alt, Peter-André. 2021. *Exzellent!? Zur Lage der deutschen Universitäten.* München: Beck.

Altvater, Peter, Yvonne Bauer, und Harald Gilch. Hrsg. 2007. *Organisationsentwicklung in Hochschulen. Dokumentation. HIS: Forum Hochschule 14/2007.* Hannover: Hochschul-Informations-System GmbH.

Anger, Hans. 1960. *Probleme der deutschen Universität. Bericht über eine Erhebung unter Professoren und Dozenten.* Tübingen: Mohr.

Bahrdt, Hans-Paul. 1996. Literarische Bildung und technische Intelligenz. In *Himmlische Planungsfehler. Essays zu Kultur und Gesellschaft*, 247–261. München: Beck.

Banscherus, Ulf. 2007. Die deutsche Hochschulreformdiskussion und der Bologna-Prozess. In *Der Bologna-Prozess und die Veränderung der Hochschullandschaft*, Hrsg. Georg Bollenbeck und Waltraud Wara Wende, 71–88. Heidelberg: Synchron.

Berger, Peter A., und Heike Kahlert. 2008. Bildung als Institution: (Re-) Produktionsmechanismen sozialer Ungleichheit. In *Institutionalisierte Ungleichheiten. Wie das Bildungssystem Chancen blockiert*, Hrsg. Peter A. Berger und Heike Kahlert, 7–16. Weinheim: Juventa.

Bollenbeck, Georg, und Jens Saadhoff. 2007. Humboldts Tod. Über die Effekte der Hochschulreform. In *Der Bologna-Prozess und die Veränderung der Hochschullandschaft*, Hrsg. Georg Bollenbeck und Waltraud Wara Wende, 11–30. Heidelberg: Synchron.

Bourdieu, Pierre. 1992. *Homo academicus.* Frankfurt a. M.: Suhrkamp.

Brell, Aljoscha. 2015. *Kress.* Berlin: Ullstein.

Edding, Friedrich. 1967. Die Hochschulen im Wachsen der Wirtschaft. In *Universitätstage 1967. Universität in der Demokratie*, 80–94. Berlin: de Gruyter.

Eßbach, Wolfgang. 2003. Die Universität als institutionelle Fiktion. Zugang und Mitbestimmung. In *Kunst, Macht und Institution. Studien zur Philosophischen Anthropologie, soziologischen Theorie und Kultursoziologie der Moderne. Festschrift für Karl-Siegbert Rehberg*, Hrsg. Joachim Fischer und Hans Joas, 401–418. Frankfurt a. M.: Campus.

Eßbach, Wolfgang. 2009. Jenseits der Fassade. Die deutsche Bachelor-/Master-Reform. In *Die Illusion der Exzellenz. Lebenslügen der Wissenschaftspolitik*, Hrsg. Jürgen Kaube, 14–25. Berlin: Wagenbach.

Fleming, Peter. 2021. *Dark Academia. How Universities Die.* Pluto Press.

Foucault, Michel. 1973. *Archäologie des Wissens.* Frankfurt a. M.: Suhrkamp.

Habermas, Jürgen. 1967. Universität in der Demokratie – Demokratisierung der Universität. In *Universitätstage 1967. Universität in der Demokratie*, 67–79. Berlin: de Gruyter.

Hasse, Raimund. 2016. Organisationssoziologische Bildungsanalysen. Eine Situationseinschätzung. In *Die Organisation von Bildung. Soziologische Analysen zu Schule, Berufsbildung, Hochschule und Weiterbildung*, Hrsg. Regula Julia Lehmann, Christian Imdorf, Justin J. W. Powell, und Michael Sertl, 47–67. Weinheim: Beltz.

Hegel, Georg Wilhelm Friedrich. 1970. *Vorlesungen über die Ästhetik III.* Werke Bd. 15, Hrsg. Eva Moldenhauer, Karl Markus Michel. Frankfurt a. M.: Suhrkamp.

Hörisch, Jochen. 2006. *Die ungeliebte Universität. Rettet die Alma mater.* München: Hanser.

Karpenstein-Eßbach, Christa. 2000. Diskursanalyse, Literatur und ästhetischer Wert. *Zeitschrift für Literaturwissenschaft und Linguistik* 30(120):137–144.

Kehn, Barbara M., Harald Schomburg, Ulrich Teichler, Hrsg. 2012. *Funktionswandel der Universitäten. Differenzierung, Relevanzsteigerung, Internationalisierung*. Frankfurt a. M.: Campus.

Kinder, Hermann. 1980. *Vom Schweinemut der Zeit. Ein Erziehungsroman*. Zürich: Diogenes.

Kühl, Stefan. 2012. *Der Sudoku-Effekt. Hochschulen im Teufelskreis der Bürokratie. Eine Streitschrift*. Bielefeld: Transcript.

Kühn, Thomas. 2002. *Two Cultures, Universities and Intellectuals. Der englische Universitätsroman der 70er und 80er Jahre im Kontext des Hochschuldiskurses*. Tübingen: Narr.

Lepenies, Wolf. 1985. *Die drei Kulturen. Soziologie zwischen Literatur und Wissenschaft*. München: Hanser.

Luhmann, Niklas. 1992a. Die Universität als organisierte Institution. In *Universität als Milieu*, 90–99. Bielefeld: Haux.

Luhmann, Niklas. 1992b. Zwei Quellen der Bürokratisierung in Hochschulen. In *Universität als Milieu*, 74–79. Bielefeld: Haux.

Montlibert, Christian de. 2008. Universitätsreform und Begriffspolitik. In *Humboldts Albtraum. Der Bologna-Prozess und seine Folgen*, Hrsg. Franz Schultheis, Paul-Frantz Cousin, und Marta Roca i Escoda, 29–46. Konstanz: UVK.

Mukařovský, Jan. 1967. *Kapitel aus der Poetik*. Frankfurt a. M.: Suhrkamp.

Münch, Richard. 2011. *Der akademische Kapitalismus. Zur Politischen Ökonomie der Hochschulreform*. Frankfurt a. M.: Suhrkamp.

Nischik, Reingard M., Hrsg. 2000. *Uni literarisch. Lebenswelt in literarischer Repräsentation*. Konstanz: UVK.

Pehnt, Annette. 2012. *Hier kommt Michelle. Ein Campusroman*. München: Piper.

Readings, Bill. 1997. *The University in Ruins*. Havard University Press.

Reiling, Laura M. 2021. *Academia. Praktiken des Raumes und des Wissens in Universitätserzählungen*. Bielefeld: Transcript.

Rosenmund, Moritz. 2016. Auch oder nur durch Schule? Organisation von Bildung aus soziologischer Sichte. In *Die Organisation von Bildung. Soziologische Analysen zu Schule, Berufsbildung, Hochschule und Weiterbildung. Bildungssoziologische Beiträge, hgg. von der Sektion Bildung und Erziehung der Deutschen Gesellschaft für Soziologie*, Hrsg. Regula Julia Lehmann, Christian Imdorf, Justin J. W. Powell, und Micheal Sertl, 26–46.. Weinheim: Beltz.

Sanyal, Mithu. 2021. *Identitti*. München: Hanser.

Stachowicz, Victoria. 2002. *Universitätsprosa. Die Selbstthematisierung des wissenschaftlichen Milieus in der deutschen Literatur des 20. Jahrhunderts*. Trier: Wissenschaftlicher.

Trombik, Voytěch. 2015. *Der deutschsprachige Universitätsroman*. Prag: Diss.

Wiele, Jan. 2017. Wo bleibt der deutsche Campusroman. *Frankfurter Allgemeine Zeitung*, 13 März, S. 9.

Wuggenig, Ulf. 2008. Eine Transformation des universitären Feldes: Der Bologna-Prozess in Deutschland und seine Vorgeschichte. In *Humboldts Albtraum. Der Bologna-Prozess und seine Folgen*, Hrsg. Franz Schultheis, Paul-Frantz Cousin, und Marta Roca i Escola, 123–162. Konstanz: UVK.

Zwischen den Kulturen. Liminale Texte George Batailles

Marc Ortmann

Zentrale These dieses Beitrags ist das Oszillieren bestimmter Texte zwischen den Feldern der Soziologie und der Literatur, ohne dass sie je vollständig einem der beiden Bereiche zugeschlagen werden können. Für diesen Zweck werde ich den Begriff der Liminalität von Victor Turner (1969) für eine Deutung von Texten, die zwischen den *Kulturen* changieren, nutzen – im Sinn von Susanne Knaller, Stephan Moebius und Martina Scholger (2022). Liminalität bedeutet hierbei ein Existieren zwischen Feldern, zwischen verschiedenen Kulturen und Welten. Liminale Texte übernehmen die Funktion einer Brücke zwischen den Grenzen, die die Felder Literatur und Soziologie voneinander trennen. Liminale Texte werde ich im weiteren Teil anhand von Textbeispielen George Batailles darstellen, und somit den Begriff der Liminalität exemplarisch auf die Epoche, die Wolf Lepenies in seiner viel beachteten Studie *Die drei Kulturen* (1988), die diesem Aufsatz Anlass und Vorbild war, anwenden. Die Textbeispiele Batailles, die ich dabei untersuche, befassen sich mit dem Themengebiet der *Scham* (1994, 1995, 1997), welches sich über den liminalen Textkorpus Batailles zieht.[1]

[1] Für alle Anmerkungen, Kommentare und die Unterstützung beim Verfassen dieses Aufsatzes danke ich Christine Magerski und Stephan Moebius herzlich.

M. Ortmann (✉)
LMU/Institut für Soziologie, München, Deutschland
E-Mail: Marc.Ortmann@soziologie.uni-muenchen.de

C. Magerski und C. Steuerwald (Hrsg.), *„Die drei Kulturen" reloaded,* Literatur und Gesellschaft. Literatursoziologische Studien,
https://doi.org/10.1007/978-3-658-42824-2_11

1 Liminalität

Das Konzept der Liminalität geht, Victor Turner zufolge, immer von einer gewissen Zweideutigkeit, einer Ambiguität aus. Das bedeutet, dass es zwischen den bekannten, abgestimmten Bereichen des Sozialen Zwischenräume gibt, die immer wieder unbesetzt sind oder noch gar nicht eingenommen wurden[2]. Dies folgt daraus, dass das Liminale dichotomen Kategorisierungen entwischt. Liminales formt sich am Rande von Strukturen oder über deren Rand hinaus. Liminales formt somit einen neuen Ort, oder vielmehr einen Nichtort, zwischen Kategorisierungen. Es nimmt den Raum des Dazwischen ein, in dieser Weise ist Liminales nur im Übergang zuhause: „at the edge of structures" (Turner 1969, S. 128). Victor Turner entwickelte diesen Begriff für seine Studien über Riten in Anlehnung an Arndol van Genneps Ritualtheorie (Les rites de passage). Als Ethnologe betrachtete er dabei Formen, die zwischen den einzelnen gesellschaftlichen Teilbereichen ihren Platz einnehmen. Liminalität bezeichnete er als den Schwellenzustand zwischen diesen Bereichen:

> Liminal entities are neither here nor there; they are betwixt and between the positions assigned and arrayed by law, custom, convention, and ceremonial. As such: their ambiguous and indeterminate attributes are expressed by a rich variety of symbols in the many societies that ritualize social and cultural transitions (ebd., S.95.)

Klassische Beispiele Turners für liminale Entitäten sind sakrale, zeremonielle Zusammenhänge wie Pubertätsriten. Bei Pubertätsriten tragen die liminalen Entitäten, hier Jugendliche, keine Statussymbole, keine Kleidung und durchschreiten in der Zeremonie den Übergang der Statuslosen hin zu Anerkannten (ebd.). Solche liminalen Phasen lassen sich auch bei anderen Zeremonien, wie Eheschließungen, Taufen oder Scheidungen beobachten und werden häufig von neuartigen Gemeinschaftserfahrungen begleitet.

Das Liminalitätskonzept wurde in Anschluss an Turner für viele weitere Phänomene erweitert. Zum Beispiel lässt sich an den liminalen Zustand beim Nationalstaatswechsel denken, in welchem ein Nationalstaat die Staatsbürgerschaft eines Menschen auflöst, doch der andere sie noch nicht angenommen hat. In diesem Schwellenzustand wird das Subjekt für viele moderne Einrichtungen

[2] Das Interesse an diesem Dazwischen, einer Schwelle, die überschritten werden kann, lässt sich besonders für die Zeit feststellen, die Wolf Lepenies (1988) für die Etablierung der Soziologie, im Ausdeutungskampf zwischen Wissenschaft und Literatur, untersucht hat. Exemplarisch kann hier das Denken Walter Benjamins über *Schwellenerfahrungen* (Moebius 2006, S. 370) genannt werden.

wie Grenzen, Versicherungen oder Meldebescheinigungen zu einer Entität, die zwischen den Kategorien steht und in dieser Weise nicht einzuordnen ist (Hui 2020). Mit Liminalität können aber nicht nur Fragen von Riten wie bei Turner oder externe Kategorisierungen wie bei Nationalstaatsfragen gefasst werden, sondern ebenso interne Grenzen und Grenzüberschreitungen des Subjekts.

All diesen unterschiedlichen Beispielen gemein ist, dass mit Liminalität etwas eingefangen werden soll, das den Kategorisierungen entweicht und damit diese Kategorisierungen zum einen infrage stellt. Dadurch dass die Kategorisierungen durch diese Prekarisierung ihrer selbst in eine Lage kommen, in der sie mit dem Schwellenzustand umgehen müssen, in welchem sie Sinn stiften oder Antworten geben müssen, formt die Liminalität auf der anderen Seite diese Neu-Kategorisierungen im Umkehrschluss. Nach diesen einführenden Worten zum Konzept von Liminalität werde ich als nächstes den Begriff von liminalen Texten, im Anschluss an Susanne Knaller, Stephan Moebius und Martina Scholger, entwickeln.

Liminale Texte

Den Begriff der *liminal texts* haben Knaller, Moebius und Scholger in den vergangenen Jahren für ein interdisziplinäres Projekt zwischen Literaturwissenschaft, Kultursoziologie/Kulturwissenschaften und Digital Humanities erarbeitet und als Konzept entwickelt. Ein Ergebnis dieser Auseinandersetzungen ist ihre 2022 erschienene Monographie *Twilight Zones. Liminal Texts of the Long Turn of the Century (1880 to 1940),* an die eine innovative Datenbank am bearbeiteten Textkorpus angeschlossen ist. Während die drei Autor:innen sich gegenseitig abwechselnd in den Diskurs des Buches eingeschrieben haben, kann über die Datenbank der besprochene Textkorpus nachvollzogen und gelesen werden:

> Liminal texts are a productive and sometimes provocative reaction to the highly innovative and often controversial output in all fields of the arts, the sciences, and the social and political institutions of the period under investigation. At the same time, the texts shape and produce these fields massively (Knaller/Moebius/Scholger 2022, S.14).

Während das Projekt und somit auch die Monographie den Blick auf den langen Jahrhundertwechsel zwischen 1880 und 1940 setzen und dabei liminale Texte, die zwischen Bereichen der Kunst und der (Sozial-)Wissenschaft oszillieren, untersuchen, lassen sich daraus Kennzeichen für liminale Texte im Allgemeinen ableiten.

Liminale Texte sind, wie im eben erwähnten Zitat angegeben, Antworten auf Innovationen in Bereichen der Kunst und der Wissenschaft, somit selbst innovativ, und als solche häufig provokativ. Sie stellen mit ihren Inhalten, ihren Methoden, ihren Formen oder mit allem zusammen die gesetzten Grenzen und damit die Ordnungen zwischen Feldern und Kulturen in Frage. Dadurch werden die Kulturen zuerst innovativ und oft provokativ überrascht, infrage gestellt und neugeordnet. Durch dieses In-Frage-Stellen müssen die Kulturen neue Antworten schaffen und die vorgefundene Liminalität bearbeiten; in anderen Worten zwingen liminale Texte zur Neujustierung.

Liminale Texte vermischen, häufig aufgrund ihrer eigenen Zusammensetzung oder gewählten Genres, Unterschiede zwischen Wissenschaft und Poesie, Fakt und Fiktion, Literarischem und Nicht-Literarischem und gelten daher als *interdiskursiv* (ebd.). In dieser Weise vermischen sie aber auch die unterschiedlichen Darstellungsmöglichkeiten und Wissensbestände der Kulturen, gelten damit selbst als ästhetische Praktiken (ebd., S. 35) und stellen Versuche einer Rückführung dessen dar (Knaller/Moebius/Scholger 2022, S. 14), was Wolf Lepenies als „Entliterarisierung" bezeichnet hat. Als „Entliterarisierung" umschrieb er Prozesse, durch welche „Traditionen und Theorieprogramme[n] aus den Wissenschaften, [die] als literarisch und damit unwissenschaftlich abqualifiziert" (Lepenies 1986, S. 448) wurden. Die „Entliterarisierung" vereinheitlichte wissenschaftliche Schreibstile, da die Form nurmehr Vermittlung des wissenschaftlichen Inhalts sein sollte. Zu diesem Zweck wurden Texte, die in der Form experimentierten, als zu literarisch und unwissenschaftlich abgestempelt. Der Einsatz genau dieser Mittel, die ausgeschlossen sind, stellt ein Anzeichen von liminalen Texten dar. In dieser Weise sind liminale Texte nicht nur Reaktionen auf diese „Entliterarisierung", sondern aktive Interventionen: „interventions and practices intended to transform, interpret, judge or adjust these social processes" (Knaller/Moebius/Scholger 2022, S. 19). Dabei zelebrieren sie gerne Thematiken, die sich als innere Erfahrungen, Ereignisse, Ekstasen und Überschreitungen rationalen Wissenschaftsansätzen entziehen (ebd., S. 66).

Da liminale Texte zur Schaffung und Veränderung der Kulturen führen, haben sie einen besonderen Charakter: sie sind selbst ein Ereignis. Sie sind ein Ereignis, da sie für die Kulturen unvorbereitet eintreten. Sie sind ebenso ein Ereignis, da sie Räume einnehmen, die davor im Blickschatten lagen. Ich möchte deshalb liminalen Texten einen Ereignischarakter zusprechen, der den etablierten Bereichen ein Einstellen auf sie abfordert; oder mit den Worten Theodor W. Adornos: „von [solch einem etablierten Bereich] darf man nicht verlangen, daß er einigermaßen so weitergehe, wie man es sich nach überkommenem Schema vorgestellt hat, sondern soll stattdessen suchen, dem gerecht zu werden, was konkret sich abspielt, ohne es an einer Erwartung zu messen“ (Adorno 2018, S. 194).

Zusammenfassend sind die Merkmale von liminalen Texten, dass sie innovativ und oft provokativ auf neue Entwicklungen der Kulturen aktiv reagieren und intervenieren, sie dabei aus der ungesehenen Flanke kommen und in diesem Bild gesprochen ereignishaft überraschen. Als Konsequenz ihrer Erscheinung als ästhetische Praktiken in zuvor unbedachten Räumen stellen sich die Kulturen oder Felder mit Perspektive auf sie um und ordnen sich neu. Als Reaktion auf das Etablierte schafft das Liminale Neues.

Liminale Texte als Brücken

Bevor hier unterschiedliche Beispiele an liminalen Texten und ihre Merkmale vorgestellt werden, möchte ich noch kurz über die Brückenfunktion von liminalen Texten sprechen. Liminale Texte werden in den *Twilight Zones* als Schwellen umschrieben. In dieser Funktion bilden sie keine Einheit des Gegenstands, sondern sind „eine Schwelle, an der sich die verschiedenen – ästhetischen, ethischen, politischen, medizinischen – Gegenstände erst formieren“ (Joseph Vogel, zitiert nach Knaller/Moebius/Scholger 2022, S. 11).

Ich möchte die Schwelle um das Bild der Bücke nach Jürgen Osterhammel erweitern. Die Brücke, wie er in seinem Essay *Grenzen und Brücken* schreibt, schafft neue Räume, die davor nicht zu denken sind. Wenn sie gebaut sind, sind sie zu denken und zu beschreiten und von ihnen können neue Perspektiven eingenommen werden. „So sind denn Brücken allgegenwärtig und dennoch interpretatorisch verwaist. Wir über- und unterqueren ständig Brücken, ohne auf sie zu achten“ (Osterhammel 2017, S. 86). Liminale Texte sind wie Brücken, da sich durch sie nicht nur Geplantes und Beabsichtigtes abspielt, sondern sich in ihrem Bau erst neue Wissensbestände formieren und sich durch sie ergeben. So wie Brücken gebaut werden müssen, um zu sehen, wer und was sie überschreiten kann und was man von ihnen aus erkennt, müssen liminale Texte geschrieben werden. Das Schreiben des liminalen Texts trägt selbst einen Ereignischarakter, da sich in der Neuformation von Wissen, die sowohl durch seinen Inhalt wie auch durch seine Form hergestellt werden kann, etwas Unerwartetes ereignen kann.

2 Der liminale Textkorpus George Batailles

„Il y a devant l'espèce humaine une double perspective: d'une part, celle du plaisir violent, de l'horreur et de la mort – exactement celle de la poésie – et, en sens opposé, celle de la science ou du monde reel de l'utilité" (Bataille 1971, *S. 102).*
„Die Menschheit hat eine doppelte Perspektive vor sich: einerseits die der heftigen Lust, des Grauens und des Todes – eben dies ist die Perspektive der Poesie – und, umgekehrt, die der Wissenschaft beziehungsweise der realen Welt der Nützlichkeit" (Bataille 1995, *S. 8).*

George Bataille zufolge gibt es zwei grundliegend unterschiedliche Dynamiken des menschlichen Agierens, eine im Augenblick verweilende und eine, die sich auf die verwertbare Zukunft bezieht. Zwischen beiden dieser Ansätze vermitteln sein Schreiben und als Produkt dessen seine Texte. Bataille sucht schreibend beispielsweise der Scham hinterher, versucht sie mit Rücknahme auf soziologische, ethnologische und psychoanalytische Studien zu greifen und sie in seinen theoretischen wie literarischen Schriften (zwischen *Poesie* und *Wissenschaft*) begreifbar und erfahrbar zu machen. Die Scham, die zwischen dem, der man mal war, und dem, der man nun ist, ebenso auftritt wie zwischen dem Individuum und der Gemeinschaft und den Individuen untereinander. Dort, zwischen dem Lustvollen und Bösen wie auch zwischen dem Nützlichen und dem Verschwenderischem, steht jedoch nicht nur die Scham, sondern sie bringt in gewisser Weise diese und den Menschen erst hervor; durch die Entwicklung des Begriffs der Scham soll der liminale Charakter der Texte[3] George Batailles im Weiteren verdeutlicht werden.

Zu diesem Zweck wird sich zuerst dem Schambegriff angenähert über die Betrachtung des Menschen und seiner menschlichen Gemeinschaft, seinen Sehnsüchten und den Notwendigkeiten, denen er unterworfen ist. Im weiteren Schritt wird die Frage der Überschreitung von Scham in einem schamlosen Text Batailles aufgeführt, bei dem Scham als Lektüreerfahrung auftritt.

Scham und Sehnsucht

„Je pense comme une fille enlève sa robe.
A l'extrémité de son mouvement, la pensée est l'impudeur, l'obscénité même"
*(*Bataille 1973*, S. 200).*

---

[3] Ebenso ließen sich auch andere Texte George Batailles als liminale Texte lesen, wie beispielsweise *Die psychologische Struktur des Faschismus* (Bataille 1978), mit den dort auftretenden Verbindungen zwischen französischer Soziologie, Marxismus und Philosophie (ebd., S. 9), Psychoanalyse (ebd., S. 17) und Deutungsweisen von *Gelebtem.* Auch das Kleinod *Der große Zeh* (Bataille 2015) fällt unter diese Rubrik, wie Stephan Moebius gezeigt hat (Moebius et al. 2022, S. 68; ebenso ebd., S. 73).

„Ich denke, wie ein Mädchen sein Kleid auszieht.
Am Extrempunkt seiner Bewegung ist das Denken die Schamlosigkeit, die Obszönität selbst“
(Bataille 2017, *S. 231).*

Für Georges Bataille nimmt das Verhältnis von Scham und Schamlosigkeit eine Hauptstellung in seinen theoretischen Schriften, seiner privaten, intimen Lebensführung und seiner obszönen Literatur[4] ein. Er ist in all diesen Bereichen etwas auf der Spur, das sich dem Menschen entzieht, obwohl es Teil von ihm ist, ein Bereich des Nicht-Wissens, das in dem Denken und Sein des Menschen überschattet wie verdrängt wird und doch sehnsüchtig besteht; eine Sehnsucht nach dem ganz Anderen, dem Ereignis[5], dem Unmöglichen.

Dieser Bereich, der sich dem Menschen entzieht, der dem Menschen (durch seine Menschwerdung) entzogen wird, erscheint immer wieder durch Gefühle der Überforderung, der Angst, der Panik, aber auch der Wollust, der Spannung und der glücklichen, glückenden Ekstase. Hinter all diesen einzelnen Momenten steckt Bataille zufolge aber ein Zusammenhang: „La cohésion de l‘esprit humain, dont les possibilités s'étendent de la sainte au voluptueux“ (Bataille 1957, S. 11); „ein Zusammenhang im menschlichen Geist (…), dessen Möglichkeiten sich von der Heiligen bis zum Wollüstigen erstrecken“ (Bataille 1994, S. 9). Wie dieser Zusammenhang entstanden ist, worauf er bezogen ist und wie er sich dem Menschen in seinem einzelnen Leben zeigt, sind Grundfragen des Denkens und Schreibens George Batailles; für das Verhältnis des kollektiven Geistes und des einzelnen Momentes, der zwischen den Extremen des Heiligen und des Wollüstigen changiert, übernimmt die Scham eine dominierende Funktion. Denn dafür, dass sich der Mensch für das sich ihm Entziehende interessiert oder er sich dafür begeistert, er das

[4] Viele Erscheinungen dieser obszönen Literatur waren zuerst mit dem Decknamen Lord Auch gezeichnet (Luckow 1995, S. 225). Alleine die Situation, dass der eigene Name nicht angegeben werden sollte und auch konnte, verweist auf die mit Scham besetzte Situation, die George Bataille durch sein Schreiben einging.

[5] Die Verbindung von dem Unmöglichen und dem Ereignis ist besonders im Hinblick auf einen großen Rezipienten Batailles interessant, auf Jacques Derrida. Dieser geht in seinem Vortrag „Une certaine possibilité impossible de dire l'événement“ auf die Schwierigkeiten ein, von einem Ereignis zu sprechen. Das Ereignis wäre dabei ja schon das ganz Andere, das sich einem entzieht und deswegen kaum benannt werden kann oder darf (vgl. Derrida 2003; vgl. auch Moebius 2006, S. 472 f.). Diese Gedanken sind bereits bei Bataille in seinem Werk „L'Impossible“ beschrieben. Bei dem ganz Anderen, dem Ereignis, dem Unmöglichen ist „in keinem Augenblick (…) zu vergessen, dass es ein letztlich *Inkommensurables* ist, was zu kommunizieren ist“ (Bergfleth 2011, S. 183).

begehrt, was ihm äußerlich und fremd ist, schämt er sich und vor dieser unmöglichen Anziehung fürchtet er sich.

Doch gibt es Bataille zufolge die Möglichkeit, diesem Schrecken, dem Ekel, der Scham ins Auge zu schauen und dadurch zu überwinden, aufzuheben[6]. Doch bevor die Überwindung betrachtet werden kann, muss an dieser Stelle das Mensch-Sein wie das Leben in der menschlichen Gemeinschaft betrachtet werden.

Der Mensch als diskontinuierliches Wesen

Zwischen allen einzelnen Lebewesen erstreckt sich Bataille zufolge ein Abgrund, ein *Abyss*. Die Menschen können zwar durch Sprache und andere Kommunikationen den Schein aufzeigen, dass einzelne Ereignisse wie die Geburt oder der Tod zwischen den Menschen zu vermitteln wären, jedoch erleben sie diese im Absoluten nur je eigen körpergebunden. Der Hauptfaktor dieses Abgrundes wird durch den Tod dargestellt, der die einzelnen Wesen klar voneinander trennt; während das Leben durch eine kontinuierliche Vereinigung von Spermatozoon und Eizelle beginnt, diese Vereinigung eine anfängliche Kontinuität des Lebens hervorbringt, stellt der Tod den diskontinuierlichen Riss des Lebens dar, in den Worten Hans Falladas, *jeder stirbt für sich allein.* Der Mensch nimmt die besondere Rolle unter den Lebewesen ein, dass ihm seine Diskontinuität zum Begriff wird, dass er sich selbst als endlich weiß und er unter dieser Beschaffenheit als diskontinuierliches Wesen leidet, sich vor seinem eigenen Abgrund fürchtet :Seulement nous pouvons en commun ressentir le vertige de cet abîme. Il peut nous fasciner. Cet abîme en un sens est la mort et la mort est vertigineuse, elle est fasinante" (Bataille 1957, S.19).

„Doch wir können gemeinsam das Schwindelerregende dieses Abgrunds empfinden. Er kann uns faszinieren. In einem gewissen Sinn ist dieser Abgrund der Tod, und der Tod ist schwindelerregend, er ist faszinierend (Bataille 1994, S.15).

Der Mensch findet sich somit in der Situation des Allein-Seins wieder, abgeschnitten von Anderen durch den nicht zu überbrückenden Abgrund (des Todes). Das Leben stellt sich ihm als reiner Zufall dar und es gibt nur wenige Momente, die ihm die Sehnsucht nach Kontinuität vergessen machen können. Diese Momente

---

[6] Mit dem Überwinden, dem Aufheben soll hier nicht der Schritt über den Schrecken, den Ekel, die Scham gemeint sein, der nichts mehr hinterlässt, sondern Bataille denkt hierbei an den Aufhebungsbegriff aus der Hegelschen Dialektik in seinem Dreischritt: 1. Aufhebung durch Aufhebung des Widerspruches zwischen These und Antithese. 2. Historisches Aufheben dieses Widerspruches. 3. Den Widerspruch zwischen These und Antithese auf eine neue, qualitative Ebene (Synthese) heben. In der Bataillschen Fassung ist hierbei die These die innere Erfahrung und die Antithese ein Verbot dieser Erfahrung, die Überwindung gilt als die Aufhebung dieser Spannung; es wird somit das Verbot aufgehoben,' *ohne es zu beseitigen*'. (vgl, Bataille 1957, S. 42; und Bataille 1994, S. 38).

sind aber genau diejenigen, die dem Allgemeinen, dem Profanen entsteigen und sie überwinden; augenmerkliches Beispiel einer kontinuierlichen Vereinigung ist der erotische Akt, wobei aber auch die Ekstase, das überraschende Ereignis oder die Gewalttat solch eine Wirkung haben können.

Hiermit komme ich auf die Frage des Zusammenhanges zwischen den unterschiedlichen überwältigenden Momenten zurück; alle diese wirken zuallererst auf die Sehnsucht des Menschen zurück, kontinuierlich zu sein, so wie der Wind in der Luft, wie die Welle im Wasser.

Bataille bezeichnet das Gefühl, enthoben der Geschlossenheit des eigenen Lebens und Körpers zu sein, als eine Leidenschaft, die, während sie die Furcht vor dem Tod überschreitet, sich auf den Tod bezieht. Die Vereinigung und Überschreitung findet am Rande des eigenen Todes statt: „Ce qui désigne la passion est un halo de mort" (Bataille 1957, S. 28); „Was die Leidenschaft kennzeichnet, ist die Aura des Todes" (Bataille 1994, S. 38). In dieser Leidenschaft verliert man sich in gewisser Weise und vereint sich mit einem Anderen, man zergeht in einer kontinuierlichen Erfahrung. Die Ekstase, der Rausch, die Überschreitung wie der Orgasmus überstrahlen durch die Nähe zum Tod die eigene Endlichkeit, die eigenen Abgründe; dieser unmögliche Schritt wird als kleiner Tod empfunden, *la petite mort*.

Dieses zweckfreie Herantreten an den eigenen Tod, dieses Sich-Überwältigen-Lassen, das Sich-Verlieren aus Sehnsucht wird in der menschlichen Gemeinschaft getadelt oder gar verboten, gerade wegen ihrer Ausrichtung auf Zweckfreiheit und Kalkulation. Diese Verbote werden vom Kollektiv dem Einzelnen als Scham eingeprägt. Das Interesse am Überschreiten oder gar das tatsächliche Überschreiten sind Momente der Schamlosigkeit, die genau im (obszönen) Schritt, wie des Rock-Hochziehens oder der Entblößung, einem spezifischen Verbot, das man in sich selbst aufgenommen hat, dem man in die Augen schaut und es lustvoll überwindet. Dabei werden „formes de vie sociale, régulière" (Bataille 1957, S. 25), „Formen des sozialen, regelmäßigen Lebens" (Bataille 1994, S. 21) aufgelöst. Diese Formen werden durch die Welt der Arbeit hervorgebracht, durch die menschliche Gemeinschaft.

Die menschliche Gemeinschaft

Gleich welches Phänomen Bataille in Blick nimmt, ob es die Erotik, die Moral oder zum Beispiel die Überschreitung generell ist, beständig betrachtet er dies im Verhältnis zwischen Körper und menschlicher Gemeinschaft in ihrer historischen Erscheinung (vgl. Bataille 1957, S. 41; Bataille 1994, S. 37). Dabei zeigt sich die moderne soziale Ordnung, in all ihren Erscheinungen, als ein Verbotskatalog, der das Leben der Einzelnen homogenisieren soll. Für diese Ordnungen sind die überschreitenden Momente, in welchen der Mensch als diskontinuierliches Wesen seine Sehnsucht befriedigen kann, gefährlich und werden deswegen sozial geregelt, unter Strafe gestellt, verpönt oder ins Private verlegt[7]. Zunehmend wird dabei alles Mögliche aus dem öffentlichen Leben gebannt, was nicht zweckgebunden dem zukünftigen (Über-)Leben der Gemeinschaft dient; Bataille schreibt hierzu immer wieder über die Sphäre der Arbeit, mit welcher, wie auch mit der Scham, der Mensch zum Menschen wurde und sich vom Tier trennte. Der gesellschaftliche Bereich dient dieser Sphäre der Arbeit, die ‚vernünftig' die menschlichen Produkte hervorbringt und sie verteilt. Die Arbeit dehnt sich damit immer von einem gegenwärtigen Status zu einem zukünftigen Punkt, der zu erreichen ist, aus. Die Überschreitung widerspricht als Impuls, als Augenblick dieser Zweckgerichtetheit der Arbeit, weswegen die menschliche Gemeinschaft die Überschreitung mit dem Verbot belegt. So steht für Bataille im Zentrum der menschlichen Gemeinschaft, und dies in zunehmender Weise in der Moderne, eine Homogenität, die alles Heterogene, Verächtliche wie Sakrale verdrängt und besonders durch Scham zu kontrollieren bestrebt.

Der Mensch als sowohl diskontinuierliches Wesen als auch Teil der Gemeinschaft befände sich dabei beständig zwischen zwei Polen, zum einem der Sehnsucht nach Überschreitung und zum anderen der Arbeit. Verbot und Scham vermitteln zwischen diesen beiden Polen, der Mensch ist zwischen ihnen hin- und hergerissen. Die Scham kann in diesem Verhältnis genauer beschrieben werden; der Mensch sehnt sich nach etwas, was dem Überleben der Gruppe nichts bringt oder dieses gefährdet, weshalb ein Verbot oder eine soziale Regelung über alle Momente ausgesprochen wird, in welchen der Mensch sich verlieren kann, eine eigene Erfahrung sammeln kann[8]. Das Verbot oder Tabu, sich selbst zu verlieren, wird über moralische Vorstellungen durch die Scham erweitert. Die ursprüngliche Sehnsucht nach Überschreitung wird

---

[7] Bataille zufolge nimmt diese Bewegung mit der Modernisierung zu; archaischere Gesellschaften hatten vermehrt Opfer- wie Festsituationen, welche zur Überschreitung gedacht waren. Hierbei erwähnt er häufig Michel Leiris, seinen Weggefährten und Freund, dem er auch „L'Erotisme" gewidmet hat, und dessen Werk ‚Miroir de la Tauromachie', in welchem Leiris die Überschreitungsmomente, den sakralen Charakter des Stierkampfes betrachtet, der nicht nur für den Einzelnen gegeben war, sondern von und in menschlicher Gemeinschaft hervorgebracht wurde, ein anerkanntes Spiel zwischen Liebe, Leben und Tod (vgl. Bataille 1957, S. 13; und Bataille 1994, S. 11).

[8] Die Ansicht, dass eine individuelle Erfahrung in der zunehmenden Moderne unmöglich wird durch eine Homogenisierung, die dem Individuum abverlangt wird, erinnert stark an Thesen Adornos, dass der Mensch Impulse und ganz eigene Erfahrungen kaum mehr sammeln kann, da er (im Falschen) so vergesellschaftet wird: „Die Tabus, die den geistigen Rang eines Menschen ausmachen, oftmals sedimentierte Erfahrungen und unartikulierte Erkenntnisse, richten sich stets gegen eigene Regungen, die er verdammen lernte, die aber so stark sind, daß nur eine fraglose und unbefragte Instanz ihnen Einhalt gebieten kann" (Adorno 1969, S. 26).

überdeckt und mit Scham belegt. Gewisses Verhalten, mit dem man auffällt, da es heraussticht, wirkt beschämend, anderes, das von der Sphäre der Arbeit verlangt wird, läuft nicht Gefahr, einen selbst zu beschämen. Die Installationen der Arbeit zügeln also die Impulse, welche Arbeit als zweckgebundene Produktivität unmöglich machen würden, da man sich in ihnen verlieren würde oder könnte. „Si nous ne pouvions refréner ces mouvements, nous ne serions pas susceptibles de travail, mais le travail introduit justement la raison de les refrêner“ (Bataille 1957, S. 47); “Wenn wir diese Impulse nicht zügeln könnten, wären wir zur Arbeit unfähig; die Arbeit liefert eben den Grund, sie zu zügeln“ (Bataille 1994, S. 42). Die Scham ist also eine funktionale Einheit der menschlichen Gemeinschaft, um den Menschen zu zügeln; gleichzeitig wäre der Mensch ohne diese menschliche Gemeinschaft niemals er selbst geworden, weswegen Scham und Arbeit beide als Akte der Menschwerdung gelten und stets im Horizont von der Geschichte der Produktionsverhältnisse und der Entwicklung der moralischen Vorstellung zu verstehen sind.[9]

Die Überschreitung

An dieser Stelle lassen sich die Gedanken George Batailles wie folgt zusammenfassen: Im Zentrum der menschlichen Gemeinschaft, die sich durch Zweckmäßigkeit, Nützlichkeit und eine allgemeinbildende Arbeitsmoral kennzeichnen und als industrialisierte Moderne bezeichnen lässt, steht eine Homogenität, die alles Überschreitende und Verschwenderische, Heiliges, Wunderliches, Obszönes und Frivoles gesellschaftlich unterdrückt. Unter dem Begriff der Heterogenität sammelt Bataille der Homogenität entgegengestellt „alle Elemente, die sich der Assimilation an bürgerliche Lebensformen und an die Routinen des Alltags ebenso widersetzen, wie sie sich dem methodischen Zugriff der Wissenschaften entziehen“ (Habermas 1986, S. 249).

Wie kann sich Bataille zufolge nun die alleinige Herrschaft der realen, profanen Welt gebrochen werden und das Subjekt sich selbst aus seiner Dinghaftigkeit der Warenwelt befreien? Dafür sind zwei Voraussetzungen nötig.

Zum einen muss die gesellschaftliche Produktion so groß und mächtig werden, damit sie ihre wahre Bestimmung enthüllt. Die wahre Bestimmung der Produktion ist nach ihm nicht die weitere Produktion, sondern – im Anschluss an gabetheoretische Beobachtungen von Marcel Mauss – der unproduktive Verzehr der Reichtümer,

---

[9] Die Entwicklung der moralischen Vorstellungen, welche im zunehmenden Maß über Formen der Scham wie der Sittlichkeit das Leben rationalisiert haben, lässt einen auch an Norbert Elias „Über den Prozeß der Zivilisation“ denken, in welchen er die Vergesellschaftung von Persönlichkeiten sowie den strategisch werdenden Triebhaushalt, zum Beispiel über die höfische Kultur im Gegensatz zu der der Ritter (vgl. Elias 1976).

die Auflösung der Dinghaftigkeit durch Genuss und Verschwendung an den Gegenständen; Ökonomie wird hier nicht als Knappheitsmanagement gedacht, sondern mit der Sonne verglichen, die sich ans kalte Universum selbstverschwenderisch veräußert. Damit dies aber geschehen kann, muss sich auch die Sicht auf die realen Dinge, auf die Ordnung der Welt verändern. Zum anderen muss die Wissenschaft weiterentwickelt werden. Sie muss sich von mythischen Bestimmungen abwenden und eine autonome Sicht auf die tatsächlichen Verhältnisse gewinnen. Erst wenn die Wissenschaft die entfesselte Produktion und sich selbst als die Sicht auf die realen Dinge enthüllt, kann ein Weg zurück zur Intimität gefunden werden. Dieser Weg hin zu einem Gefühl des Gleichgewichts, das in der Augenblick-Gebundenheit besteht, führt über die Scham. Die Scham als Ausdruck inkorporierter Verbote muss betrachtet werden und durch Schamlosigkeit überschritten werden.

Bataille schließt damit, dass inzwischen ein klares Bewusstsein durch die Wissenschaft entfaltet wurde und die Produktion so weit fortgeschritten ist, dass sie selbst nicht mehr weiß, was sie mit ihren Produkten anfangen soll. „La premiére condition rend la destruction possible, la seconde la rend nécessaire“ (Bataille 1973, S. 133). „Der erste Umstand macht die Zerstörung möglich, der zweite macht sie notwendig“ (Bataille 1997, S. 84). Das Intime findet Bataille jedoch nicht mehr im Sakralen und möchte es auch gar nicht dort suchen. Es lässt sich im bewussten Genuss der produzierten Gegenstände oder ihrer Zerstörung erleben. Der Augenblick, den man flüchtig für sich erleben kann, muss genommen werden. Es geht um die eigene Entfesselung. Bataille bringt dafür ein Beispiel:

Man sitzt in seinem Zimmer am Tisch und beachtet das Mobiliar. Alle Einrichtungsgegenstände sind Produkte von Arbeit. Um sie erwerben zu können, musste man selbst durch die Entäußerung der eigenen Arbeitskraft und Lebenszeit den Arbeitsaufwand der Tischler, Schreiner, Verkäufer usw. kompensieren. Dann stellt man ein Glas Alkohol auf den Tisch. Man hat sich als soweit nützlich erwiesen, also sich unter das Credo der Nützlichkeit gestellt, als das man all das erwerben konnte. Doch auf einmal ist der Tisch nicht mehr ein Arbeitsmittel, sondern für die Person da, um Alkohol zu trinken. Die Arbeit des Winzers ist absolut zerstört, sobald das leere Glas wieder auf dem Tisch steht. Die Arbeit des Tischlers bestand zwar weiter, jedoch hatte der Tisch, der Zeichen der Fessel der Arbeit ist, zu diesem Augenblick keine andere Funktion als die eigene Entfesselung hervorzubringen:

> Il n'est pas en ce monde d'immense entreprise qui ait d'autre fin qu'une perte définitive dans l'instant futile. De même que le monde des choses n'est rien dans l*univers superflu où il se résout, de même la masse des efforts nèst rien auprès de la futilité d'un seul instant (Bataille 1973, S. S.135).

> In dieser Welt schrankenloser Unternehmungen gibt es nichts, was zu einem anderen Zweck bestimmt wäre als zum definitiven Verlust im flüchtigen Augenblick. Gleichwie die Welt der Dinge nichts ist im überflüssigen Universum, in dem sie sich auflöst, ebenso ist die Masse der Anstrengungen nichts neben der Flüchtigkeit eines einzigen Augenblickes (Bataille 1997, S. 85).

Georges Bataille beschäftigt sich in der ‚Theorie der Religion' mit unterschiedlichen Verlusten des Menschen. Durch seine Trennung vom Tier[10] fehlt ihm das in der Welt einfach sein, wie das Wasser im Wasser ist. Sehnsüchtig schaut er auf diesen Zustand.

Um im Moment ihn wieder erleben zu können, entwickelt er unterschiedlichste religiöse Weisen, die ihn für den Augenblick entführen können. In der Moderne verliert er jedoch, besonders durch die Macht der protestantischen Ethik (Weber 2009), den Zugang zu dieser religiösen Entfesselung und lebt als Ding unter Dingen in der entfalteten Welt der Produktion. Aus ihr entkommt der Mensch nur im Augenblick des Genusses, des Rausches, der Ekstase durch den Verzehr[11], die Vernichtung von Produkten oder die künstlerische Darstellung, im Besonderen durch die Literatur (des Bösen). Dem Bösen, das als Unreinliches verdrängt wurde, soll in der Literatur ein Platz gegeben werden, welcher die profane Moral der Arbeit überschreiten kann (vgl. Heinrichs 1999, S. 7–10). Das Böse ist häufig das Obszöne, das Erotische, das

---

[10] Bataille schließt dabei an Überlegungen Friedrich Nietzsches an, wie Nietzsche sie in den ‚Unzeitgemäßen Betrachtungen' oder auch der ‚Genealogie der Moral' formuliert. Diese Anschlüsse Batailles zeigen sich in unterschiedlichen Texten, vor allem in seinem Projekt *Acéphale,* der Zeitschrift (siehe dazu Moebius 2006), die eine Wiedergutmachung von Nietzsche sein sollte. Nietzsche argumentiert in beiden Schriften, dass dem Menschen in seiner Menschwerdung etwas abhandengekommen ist, dass er sehnsüchtig beim Tier beobachtet; in beiden Schriften, auch wenn unterschiedlich bearbeitet, handelt es sich hier um Schemata der Ordnung und Relationalisierung, zum einen um die Zeitlichkeit, zum anderen um die Sittsamkeit. Für Nietzsche ist der Mensch somit sowohl das Tier, das sich erinnern kann und an den Pflock der Zeit angebunden ist, als auch dasjenige Tier, das aufgrund einer blutigen Geschichte, wie ihm Schamgefühl und Moral eingebläut wurde, versprechen kann; unter diesen beiden Zivilisationsschritten leidet in gewissen Zügen der Mensch auch, weswegen er das ahistorische Tier beneidet. Oder, um mit dem Dichter zu sprechen:

„Je jalouse le sort des plus vils animaux
Qui peuvent se plonger dans un sommeil stupide,
Tant l'écheveau du temps lentement se dévide!" (Baudelaire 2012, S. 22)
„Ich neide den geringsten Tieren noch ihr Los,
Sie sinken tief in dumpfen Schlaf hinab;
Wie langsam spult das Garn der Zeit sich ab!" (ebd., S. 23)

[11] Als ein Beispiel für das Jasagen bis zum Tod durch den Verzehr kann man den Film „La Grande Bouffe" von 1973 anführen, in welchem vier Freunde durch exorbitanten Verzehr kollektiv Selbstmord begehen wollen.

Lustvolle, was im Anschluss an diesen Abschnitt anhand von einem Literaturbeispiel betrachtet wird. Es wird als Böses wahrgenommen oder dargestellt, da es mit Rechts- wie Moralvorstellungen bricht und in Bereichen des Schamlosen ansässig ist.

Bataille sucht in einem Leben, in welchem der Einzelne vergesellschaftet wurde, einen Zugang zum subjektiven Erlebnis. Bataille sehnt sich nach einem Unmöglichen, welches der realen Welt entrinnt, einem souveränen Sein für sich (Moebius 2006, S. 345).

„Souveraineté désigne le mouvement de violence libre et intérieurement déchirante qui anime la totalité, se résout en larmes, en extase et en éclats de rire et révèle l'impossible dans le rire, l'extase ou les larmes" (Bataille 1973, S. 143).

„Souveränität bezeichnet die Bewegung einer freien und inwendig zerreißenden Gewalt, die die Totalität beseelt, sich in Tränen, Ekstase und Gelächter auflöst und die im Lachen, in der Ekstase oder in den Tränen das Unmögliche offenbart" (Bataille 1997, S. 90).

Die Literatur vermag es durch den Schrecken, die Lust oder das Lachen das aufzuzeigen, was verschämt im Menschen besteht und versucht über die eigenen Grenzen zu schreiten. Die Erkenntnis verläuft über diese Grenzen ins Unbekannte, ins Fremde, ins Unmögliche. Das, wonach der Mensch sich sehnt, ist der blinde Fleck in unserem Verstand, das Nicht-Wissen von einem gänzlich Anderen, das sich der Zweckgerichtetheit entzieht.

Georges Bataille – Madame Edwarda

Das hier gewählte Beispiel, das als liminal gelesen wird, stammt von Pierre Angélique aus dem Jahre 1941. Hinter diesem Pseudonym versteckt sich Bataille selbst, der sich zuerst nur als Herausgeber und Verfasser des Vorwortes zu erkennen gab. Angélique versucht die ‚unmögliche Möglichkeit', in immer wieder voneinander getrennten Sequenzen, in dem zum Teil auch die Sätze unterbrochen werden[12], aus der Position eines Ich-Erzählers von einer Nacht voller Ekstase zu berichten, die immer wieder nah an den Tod führt und sich der Vernunft entsagt. Die Geschichte ist zu fragmentiert geschrieben, um die einzelnen Augenblicke darstellen zu können.

Im Vorwort weist Bataille darauf hin, dass die Geschichte Pierre Angéliques von Madame Edwarda es vermag, das Bewusstsein durch die Erotik aufzureißen. In der obszönen Darstellung zerreißt die Erzählung die Homogenität des vergesellschafteten Seins genau durch ihre Schamlosigkeit und Direktheit. Hierbei bilden

[12] In dieser zerstückelten Art zu beschreiben, so als wäre man im Rausch, erinnert die Geschichte von Madame Edwarda auch an die Drogenbücher von Batailles Freund Henri Michaux, wie zum Beispiel „Connaissance par les gouffres".

Schrecken und Lust zwei Seiten einer Medaille. Um die innere Erfahrung dieser Ekstase aufnehmen zu können, die sich von Mensch zu Mensch unterschiedlich gestaltet, eben weil das Besondere sich dabei dem Allgemeinen entzieht, müssen die Leser:innen Schrecken und Scham im Akt der Lektüre erfahren. Ohne die Angst davor, sich zu beschämen und zu sündigen, entsteht keine Ekstase, da das Verbot nicht überschritten werden würde, wenn es einen selbst nicht wirklich etwas angeht.

Die beschämende Lust, die einen schreckt, ist einzig dazu imstande, einen so nah an den Tod zu führen, dass einzig und allein noch das schrille Lachen aus einem geraten kann, welches Bataille beabsichtigt. „Le rire n'est plus respectueux, mais c'est le signe de l'horreur. Le rire est l'attitude de compromise qu'adopte l'homme en presence d'un aspect qui répugne, quand cet aspect ne paraît pas grave" (Bataille 1971, S. 9 f.). „Das Lachen ist nicht mehr ehrfurchtsvoll – es ist Zeichen des Schreckens. Das Lachen ist Ausdruck der Kompromißhaltung (sic!), die der gegenüber dem einnimmt, was ihn abstößt, wenn dieses ihm nicht mehr ernst erscheint" (Bataille 1995, S. 57).

Es führt einen so nah an den Tod, da es einen über die Grenzen der eigenen Vorstellung drängt, in denen vernunftgeleitete Zweckgebundenheiten, unter dem ‚Primat der Zukunft', ausgesetzt werden. Um zur Überschreitung zu gelangen, muss das Schamgefühl noch intakt sein, muss man noch an seine Einrichtung glauben. Deswegen ist das Verhältnis von Scham und Schamlosigkeit ein unmögliches, da für das Überschreiten die Grenzen notwendig sind, die eben überschritten werden. Werden diese Grenzen nicht zerstört, kommt es auch nach der Ekstase, dem Rausch oder der Erotik wieder zum Schämen für das Getane, für das Überschrittene. Aus dem Rausch erwacht, der nur solch eine Ekstase ist, weil er einen beschämt, wacht das Subjekt verschämt auf.

Das erzählende Ich Angéliques berichtet zuerst, wie es bereits im angeekelten Zustand, mit der Sehnsucht sich zu übergeben, durch die Straßen und von Kneipe zu Kneipe, von Pernod zu Pernod wanderte. Dabei besteht die erste obszöne Handlung bereits darin, dass der Ich-Erzähler auf offener Straße seine Hose auszieht und sein steifes Glied in der Hand hält. Aufgeschreckt durch ein Geräusch bekleidet er sich schnell wieder und trifft im ‚Glaces' auf Madame Edwarda, die sich dort entblößt umgeben von Mädchen befindet. Es kommt zum Aufeinandertreffen des Erzählers und Edwardas, welche sich zu Beginn einen „baiser malade" (Bataille 1971, S. 20), einen „kranken Kuß (sic!)" (Bataille 1995, S. 66) geben. Aufeinandersitzend finden sie sich in ihrer Erregtheit wieder, die sie auch schreckt. Im weiteren Verlauf der Geschichte stellen sich beide auch als gelungenes Paar heraus, um ihre Schrecken noch zu vermehren: „Je me rappelai que j'avais désiré d'être infâme ou, plutôt, qu'il aurait fallu, à toute force, que cela fût" (Bataille 1971, S. 20). „Ich musste wieder daran denken, daß ich das Verlangen hatte, niederträchtig zu sein, oder vielmehr, daß ich es mit aller Gewalt hätte sein müssen" (Bataille 1995, S. 67).

Sie steigern sich immer weiter in ihrer Trunkenheit und ihrem obszönen Verhalten, ob Edwarda in aller Öffentlichkeit ihre ‚Spalte' zeigt oder der Erzähler vor anderen Menschen diese küssen soll. Selbst im Bordell verstoßen sie damit gegen Regeln und sollen ein Zimmer im oberen Stockwerk nehmen, aus welchem sie aber auf die Straße dringen, Edwarda inzwischen in Mantel und Maske gehüllt. Wie von Sinnen verfolgen sie sich gegenseitig durch die Straßen und finden sich immer wieder in unterschiedlichsten Bewusstseinszuständen, mal mehr der eine oder der andere abwesend, verwirrt, schreiend, heulend, lachend. Zuletzt, als sie in ein Taxi einsteigen und dann den Chauffeur in die Kabine holen, in welcher Edwarda und er miteinander schlafen und der Erzähler dabei zuschaut, kommt es zu dem Grad von Überschreitung, der nicht mehr den Wahnsinn, sondern den Tod spiegelt. Der Tod schließt sich um die Körper und zieht Kälte über sie: „Et tout était noué dans ce regard de rêve: les corps nus, les doigts qui ouvraient la chair, mon angoisse et le souvenir de la bave aux lèvres, il n'était rien qui ne contribuât à ce glissement aveugle dans la mort" (Bataille 1971, S. 29). „Alles war in diesen traumverlorenen Blick eingewoben: die nackten Körper, die Finger, die das Fleisch öffneten, meine Angst und die Erinnerung an den Speichel auf den Lippen, da war nichts, das nicht beitrug zu diesem blinden Hinabgleiten in den Tod" (Bataille 1995, S. 76).

Nach diesem Moment des Todes, an dem die Ekstase sich am meisten zugespitzt hat, erscheint nur noch ein Lachen, nach dem die Schamlosigkeit nicht noch schamloser werden kann, und erschöpft schlafen alle drei Personen ein.

Diese schamlose Geschichte bricht, wie Michel Foucault in seiner Einschätzung George Batailles als einem der größten Schriftsteller des 20. Jahrhunderts ausgeführt hat, mit einer Tradition von Erzählungen. Madame Edwarda lese ich als liminalen Text, da hier Gattungsfragen ignoriert werden und mit Wissensformen und Darstellungsformen experimentiert und so aus einer Kombinatorik Neues hervorgebracht wird. Neben der Erzählung Pierre Angéliques geschieht dies verstärkt durch das Vorwort und die Anmerkungen zum Vorwort George Batailles in wissenschaftlicher Manier. Durch das Pseudonym Angélique bietet Bataille in seiner Analyse des Textes Angéliques eine Retour auf seine eigene Theorie. Im literarischen Text zeigen sich Bilder des Menschen, der sich vom Sakralen entfernt hat und nun Lust, Verschwendung, Erotik und ähnliches mit Verboten durch die menschliche Gemeinschaft besetzt hat (Bataille 1995, S. 57). Durch Angélique kommt der Leser, Bataille zufolge, zur Erkenntnis, dass wir uns mitten in der Nacht befinden. Wir sind in einem Nicht-Wissen von dem, was wir begehren, und sehnen uns danach, halten aber davon ab aufgrund der Scham. Die Scham drängt aber als Anziehung gleichauf auf die Überschreitung ihrer selbst. (ebd., S. 56). Im Lesen stellt sich heraus, was das Schreiben suchte: Grenzen zu überschreiten. Hier *entgleiten* nun *akzeptierte Grenzen* (ebd., S. 62), zwischen ihnen, im Liminalen, dringen Scham und Schamlosigkeit in der Überschreitung ineinander ein.

Die Absicht einer Schwellenerfahrung in Kombinatorik mit unorthodoxen Erzählmustern und wissenschaftlichen Reflexionen des eigenen Textes durch Einsatz eines Pseudonyms macht den Text zu einer ästhetischen Erfahrung[13]. Bataille mischt unterschiedliche Textgenres, in Form des Vorworts als George Bataille und als Anmerkungen zum Vorwort und als der eigentlich Schrift Madame Edwarda als Pierre Angelique, und damit auch die Erzählerperspektive. Das Pseudonym Angelique ermöglicht ihm, sowohl wissenschaftliche Deutung und literarische Erzählung zusammenzubringen, wodurch der Text liminal über die Grenzen des einen oder anderen hinausweist. In dieser Weise erfüllt Madame Edwarda von Pierre Angélique, besprochen durch George Bataille und in Reflexion auf seine Theorie, alle Bedingungen für einen liminalen Text und erweitert in gewisser Hinsicht die Studie Wolf Lepenies. *Die drei Kulturen,* die für meine Auseinandersetzungen zwischen Soziologie und Literatur die maßgebliche Primärlektüre war, erweitert das Beispiel um ein Bild. Während Lepenies „die Auseinandersetzung zweier Gruppen von Intellektuellen: Literaten, d. h. Autoren und Kritiker, auf der einen, Sozialwissenschaftler, vornehmlich Soziologen, auf der anderen Seite" (Lepenies 1988, S. 1) untersuchte, lässt sich in meiner Deutung der Arbeiten George Batailles diese Auseinandersetzung in *einer* Person finden. Die Auseinandersetzung zwischen sozial Erwartetem und Begehrtem, Nützlichem und Schamvollem. Diese Auseinandersetzung führt Bataille einmal als Soziologe mit literarischen Mittel, einmal als Schriftsteller mit Rückbezug auf die Soziologie, immer kombinierend, häufig schamlos provozierend und stets *die Kulturen* liminal verwischend. An diesem Beispiel, mit Rückgriff auf Susanne Knaller, Stephan Moebius und Martina Scholger, zeigt sich, wie in der historischen Auseinandersetzung zwischen Soziolog:innen und Literat:innen Menschen ausscherten und den Grenzziehungen durch ihre Texte widersprachen. George Bataille ist in dieser Lesart ein Soziologe, der durch die Literatur die soziale Welt erfahrbar macht, und ein Literat, der durch die Soziologie seine Texte, und das häufig schamlos, zu liminalen macht.

[13] Zur ästhetischen Erfahrung als Schwellenerfahrung siehe: Vom Kopf auf die Füße. Die Aufhebung der Kunst in Lebenspraxis am Beispiel der Aktivitäten surrealistischer Dissidenten (Documents, Acéphale, Collège de Sociologie). In: L. Hieber/S. Moebius (Hg.): Ästhetisierung des Sozialen. Reklame, Kunst und Politik im Zeitalter visueller Medien, Bielefeld: transcript, S. 33–47 und auch dort die Literatur von Menke und Dewey.

Literatur

Adorno, Theodor W. 1969. *Minima Moralia.* Frankfurt a. M.: Suhrkamp.

Adorno, Theodor W. 2018. Anweisungen zum Hören neuer Musik. In: *Komposition für den Film. Der getreue Korrepetitor*, Hrsg. Theodor Adorno, Frankfurt a.M.: Suhrkamp.

Bataille, Georges. 1957. *L'Erotisme.* Paris: Les Editions De Minuit.

Bataille, Georges. 1971. *L'Impossible.* In *Œuvres completes III. Œuvres littéraires*, Hrsg. Georges Bataille, 97–224. Paris: Gallimard.

Bataille, Georges. 1973. L'expérience intérieure. In *Œuvres completes V. La Somme athéologique*, Hrsg. Georges Bataille, 7–229. Paris: Gallimard.

Bataille, Georges. 1994. *Die Erotik.* München: Matthes & Seitz.

Bataille, Georges. 1995. Madame Edwarda. In *Das obszöne Werk*, Hrsg. Georges Bataille, 55–77. Hamburg: Rowohlt Taschenbuch.

Bataille, Georges. 1997. *Theorie der Religion.* München: Matthes & Seitz.

Bataille, Georges. 2017. *Die innere Erfahrung.* Berlin: Matthes & Seitz.

Baudelaire, Charles. 2012. *Liebesgedichte.* Stuttgart: Reclam.

Bergfleth, Gerd. 2011. *Die Souveränität des Bösen.* Zu Batailles Umwertung der Moral. In *Die Literatur und das Böse*, Hrsg. Georges Bataille, 173–222. Berlin: Matthes & Seitz.

Derrida, Jacques. 2003. *Eine gewisse unmögliche Unmöglichkeit, vom Ereignis zu sprechen.* Berlin: Merve.

Elias, Norbert. 1976. *Über den Prozeß der Zivilisation.* Frankfurt a. M.: Suhrkamp.

Habermas, Jürgen. 1986. *Der philosophische Diskurs der Moderne. Zwölf Vorlesungen.* Frankfurt a. M.: Suhrkamp.

Habermas, Jürgen. 1988. *Der philosophische Diskurs der Moderne.*Frankfurt a.M.: Suhrkamp.

Hui, Yew-Foong. 2020. *Between Nations: The Political Liminality of the Aceh Chinese.* Cornel: University Press.

Heinrichs, Hans-Jürgen. 1999. *Der Wunsch nach einer souveränen Existenz.* Graz-Wien: Literaturverlag Droschl.

Knaller, Susanne, Stephan Moebius, und Martina Scholger. 2022. *Twilight Zones, Liminal Texts of the Long Turn of the Century (1880 to 1940) Austria.* Graz: University Press.

Lepenies, Wolf. 1986. *„Über den Krieg der Wissenschaften und der Literatur". Der Status der Soziologie seit der Aufklärung.* In: Merkur 40, 482–494.

Lepenies, Wolf. 1988. *Die drei Kulturen. Soziologie zwischen Literatur und Wissenschaft.* Hamburg: Rowohlt.

Luckow, Marion. 1995. *Nachwort.* In *Das obszöne Werk*, Hrsg. Georges Bataille. Hamburg: Rowohlt Taschenbuch.

Moebius, Stephan. 2006. *Die Zauberlehrlinge. Soziologiegeschichte des Collège de Sociologie (1937–1939).* Konstanz: UVK.

Osterhammel, Jürgen. 2017. *Die Flughöhe der Adler.* München: Beck.

Turner, Victor. 1969. *The Ritual Process: Structure and Antistructure.* New York: Ithaca.

Weber, Max. 2009. *Die protestantische Ethik und der Geist des Kapitalismus.* Köln: Anaconda.

Michel Houellebecq und die Soziologie: Kautelen aus literaturwissenschaftlicher Sicht. Anti-sozialer Dandy vs. Erbe des Realismus

Markus Lenz

Michel Houellebecq ist ein „rettendes Ungeheuer" aus der Welt der Literatur (Decker 2022, S. 250). So suggeriert es zumindest der Titel von Gunnar Deckers an Biographemen und Texten orientierter Apologie eines der meistgelesenen Autoren der französischen Gegenwartsliteratur mit dem Titel *Houellebecq. Das Ungeheuer*. Als scharfsinniger, zynischer und bisweilen provokanter Analyst des Scheiterns westlicher Zivilisationsnarrative, des entfesselten ökonomischen wie sexuellen Liberalismus und religiöser Erlösungsphantasien – wobei insbesondere der Islam bei Michel Thomas, so sein bürgerlicher Name, nicht besonders gut wegkommt – fasziniert Houellebecq als Lyriker, Essayist und Romancier seit den späten 80er Jahren des 20. Jahrhunderts. Ohne Zweifel handelt es sich bei dem auf La Réunion geborenen Autor, dessen erste Berufslaufbahn als Agraringenieur und Angestellter am französischen Landwirtschaftsministerium in vielen seiner Texte Verarbeitung fand, um einen der scharfsinnigsten und pessimistischsten Literatur-Anthropologen, wenn es um den Zustand der spätmodernen *conditio humana* bürgerlicher, westlicher, meist heterosexueller männlicher weißer Durchschnitts-Figuren und deren mögliche Untergänge, Zwangsneurosen, entfremdete Arbeitswelten, Todesängste und Erlösungsphantasien sexueller wie

M. Lenz (✉)
Fachbereich Literatur-, Kunst- und Medienwissenschaften / Romanische Literaturen, Universität Konstanz, Konstanz, Deutschland
E-Mail: markus.lenz@uni-konstanz.de

C. Magerski und C. Steuerwald (Hrsg.), *„Die drei Kulturen" reloaded*, Literatur und Gesellschaft. Literatursoziologische Studien,
https://doi.org/10.1007/978-3-658-42824-2_12

technischer Natur geht. Geschult an intensiven Science-Fiction Lektüren, insbesondere dem von Rankune und bisweilen Hass auf die Gesellschaft getriebenen H.P. Lovecraft (Houellebecq 1991), und einem breiten Lektürespektrum kanonischer Figuren des 19. Jahrhunderts wie Lamartine, Baudelaire, Balzac, Zola, Comte, Schopenhauer, Nietzsche, Novalis, Pascal (Țăpoi 2020; Bellanger 2010; Houellebecq 1998a, b) und vieler mehr schuf Michel Houellebecq in seinen Gedichten und Texten Welten einer tiefen existentiellen Verunsicherung, welche sich einerseits aus dem Erschrecken vor einer von Trieb und Zerstörung gekennzeichneten Natur, andererseits der Mittelmäßigkeit eines saturierten, aber bedrohten Daseins in westlichen Konsumgesellschaften, aber auch aus dem Misstrauen in eine entfesselte Technik als Erlösung aus der Materialität von Alter und Tod speist.

Doch soll im Folgenden aus literaturwissenschaftlicher Perspektive und trotz aller Bewunderung für den Schriftsteller, Lyriker und Gesellschaftskritiker Houellebecq ein epistemologischer Vorbehalt aufgestellt werden, der sich ausgehend von Wolf Lepenies' grundlegender Studie zu den *Drei Kulturen. Soziologie zwischen Literatur und Wissenschaft* (Lepenies 2006) und insbesondere vom Kapitel „Gesellschaftsferne und Soziologie-Feindschaft" über Stefan George und seinen Kreis aus diskutieren ließe:

> Wie Claude David gesagt hat, führte George sein Leben so, wie man einen Mythos aufbaut, und stilisierte es bis in die geringsten Details. [...] Dabei lagen Mißverständnisse nahe, und George wurde sowohl von den Kündern des *l'art pour lart* wie von den Aposteln deutscher Innerlichkeit zu Unrecht in Anspruch genommen. Er war eher ein Mann der Tat als der *vita contemplativa*, hatte keine Theorie, sondern konzentrierte sich auf die Praxis, und gerade weil er sich welt- und zeitenthoben gab, wollte er auf seine eigene Zeit wirken (Lepenies 2006, S. 311 f.).

George und Houellebecq stellen ein Paradox dar, fragt man nach ihrem Verhältnis zur Soziologie. Denn trotz aller offensichtlicher Unterschiede der beiden Dichter-Propheten lässt sich eine gewisse Ähnlichkeit in ihrer strategischen Ambivalenz zwischen Verachtung und Wirkungsbewusstsein gegenüber der ihnen zeitgenössischen Gesellschaft nicht leugnen. Ist es aber wie bei George auch bei Houellebecq nicht riskant, einen zutiefst (scheinbar) „sozial degagiert[en]" (Lepenies 2006, S. 232) und bisweilen, nach eigenem Bekunden und von Karl Heinz Bohrer bezüglich seiner literarischen Texte untersucht, von existentiell fundiertem Hass (Bohrer 2019, S. 461; Decker 2022, S. 61 f.) auf die Gesellschaft getriebenen kreativen und brillanten, aber eben auch trotz aller Gesellschaftsverachtung *politischen* Literaten für einen interdisziplinären Dialog zwischen Soziologie und Literatur, für ein multiperspektivisches und facettenreiches, das heißt sozialanalytisch breit aufgestelltes Erfassen einer krisenhaften Gegenwart heranzuziehen, wie es die Literatur in ihren großen polyphonen und vielperspektivischen Gesellschaftsentwürfen zur Verfügung stellt?

Die Gefahr einer selbsterfüllenden Prophezeiung *pauschalisierend* vorausgesetzter gesellschaftlicher Dysfunktionalität könnte wie bei George aus der politischen Rezeption von Houellebecqs individuellem Imaginären als antisozialem Determinismus in Form des sich von der Gesellschaft distanzierenden ‚Propheten' nämlich auch in die Affirmation einer politisch gewendeten Resignation gegenüber der vermeintlichen Unmöglichkeit von Gesellschaft überhaupt führen. Denn gesellschaftlicher Dialog ist in Houellebecqs Erzähltexten aufgrund einer deterministischen Axiomatik, welche im Folgenden als Haupthindernis für einen vielperspektivischen gesellschaftsanalytischen Blick der Literatur in den Vordergrund rücken soll, von vornherein zum Scheitern verurteilt.

Ist es nicht der auch bei George selbst und in seinem Kreis auftauchende elitistische Verweigerungsgestus des spätmodernen Dandy (Lepenies 2006, S. 311), als den Decker auch Houellebecq begreift (Decker 2022, S. 22 ff.), gegenüber der im Grunde unmöglichen gesellschaftlichen Natur des Menschen, welche sowohl den Autor wie seine Texte weniger für jene Außen(seiter)-Perspektive auf das gesellschaftlich Etablierte prädestiniert, als vielmehr zum lustvoll-künstlerischen und ästhetisch brillanten Zerstörer der Möglichkeit soziologischer Erkenntnis überhaupt aus dem Zentrum der Gesellschaft heraus und vor allem mittels Literatur selbst werden lässt? Dies indem der Mensch zumindest in den jüngeren Erzähltexten des Autors als anti- und asoziales Wesen biologisch wie ökonomisch als (westlich-weiße) Durchschnittsfigur determiniert bleibt und die anthropologische Axiomatik von Michel Houellebecqs Figuren sowie deren Handeln und Innenleben auf dem literarischen Entwurf einer bereits zerstörten und letztlich nicht mehr möglichen Sozialität in Familie, Kollegenkreis und sämtlichen Bereichen der Öffentlichkeit gründen. Unter dem Mangel an Bindung wird daher zwar in den Romanen des Großautors gelitten, aber letztlich bleiben die Menschen dort *Elementarteilchen*, um in den Bildern des Autors zu bleiben: Worin soll also hier eine Möglichkeit des Dialogs über Gesellschaft zu finden sein, ohne letztere zu verabschieden und ihren Untergang zu beklagen?

Zumindest in der Literaturwissenschaft galt und gilt Houellebecq dennoch als Erbe jener großen naturalistischen Tradition, welche Gesellschaft im Labor der Literatur zu einem Erprobungsraum gescheiterten und gelungenen Zusammenlebens werden ließ.

Laut einem von Brunhilde Wehinger für den *Tagesspiegel* verfassten Artikel aus dem Jahre 2003, welcher anlässlich des Erscheinens der großen Houellebecq-Studie *Auf dem Prüfstand: Zola – Houellebecq – Klemperer* (Schober 2003) erschienen ist, bescheinigte in diesem Sinne die Romanistin Rita Schober dem nach wie vor weltweit wohl bekanntesten Autor der französischen Gegenwartsliteratur voller Hoffnung auf das Kommende eine hohe soziologische Relevanz. Bei ihr rückt Michel Houellebecq in die Nähe der großen französischen Naturalisten des 19. Jahrhunderts, insbesondere in diejenige Émile Zolas:

> Die Romane Houellebecqs haben das Format eines Gesellschaftsromans in der Tradition der großen französischen Romane des 19. Jahrhunderts. Houellebecq hat eine literarische Sprache gefunden, die der Analyse unserer Gesellschaft, die sich aus der Sicht des Autors in einem katastrophalen Zustand befindet, auf einzigartige Weise gerecht wird (Wehinger 2003, s. P.).

Auch der Düsseldorfer Romanist Gero Faßbeck kam in jüngerer Zeit auf die sozialwissenschaftliche Relevanz des französischen Großautors zu sprechen, wenn er in seiner Monographie *Wirklichkeit im Wandel – Schreibweisen des Realismus bei Balzac und Houellebecq* (Faßbeck 2021) auf die „Schreibweisen des ‚Realismus' in der Postmoderne" (Faßbeck 2021, S. 133 ff.) bei Houellebecq hinweist. Anhand von Houellebecqs Romanen *Extension du domaine de la lutte* (1994), *Les particules élémentaires* (1998), *La Carte et le Territoire* (2010) und *Soumission* (2015) geht Faßbeck Houellebecqs Unbehagen an der westlichen Zivilisation, seinen verschiedenen Annäherungsweisen an Erschöpfung (Faßbeck 2021, S. 184 ff.) und Houellebecqs Erzählerfiguren als „Personifikation[en] des Niedergangs" (Faßbeck 2021, S. 195 ff.) der westlichen Kultur nach, um gleichzeitig eine vielmals konstatierte Hinwendung zu jenem „renouveau du réalisme" zu überprüfen, wie er in Frankreich seit den 80er Jahren des letzten Jahrhunderts in der Abkehr vom *nouveau roman* konstatiert wurde (Asholt 2013). Er fasst den Houellebecq'schen Ansatz aus literaturhistorischer Sicht folgendermaßen zusammen:

> Den formalen Experimenten des *nouveau roman* stellt Houellebecq eine Literaturkonzeption gegenüber, die sich mit aktuellen Themen und Problemen der realen Welt beschäftigt. Diese Haltung verleiht ihm bisweilen eine Sonderstellung innerhalb des zeitgenössischen literarischen Feldes. Gleichwohl ist sich Houellebecq bewusst, dass für den Schriftsteller heute ganz andere Voraussetzungen gelten als für den Romancier des 19. Jahrhunderts. Während die Fähigkeit der Literatur, auf eine außersprachliche Wirklichkeit Bezug zu nehmen, im 19. Jahrhundert außer Frage stand, zeichnet sich die Postmoderne durch ein grundsätzliches Misstrauen in die Repräsentationsfähigkeit der Sprache aus (Faßbeck 2021, S. 13).

Der Autor Michel Houellebecq bleibt trotz dieses postmodernen Misstrauens gegenüber einer über die Repräsentationsfähigkeit der Sprache funktionierenden Kritik am Spätkapitalismus der westlichen Moderne dennoch eng an ihrer ästhetischen Repräsentationsfunktion haften, insofern er maßgebliche Merkmale jener ausklingenden Epoche in seinen Texten stilistisch ausgefeilt und erzählerisch nachvollziehbar behandelt. Dabei spricht er in seinen Romantexten Phänomene des Niedergangs und der Krise der neoliberal-kapitalistisch organisierten westlichen Gesellschaften an, welche durchaus *in Aspekten* soziologische und wirtschaftstheoretische Lesarten erlauben und in der französischen Houellebecq-Forschung auch herausforderten (Maris 2016; Philippe et al. 2022): Houellebecqs Darstellung des spätmodernen Ennui am Arbeitsplatz, seine Gegenüberstellung von handwerklicher Arbeit und der Dominanz des zum Konsum als Endzweck verdammten Angestellten-Daseins in Großkonzernen bzw. Behörden sowie seine Modellierungen eines zwar subventionierten, aber in der Dauerkrise befindlichen und von Großbetrieben beherrschten französischen Agrarsektors beziehen sich auf komplexe soziale und ökonomische Probleme, welche der Agraringenieur Houellebecq immer wieder aufgreift.

Er tut dies literarisch mittels einer Genrewahl, welche – wie weiter oben kurz anhand seiner eigenen Lieblingsautoren angesprochen – durchaus literaturhistorische Vorbilder besitzt und knüpft an die Romansatire und den eigentümlichen Realismus von Utopie, Dystopie und Hyperrealität in der Science-Fiction-Literatur an (Novak-Lechevalier 2016; Atallah 2016). Diese Genrewahl mit ihren Projektionen in eine nähere oder fernere Zukunft verrät jedoch auch eine politische, d. h. kritische Haltung zum gegenwärtigen Umgang mit diesen Problemen durch den französischen Staat. In Übereinstimmung mit Bruno Viard hat daher auch Markus Messling auf Houellebecqs Anspruch auf die Tradition des Realismus als literaturpolitischer Kritik am französischen Republikanismus gerade auch ausgehend von Houellebecqs realistischer Ästhetik abgehoben, wobei vor allem dessen Roman *La carte et le territoire* im Zentrum stand:

> Realistische Ästhetik und Gesellschaftsbeschreibung sind auch bei Houellebecq in der Romantradition unmittelbar aneinandergebunden. [...] Der Vergleich mit Balzac trifft dabei nicht nur bezüglich der realistischen Ästhetik zu, sondern auch in Hinsicht auf die Skepsis der Autoren gegen die republikanische Moderne, die sich in Verteilungskämpfen verstrickt, ohne wirklich Gewinn und Erlösung bringen zu können (Messling 2019, S. 62)

Als Erbe des Realismus bleibt Houellebecq also zumindest trotz der Gesellschaftsferne seiner Protagonisten ein politischer Gesellschaftskritiker der französischen Gegenwart.

Doch komplementär zu diesen Debatten darüber, inwieweit Michel Houellebecqs Texte aus literar-äshetischer und literaturhistorischer, aber auch literaturpolitischer Perspektive heraus für eine Erneuerung des Realismus unter postmodernen Vorzeichen stehen und seine Kritik am modernen Republikanismus und Spätkapitalismus in einigen Aspekten auch für die Wirtschaftstheorie, die Arbeitssoziologie und Organisationstheorie tatsächlich maßgeblich ist, soll im Folgenden anhand dreier Beispieltexte die bereits erwähnte, erkenntnistheoretisch *axiomatisch* verstandene Frage gestellt werden, die in unmittelbarem Zusammenhang mit dem Verhältnis zweier der drei Kulturen Literatur, Naturwissenschaft und Soziologie untereinander steht: Denn obwohl in den oben erwähnten und weiteren Studien dem Gesellschaftskritiker Houellebecq eine hohe diskursive Sichtbarkeit attestiert wird, bleibt zu fragen, ob es erkenntnisbringend und nicht gar in gewissem Sinne durch den kategorischen Deutungsanspruch seiner Narrative ‚verblendend' ist, dieselbe sozialwissenschaftliche Lesart an die Texte des auf La Réunion geborenen Schriftstellers heranzutragen, wie sie in Hinblick auf Vertreter:innen eines literarsoziologischen Realismus wie Honoré de Balzac, Émile Zola, François Bon, Pierre Bergounioux, Édouard Louis, Didier Éribon und Annie Ernaux, aber auch hinsichtlich einiger nicht dem direkt auto(sozio)biographischen Schreiben der Gegenwart zuzurechnender französischer Autor:innen der Gegenwart wie Virginie Despentes und Nicolas Mathieu diskutiert wird.

Sind denn Houellebecqs epitextuell und intratextuell immer wieder emphatisch wiederholte Aussagen bei einer soziologischen Lesart des Autors zu ignorieren, welche eine Gesellschaftskonzeption ‚des' Westens und ‚der' Republik Frankreich stets mit der Brille von Dekadenzerzählungen der Ideengeschichte und Philosophie, konkret aus der kategorisch gesetzten Weltsicht des Schopenhauer'schen Pessimismus heraus vornehmen (Decker 2022, S. 212 ff.; Savigneau 2005; Houellebecq 2017)? Denn diese selbst bekundete philosophische Axiomatik entfernt ihn sowohl vom zupackenden Positivismus eines Émile Zola als auch von der durch kontingente Entwicklungen geprägten, anthropologischen Hermeneutik eines Balzac und nähert Houellebecq lange vor dem Erscheinen von *Soumission* dem der *Décadence* zugerechneten Zola-‚Schüler' Joris-Karl Huysmans an (Haarkamp 2009). Und sind auf diegetischer Ebene die konstruierten Raum-Zeiten und Milieus seiner Romane, aber auch die im Zentrum von Houellebecqs meist düsteren, bisweilen komischen Erzählwelten stehenden Figuren, die vielen männlichen Erzählstimmen tatsächlich literarische Figurationen eines heterogenen Gesellschafts*raums*, des französischen? Ein Raum, welcher nicht auf eine Gesellschaft des Verfalls, der Gewalt und bürgerlicher Rankünen mittelmäßiger männlicher Vertreter weißer Mittelschichtsmilieus *anthropologisch-deterministisch* reduziert werden kann.

Dies sei erwähnt im Bewusstsein zahlreicher Probleme im sozialen Gefüge des Nachbarlandes, welche Wahlen und Diskurse prägen, wie beispielsweise die Wahlerfolge der Neuen Rechten, die Nachwehen des terroristischen Schreckens der 10er Jahre, die eklatanten Unterschieden und Asymmetrien zwischen Stadt und Land, eine divergierende Klassenstruktur in den Bereichen Einkommen und Bildung, aber auch Probleme mit Immigration und einem historisch gewachsenen Säkularitätsprinzip, das immer wieder in Konflikt mit auf Religion basierenden Identitätsentwürfen gerät.

Houellebecqs Litanei eines natürlich in vielen Punkten zu konstatierenden pathologischen Gesellschafts-Zustands der bürgerlichen Mittelschichten scheint sich diesen Problemen gegenüber weniger einem erzählerischen Forschen nach dessen vielfältigen Ursachen und Dynamiken, sondern eher einem obsessiv und apodiktisch behaupteten anthropologischen und ökonomischen Determinismus als Gegenmodell zur mühsamen und bisweilen schmerzhaften schriftstellerischen Suche nach der Kontingenz von Gesellschaftlichkeit zu verdanken. Im Vergleich mit Balzac lassen Houellebecqs Texte „dem Zufall, als dem größten Romancier der Welt" nur noch wenig Raum (Balzac 1976, S. 11; Köhler 1973, S. 46 f.). Sein pessimistischer Determinismus betrachtet das Bemühen um Dialog, gesellschaftliches Engagement, aber selbst die Flucht in die Kunst und sogar in dem bürgerlichen Idealismus entlehnte Werte der Konservativen von vorn herein vom Monolog des letztlich indifferenten, männlich weißen Individuums aus, dem Schriftsteller, Künstler, Beamten oder Informatiker als einem Opfer der eigenen Biographie, der eigenen elterlichen Vernachlässigung als Tabuthema und Obsession, welche sein ‚unautorisierter Biograph' Denis Demonpion auch Houellebecq unterstellt hat (Demonpion 2005, S. 27).

Diese Obsession lässt trotz realistisch anmutender Beschreibungen von bestimmten Gesellschaftssegmenten der französischen bürgerlichen Mittelschicht einer die Leserschaft überraschenden Reflexion des gesellschaftlich Möglichen in der Sprache der Literatur nur wenig Raum und macht alles Gesellschaftliche zum verzerrten Spiegel des von ökonomischem Determinismus und von der eigenen Sterblichkeit gekränkten bürgerlichen Individuums, wie im Folgenden am Text gezeigt werden soll: Steht bei Houellebecq nicht die Psychoanalyse der Soziologie im Weg, wenn man nach der Modellfunktion seiner Figuren und nach seinem Paradigma des Gesellschaftlichen als kalten, einsamen und entfremdeten Raumes von Wettbewerb und Konsum fragt?

1 Gesellschaft ohne Bewusstsein: Der Sex-Appeal des pauschalen Determinismus

Anhand dreier jüngerer Texte Houellebecqs, die allesamt nicht aus den 90er Jahren des zwanzigsten, sondern aus den ersten Jahrzehnten des einundzwanzigsten Jahrhunderts stammen, soll ausgehend von den oben aufgeworfenen Fragen erörtert werden, wie nicht nur im Bereich von Autofiktion, Autosoziofiktion und Autobiographie, sondern auch im Rahmen des vermeintlich rein Fiktionalen eine zu große Annäherung des Soziologischen und des Literarischen die Gefahr eines weniger sprachlich-semantischen, als vielmehr auch metaliterarischen *effet de réel* (Barthes 1993–1995) als mimetische Repräsentation des Sozialen entstehen lässt, der eine aus erzählerischen und stilistischen Gründen, aber auch aus ideologischen und möglicherweise psychologischen Motiven verengende Perspektive eines Teilbereichs des gesellschaftlichen Raumes letztlich zu einer unhintergehbaren sozialen Determinante *der* französischen Gesellschaft macht. Dieser Realitätseffekt resultiert nicht zuletzt aus jenem erwähnten und bei Houellebecq wie bei George vorhandenen, aber bei beiden durch eine vordergründige ästhetische wie fiktionale Indifferenz kaschierten gesellschaftshermeneutischen und politischen Anspruch, den trotz der hohen Literarizität seiner Texte Houellebecqs Technik einer pessimistischen Inszenierung des referentialisierbaren sozialen Gegenwärtigen sowie sein dystopischer ‚Realismus' stützt.

Die ständige mediale und als Provokation inszenierte Verwechslung fiktionaler Figuren und Stimmen mit der extratextuellen Figur eines ‚Skandal-Autors', von dessen ostentativem Desinteresse mit demjenigen seiner Figuren gegenüber Meinungen der pluralistischen Mehrheitsgesellschaft sollte nicht den Blick darauf verstellen, dass nicht nur den hier im Fokus stehenden Texten *La carte et le territoire* (2010), *Soumission* (2015) und *Anéantir* (2022a), ihren Figurentypen und Handlungsräumen für den politischen Diskurs sozial- und vor allem ökonomiekritisch relevante Grundannahmen und politisch aufgeladene Standpunkte zugrunde liegen, welche den westlich-demokratischen Gesellschaften dann aber pauschalisierend und kategorisch als literarisch aufbereitete, verallgemeinerbare ‚Sozial-Fakten' unterstellt werden. Ausgehend von einer im Folgenden zu schildernden philosophisch-anthropologischen Epistemologie werden diese nur scheinbar apolitischen und objektiven ‚Fakten' dabei stets einer Hermeneutik und Ästhetik der lähmenden Dekadenz und Melancholie der von ihnen betroffenen Figuren unterworfen. Es geht hier also nicht um Houellebecq als medial vermarkteten Provokateur und Gesellschaftskritiker bezüglich bekannter Probleme, sondern um die Relevanz seiner Aussagen über Gesellschaft, sobald sie abseits einer thesenhaften Oberfläche auf die Komplexität von Gesellschaft als heterogenen Raum überhaupt bezogen werden.

Nimmt man Houellebecqs nie abgeflaute Faszination für Schopenhauer ernst (Houellebecq 2017) und folgt seinem anlässlich eines *Le Monde*-Interviews getroffenen Bekenntnis – „Oui, bien sûr. Je suis un militant schopenhauerien, donc antihégélien. Et Nietzsche a durablement barré l'accès à Schopenhauer; j'ai par exemple lu Nietzsche avant Schopenhauer, que j'ai découvert assez tard" (Savigneau 2005, s. P.) – so sind es auf einer ontologischen und für die Erzählwelten seiner Romane axiomatischen Ebene des Welt- und Menschenbildes insbesondere die Biologie und Materialität des Körpers, der Wille und die nur scheinbare Entscheidungsfreiheit des Menschen, der letztlich an der Welt leidet (Brunner 2007), welche in Houellebecqs Texten allein durch diesen materialistischen Determinismus den Zugang der Figuren auf die Möglichkeiten des privaten und öffentlichen Zusammenlebens im diegetischen wie ‚real'-referentialisierbaren Gefüge aus Milieus und Figuren erschließen. Gleichzeitig wird durch Houellebecqs Nietzsche-Skepsis auch einer affirmativen und vitalistischen Haltung, welche Körper und Leiden bejahen würde, eine Absage erteilt, wohingegen Rückzug aus der Gesellschaft und Verzicht als sowohl philosophische wie anthropologische Möglichkeit gesehen werden, der Materialität des eigenen verfallenden, aber nach Lust gierenden Körpers sowie dem Leiden am Körper zu begegnen.

Dass es sich bei dieser Ontologie eines von Schopenhauer abgeleiteten biologischen Determinismus nicht nur um eine in mehreren Interviews und essayistischen Veröffentlichungen propagierte Weltanschauung des Autors handelt, sondern sich diese Anschauung auch in den modellierenden Systemen der Romanwelten selbst spiegelt, ihren Figurenkonstellationen und repräsentierten Gesellschaftssegmenten letztlich ihre Plastizität verleiht, zeigt ein Blick auf die drei Romantexte, welche hier als Beispiele dienen mögen.

Dabei wird neben den dargestellten diegetischen Welten eines jeweils aus dem bürgerlichen Zentrum modellierten Frankreichs der Gegenwart und Zukunft vor allem die Rolle der Protagonisten im gezeichneten gesellschaftlichen Raum diskutiert. Letzterer ist bei Houellebecq aufgrund des erwähnten Tricks einer einfachen Referentialisierbarkeit zahlreicher Figuren wie dem Fernsehmoderator David Pujadas, Marine Le Pen oder dem ‚real existierenden' französischen Staatspräsidenten, von aktuellen Ereignissen, Persönlichkeiten aus Politik und Medien sowie Entwürfen möglicher politischer Entwicklungen als ein wenn schon nicht mimetisch abgebildeter, so doch wahrscheinlicher und eben ‚realistischer' repräsentiert. Insbesondere der ‚Skandal'-Roman *Soumission* wurde auch durch die vielfältigen ihn begleitenden Skandalisierungsstrategien (Asholt 2016) und trotz seiner intertextuellen Referenzbeziehungen auf Joris Karl Huysmans' Texte des Fin de siècle – insbesondere *Là-bas* (1891) sowie *En route* (1895), also auf die Vergangenheit trotz der zeitlichen Situierung von *Soumission* in einer näheren fiktionale Zukunft, die 2022 bereits Gegenwart wurde – zu Recht vor allem als sozialkritischer und politischer Kommentar französischer Identitätsentwürfe der Gegenwart verstanden (Spektorowski u. a. 2021).

Es handelt sich bei *Soumission* um einen literarischen Angriff auf das bürgerlich-laizistische Selbstbewusstsein der französischen Nation in Form einer nur scheinbar metaphysischen, letztlich aber materialistischen und patriarchal gewendeten – und damit im Status Quo des bestehenden Republikanismus verhafteten – Umgestaltung des dortigen dysfunktionalen Zusammenlebens durch eine fiktive islamistische Partei, welche im Roman in (damals) naher Zukunft die Präsidentschaftswahlen als Stabilitätsanker inmitten bürgerkriegsähnlicher Zustände gewinnt. Doch trotz dieses bissigen politischen Aspekts wird mit der Hauptfigur François der Möglichkeit von Gesellschaft, dem im Roman nur vermeintlich existierenden Wunsch nach Freiheit, von Anfang an eine Absage erteilt: Gesellschaft kann sich ganz im Sinne des Schopenhauer'schen Pessimismus nicht abseits eines biologischen und materialistisch-konsumistischen Determinismus des Individuums bei gleichzeitiger mystischer Sehnsucht (wie sie Houellebecqs Figur François im Pseudo-Katholizismus des *Fin de Siècle* als unerfüllte und unerfüllbare Möglichkeit findet) und daher kaum als bewusstes, nach emanzipatorischen Idealen strebendes Zusammenleben artikulieren. Im Sinne von Schopenhauers Willensverzicht hat das Bewusstsein als Figur, aber auch als gesellschaftliche Entität Freiheit und Emanzipation längst aufgegeben. ‚Die Gesellschaft' in *Soumission* ist daher in ihren vorhersehbaren Verhaltensweisen zwar von Gewa lt als einem Hintergrundrauschen erschüttert, bleibt aber letztlich apathische Zuschauerin:

> Das Erstaunlichste war, dass der hypnotische Zauber, den Ben Abbes [der fiktive Präsident einer islamistischen Partei im Roman, ML] von Anfang an verbreitete, weiter wirkte und dass es gegen seine Vorhaben keinen nennenswerten Widerstand gab. Die Linke hatte sich schon immer durch die Fähigkeit ausgezeichnet, antisozialen Reformen zuzustimmen, die man vehement abgelehnt hätte, wären sie von rechts gekommen; doch für die islamische Partei traf das noch mehr zu, wie es schien (Houellebecq 2016, S. 187 f.).

Jenseits dieser Unterstellung kollektiver politischer Apathie und medialer Manipulation, welche im Romantext kategorisch *alle* Medien und Parteien zu Zuschauern des Niedergangs macht, und abseits der hitzigen extratextuellen Debatten um den vermeintlich misogynen und islamophoben Zynismus der Romanhandlung von *Soumission*, stellt sich also die Frage, inwieweit darin die dargestellte französische Zivilgesellschaft überhaupt als diegetisch relevanter Akteur verstanden wird und inwieweit sie zweckgebundene Projektionsfläche der im Zentrum stehenden Erzählerfigur ist. Denn dieses im Chaos versinkende, aber apathische Frankreich als ‚die Gesellschaft' findet sich als Hintergrundrauschen der Handlung auch in *Aneántir*, wo Demokratie wie Terrorismus endgültig ihre konkrete Form verloren haben, als reine Machtarithmetik präsidentieller Kandidaten, die durch Stillstellen der Wähler ihren lähmenden Einfluss ausüben und als Ort, wo Terroranschläge von einer nicht näher bestimmten Geheimorganisation mit nicht näher bestimmten Zielen verübt werden. Politisches Engagement und Gewalt folgen nur der eigenen Sinnlosigkeit, die französische Gesellschaft nimmt das zur Kenntnis, solange die Wirtschaft stimmt:

> [...] Frankreich war wieder zur fünftstärksten globalen Wirtschaftskraft geworden, dicht hinter Deutschland auf Platz vier; das Staatsdefizit betrug nun weniger als 1 % des Bruttoinlandsprodukts, und die Schulden wurden Stück für Stück abgebaut; das alles ohne Proteste, ohne Streiks, in einem Klima erstaunlichen Einverständnisses; Brunos Amtszeit [der fiktive Finanzminister und Vorgesetzter der Hauptfigur Paul, ML] war ein voller Erfolg (Houellebecq 2022b, S. 38).

Eingebettet in dieses apathische Gesellschaftsrauschen sehen sich die Protagonisten von *Soumission* und *Anéantir*, François und Paul, auf zahlreichen Romanseiten umso mehr mit der Tragik der eigenen privaten Probleme gesundheitlicher, familiärer, sexueller und lebensphilosophischer Natur neben ihrer beruflichen Langeweile konfrontiert, wobei das erwähnte Chaos, die Leere und das Zerfallen des Gesellschaftlichen nur die eigenen Einsamkeitsgefühle und Ängste zu unterstreichen scheinen. So wird der Leser gleich im Roman-Incipit von *Anéantir* mit der Vernichtung des Individuums, nicht der Gesellschaft, konfrontiert:

> An manchen Montagen Ende November oder Anfang Dezember fühlt man sich, besonders als Alleinstehender, wie im Todestrakt. Die Sommerferien sind längst vorbei, das neue Jahr ist noch weit weg; das Nichts ist ungewohnt nah (Houellebecq 2022b, S. 9).

Eine Sonderstellung nimmt bei diesem literarischen Konstatieren einer bereits von jeder Romanfigur akzeptierten Auflösung jeglicher Gesellschaftlichkeit wohl der Roman *La carte et le territoire* ein, welcher im Jahr 2010 mit dem Prix Goncourt ausgezeichnet wurde und in dem in der Geschichte des Künstlers Jed Martin jener in *Soumission* und *Anéantir* wiederholte Abschied von der Gesellschaft von Anfang an vollzogen ist, der in seiner apodiktischen Realität in den früheren

Werken *La possibilité d'une île* (2005), *Extension du domaine de la lutte* (1994) und *Les Particules élémentaires* (1998) noch durch die Volten der Romanhandlungen mittels Elementen von Science-Fiction-Literatur und Psycho-Thriller sowie die hedonistischen Lebensentwürfe weiterer Hauptfiguren zumindest abgemildert wird. Die wiederum stets apathische Gesellschaft ist in diesem für das Gesamtwerk Houellebecqs und wohl auch sein Selbstverständnis als Autor zentralen Text bereits für die Hauptfigur Jed nicht mehr mit Leben und Kommunikation, sondern allein mit verfremdender Repräsentation abstrakter Beziehungslosigkeit verbunden:

> Jed widmete sein Leben (zumindest sein Berufsleben, das sich sehr bald mit seinem übrigen Leben verschmelzen sollte) der Kunst, der Produktion von Darstellungen der Welt, die eine gewisse Kritik enthielten – zumindest bis zu einem gewissen Grad, denn die Kunst wie auch die gesamte Gesellschaft tendierten in Jeds Jugendjahren dazu, die Welt zu akzeptieren, manchmal sogar mit Begeisterung, meistens aber mit einer gewissen Ironie (Houellebecq 2012, S. 34 f.).

Die Hauptfigur von *La Carte et le Territoire* versteht sich somit trotz dieser in gewissem Sinne isolierten Stellung als erfolgreicher Bildender Künstler zwar als Teil der gesellschaftlichen Elite Frankreichs, welche ihn und seine ‚Kunstwerke' in ungeahnte gesellschaftliche Höhen katapultieren wird, gleichzeitig bleibt er desinteressiert an einer Gesellschaft, die laut dem obigen Zitat scheinbar als *homogene Masse* höchstens noch zum ironischen Kommentar ihres eigenen prekären Zustands fähig ist. Diese Einstellung gegenüber dem Sozialen gilt wie erwähnt auch für den Akademiker François in *Soumission* und den Staatssekretär Paul Raison in *Anéantir.*

Er und die beiden anderen Figuren eröffnen der Leserschaft jenseits pauschaler Aussagen über soziale Probleme zwischen den Bevölkerungsgruppen in ihrer Mittelmäßigkeit und Selbstbezogenheit eben nicht ein breiteres gesellschaftliches Spektrum, welches in den frühen Romanen Houellebecqs durch die Perspektiven anderer, auch weiblicher Figuren noch entfaltet wurde. Vielmehr wird in der Geschichte des Bildenden Künstlers Jed der gesamtgesellschaftliche Raum des diegetisch repräsentierten Frankreichs aus der Perspektive eines im Zentrum diskursiver Deutungshoheit stehenden weißen männlichen Repräsentanten der oberen Mittelschicht behauptet, der das Ende der eigenen Kunst, den Liberalismus eines auf ein Star-System basierenden Kunstmarkts aus der Geschichte nicht aus einer dialogisch-sozialkritischen Position gegenüber anderen Segmenten der französischen Gesellschaft, sondern aus dem Raum komfortabler privater Resignation heraus entfaltet.

Dass auch der Schriftsteller Michel Houellebecq einen Cameo-Auftritt im Romantext erhält, bei dem der Autor seine Figur und somit sein literarisches Ich gleich selbst ermordet (Houellebecq 2012, S. 303 ff.), kann zwar als erzählerischer Flirt mit dem Barthes'schen Theorem vom Tod des Autors (Barthes 1984) und als augenzwinkerndes Spiel mit dem eigenen Mythos verstanden werden, ändert nichts an der Tatsache, dass der Text weniger die komplexe Verwobenheit von Milieus, Klassen oder Schichten analytisch modelliert und seziert – da sie sowieso sämtlich allein vom neoliberalen Konsumparadigma dominiert werden –, denn einen privilegierten spätkapitalistischen Leidensweg und künstlerischen Werdegang porträtiert. Dasselbe gilt für die beiden anderen beiden männlichen Hauptfiguren aus *Soumission* und *Anéantir*, welche ebenfalls an den Schalthebeln gesellschaftlicher – der politischen und wissenschaftlichen – Diskurse angesiedelt sind, die ihnen aber letztlich, wie auch die Gesellschaft in ihrer Verlorenheit, egal sind: François dient als unproduktiver Professor der Literaturwissenschaft an einer der vielen Pariser Universitäten, Paul als gelangweilter Strippenzieher im Zentrum der politischen Macht, indem er als engster Berater des Finanzministers in die Wahl des nächsten Präsidenten eingebunden ist.

Auffällig ist nun, dass alle drei Figuren nicht, wie dies noch bei den beiden Protagonisten Michel und Bruno in den *Particules élémentaires* der Fall war, zwischen verschiedenen gleichermaßen zwanghaften Lebensmodellen des Triebhaften und Autistisch-Asketischen als immerhin Kontingenz *vortäuschenden* Varianten der eigenen Determination durch eine zerstörte Kindheit und die Zumutungen neoliberaler Entfremdung schwanken. Von Anfang an ist es die Ausweglosigkeit der eigenen Existenz, der beinahe vorbestimmte Weg ‚bis zum bitteren Ende', welcher einen Neuanfang nur mit dem Verlust des Lebens (sowohl in *Anéantir* als auch in *La carte et le territoire* stirbt die Hauptfigur an Krebs) oder aber der totalen Unterwerfung unter das nicht zu ändernde gesellschaftliche Schicksal – eine fundamentalistisch-islamistische Gesellschaftsordnung – ermöglicht. Dabei ist es aber wiederum nicht ‚die Gesellschaft', welche in den drei Romanen am Ende im Mittelpunkt des Interesses steht und welche in weite Ferne gerückt ist, sondern ganz in der Tradition des philosophischen Pessimismus die Einstellung der Hauptfiguren zu ihrer eigenen Biologie, zur Sexualität und dem eigenen Tod, welche die eigentliche Quelle diegetischer Dynamik ausmacht. Die Protagonisten aus *La carte et le territoire* und *Anéantir* widmen sich am Ende des Romans dem Zerfallen in der Natur, der Entropie ihres eigenen Körpers in der Krankheit und den Restbeständen von Familie (Houellebecq 2012, S. 407–415; Houellebecq 2022b, S. 611–616). Aber auch die Nebenfiguren sehen keinerlei Grund, so etwas wie Gesellschaftlichkeit überhaupt zu postulieren. So sinniert der Arzt des sterbenden Paul in *Anéantir*:

> Es wird viel von Solidarität und Familienangehörigen geschwafelt, aber wissen Sie, die Alten sterben meist allein. Sie sind geschieden oder waren nie verheiratet; sie haben keine Kinder oder keinen Kontakt zu ihnen. Allein alt werden, ist schon nicht besonders schön; aber allein zu sterben, das ist das Schlimmste von allem. Allerdings gibt es eine Ausnahme, und das sind die Reichen, die über die finanziellen Mittel verfügen, sich eine eigene häusliche Pflegekraft zu leisten (Houellebecq 2022b, S. 608–609).

Man könnte sich bei diesen Aussagen über das sozial brandaktuelle Thema der Vereinsamung einer spätmodernen westlichen Singlegesellschaft in Alter und Tod die komplizierten Familienverhältnisse und erzählerischen Analysen von Balzacs *Le Père Goriot* (Balzac 1835) vorstellen, doch wird die Einsamkeit des Alters und der ‚Verrat' der Kinder beim anthropologischen Pessimisten Houellebecq literarisch-diegetisch nicht als kontingente, aber mögliche Katastrophe modelliert, wobei der Hauptfigur selbst in diesem ‚milden' Familienroman eine letzte Rettung seiner Ehe und Familie in Ansätzen gelingt, sondern wie andere Themen – bespielsweise die männliche Sexualität – pauschalisierend in den diegetischen Raum des Romans geworfen und als tragische Behauptung des menschlichen Fatums in dieser Einzelaussage einer Nebenfigur der Handlung stehen gelassen. Wieder triumphiert der partikularisierende Materialismus als apodiktische Teil-Aussage über die Möglichkeiten anderer Formen von Zusammenleben und Gemeinschaft, hier innerhalb einer zerrütteten Familie, die ebenfalls mit dem gesellschaftlichen Wandel entstehen, der bei Balzac zumindest noch einer Dynamik der Kontingenz unterliegt.

Dass Houellebecq stets einem weder metaphysisch noch transgressiv zu hintergehenden Materialismus des Körpers folgt, wird auch anhand der Kategorie ‚Geschlecht' in allen drei Texten offenbar, wo es doch vor allem die Verletzlichkeit der *männlichen* Körperpsyche ist, welche im Fokus steht. So wenn Jed als *der typische westliche Mann* anlässlich seiner Erfahrungen mit den Preiserwartungen und Lebensumständen einer von ihm in Anspruch genommenen Prostituierten im Sinne des Houellebecq'schen ökonomischen Determinismus alles Sexuellen konstatiert:

> Obwohl Männer oft eifersüchtig, teilweise ganz furchtbar eifersüchtig auf die Exmänner ihrer Geliebten sind, obwohl sie nicht umhin können, sich jahrelange und manchmal bis zu ihrem Tod zu fragen, ob es für ihre Geliebte nicht besser war mit dem anderen, ob der andere nicht besser im Bett war, akzeptieren sie im Allgemeinen sehr leicht, ohne die geringste Anstrengung, all die Dinge, die ihre Frau früher im Rahmen der Prostitution getan hat. Sobald eine sexuelle Betätigung an eine finanzielle Transaktion gebunden ist, wird sie entschuldigt, als harmlos angesehen und durch den

> uralten Fluch, der auf der Arbeit lastet, gewissermaßen geheiligt (Houellebcq 2012, S. 53).

Verfall und Alter, sexuelle Bedürfnisse, Selbstschädigung und zerstörerische Lust prägen den wiederum apodiktischen Tonfall und das *subjektive* Erleben aller drei Hauptfiguren in den drei Romantexten, wohingegen die weiblichen Figuren sich als im Erzählmodus extern fokalisierte *Objekte* entweder in ihr Schicksal fügen wie in *Soumission,* als die ‚eigentlich' stärkeren Figuren firmieren wie die Ehefrau des Protagonisten in *Anéantir* oder aber durch Abwesenheit glänzen, wie Jeds (und Houellebecqs reale) Mutter in *La carte et le territoire*, indem sie sich im Roman durch Selbstmord dem Leben ihres Sohnes entzogen hat:

> Jed hatte fast keine Erinnerungen mehr an seine Mutter, und ihr Selbstmord war kein Thema, das er im Verlauf seines Aufenthalts in der Villa in Le Raincy anschneiden konnte; er wusste, dass er zu warten hatte, bis sein Vater von sich aus darüber sprach – und wusste zugleich, dass es vermutlich nie dazu kommen und sein Vater dieses Thema, so wie alle anderen Themen, bis zum Schluss meiden würde (Houellebecq 2012, S. 39).

Auch diese Vereinseitigung der Repräsentation von Geschlechtsidentität lässt sich in den früher entstandenen Romanen in dieser Radikalität nicht nachvollziehen: Denkt man allein an die Figur der Christiane in den *Elementarteilchen*, so ist es durchaus auch die weibliche Fragilität und Verletzlichkeit, welcher Raum gegeben wird (Faßbeck 2021, S. 211 ff.). In den drei hier zur Debatte stehenden Romanen scheint die Kategorie des Geschlechts letztlich eher als ein rhetorisches, denn ein auf gesellschaftliche Tatsachen referentialisierbares Handlungselement zu fungieren. Die oftmals in der Kritik als provozierend empfundenen gesellschaftspolitischen Rollenzuschreibungen in der diegetischen Geschlechterdarstellung werden besonders in essentialistischen Aussagen der männlichen Protagonisten über Frauen im Allgemeinen offenbar, denen wiederum die Auffassung zugrunde liegt, das Geschlecht entspringe aus dem physischen Wesen des Menschen und ergebe sich nicht auch aus kulturellen Regeln.

Wiederum ist dies eine auf Schopenhauers biologischer Wende der Philosophie beruhende Unterstellung, welche eine in den Romanen repräsentierte prekäre Männlichkeit rechtfertigt, die aber wohl kaum als ‚typisch' oder gar aussagekräftig für ‚den' modernen Franzosen aller Schichten und Ethnien gelten kann. Diesem prekären und melancholischen Männertypus, wie Markus Messling dies auch bei anderen Schriftstellern der französischen Gegenwartsliteratur wie Mathias Énard und Camille de Toledo beobachtet (Messling 2019, S. 47 ff.), bleibt allein eine selbstgewählte natürliche Isolation im Privaten, in der Natur, oder die Religion in *Soumission* als Äquivalent zu einer Isolation innerhalb einer metaphysisch untermauerten, politisch radikalen, aber für die private Lust des Houellebecq'schen (heterosexuellen) Mannes adäquaten Ordnung stehen, welche allein Freiheit – und dies meint wieder eine paradox triebdeterminierte biologische oder besser sexuelle Freiheit – zulässt.

2 Ewige Wiederkunft des Gleichen: Literatur als Vaticinium ex eventu menschlicher Beziehungslosigkeit

Gesellschaft als politisch bestimmter, im Roman für die Bachtin'sche Polyphonie (Bachtin 1987) verantwortlicher und dergestalt für den realistischen Roman aller Zeiten unverzichtbarer, da von Kontingenz geprägter Möglichkeitsraum, wird in allen drei Houellebecq-Romanen immer stärker in den Hintergrund gedrängt, um trotz der durch ihre berufliche Tätigkeit erhöhten Sichtbarkeit der Protagonisten nur noch als Reflexionsfolie für das Sein-zum-Tode dieser Figuren zu dienen. In zwei Fällen, *Anéantir* und *La carte et le territoire*, trägt die Natur über Familie und Kunst den absoluten Sieg davon, sie triumphiert über alles Leiden, wie allein die letzten Szenen beider Texte suggerieren, wenn beispielsweise in einer nicht allzu fernen Zukunft der Künstler-Roman *Karte und Gebiet* mit dem an Michel Foucaults berühmtes Ende seiner *Ordnung der Dinge* (Foucault 1974, S. 462 f.) angelehnten Satz endet:

> Die Werke, die Jed Martin in den letzten Jahren seines Lebens schuf, können daher [...] als nostalgisches Nachsinnen über das Ende des industriellen Zeitalters in Europa und über den vergänglichen Charakter aller von Menschenhand gefertigten Dinge im allgemeinen angesehen werden. [...] Die Bilder der Menschen, die Jed im Lauf seines irdischen Leben begleitet haben [...] versinken, scheinen sich noch einen Augenblick lang zu sträuben, ehe sie von sich überlagernden Pflanzenschichten erstickt werden. Dann wird alles ruhig, und zurück bleiben nur sich im Wind wiegende Gräser. Die Vegetation trägt den endgültigen Sieg davon (Houellbecq 2012, S. 414–415).

Weniger kategorisch, dafür an der Grenze zu romantischen Topoi einer sentimental-gängigen Jahreszeitenmelancholie und zur Lyrik Hermann Hesses umweht das Herbstlaub in *Anéantir* den todgeweihten Protagonisten:

> Die Jahreszeit des Todes hatte noch nicht wirklich begonnen, dachte Paul, die Farben um sie herum waren noch zu warm, zu strahlend, man musste darauf warten, dass die Blätter verblassten, sich mit etwas Matsch vermischten, und auch darauf, dass es

> kälter wurde, dass man früh am Morgen in der Luft die ersten Anzeichen des langen Winterfrosts spürte, doch all das würde erst in einigen Wochen, einigen Tagen geschehen, dann würde es tatsächlich Zeit, Abschied zu nehmen (Houellebecq 2022b, S. 614).

In *Anéantir* ist es somit die Natur, welche dem unheilbar erkrankten Protagonisten inmitten einer herbstlichen Waldidylle und in den Armen seiner Ehefrau allein das nostalgische Nachsinnen über ihr verpasstes Eheleben übrig lässt, wohingegen in *Soumission* es die neue Freiheit des Privaten inmitten der nunmehr zur Unfreiheit verdammten weiblichen Körper im ‚Gottesstaat Frankreich' der Hauptfigur erlaubt, über ihr „zweites Leben" voller sexueller Freiheit auf Kosten der nun ‚verfügbaren' Frauen zu jubeln:

> Einige Monate später wäre wieder Vorlesungsbeginn, und natürlich wären die Studentinnen hübsch, verschleiert, schüchtern. [...] Jede dieser jungen Frauen, mochten sie noch so hübsch sein, wäre glücklich und stolz, von mir auserwählt zu werden, und sich geehrt zu fühlen, mein Bett mit mir zu teilen. Sie wären es wert, geliebt zu werden. Und auch mir würde es gelingen, sie zu lieben. Ähnlich wie es mein Vater einige Jahre zuvor erlebt hatte, würde sich mir eine neue Chance bieten; es wäre die Chance auf ein zweites Leben, das nicht besonders viel mit dem vorherigen gemein haben würde. Ich hatte nichts zu bereuen (S. 270–271).

Auch hier siegt die (männliche) Natur über Dialog und Reflexion der eigenen Möglichkeiten. Doch stellt sich angesichts dieser wiederholt betonten kategorischen Resignation des Individuums folgende Frage: Können derartige sowohl im gesellschaftlichen wie im enger geschlechtsspezifischen Sinne determinierten Männerwelten, welche sich selbst sowohl vor anderen Figuren, aber auch der Gesellschaft zurückziehen, in der Härte des von ihnen ausgefochtenen Kampfes gegen die moderne Gesellschaftsordnung im Sinne Balzac'scher oder gar Zola'scher Typen als paradigmatisch ausdeutbare und aussagekräftige literarische Figurationen westlich-französischer Gesellschaftlichkeit gelten?

Die von Houellebecq erzählte verletzte, dekadent-neoliberale, konsumgeile Gesellschaftsordnung und das nur scheinbar romantische, letztlich resignierte Nachsinnen auf tradierte europäische und eurozentrische Rollenmodelle scheint bei diesem traumatisierten Kind lieblos-egoistischer Eltern (Decker 2022, S. 43 ff.) allein aus thesenhafter Ironie und Satire zu bestehen, denn in einen wirklichen, auf gesellschaftlicher Vielstimmigkeit und Dynamik basierenden, soziale Komplexität literarisch und vor allem erzählerisch herstellenden Versuch über die gesellschaftlichen Fehlleistungen der Moderne zu münden. In diesem polemischen Potenzial liegt zwar tatsächlich der politische Anspruch von Houellebecqs

Texten, jedoch ist dies kein konstruktiv-überraschendes Spiel des Erzählens im Raum des Möglichen, wie es soziologisch relevantere Literatur zu leisten vermag, sondern ein ironisch-satirischer Anspruch auf die selbsterfüllende Prophetie einer unveränderlichen gesellschaftlichen Statik, welche sich in einen immer wieder postulierten ontologischen Determinismus kleidet.

Das provokative Potenzial und die erzählerische Faszinationskraft, die Houellebecqs Romanen innewohnt, hängen neben einem ausgefeilten Erzählstil definitiv mit breit diskutierten, von Houellebecq grausam zugespitzten Themen zusammen, die mediale und auch sozialwissenschaftliche Aktualität beanspruchen: Misogynie, entfremdete Arbeitswelten der spätmodernen Konsumgesellschaft, Xenophobie, Islamophobie, Krise der Landwirtschaft, terroristische Bedrohungen, Vereinsamung, Stereotypisierungen in Diskursen, sexueller Neoliberalismus im Sinne von Eva Illouz (2006) und auch die von Andreas Reckwitz (2017) so genannte ‚Gesellschaft der Singularitäten'. Dennoch lässt sich in Anbetracht dieser Themen beim Frankreich- und Okzidentkritiker Houellebecq das diskursive Potenzial der Literatur, Gesellschaft zu modellieren, epistemologisch nicht ganz einfach in einen soziologischen Zusammenhang bringen, ohne die anthropologische Axiomatik von Houellebecqs Texten als politisch gesetzten und systematisch-philosophischen Verhinderungsmechanismus vertiefter Gesellschaftsanalyse zu begreifen, insbesondere auch dann, wenn sich die extratextuelle Autorfigur als Meister prophetischer Selbstinszenierung erweist und die wunden Punkte einer medial informierten, literarisch interessierten französischen Öffentlichkeit und Leserschaft kennt.

Der Einwand, dass Houellebecq als scharfer, in der Tradition des sozialwissenschaftlich anspruchsvollen Realismus und Naturalismus stehender Beobachter nur die blinden Stellen einer allzu *woke*-engagierten, diversen und pluralistischen, im Grund nach wie vor demokratisch-freiheitlich verfassten Gesellschaft einerseits trifft und den Gefährdungen und Schattenseiten der Extreme dieser Gesellschaftsordnung eine Stimme gibt, mag in Teilen berechtigt sein, bedeutet jedoch nicht, dass im Fall Houellebecq eine zu tiefe gegenseitige Kommunikation der beiden Kulturen der Erkenntnistheorie, der literarästhetisch-modellierenden und sozialwissenschaftlich-analytischen zielführend sein muss. Denn die Polemik, gerade auch gegenüber bürgerlichen Milieus, ist beim französischen Autor der Spätmoderne nicht wie beispielsweise bei Balzac durch eine vielfältige menschliche ‚Zoologie' der gesellschaftlichen Typisierung, sondern eben durch kategorischen Determinismus, Pauschalisierung des Kollektivs und der Nicht-Existenz von zwischenmenschlichen Beziehungen geprägt: Die akademische Elite Frankreichs, das Aushängeschild der Nation, wird in *Soumission* mit dem Vorwurf der Sexversessenheit, des Machtmissbrauchs und der Kollaboration mit dem Totalitarismus in Gänze zusammen mit der pluralistischen Demokratie verabschiedet. Allein die Dekadenz eines dem Marktliberalismus ausgelieferten Künstlertums bestimmt in *La carte et le territoir* die Bühne und verdammt die Möglichkeit von Kunst unter Marktbedingungen gleich in aller Gänze, während die gesamte politische Kaste in *Anéantir* allein aus der zerstörten Leere ihres Privatlebens heraus auf der Leiter der Macht verharrt.

Auch auf direkter politischer Ebene ist es allein das Versagen des demokratischen Systems, welches diagnostiziert wird: Der in *Aneántir* nach seiner zweiten Amtszeit abgewählte Figuren-Macron möchte sich nach fünfjähriger Abstinenz à la Putin wieder wählen lassen, während von außen die Welt von der bereits erwähnten geheimen Terror-Organisation mit unbekannten Zielen destabilisiert wird. In *Soumission* kollaboriert ‚die Linke' noch im Wahlkampf mit der muslimischen Partei aus Angst vor ‚den Rechten', diese wiederum unterscheiden sich selbst mit ihrer Geschlechterpolitik und dem Wunsch nach einem wieder erstarkten Glauben kaum von der muslimischen Partei und ihre politischen Einstellungen ließen sich nur allzu einfach in Realpolitik und schließlich die diegetisch heraufbeschworene ‚Realität' Frankreichs übersetzen. In beiden Beispielen ist Demokratie und Meinungsaustausch aufgrund der Indifferenz politischer Positionen und der omnipräsenten Gewalt bereits nicht mehr möglich, was der gesellschaftlichen und politischen Diversität Frankreichs trotz des sehr guten Abschneidens neurechter Parteien dann doch nicht gerecht wird, ohne in die Nähe populistischer Pauschalurteile über die Sinnlosigkeit von Politik überhaupt zu gelangen. Literatur droht auf diese Weise vielmehr zum bestätigenden Stammtischgespräch über das überall in Europa Offensichtliche zu werden.

Doch auch bezüglich der Kunst herrscht der pauschale Determinismus: Als typisch Houellebecq'sches Schelmenstück wird in den frühen wie schon in den jüngeren Texten der gesellschaftliche Einfluss von Literatur selbst infrage gestellt (aber performativ durch das Weiterschreiben des Autors wieder hergestellt). Die Bedeutung der Literatur, für welche die intime Beziehung von François zu ihr (Houellbbecq 2016, S. 9 f.), zu Huysmans' Leben und Texten steht, wird in *Soumission* ad absurdum geführt, indem die Literatur (und die ihr eigene Polysemie) sich allzu leicht von einer neuen politischen Strömung vereinnahmen lässt und gleich zu Beginn die Nutzlosigkeit jeglicher literarischer Studien konstatiert wird (Houellebecq 2016, S. 13). Noch tiefer wird dieser symbolisch-ästhetische Bedeutungsverlust der Literatur in *La carte et le territoire* auf die Kunst insgesamt übertragen, welche allein noch in der banalen photographischen Reproduktion, als Mimesis des ‚Realen', wirklich Neues hervorbringen kann. Selbst als Opium der eigenen Existenz haben Kunst und Literatur, verloren an den ökonomischen Determinismus der liberalen Märkte, ausgedient: Houellebecq als Romantiker? (Bellanger 2010) – Wohl kaum! Die Funktion der Literatur als eine auch in der Erzählung selbst evozierte Erkenntnismöglichkeit von Lebenswelt und Interpretament wird innerhalb der erzählten Gesellschaftswelten als genauso wenig hilfreich und ‚rettend' dargestellt wie andere Kulturtechniken, die im allgegenwärtigen Neoliberalismus einen Sinn stiften könnten.

Ist es somit in Anbetracht von Houellebecqs hier nur ansatzweise darstellbarem Misstrauen gegenüber gesellschaftlich relevanten Kommunikationsebenen, der individuellen, der sexuellen, der familiären, der künstlerischen, der gesellschaftsdiskursiven und der politischen, in Anbetracht seines deterministischen Pessimismus bezüglich des Mensch-Seins in einer krisenhaften Gesellschaft tatsächlich nicht zielführender für den interdisziplinären Erkenntnisgewinn, zumindest im Falle des späten Houellebecq den Austausch zwischen sozialwissenschaftlicher Analyse und gesellschaftlichen Modellierungen stets unter der Kautele des sozialen Imaginären einer alles andere als sozialen Partikularperspektive zu führen und der von Houellebecq durch seine Texte initiierten Debatte einer desillusionierenden Modernekritik philosophischer und zugleich politischer Natur unterzuordnen. Man könnte den französischen Großautor auch einfach als das lesen, als was er sich in seinen Texten und Figuren wie dem Zyniker und Komiker Daniel in *La possibilité d'une île* zu erkennen gibt: Nicht als einen Schriftsteller-Soziologen, sondern als amüsanten, ästhetisch brillanten, scharfzüngigen, nur scheinbar schüchternen, in Wirklichkeit um Deutungsmacht ringenden Satiriker französischer und europäischer Zustände und Befindlichkeiten für die einen, als durchaus politischen, aber zynischen und vor allem (noch) widerlegbaren Pessimismus-Propheten der Untergänge von verblassenden westlichen Gesellschaften für die anderen – Bleibt Michel Houellebecq letztlich nicht ein zum Dandy mutierter Oswald Spengler für das 21. Jahrhundert, wie es Decker am Ende seines Houellebecq-Essais suggeriert (Decker 2022, S. 241 ff.)?

Literatur

Asholt, Wolfgang. 2013. Un renouveau du ‚réalisme' dans la littérature contemporaine? *Lendemains* 150(51):22–35.

Asholt, Wolfgang. 2016. Vom Terrorismus zum Wandel durch Annäherung: Houellebecqs ‚Soumission'. *Romanische Studien* 3:119–120.

Atallah, Marc. 2016. Les utopies de Michel Houellebecq : hybridation générique et poétique de l'ailleurs. *ReS Futurae* 8:28. https://journals.openedition.org/resf/877. Zugegriffen: 25. Nov. 2022.

Bachtin, Michail M. 1987. *Rabelais und seine Welt: Volkskultur als Gegenkultur*. Frankfurt a. M.: Suhrkamp.
de Balzac, Honoré. 1835. *Le Père Goriot*. Paris: Edmond Werdet.
de Balzac, Honoré. 1976. *La Comédie humaine*, Bd. I. Paris: Gallimard.
Barthes, Roland. 1984. La mot de l'auteur. In *Essais critiques IV: Le bruissement de la langue*, 61–67. Paris: Seuil.
Barthes, Roland. 1993–1995. L'effet de réel. In *Œuvres complètes. Edition établie et présentée par Eric Marty*, 3 Bde, Bd. 2, 479–484. Paris: Seuil.
Bellanger, Aurélien. 2010. *Houellebecq, écrivain romantique*. Paris: Léo Scheer.
Bohrer, Karl Heinz. 2019. *Mit Dolchen sprechen: Der literarische Hass-Effekt*. Berlin: Suhrkamp.
Brunner, Jürgen. 2007. Die Materialisierung bewußter und unbewußter psychischer Phänomene bei Schopenhauer. *Schopenhauer Jahrbuch* 88:89–114.
Decker, Gunnar. 2022. *Houellebecq. Das Ungeheuer*. Berlin: Matthes & Seitz.
Demonpion, Denis. 2005. *Houellebecq non autorisé : Enquête sur un phénomène*. Paris: M. Sell.
Faßbeck, Gero. 2021. *Wirklichkeit im Wandel – Schreibweisen des Realismus bei Balzac und Houellebecq*. Bielefeld: Transcript.
Foucault, Michel. 1974. *Die Ordnung der Dinge*. Frankfurt a. M.: Suhrkamp.
Haarkamp, Jens. 2009. *Sade, Huysmans, Houellebecq – Positionen einer Tradition*. Bielefeld: Bielefeld University.
Houellebecq, Michel. 1991. *H.P. Lovecraft: Contre le monde, contre la vie*. Monaco: Editions du Rocher.
Houellebecq, Michel. 1994. *Extension du domaine de la lutte*. Paris: Éditions Maurice Nadeau.
Houellebecq, Michel. 1998a. *Les particules élémentaires*. Paris: Flammarion.
Houellebecq, Michel. 1998b. *Interventions (essai)*. Paris: Flammarion.
Houellebecq, Michel. 2005. *La possibilité d'une île*. Paris: Fayard.
Houellebecq, Michel. 2010. *La Carte e le Territoire*. Paris: Flammarion.
Houellebecq, Michel. 2012. *Karte und Gebiet*. Aus dem Französischen von Uli Wittmann. Köln: Dumont.
Houellebecq, Michel. 2015. *Soumission*. Paris: Flammarion.
Houellebecq, Michel. 2016. *Unterwerfung*. Aus dem Französischen von Norman Cassau und Bernd Wilczek. Köln: Dumont.
Houellebecq, Michel. 2017. *En présence de Schopenhauer*. Paris: L'Herne.
Houellebecq, Michel. 2022a. *Anéantir*. Paris: Flammarion.
Houellebecq, Michel. 2022b. *Vernichten*. Aus dem Französischen von Stephan Kleiner und Bern Wilczek. Köln: Dumont.
Huysmans, Joris-Karl. 1891. *Là-bas*. Paris: Tresse & Stock.
Huysmans, Joris-Karl. 1895. *En route*. Paris: Tresse & Stock.
Illouz, Eva. 2006. *Gefühle in Zeiten des Kapitalismus*. Frankfurt a. M.: Suhrkamp.
Köhler, Erich. 1973. *Der literarische Zufall, das Mögliche und die Notwendigkeit*. München: Fink.
Lepenies, Wolf. 2006. *Die drei Kulturen. Soziologie zwischen Literatur und Wissenschaft*. 3. Aufl. Frankfurt a. M.: Fischer Taschenbuch.
Maris, Bernard. 2016. *Houellebecq économiste*. Paris: Flammarion.

Messling, Markus. 2019. *Universalität nach dem Universalismus. Über frankophone Literaturen der Gegenwart.* Berlin: Matthes & Seitz.

Novak-Lechevalier, Agathe, Hrsg. 2016. ‚Au fond de l'inconnu': linéaments d'une étude de décohérence fictionnelle. *ReS Futurae* 8:28. https://journals.openedition.org/resf/882. Zugegriffen: 25. Nov. 2022.

Philippe, Xavier, Vincent Meyer, und Jean-Denis. Culié. 2022. Soumission dans les organisations liquides. Les paradoxes du salarié houellebecquien. *Revue française de gestion* 303:85–103.

Reckwitz, Andreas. 2017. *Die Gesellschaft der Singularitäten. Zum Strukturwandel der Moderne.* Berlin: Suhrkamp.

Savigneau, Josyane. 2005. Tout ce que la science permet sera réalisé. Interview mit Michel Houellebecq. Le Monde vom 20. https://www.lemonde.fr/culture/article/2005/08/20/michel-houellebecq-tout-ce-que-la-science-permet-sera-realise_681484_3246.html. Zugegriffen: 25. Nov. 2022.

Schober, Rita. 2003. *Auf dem Prüfstand – Zola, Houellebecq, Klemperer.* Berlin: Walter Frey.

Spektorowski, Alberto, und Michael S. Kochin. 2021. *Michel Houellebecq, the Cassandra of Freedom Submission and Decline.* Leiden: Brill.

Țăpoi, Ioana-Cătălina. 2020. *Les échos dix-neuviémistes dans l'œuvre de Michel Houellebecq (Balzac, Zola, Huysmans, Auguste Comte, Schopenhauer, Nietzsche, Lamartine, Baudelaire).* Craiova: Editura Universitaria.

Wehinger, Brunhilde. 2003. ‚Madame, lesen Sie den Roman nochmal.' Was hat Houellebecq mit Zola gemeinsam? Rita Schober, Grande Dame der Berliner Romanistik, will es wissen. *Der Tagesspiegel* 21. https://www.tagesspiegel.de/gesundheit/madame-lesen-sie-den-roman-nochmal-1055155.html. Zugegriffen: 25. Nov. 2022.

SPRINGER NATURE

GPSR Compliance

The European Union's (EU) General Product Safety Regulation (GPSR) is a set of rules that requires consumer products to be safe and our obligations to ensure this.

If you have any concerns about our products, you can contact us on ProductSafety@springernature.com

In case Publisher is established outside the EU, the EU authorized representative is:

Springer Nature Customer Service Center GmbH
Europaplatz 3
69115 Heidelberg, Germany

The manufacturer's authorised representative in the EU is Springer Nature Customer Service Centre GmbH, Europaplatz 3, 69115 Heidelberg, Germany. If you have any concerns regarding our products, please contact ProductSafety@springernature.com

Printed and bound by CPI Group (UK) Ltd, Croydon, CR0 4YY
28/04/2026
02098506-0003